Вера Проскурина

Канон и его границы в русской литературе XVIII — начала XX века

Academic Studies Press
Библиороссика
Бостон / Санкт-Петербург
2025

УДК 82.09
ББК 83.3(2Рос=Рус)
　　П82

Серийное оформление и оформление обложки Ивана Граве

Проскурина, Вера.
П82　Канон и его границы в русской литературе XVIII — начала XX века / Вера Проскурина. — СПб.: Academic Studies Press / Библиороссика, 2025. — 442 с. — (Серия «Современная западная русистика» = «Contemporary Western Rusistika»).

ISBN 979-8-887199-69-6 (Academic Studies Press)
ISBN 978-5-907918-52-8 (Библиороссика)

В центре внимания книги Веры Проскуриной — русские писатели XVIII — начала XX веков, которые бросили вызов устоявшимся литературным формам, идеям, жанрам, и творили на стыке культурных парадигм, активно пользуясь такими приемами, как ирония, пародия и провокация.

Объектом исследования становятся отсылки к античности и «уставшие» литературные формы 1830-х годов, дионисийские мотивы символистов начала XX века, скрытый диалог Гоголя и Пушкина, а также смеховая культура арбатского круга времен Первой мировой войны. Особое внимание уделяется таким разрушителям литературных канонов, как Вячеслав Иванов, князь Д. И. Горчаков, Екатерина II, — чья игра с формой, жанром и смыслом выводит литературу за пределы эстетических и идеологических норм своего времени.

Книга адресована студентам-филологам, исследователям литературы и широкой аудитории интересующихся историей русской словесности.

УДК 82.09
ББК 83.3(2Рос=Рус)

ISBN 979-8-887199-69-6
ISBN 978-5-907918-52-8

© В. Ю. Проскурина, text, 2025
© Academic Studies Press, 2025
© Оформление и макет.
　ООО «Библиороссика», 2025

Предисловие

В эту книгу вошли статьи, посвященные разным темам и периодам русской литературы. Старые работы, переработанные и дополненные, или новые, только что законченные, — все они оказываются взаимосвязаны. Внутренний стержень, объединяющий их, — определение и уяснение стратегии сдвига, разрушения канонической формы и ее трансформации, будь то светская комедия Грибоедова или идеологический роман Достоевского, отдельное и малоизученное стихотворение или историческая повесть — как пушкинские «Пир Петра Первого» или «Капитанская дочка».

Разрушение канона зачастую влечет за собой шлейф исторических аберраций — ошибочных атрибуций или основанных на них сознательных провокаций. Так, державинская «Фелица», построенная на игре со «Сказкой о царевиче Хлоре», помешала нахождению действительных прототипов этой сказки, — тех, что Екатерина II имела в виду («Поэтика прототипов: политические контексты сказок Екатерины II»).

Само изображение императрицы Екатерины II оказалось предметом пушкинских рефлексий по сдвигу и разрушению канона, в том числе и переосмысления собственного негативного отношения к императрице. Дискурс исторического романа «в духе» Вальтера Скотта был остранен в эпизоде встречи Маши Мироновой с Екатериной II за счет создания метадискурса, содержащего множество отсылок к разным визуальным рядам и разнообразным литературно-мемуарным источникам («Екатерина II в "Капитанской дочке" А. С. Пушкина»).

Порою идеологические шоры затемняли происходивший сдвиг канона: советский культ В. Г. Белинского помешал увидеть тот факт, что Гоголь переделал повесть «Портрет» (скорее, написал второй «Портрет») не под влиянием критика, а ориентируясь на разговоры и мнения Пушкина («Второй "Портрет" Гоголя»). Схожая ситуация произошла и с пушкинским «Пиром Петра Первого», воспринятым в парадигме вольнолюбивого «урока царю», в то время как сам Николай I, воспользовавшись поэтическим примером, устроил летом 1836 года морской парад на Неве «по мотивам» сочинения Пушкина («"Пир Петра Первого": последний "урок царю"?»).

Историко-литературной аберрацией (впрочем, сознательной) был и сюжет вокруг набоковского перевода «Памятника» Пушкина: Набоков оформил перевод в соответствии с гипотезой М. О. Гершензона (отметавшего «демократические» интерпретации Пушкина), но приписал эту теорию идейному антиподу Гершензона — радикалу В. Л. Бурцеву («Бессмертие в кавычках (В. Набоков — А. Пушкин — М. Гершензон)»).

Одна из линий этого сдвига — это разрушение русского ампира в культурной ситуации 1830-х годов. Ощущению усталости от надоевших античных образцов, вторжению символики раннего христианства в культурный канон посвящена статья «От Афин к Иерусалиму (культурный статус античности в 1830 — начале 1840-х годов)». Обратное движение — увидеть в христианской традиции античный — дионисийский — миф — оказалось характерным для канона русского символизма начала XX века («"Cor Ardens" Вячеслава Иванова: смысл заглавия и эзотерическая традиция»).

Статьи оказываются внутренне соединены их игровой, иногда пародийной, установкой — как связан с «Бедным рыцарем» «Бедный викинг» Вяч. Иванова, использующий форму пушкинского стихотворения для пародирования сочинений В. Ф. Эрна. Московский арбатский круг писателей и философов в разгар Первой мировой войны предстает в неожиданной смеховой стихии, наполненной внутренними спорами и домашней семантикой («Рукописный журнал "Бульвар и Переулок" (Вячеслав Иванов и его московские собеседники в 1915 году»).

Пародия и игра авторов порой переходят все границы, и стихия либертинажа захватывает одного из самых дерзких ниспровергателей канона князя Д. И. Горчакова, деконструирующего в своих «Святках» двор и царицу Екатерину («Стратегии либертинажа в XVIII веке (князь Д. П. Горчаков и его "Святки")». В свою очередь, императрица Екатерина II проявила себя отчаянной вольтерьянкой, демонстративно использовав в качестве «лекарств» — во время своего прививочного карантина — чтение сочинений Вольтера.

Вольтерьянцы XVIII века передали эстафету своим литературным потомкам. Тот же князь Горчаков не только помог Пушкину выпутаться из следствия по делу «Гавриилиады», но и своей откровенно эротической «Вирсавией» представил своего рода канву для пушкинских поэтических «узоров». Эти нескромные примеры в свою очередь стали идейной основой для Федора Карамазова, остряка, отпетого циника, чей образ в романе оказался построен на русско-французском либертинском дискурсе («Федор Карамазов как либертин (Ф. М. Достоевский и XVIII век)»).

Русские классики никогда не чувствовали себя в роли гоголевского художника Черткова. В поисках свободы от канона они меняли, преобразовывали стилевой, жанровый, идейный образец. Воспроизведение канона, автоматизация застывшей формы, разрушение и преобразование, игра с образцом, пародирование канона — анализу этих явлений в русской литературе XVIII — начала XX века и посвящена настоящая книга.

Часть I

ОКОЛО ДВОРЦОВЫХ СТЕН

> Ты, Муза! с самых древних веков
> Великих, сильных человеков
> Всегда умела поласкать.
>
> *Г. Р. Державин. Решемыслу*

1
Екатерина II — целительница, или триумф имперского вольтерьянства

> Возможно ль было нам то время не грустить,
> Как ты отважилась яд в кровь свою пустить...
> *М. Херасков. На благополучное и всерадостное*
> *освобождение Ея Императорского Величества*
> *от прививания оспы*

> Чуму встречают порядком. <...> Чума — не общий праздник, а строгие границы.
> *М. Фуко. Надзирать и наказывать.*
> *Рождение тюрьмы*

Восемнадцатое столетие в европейской истории ознаменовалось всеобщим падением веры в магические свойства королевской власти — в чудесную силу королевского касания, «исцеляющего» недуги. Короли-целители, налагающие всемогущую руку на гнойные чири золотушных больных, раздающие чудесные облатки или вешающие на шею больного врачующую монетку, повсеместно выходили из моды. В 1714 году, после смерти королевы Анны, в Англии был отменен этот старинный ритуал. Одновременно с падением престижа королевского магизма в Англии происходило укрепление власти парламента. Реальная политика вытесняла сверхъестественную демонстрацию власти. Во Франции процесс десакрализации власти затянулся, несмотря на насмешки философов и переходящее все границы распутство Людовика XV. Современники острили, что его любовницы все же умирают от золотухи, несмотря на то что король их «касался». В 1774 году, после обычного визита в Трианон для встречи с 16-летней девицей, предоставленной ему графиней дю Барри, король заразился оспой и вскоре скончался. Через три дня умерла и юная подруга короля, наградившая его этим смертельным вирусом. Смерть монарха-«целителя» от оспы в эпоху практики инокуляции вызвала саркастический отклик Екатерины II, писавшей Мельхиору Гримму 19 июня 1774 года: «Стыдно Французскому королю, в XVIII столетии, умереть от оспы» [Екатерина II 1874: 408][1].

Короли не только были не в состоянии поддерживать репутацию «главного врача нации», но все чаще сами оказывались подвержены эпидемическим заболеваниям, от которых умирали простолюдины. Настоящим бичом XVIII века в Европе стала оспа — неожиданно бурный всплеск этой болезни не обошел практически ни одного королевского дома. В 1711 году от оспы умер габсбургский император Иосиф I. За несколько дней до его смерти от той же болезни скончался сын Людовика XIV и наследник французского престола. В 1724 году оспа сразила короля Испании — Луиса I [Hopkins 1983: 54].

Злосчастная болезнь вмешалась в и без того запутанные дела русского престолонаследия. В 1730 году 14-летний царь Петр II, внук Петра Первого и сын царевича Алексея, умер от оспы, заразившись от своей невесты Екатерины Долгорукой. В 1741 году умерла от оспы королева Швеции Ульрика Элеонора, приведя в смятение два двора (русский и датский), притязающих на объявление угодного им наследника. Елизавета Петровна, как известно, всю жизнь оплакивала потерю своего жениха — Карла-Августа Гольштейн-Готторпского, также сраженного этой болезнью. Ее племянник Петр III за несколько недель до приезда невесты, будущей Екатерины II, заболел оспой, выжил, но был настолько обезображен оспенными рубцами, что Елизавета Петровна приказала устроить первую встречу жениха и его немецкой невесты в полутемной комнате.

---

[1] Вольтер в статье «О смерти Людовика XV и о судьбе» («De la mort de Louis XV et de la fatalité», 1774) противопоставляет «непросвещенному» французскому королю русскую царицу Екатерину, совершившую цивилизаторский подвиг [Voltaire 1879: 300].

В 1760-е годы оспа вновь посетила австрийский двор. Сын королевы Марии-Терезии, будущий Иосиф II, потерял беременную жену Изабеллу. В 1767 году от оспы умерла его вторая жена, а затем и сестра. Сама Мария-Терезия переболела оспой и чудом осталась жива.

В 1768 году от оспы скончалась графиня А. П. Шереметьева, невеста Н. И. Панина. Близость болезни и смерти настолько потрясла Екатерину, что она решилась прибегнуть к самому современному методу борьбы с натуральной оспой — привитию оспенного «материала», или инокуляции. При этом императрица сразу же объявила, что будет первой в стране, кто на собственном опыте проверит действенность нового метода, против которого восставало все ее окружение. Во Франции инокуляция была вообще запрещена, поскольку церковные круги полагали, что она противоречила религиозному представлению о Провидении.

Позднее, после выздоровления, Екатерина торжественно рапортовала Фридриху II (также противнику инокуляции) о причинах, побудивших ее начать с себя:

> С детства меня приучили к ужасу перед оспою, в возрасте более зрелом мне стоило больших усилий уменьшить этот ужас, в каждом ничтожном болезненном припадке я уже видела оспу. Весной прошлого года, когда эта болезнь свирепствовала здесь, я бегала из дома в дом, целые пять месяцев была изгнана из города, не желая подвергать опасности ни сына, ни себя. Я была так поражена гнусностью подобного положения, что считала слабостью не выйти из него. Мне советовали привить оспу сыну. Я отвечала, что было бы позорно не начать с самой себя и как ввести оспопрививание, не подавши примера? Я стала изучать предмет, решившись избрать сторону наименее опасную. Оставаться всю жизнь в действительной опасности с тысячами людей или предпочесть меньшую опасность, очень непродолжительную, и спасти множество народа? Я думала, что, избирая последнее, я избрала самое верное[2].

---

[2] Цит. по: [Соловьев 2002: 364]. См. также: [Екатерина II, Фридрих II 1877: 246].

Текст письма звучал как страница просветительского романа, повествующего о победе здравого смысла, человеческой смелости и научного знания над предрассудками, страхами и недугом. Между тем смелость Екатерины подкреплялась не только «личными» свойствами характера, но и ясно осознанной политической стратегией, совмещавшей одновременно секулярный и сакральный аспекты.

Во-первых, императрица была не первой из коронованных особ, кто привил себе оспу. В 1768 году, незадолго до Екатерины, в Вене в Габсбургском семействе успешно была проведена инокуляция — она-то и вдохновила императрицу последовать европейскому примеру. Во-вторых, решение сначала привить оспу себе, а уже потом Павлу мотивировалось не только и не столько материнской заботой. Привитие оспенного «яда» наследнику могло спровоцировать слухи об отравлении — предубеждение народа против прививки было чрезвычайно велико. В свое время неожиданная смерть Петра II от оспы породила подобные слухи, — тем более что после кончины Екатерины I разгорелась яростная борьба за престол и за влияние на юного царя между несколькими политическими группировками. Екатерина II явно не желала провоцировать и малейшего намека на возможность исторических параллелей. В-третьих, ставшая очевидной перспектива войны с Турцией, постоянным источником эпидемий в Европе, толкала императрицу на этот шаг. Наконец — и это было самым важным — сама процедура оспопрививания была превращена Екатериной в торжественный и даже священный акт спасения отечества от губительной болезни-«змии», от ужасного «дракона», пожирающего людей. Символический «капитал» инокуляции, исцеления и спасения всей нации, был огромен и сопоставим лишь с победой в войне.

12 октября 1768 года английский врач Томас Димсдейл с сыном-ассистентом привил Екатерине оспу, взятую от переболевшего оспою мальчика Александра Маркова. Приглашенный с большими почестями врач предварительно подписал контракт, по которому он не должен преследоваться в случае смертельного исхода процедуры. Более того, для него была приготовлена спе-

циальная карета, в которой он мог незамедлительно бежать из России от «народного гнева». После нескольких недель затворничества в Царском Селе и легкого недомогания Екатерина выздоровела. Теперь уже ее оспенный «материал» был использован для инокуляции Павла — 10 ноября 1768 года оспа была успешно привита наследнику престола. Врач Димсдейл был пожалован баронским титулом, званием лейб-медика, чином действительного статского советника, а также пенсией в 500 фунтов стерлингов. Мальчик Александр Марков получил дворянство и почетную добавку к своей фамилии — Марков-Оспенный. В память об инокуляции знаменитым медальером И. Т. Ивановым была выбита медаль: в центре ее изображалась императрица, держащая за руку цесаревича Павла, рядом — женская фигура со склоненной головой — символ благодарной России, а около нее — двое детей, простирающих руки к императрице. Справа изображен был храм, а у его ступеней — поверженная «гидра предубеждения». Надпись гласила: «Собою подала пример». Под образом было начертано: «Октябрь 12 дня 1768 года».

Спасение нации было осмыслено прежде всего в библейской парадигме. В ответ на торжественные речи сенаторов, установивших 21 ноября — день возвращения выздоровевшей Екатерины в Петербург — «табельным» праздником, сама царица отвечала: «Мой предмет был своим примером спасти от смерти многочисленных моих верноподданных, кои, не знав пользы сего способа, оного страшася, оставалися в опасности. Я сим исполнила часть долга моего, ибо, по слову Евангельскому, добрый пастырь полагает душу свою за овцы»[3]. Екатерина всячески подчеркивала мессианский элемент этого события — в акциях и символических жестах, предназначенных для «внутреннего пользования». В этот день служилась литургия в дворцовой церкви, а церковные иерархи произносили торжественные речи под переливы звонивших по всему Петербургу колоколов.

Василий Рубан, тогдашний переводчик при Правительствующем сенате, сочиняет «Оду на день всерадостнейшаго торжества на

---

[3] Цит. по: [Соловьев 2002: 365].

предпринятый и благополучно совершившийся к неописанному счастию всея России, Ея императорскаго величества и Его императорскаго высочества в привитии оспы подвиг, 22 ноября 1768 года»:

> В священных книгах зрим Исхода
> Избранных божиих людей,
> Что бывший вождь сего народа
> Муж богомудрый Моисей
> В пустыне взнес на древо змея,
> Чрез то Христа проразумея,
> К всему народу говорит:
> Кого из вас змея укусит,
> Конечно смерти тот не вкусит,
> Когда на образ сей воззрит.
>
> Теперь в тебе Екатерина
> Спасения мы образ зрим.
> И твоего любезна сына
> Спасительным примером чтим.
> Вдалися Вы в опасность жизни,
> Для безопасности Отчизны,
> Для целости рабов своих.
> На Вас Россия вся взирает,
> Всех жизней целость полагает
> В безвредной жизни Вас двоих.
>
> Для избавления России
> Екатерина, ты дана,
> В концах Европы и Асии
> Земным Ты богом почтена.
> В Тебе зрим божеския свойства,
> И видим дух в Тебе геройства
> С величеством соединен:
> В Тебе премудрость, прозорливость,
> С щедротой купно справедливость
> И кроткий нрав в Тебе вмещен
> [Рубан 1768: 2–3].

Стихотворение Рубана было основано на изощренной метафоре, почерпнутой из Библии. В «Числах» описывается эпизод спасения Моисеем «сынов Израилевых» от «ядовитых змеев» во время бегства из Египта:

> От горы Ор отправились они путем Чермного моря, чтобы миновать землю Едома. И стал малодушествовать народ на пути, и говорил народ против Бога и против Моисея: зачем вывели вы нас из Египта, чтоб умереть нам в пустыне, ибо здесь нет ни хлеба, ни воды, и душе нашей опротивела эта негодная пища. И послал Господь на народ ядовитых змеев, которые жалили народ, и умерло множество народа из сынов Израилевых. И пришел народ к Моисею и сказал: согрешили мы, что говорили против Господа и против тебя; помолись Господу, чтоб Он удалил от нас змеев. И помолился Моисей о народе. И сказал Господь Моисею: сделай себе змея и выставь его на знамя, и ужаленный, взглянув на него, останется жив. И сделал Моисей медного змея и выставил его на знамя, и когда змей ужалил человека, он, взглянув на медного змея, оставался жив (Чис. 21: 4–9).

Чудесное исцеление от «ядовитых змеев» с помощью «медного змея» на знамени — очередной дидактический знак, свидетельствующий о необходимости веры человека в божественную силу. Усомнившиеся в Господе маловерные и грешные люди оказываются легкой добычей несущих смерть «змеев», а метонимическое действо (вместо «змея» его обезвреженная «часть» — медное изваяние) спасает их от этой смерти. Моисей и его «медный змей» оказываются инструментами божественного могущества и чудесной целительной магии.

Медный змей Моисея становится метафорой «противоядия» (часть яда исцеляет от ядовитого укуса), уподобленного Рубаном оспенной инокуляции, только что успешно проведенной Екатериной в России. Екатерина — с характерной для барочных од системой множественных аналогий — уподобляется и Моисею, и Христу одновременно. «Мудрость» Моисея и «божеския свойства» чудесного врачевания делают ее «земным богом», как прямо и называет ее Рубан.

Сходная аналогия прозвучала и в сочинениях Василия Майкова. В «Сонете ко дню празднования о благополучном выздоровлении от прививныя оспы ея императорскаго величества и его императорскаго высочества, придворнаго российскаго театра актерами» Майков, написавший и стихи, и сценарий специального театрального представления, от лица Талии и Мельпомены провозглашал:

> Растайте, снеги, днесь, умолкни, непогода,
> Преобратись, зима, в весенне существо,
> Раскиньтесь на полях, цветочки разна рода,
> И пременися, лед, в водное вещество.
>
> Внимая нашему веселию, природа,
> Соедини свое ты с нашим торжество,
> Почти Минерву тем российскаго народа,
> *Спасительницу всех и наше божество.*
>
> Настала ею дней ужасных перемена;
> Два раза ею вся Россия спасена;
> Порок и гидру в ад низринула она.
>
> Здесь ею смертные от пагубы спаслись,
> Науки и закон высоко вознеслись:
> Се Талия гласит и с нею Мельпомена
> [Майков 1867: 55].

Оспенное деяние, таким образом, метафорически еще раз легитимизировало власть Екатерины II, противящейся передаче ее в руки Павла. Важным было и то, что Екатерина первой испытала прививку, а уже потом привила оспу сыну, и дело было не только в геройских или материнских чувствах. Она, как и во время переворота 1762 года, прошедшего под знаком избавления отечества и сына-наследника от тирана Петра III, стремилась подчеркнуть и свою «спасительную» миссию в отношении к сыну, и свое первенство в праве на это «спасение», то есть на трон.

Екатерина откровенно приветствовала тогда подобные божественные аналогии — в особенности адресованные русской аудитории. Более того, она усилила сакральные коннотации своего деяния, начав раздавать свой «материал» (часть собственного тела!) для дальнейшего прививания. Взятая от привитой императрицы оспенная материя была передана ее ближайшему окружению: «тело» царицы получили приблизительно 140 человек, все — представители русской аристократии.

Успех настолько ошеломил общество, что процедура сделалась модой. Верхушка аристократии торопилась принять часть «тела» императрицы — прививку желали делать даже те, кто переболел натуральной оспой. Екатерина, стремившаяся к широкой международной огласке своего целительного действа, писала графу И. Г. Чернышеву, русскому послу в Англии, 17 ноября 1768 года:

> Ныне у нас два разговора только: первой о войне, а второй о прививании. Начиная от меня и сына моего, который также выздоравливает, нету знатного дома, в котором не было бы по нескольку привитых, а многие жалеют, что имели природную оспу и не могут быть по моде. Граф Григ. Григ. Орлов, граф Кирилл Григ. Разумовский и безчисленных прочих прошли сквозь руки господина Димсдаля, даже до красавиц, как княжны Щербатова и Трубецкая, Елизавета Алексеевна Строганова и многие, коих долго прописать было, покорились сей операции. Вот каков пример. Месяца с три никто о сем слышать не хотел, а ныне ни сие смотрят как на спасение[4].

Раздавая свое тело и кровь во спасение нации, Екатерина ассоциировала себя с Христом, предвидящим жертвенную миссию распятия во время Тайной Вечери: «И, взяв хлеб и благодарив, преломил и подал им, говоря: сие есть Тело Мое, которое за вас предается; сие творите в Мое воспоминание. Также и чашу после вечери, говоря: сия чаша есть новый завет в Моей Крови, которая за вас проливается» (Лк. 22: 19, 20). Неслучайно в ее уже процитированном выше ответе на торжественные речи священников прозвучало «скромное» указание на то, что она действовала «по слову евангельскому» и что это «часть долга звания моего». Важно было подчеркнуть сакральность правления не-

---

[4] Цит. по: [Бекасова 1996: 21].

лигитимной императрицы (и главы церкви!), поступающей «по евангельскому слову».

Для театрального представления по случаю празднования избавления от оспы, в ноябре 1768 года, Майков пишет еще одно сочинение — Пролог в пяти явлениях «Торжествующий Парнасс». Название явно отсылало к известному празднику «Торжествующая Минерва», организованному в Москве в январе 1763 года по случаю восшествия Екатерины на престол. Характерно, что жанр театрального представления и стихов к нему переключал всю символическую машину в иной — барочно-мифологический — регистр.

Действие нового торжества происходит на Парнасе, однако «вдали виден Санктпетербург, над которым ужасная мгла, гром и блистания молнии» [Майков 1867: 494]. Вскоре мгла исчезает, и восходит солнце:

> Разсыпалася мгла в приятной нам стране,
> Сияет град Петров пресветлыми лучами
> [Майков 1867: 494].

Сама оспа предстает в Прологе Майкова в виде ядовитого чудовища:

> Извергнутое в свет
> Чудовище из ада
> Стремится, и по нем везде плачевный след:
> Содроглися родители и чада,
> Летит чудовище и воздух вьет,
> И ядовитым весь дыханьем заражает,
> Всех в гневе поражает,
> Ни мало не щадя ни возраста, ни лиц,
> Ссекает юношей, младенцев и девиц,
> Мужей отважных презирает,
> Разит и трупы попирает;
> Лишились многие друзей, невест и чад.
> Пылает град,
> Исполнен воздух воя,
> С чудовищем сразиться нет героя...
> [Майков 1867: 495]

Екатерина, «росская Паллада», вступает в поединок с чудовищем — и побеждает его:

> Чудовище, вострепетав
> И пред богинею упав,
> Дрожало.
> Богиня из него исторгла смертно жало,
> И сей грозящий страх
> Развеян ею, яко прах
> [Майков 1867: 496].

Поединок царицы с ядовитым чудовищем в этом театральном представлении соотносится не с библейским текстом, но с греческим мифом — он уподоблен второму подвигу Геракла, победившего Лернейскую гидру, которая отравляла окрестности своим ядовитым дыханием. В мифологической версии победы Екатерины над оспой важным оказывается секулярный, просветительский, итог деяния — побежденный страх. Победа над оспой — это победа просвещенного ума над тьмой страхов и предрассудков.

Важны, однако, были и политические импликации сопоставления Екатерины с Гераклом. В европейской (в первую очередь французской) придворной культуре существовала мощная традиция уподобления монархов Гераклу [Yung 1966]. В XVI веке Генриха IV постоянно изображали в виде Геракла на монетах, на триумфальных воротах, на придворных декорациях к празднествам [Vivanti 1967]. Одним из наиболее частых было изображение монарха как Геракла, побеждающего Лернейскую гидру. Геракл ассоциировался с победой над враждебными силами, а в эрудитских компиляциях XVI века был создан культ Геракла — исключительно мудрого властелина, сильного не столько телом, сколько разумом и поддержкой законов и искусств [Vivanti 1967: 184–185]. Соответствующая традиция была усвоена и русской барочной культурой (так, уже в ранних панегириках Петр Первый именуется «новым Геркулесом») [Гребенюк, Державина 1979: 136].

Праздничные стихи Майкова из Пролога продолжали ту же традицию, ассоциируя Екатерину одновременно и с мифологическим героем-полубогом, и с авторитетной эмблемой власти. «Торжествующая Минерва», победившая «змею» политических неустройств (время Петра III), соединялась с обликом всесильного Геракла, побеждая ныне «гидру» смертельной болезни. Неслучайно в том же Прологе Майков, сразу же после описания Гераклова подвига Екатерины, устами «Славы» предвещает и военную победу над врагом (осенью 1768 года, в те же месяцы инокуляции, Россия оказалась вовлеченной в войну против Оттоманской Порты):

> Ликуйте вы, а я лечу в три света части,
> Европе, Африке, Америке внушить,
> Что зло монархиня могла здесь сокрушить.
> А Азия о сем во грозны дни узнает,
> Когда от молнии российской воспылает,
> Из медных челюстей ей гром то возвестит,
> Что тщетною она себя надеждой льстит
> Восставить брань против российския Паллады;
> Преобратятся все ея во пепел грады,
> Познает, како ей Россию почитать;
> Поборник небо ей, и кто дерзнет восстать!
> [Майков 1867: 496]

В то же самое время, параллельно с акцентированием сакральных смыслов инокуляции и «божественных свойств» Екатерины, происходит перекодировка того же события в секулярный контекст. Безусловно, предваряя военные действия в южных краях, в Порте, источнике оспенных эпидемий, Екатерина решилась на привитие оспы и распространение этой прививки в России. Показательно и то, что в своих внешних контактах — в общении с европейскими корреспондентами — Екатерина полностью нивелирует или даже иронически остраняет все сакральные ассоциации, заменяя их — иногда в гиперкорректной форме — на секулярные. Она акцентирует рационалистический, цивилизаторский пафос своего деяния. Так, например, Екатерина пишет Вольтеру 17 декабря 1768 года о том, какими «лекарствами» она пользовалась во время легкой формы оспы после прививки:

...Я вымыслила три или четыре надежных лекарства в добавок к тем, которые в продолжение оспы или очень мало, или совсем не даются; <...> надобно велеть себе прочитать Шотландку, Кандида, Добросердечнаго человека в сорок талеров и Принцессу Вавилонскую. Исполнив ето, нельзя чувствовать ни малейшей боли [Екатерина II, Вольтер 1802: 41–42].

В усвоенном Екатериной игровом дискурсе, обязательном для вхождения в сообщество либеральных умов вненациональной «республики письмен», Екатерина иронически переворачивает ситуацию магического «целения». Не она целительница, а сочинения просвещенного деиста «исцеляют» саму императрицу от грозной болезни. Тексты Вольтера приравниваются к целительным облаткам, а их чтение — к магическому акту. Императрица внимательно следит за «модой» на инокуляцию и иронизирует над тем, что не может совершить «чуда», так как Петр Первый ввел слишком много законов [Екатерина II, Вольтер 1802: 27]. В переписке с философом она с гордостью подводит итоги своей инициативы: «Что до здешних новостей касается, то скажу Вам, Государь мой: здесь всякий хочет оспу прививать! Один Епископ желает так же испытать сию операцию; здесь в один месяц привито большему числу людей, нежели в восемь месяцев в Вене» [Екатерина II, Вольтер 1802: 43].

Вольтер, негодуя на французов-варваров, противопоставлял им русских во главе с Екатериной: «Какими поразительными примерами Ваше императорское Величество научаете наших вертопрашных французов, наших мудрецов Сорбонских и наших Ескулапов! Вы решились привить себе оспу с меньшими приготовлениями, нежели иная старица приступает к промывательному лекарству» [Екатерина II, Вольтер 1802: 49].

Таким образом, евангельский подтекст истории русской инокуляции прочно сопрягался с политическим. Помимо внутренней — русской — аудитории, для которой разыгрывался весь этот религиозный спектакль, был и внешний — европейский — зритель. Не менее важно было продемонстрировать, что русская императрица «перенесла» в свои владения европейскую традицию исцеления — в момент заката и смерти обряда наложения рук во Франции. На этом чрезвычайно выгодном фоне Екатерина и осуществила просвещенный и модернизированный «перехват» сакральной харизмы.

Преодолевая чуму

В конце 1770 года Россия оказалась перед новым вызовом — эпидемией чумы. С самого начала войны с Оттоманской Портой, уже с 1769 года, отдельные случаи заболевания прослеживались в армии, как только она вступила на территорию Молдавии. Осенью 1770 года в военном госпитале Лефортовой слободы умерло более двух десятков пациентов. Главный доктор госпиталя Афанасий Шафонский осмелился уведомить высшее начальство о подозрении на чуму. Однако штадт-физик (главный врач) Москвы Андрей Риндер отказался признать в заболевании чуму. Тем не менее уже в начале января 1771 года, по приказу генерал-губернатора Москвы графа Петра Семеновича Салтыкова, город был окружен заставами, был введен карантин, запрещен ввоз ниток, шерсти, шелка, мехов.

В марте 1771 года чума вспыхнула на Большом суконном дворе, где умерло более 100 фабричных. Вернувшийся из армии доктор Густав Орреус подтвердил диагноз Шафонского. В Москве закрылись все торговые ряды, бани, кабаки; был установлен 40-дневный карантин для всех выезжающих из Москвы. В апреле генерал-поручик Петр Дмитриевич Еропкин был послан в Москву на помощь Салтыкову. Однако принятые меры не помогали — самый пик эпидемии пришелся на последние месяцы 1771 года, когда в одной Москве умерло около 100 тысяч.

Чума пришла в Москву не в первый раз. В 1654 году, в царствование Алексея Михайловича, бубонная чума разразилась в Москве с такой силой, что вынудила царя покинуть зараженный город, оставив его население на милость чудотворной иконы Казанской Божией Матери [Брикнер 1884: 27]. Адам Олеарий оказался свидетелем этого события:

> ...В нынешнем 1654 году во время смоленской войны в Москве появились ядовитое поветрие и сильная чума, продолжающиеся до сих пор, так что люди, по собственному мнению — здоровыми вышедшие из дому, как говорят, падают на улицах и помирают. Поэтому-то проезд к Москве и из нея закрыт [Олеарий 1906: 158].

В отличие от прежних времен, во время событий 1770–1771 года императрица Екатерина II приложила немало сил, чтобы остановить инфекцию и защитить своих подданных. Она регулярно устраивала заседания Государственного совета, где выслушивала и внимательно анализировала советы врачей, составляла инструкции местным чиновникам и сама информировала иностранных корреспондентов о ходе борьбы с эпидемией. Более того, изучая медицинские отчеты, она предложила собственный «холодный метод» лечения болезни, основанный на ледяных ваннах и обертываниях. По свидетельству современников, в некоторых случаях метод оказывался эффективным и даже вошел в медицинские описания под названием *Remedium Antipestilentialae Catharinae Secundae* [Samoilovich 1783: 153].

Однако несмотря на строгие карантинные меры и привлечение армии, отчаявшиеся жители Москвы покидали госпитали, не подчинялись требованиям карантина и даже восставали против докторов и администрации. Как и в 1654 году, в эту новую эпидемию обитатели города полагались лишь на чудодейственные иконы. В первые месяцы чумы состоятельные жители начали спешно покидать город, а в середине сентября 1771 года, накануне чумного бунта, покинул Москву и генерал-губернатор Петр Салтыков. Победитель Фридриха II при Кунерсдорфе стушевался перед моровой язвой — в ноябре Екатерина уволила его в отставку, а через год он скончался, как говорят, не перенеся позора. Мемуары Андрея Болотова дают чрезвычайно выразительное описание бедствия, особенно первых месяцев чумы в Москве:

> Как скоро язва в Москве так сильно начала усиливаться, что не можно уже было удержать ее в пределах, какие предосторожности и старания к тому употребляемы ни были, и чума

взяла верх над всеми полагаемыми ей препонами, то сие так всех живущих в ней устрашило, что всякий, кто только мог, стал помышлять о спасении себя бегством и действительно уезжал и уходил из сего несчастного города, а особливо, узнав, что не было к тому и дальнего препятствия [Болотов 1993: 18].

Поначалу императрица упорно отрицала явление чумы в Москве. На тревожные запросы Вольтера она отвечала в начале декабря 1770 года:

> Не находите ли вы странным это безумство, охватившее всю Европу и заставляющее ее видеть везде чуму <…>, между тем, как она в одном только Константинополе, где и никогда не прекращалась? Я тоже приняла меры. Всех окуривают до удушения, а между тем, весьма сомнительно, чтобы зараза перешла за Дунай [Вольтер, Екатерина II 1882: 99–100].

Зимой 1770–1771 годов чума стала затихать — и императрице показалось, что все уже наладилось, что нет причин для беспокойства. 18 мая 1771 года, в письме к госпоже Бьелке, своего рода пропагандисту мнений русского двора, она высокомерно опровергала слухи, циркулирующие в Европе, по поводу чумы в России. Она писала:

> Тому, кто вам скажет, что в Москве моровая язва, скажите, что он солгал: там были только случаи горячек гнилой и с пятнами, но для прекращения паническаго страха и толков я взяла все предосторожности, какия принимаются против моровой язвы. Теперь жалуются на строгие карантины, окуривание и пр.; я очень жалею о том, но они будут продолжаться, потому что это в другой раз научит, что значат карантинныя прелести и пр. [Екатерина II 1874: 95].

Уже в самый пик эпидемии — в начале октября 1771 года — она отказывалась называть болезнь чумой; в письме к Вольтеру она продолжала толковать о заразительных горячках: «В Москве появились болезни: горячки с пятнами и без пятен, злокачественныя лихорадки, уносящия много народу, несмотря на все принятыя предосторожности» [Вольтер, Екатерина II 1882: 149].

Между тем осенью 1771 года наступила кульминация. Полиция и чиновники беззастенчиво бросали все и покидали город, никакие меры не могли заставить больных и их родственников сжигать зараженный домашний скарб или добровольно идти в госпиталь. Продолжались тайные захоронения, городской люд избивал докторов и не выполнял приказания. При этих обстоятельствах, как свидетельствовал Болотов, «Москва повергласъ в такое состояние, которое походило почти на безначалие» [Болотов 1993: 18]. Бежали из города и помещики, оставляя свою дворню без пропитания — голодное и отчаявшееся население делалось легкой добычей слухов и суеверий:

> Но праздность, корыстолюбие и проклятое суеверие прибегло к другому вымыслу. Надобно было бездельникам выдумать чудо и распустить по всей Москве слух, что не вся надежда еще потеряна, а есть еще способ избавиться от чумы чрез поклонение одной иконе [Болотов 1993: 19].

Распространялись слухи, что будто бы икона Богоматери, издавна стоявшая на Варварских воротах в Китай-городе, была чудотворной, а чума стала следствием ее «обиды» из-за отсутствия должного поклонения — молитв, поставленных перед ней свечей. Фабричные работники (а в Москве их было большое число), суеверные женщины, подогреваемые священниками, городская беднота, — все устремились к иконе, поскольку появились слухи о чудесных «исцелениях», якобы произошедших от прикладывания к образу. Московский митрополит Амвросий попытался вмешаться — послал членов консистории запечатать кружки с деньгами и — вероятно — снять икону с тем, чтобы избежать распространения инфекции. Здесь-то и берет начало московский «чумной бунт».

Екатерина в письме к Вольтеру от 6–17 октября 1771 года описывала неистовство толпы в Москве:

> Амвросий, митрополит этого города, человек умный и достойный, узнав, что уже несколько дней, как громадное количество народа стекается к одному образу, который, по предположениям, вылечивал больных (умиравших у ног

> Богородицы), и что туда несли много денег, послал наложить свою печать на кружку <...>. Часть этой черни принялась кричать: «Митрополит хочет украсть сокровище Пресвятой Богородицы, надо его убить!» <...> Самые бешеные побежали к Кремлю; проломали двери монастыря, в котором живет митрополит, ограбили монастырь, перепились в погребах, в которых многие купцы держат свое вино; не найдя того, кого они искали, часть отправилась к Донскому монастырю, откуда вытащила этого почтеннаго старца и безчеловечно убила его; другая-же дралась, деля добычу [Вольтер, Екатерина II 1882: 149–150].

Бунт и неистовство толпы продолжались в Москве три дня — с 15 по 17 сентября 1771 года. Екатерина описывает события этого бунта как иллюстрацию варварской природы нелюбимой ею Москвы, оплота сопротивления всякому просвещению. Подводя итоги всего произошедшего, она заключала свой рассказ в том же письме Вольтеру: «Есть, по правде сказать, чем гордиться этому XVIII столетию! Вот вам и премудрость. Но не вам надо говорить об этом; вы слишком хорошо знаете людей, чтобы удивляться их противоречиям и сумасбродствам» [Вольтер, Екатерина II 1882: 150].

Неудивительно, что императрица воспринимала события московского чумного бунта как иллюстрацию «варварского», непросвещенного характера города; ее описание чумного восстания преподносилось Вольтеру как своего рода дополнение к его известной статье «Фанатизм», напечатанной в 1764 году в «Философском словаре». В ней Вольтер писал о фанатизме как об убийственном религиозном безумии, как об опасной эпидемической болезни («une maladie épidémique») [Voltaire 1764: 191].

В то время как в этой статье Вольтер метафорически сравнивал фанатизм с чумой или оспой, в своих письмах к Екатерине он откровенно связывал московскую чуму с варварской Турцией:

> Заразительная болезнь, опустошающая Москву и ея окрестности, произошла, благодаря вашим победам. Разсказывают, что зараза была занесена трупами нескольких турок, попавших в Черное море. Мустафа мог дать только чуму, которая не выводится из его прекрасной земли [Вольтер, Екатерина II 1882: 154–155].

По мысли фернейского философа, русская императрица в этой войне сражается не только с геополитическим врагом, но и с оплотом религиозного фанатизма и источником страшных эпидемий. Как и раньше, Вольтер продолжает развивать парадигму русско-турецкой войны как противостояния просвещенной императрицы и варварского тирана Востока. Характерно также, что Екатерина в своих письмах Вольтеру отказывается признать, что в России, в особенности в Москве, свирепствует чума: она настаивает, что имеют место некие «заразительные горячки». Она прекрасно понимала, что чума — в восприятии европейских мыслителей — оказывалась синонимом варварства, невежества, предрассудков. Просвещенная Минерва Севера не должна была ассоциироваться с аллегорией отсталости.

Между тем императрица нашла для себя подходящее применение метафор Вольтера, сопрягавшего тираническую, фанатичную и варварскую Оттоманскую Порту с чумой. Екатерина удачно перенесла метафору в свою внутреннюю политику, используя противопоставление Петербурга и Москвы, охваченной чумой и бунтом. В своем эссе, условно названном позднейшими издателями «Размышления о Петербурге и Москве» (по всей видимости, написанном вскоре после чумного бунта), императрица представила Москву в метафорах Вольтера — как оплот фанатизма и варварства:

> Москва — столица безделья <...>. Дворянству, которое собралось в этом месте, там нравится: это неудивительно; но с самой ранней молодости оно принимает там тон и приемы праздности и роскоши; оно изнеживается, всегда разъезжая в карете шестерней, и видит только жалкия вещи, способныя разслабить самый замечательный гений. Кроме того, никогда народ не имел перед глазами больше предметов фанатизма, как чудотворныя иконы на каждом шагу, церкви, попы, монастыри, богомольцы, нищие, воры, безполезные слуги в домах, — какия дома, какая грязь в домах, площади которых огромны, а дворы грязныя болота [Екатерина II 1907: 652].

Москва в ее описании предстает огромной деревней, населенной бедным фабричным народом — «сбродом разношерстной толпы, которая всегда готова сопротивляться доброму порядку и с незапамятных времен возмущается по любому поводу, страстно даже любит разсказы об этих возмущениях и питает ими свой ум» [Екатерина II 1907: 652]. Екатерина хорошо знала, что одним из крупных очагов чумы был Большой суконный двор в Замоскворечье. И именно среди фабричного люда было много бунтовщиков.

В 1772 году Екатерина запечатлела образ суеверной Москвы в своей комедии «О время!», содержащей выразительный подзаголовок «Сочинена в Ярославле во время чумы 1772 года». Место действия — ненавистная императрице Москва, а три выразительных персонажа — Ханжахина, Вестникова и Чудихина — персонифицировали те пороки, которые предопределили, по мнению автора, чумной бунт.

К концу сентября 1771 года Екатерина наконец решила отправить в Москву графа Григория Орлова с неограниченными полномочиями. 21 сентября 1771 года по этому случаю был издан манифест, в котором сообщалось:

> Видя прежалостное состояние нашего города Москвы и что великое число народа мрет от прилипчивой болезни <...> заблагорассудили мы туда отправить особу от нас поверенную, с властью такою, чтоб по усмотрению на месте нужды и надобности мог сделать все те распоряжения к спасению жизни и к достаточному прокормлению жителей [Екатерина II 1874: 168][5].

Здесь же сообщалось об «отменной доверенности» к Орлову, о его известной «ревности» к делам, а также о том, что ему дается полная власть поступать так, как он сочтет нужным в обстоятельствах, что императрица делегирует ему полную волю [Екатерина II 1874: 168]. Она же пишет Вольтеру о московской миссии Орлова:

> Фельдцейхмейстер граф Орлов просил у меня, как милости, позволения отправиться туда, чтобы увидеть на месте, какия самыя действительныя меры можно принять для прекра-

---

[5] См. также: Полное собрание законов Российской империи. Т. XIX. № 13657.

щения этого бедствия. Я согласилась на этот прекрасный подвиг усердия с его стороны, сокрушаясь однакож об опасности, которой он подвергается [Екатерина II 1874: 175].

Императрица понимала, что события московской чумы и бунта были чрезвычайно опасны, — знала она и о том, что ходили слухи, будто бы она посылала Орлова на верную смерть, желая избавиться от наскучившего фаворита [Брикнер 1884: 528–529]. Слухи об изменении в отношениях, об охлаждении Екатерины к Орлову имели под собой основания, тем более что вскоре после возвращения из Москвы Григорий Орлов будет снова отослан из столицы. В июне 1772 года он будет назначен посланником в Фокшаны, на переговоры о заключении мира с Турцией.

Как всегда, Вольтер нашел дипломатичный риторический прием для описания миссии Орлова. 18 ноября 1771 года он отвечал Екатерине:

> Господин Генерал-фельдцейхмейстер Орлов достоин имени *Ангела утешителя;* он учинил подлинно геройский подвиг. Я уверен, что деяние его непременно должно было поколебать сердце Ваше, между страхом и удивлением разделенное; но для Вас должно оно меньше всякаго другаго быть удивительно, потому что великия деяния Вам Самим свойственны [Вольтер, Екатерина II 1882: 156].

«Великия деяния» графа Григория Орлова были сразу же воспеты в нескольких одах в честь героической победы над чумой, среди них: близкий Орловым С. В. Нарышкин, «Г. Г. Орлову на усмирение чумного бунта в Москве», 1771; троюродный брат фаворита императрицы П. С. Потёмкин, «На возвращение Его Сиятельства Гр. Гр. Орлова из Москвы по восстановлении в оном городе, при жестокой язве спокойствия 1771 года»; также литератор и издатель В. Г. Рубан, «Надпись на благополучное возвращение Его Сиятельства графа Гр. Гр. Орлова из Москвы в Санкт-Петербург декабря 1771 г.».[6]

---

[6] Трудолюбивый муравей. 1771. № 20. С. 160.

Однако наибольшую известность приобрело сочинение Василия Майкова «Письмо его сиятельству графу Григорию Григорьевичу Орлову, на отбытие его из Санкт-Петербурга в Москву во время заразительной в ней болезни для истребления оныя» (1771). Майков уже не раз демонстрировал удивительную ловкость и придворную куртуазность в хвалебных одах. Так и в этом одическом «Письме» он ни разу не называет московскую эпидемию чумой; вместо этого, как это делала императрица в своих указах, он использует политически корректный термин — «заразительная болезнь». Его ода формально воспевала героические деяния Орлова, но одическое «прославление» одновременно переходило и к Екатерине. Майков изображает Орлова как «друга» российского общества, просвещенного Минервой-Екатериной:

> Не тем ты есть велик, что ты вельможа первый —
> Достойно сим почтен от росской ты Минервы
> За множество твоих к отечеству заслуг, —
> Но тем, что обществу всегда ты верный друг:
> Не самую ль к нему ты дружбу тем являешь,
> Когда ты спасть Москву от бедствия желаешь?
> Неложно просветил тебя Минервы луч,
> Что шествуеши ты в средину страшных туч,
> Которыя других одним смутили видом,
> Но ты грядешь покрыт Минервиным эгидом
> [Майков 1867: 104].

Описание событий кодируется здесь в нескольких аспектах. Во-первых, с помощью реального «ключа». Здесь Майков, говоря о «смущении» «одних», очевидно намекает на неудачи прежних «спасателей»: в середине сентября 1771 года московский генерал-губернатор П. С. Салтыков в страхе покинул Москву, а посланный еще до Орлова генерал П. Д. Еропкин не справился с царившим в Москве хаосом и был отставлен.

«Страшные тучи», сквозь которые шествует Орлов, отсылали к ставшими повседневными мерам дезинфекции, принятым в тогдашней жизни. Вся Москва к сентябрю 1771 года была в тучах дыма от сжигаемых или окуриваемых вещей, принадлежавших инфицированным. На каждом углу города горели костры из можжевельника, который, как считалось, мог убивать заразу и очищать воздух вокруг. С августа 1771 года по Москве ездили повозки с мертвыми телами, которые собирали на улицах так называемые мортусы, набранные из осужденных на смерть или на вечную каторгу. Они были одеты в черные дегтярные робы с прорезями для глаз и рта. Сквозь эту «тьму» шествует, как изображает Майков, Орлов, защищенный «эгидом» Екатерины, которая оберегает героя от язвы.

Во-вторых, Майков вводит в свой текст мифологический аспект, отсылая к известной топографической легенде о римском воине, который спас Рим от огненной бездны. Согласно легенде, на Форуме в Риме разверзлась земля, образовалась пропасть, в которой полыхал огонь. Римский оракул провозгласил, что Рим спасется только при условии, если римляне бросят в огонь самое ценное, что у них есть. Не помогло ни золото, ни драгоценности — и тогда воин Марк Курций в вооружении и на коне бросился в горящую бездну, края которой сразу сомкнулись. Рим был спасен, а на месте пропасти образовалось озеро.

Майков не находит других образцов для сравнения — Орлов, по его описанию, является современным Курцием, спасшим Москву от огненной бездны:

> Какой могу пример сыскать душе твоей?
> Едва ли кажется мне равным быть и сей,
> Чем Курций в древности навек себя прославил,
> Скочив в палящу хлябь, и Рим от бед избавил.
> Не более ль сего в тебе мы ныне зрим:
> Москва в опасности днесь больше, нежель Рим.
> Не баснословнаго там гнев возжен Плутона:
> Она исполнена рыдания и стона
> [Майков 1867: 104–105].

Майков не только удивительно тонко почувствовал важность и уместность римских ассоциаций, но и в финале оды заранее представил императрице торжественную надпись для ознаменования победы Орлова над московской чумой:

> Когда ж потщишься ты Москву от бед избавить,
> Ей должно образ твой среди себя поставить,
> И вырезать сии на камени слова:
> «Орловым от беды избавлена Москва»
> [Майков 1867: 105].

Екатерина заказала медаль в честь победы Орлова над чумой Е.-М. Фальконе, а портрет должна была выполнить его ученица Мари Анна Колло. Фальконе предложил концептуальный дизайн, совмещающий античность и современность. Колло, которая, по мнению Екатерины, хорошо передавала сходство, должна была изобразить профиль героя. Однако императрица предложила «свой» рисунок на медали, основанный на легенде о Курции и прямо отсылающий к оде Василия Майкова. Более того, она отказалась от девиза, предложенного Фальконе, и приказала использовать фразу, взятую из поэмы Майкова «Орловым от беды избавлена Москва», добавив в качестве объяснения: «По-русски это — звучный стих» [Екатерина II, Фальконе 1876: 155–158].

Тем не менее эта надпись — цитата из Майкова — оказалась в итоге не на медали, а на триумфальных воротах, построенных в Царском Селе по дороге в Гатчину и выполненных по проекту Антонио Ринальди. Медаль же была гравирована Г. Вехтером. На ней был помещен портрет Григория Орлова, украшенный лентой, на которой видны были орден Андрея Первозванного и портрет-медальон самой Екатерины II. На обратной стороне медали был изображен Орлов-Курций, галопирующий на фоне Кремля, перед огненной ямой. Надпись здесь гласила: «Россия таковых сынов имеет». Согласно мемуарам, Орлов сам уговорил Екатерину заменить «звучную» надпись Майкова на менее комплиментарную [Брикнер 1884: 529].

Каким же образом Орлову удалось остановить эпидемию в Москве? Было ли это его победой?

Орлов приехал в Москву 26 сентября 1771 года, в самый критический момент чумной истории, когда в городе, по сути, не оказалось администрации и каждый день умирало чуть ли не по 1000 жителей. Его сопровождали четыре лейб-гвардейских полка, целая армия докторов, а в его распоряжение была выделена огромная сумма денег. Все деяния Орлова координировались с указами Екатерины — их задачей стало привнести порядок и дисциплину в охваченный чумой город.

Однако стратегия Орлова и Екатерины заключалась не только в методе «дисциплинируй и наказывай» (как это было раньше в классических примерах чумных эпидемий [Фуко 2018: 287–289]), но и в привнесении просветительской парадигмы в старую схему. Неслучайно Майков писал о «лучах просвещения», которые Орлов получил от Екатерины-Минервы и привнес в свою античумную политику. До приезда Орлова события чумной истории и бунта 1771 года развивались в старой парадигме, характерной для всех прежних, даже средневековых, эпидемий: богатые жители покидали город, в то время как бедное население полагалось лишь на религиозные ритуалы, исцеляющие чудотворные иконы и восставало против докторов, всех методов дезинфекции, против карантинов. Заключительные месяцы 1771 года, уже под командованием Григория Орлова, свидетельствовали об ином методе, и окончательный успех был связан с той просветительской стратегией, которую применил посланник императрицы в Москве.

Прежде всего, нужно было победить одного главного «дракона» — страх. Граф Орлов поселился в самом центре города, наглядно демонстрировал бесстрашие, чувство порядка, ответственность и готовность восстановить этот порядок. Он немедленно принялся инспектировать чумные госпитали и карантинные заставы, сам лично входил к больным. Немедленно специальная комиссия приступила к изучению самой болезни — и наконец был установлен точный диагноз. Уже 30 сентября 1771 года Орлов обнародовал свое заключение «О чуме в Москве», где не только указывался настоящий характер болезни, но и предлагался целый план действий. Приказывалось выдавать бесплатную чистую одежду и деньги всем выздоровевшим пациентам, выписывающимся из госпиталя: 5 рублей одиноким, 10 рублей семейным. По указу Орлова, по 20 рублей выдавалось жителям, сообщавшим о сокрытии болезни соседями или родственниками, о продаже вещей, взятых от умерших. Эти меры оказались вполне работающими, и население начало прибывать в госпитали и карантинные дома. В Москву стало поступать продовольствие, создавались необходимые казенные заведения: сиротские дома и убежища для бездомных. В дополнение к прежнему Орлов приказал удвоить зарплату докторов и их ассистентов. Государство потратило огромную по тем временам сумму (400 тысяч рублей) на войну с чумой. Через три месяца эпидемия была практически побеждена.

Уже в декабре 1771 года Екатерина извещала Вольтера о конце эпидемии и описывала странный характер этой болезни, все еще сомневаясь в диагнозе:

> Благодаря распоряжениям графа Орлова, в Москве 28 числа этого месяца умерло всего два человека от заразы, которой так боятся ваши южныя страны, и совершенно справедливо. Но больные еще есть; доктора уверяют, что две трети их будут здоровы. Но что весьма странно, так это то, что не заболевал никто из людей знатных и что умерло более женщин, чем мужчин. В анатомированных трупах нашли, что вся кровь приливала к сердцу и легким, что ни одной капли ея не было в венах, что все лекарства были смертельны, кроме вызывавших пот [Вольтер, Екатерина II 1882: 161].

1 января 1772 года Вольтер рассказывал о схожей болезни в Италии:

> Я еще не знаю, настоящая ли чума была в Москве, но знаю, что она в нашем соседстве. По слухам, она отправила к Богу пятьсот пятьдесят человек в Кремоне, в один день. Продлилась она неделю, и в этом городе не останется никого. Полагают, что она была занесена с Сенигалльской ярмарки, с города... на Адриатическом море. <...> Дело в том, что Женева, моя соседка, трепещет всем сердцем, так как у нее больше торговли с Кремоной, чем с Римом [Вольтер, Екатерина II 1882: 164].

Чумной бунт потряс Екатерину больше, чем сама болезнь. Ей казалось, что первые плоды просвещения вызрели в России, что страна, потрясающая когда-то непобедимую Порту, вошла в русло современной европейской жизни... Однако чумной бунт в Москве заставил ее искать сравнения в «бородатом» прошлом. В сентябре 1771 года она сообщала Никите Панину: «Состояние Москвы меня очень безпокоит, ибо там, кроме болезни и пожаров, глупости много. Все это отзывается бородою наших предков...»[7] В тех же метафорах она писала А. И. Бибикову 20 октября 1771 года: «Проводим и мы месяц в таких обстоятельствах, как Петр Великий жил тридцать лет. Он сквозь всех трудностей продрался со славою; мы надеемся из них выйти с честью» [Екатерина II 1874: 179–180].

Императрица интерпретировала события чумного бунта как возвращение к эпохе начала XVIII века — первым годам правления Петра I, сражавшегося с отсталостью, варварством, религиозным фанатизмом. В течение московской чумы Екатерина неожиданно оказалась в «обстоятельствах» Петра, однако решение, выход из чумной эпопеи она нашла не в петровской парадигме «кнута», но в гораздо более просвещенной и цивилизованной стратегии «пряника».

Источники

Болотов 1993 — Болотов А. Т. Жизнь и приключения Андрея Болотова: Описанные им самим для своих потомков: В 3 т. Т. 3. М.: Терра, 1993.

Брикнер 1884 — Брикнер А. О чуме в Москве 1771 года // Русский вестник. 1884. Т. 173. № 9–10. С. 5–48, 502–568.

Вольтер, Екатерина II 1882 — Вольтер и Екатерина II // Издание В. В. Чуйко. СПб., 1882.

Гребенюк, Державина 1979 — Панегирическая литература петровского времени / Изд. подгот. В. П. Гребенюк; под ред. О. А. Державиной. М.: Наука, 1979.

Екатерина II 1874 — Сборник Русского исторического общества. Т. 13: Бумаги Императрицы Екатерины II, хранящиеся в Государственном архиве Министерства иностранных дел с 1771–1774 г. Ч. 3 / Изданы академиком Я. К. Гротом. СПб.: Тип. Имп. Акад. наук, 1874.

---

[7] Цит. по: [Соловьев 1876: 195–196].

Екатерина II 1907 — Записки императрицы Екатерины Второй. Перевод с подлинника, изданного Императорской академией наук. СПб.: Изд. А. С. Суворина, 1907.

Екатерина II, Вольтер 1802 — Переписка российской императрицы Екатерины Вторыя с г. Волтером, с 1763 по 1778 год / Пер. М. Антоновский. Ч. 1. СПб.: Императорская Академия наук, 1802.

Екатерина II, Фальконе 1876 — Переписка императрицы Екатерины II с Фальконетом // Сборник императорского Русского исторического общества. Т. XVII. СПб., 1876. С. 1–247.

Екатерина II, Фридрих II 1877 — Переписка императрицы Екатерины II с королем Фридрихом II // Сборник императорского Русского исторического общества. 1877. Т. 20. С. 149–396.

Майков 1867 — [Майков В. И.] Сочинения и переводы Василия Ивановича Майкова. СПб.: Типография И. И. Глазунова, 1867.

Олеарий 1906 — Олеарий А. Описание путешествия в Московию. СПб.: Изд. А. С. Суворина, 1906.

Рубан 1768 — Рубан В. Ода на день всерадостнейшаго торжества на предпринятый и благополучно совершившийся к неописанному счастию всея России, Ея императорскаго величества и Его императорскаго высочества в привитии оспы подвиг, 22 ноября 1768 года. СПб.: 1786.

Samoilovich 1783 — Samoilovich D. Mémoire sur la peste, qui, en 1771, ravagea l'empire de Russie, surtout Moscou, la capitale. Paris: Chez Leclerc, 1783.

Voltaire 1764 — Dictionnaire philosophique, portatif. Londres, 1764.

Voltaire 1879 — Voltaire. De la mort de Louis XV et de la fatalité // Œuvres complètes de Voltaire. T. 29: Mélanges. Paris: Garnier, 1879. P. 299–304.

Библиография

Бекасова 1996 — Бекасова А. В. История о том, как прививали оспу Российскому двору // Екатерина Великая: эпоха российской истории: в память 200-летия со дня смерти Екатерины II (1729–1796) к 275-летию Академии наук: тезисы докладов. Санкт-Петербург. 26–29 августа 1996 г. СПб.: СПбНЦ, 1996. С. 18–22.

Соловьев 1876 — Соловьев С. М. Москва в 1770 и 1771 гг. // Русская старина. 1876. Т. 17. № 10. С. 189–204.

Соловьев 2002 — Соловьев С. М. История России с древнейших времен. Т. 27–28. М., 2002.

Фуко 2018 — Фуко М. Надзирать и наказывать. Рождение тюрьмы / Пер. с фр. В. Наумова. М.: Ад Маргинем Пресс, 2018.

Hopkins 1983 — Hopkins D. R. Princes and Peasants. Smallpox in History. Chicago and London: The University of Chicago Press, 1983.

Vivanti 1967 — Vivanti C. Henry IV, the Gallic Hercules // Journal of the Warburg and Courtauld Institute. 1967. Vol. 30. P. 176–197.

Yung 1966 — Yung M. R. Hercule dans la littérature française du XVIe siècle. Genève: Droz, 1966.

2

Поэтика прототипов

*Политические контексты
сказок Екатерины II*

> Сказка ложь, да в ней намек…
> А. С. Пушкин

Две «восточные» сказки Екатерины II — «Сказка о царевиче Хлоре» (1781) и «Сказка о царевиче Февее» (1782) в первую очередь рассматривались как источники од Г. Р. Державина «Фелица» и «Решемыслу» [Гуковский 1947: 375–376; Погосян 2007]. Сказочное творчество императрицы ставилось в параллель к государственному законодательству, к отражению существенных черт дворянской культуры в ее екатерининской версии [Акимова 2010; Акимова 2012]. Однако по большей части сказки Екатерины II оказывались только отправной точкой для разгадывания державинских од. Оды Державина — игровые, выполненные в «забавном слоге», содержащие намеки на вельмож — заслонили собственным насыщенным аллегоризмом тот скрытый аллюзионный пласт, присутствующий в этих двух сочинениях императрицы.

Между тем моралистическая, дидактическая оболочка обеих сказок вуалировала острейший политический контекст — как это почти всегда случалось, когда императрица бралась за перо. Используя европейскую моду на сказочный нарратив [Сиповский 1910; Кубачева 1962; Строев 1990; Defrance 2006], Екатерина II сочинила сатиру на ближайших к ней лиц.

Рождение Александра: праздник на придворной сцене и «роза без шипов»

13 февраля 1778 года в гатчинском дворце было устроено необычайно пышное празднество по случаю недавнего рождения (12 декабря 1777 года) внука императрицы — Александра Павловича. Сначала гости присутствовали на итальянской опере «Ахилл во Сциросе»: либретто было написано Пьетро Метастазио, а музыку сочинил тогдашний придворный капельмейстер Джованни Паизиелло[1]. Затем в театре среди зрителей неожиданно появился некий «господин Азор», который пригласил избранных гостей в особую комнату, декорированную в восточном стиле [Екатерина II 1878: 42].

Огромные вензеля с буквой «А» (в честь новорожденного Александра) из бриллиантов и жемчуга, целый строй прислуживающих на ужине пажей, одетых в «золотые» платья, — все это «казалось волшебным» не только гостям, но и самой императрице, детально описавшей торжество в упоминавшемся выше письме к барону Гримму. Рядом с «зеркальной» комнатой устроена была «турецкая» комната, и сама императрица с восторгом сравнивала происходящее с «Тысячей и одной ночью». Весь этот эклектичный ориентализм был в особенной моде, составляя, так сказать, декоративный фон имперской власти. Власть играла с «волшебной», «сказочной» стороной модного «восточного» экзотизма, желая подчеркнуть свою понимаемую по-новому, уже не «божественную», но столь же чудесную, волшебную природу.

Неслучайно распорядителем праздника был Азор — персонаж популярнейшей комической оперы-балета «Земира и Азор», либретто которой было написано в 1771 году Ж. Ф. Мармонтелем, а музыка сочинена Андре Гретри. В том же году в театре замка Фонтенбло Людовик XV присутствовал на первой постановке пьесы.

---

[1] Спектакль «на греческое предание» был «великолепный»; см. его описание в [Арапов 1861: 87–88].

Мармонтель использовал мотивы популярной сказки «Красавица и чудовище» («La belle et la bête») в обработке французской писательницы Жанны-Мари Лепренс де Бомон (*Jeanne-Marie Leprince de Beaumont*), в свою очередь использовавшей старейшую литературную версию сюжета, выполненную Г.-С. де Вильнёв (*Gabrielle-Suzanne Barbot de Villeneuve*). Любопытно, что сами имена героев появляются уже в философской повести Вольтера «Задиг, или Судьба» (1747): Земира и Азора (здесь это женское имя) — две неверные возлюбленные протагониста — Задига. Вольтер придал сказочно-авантюрному нарративу пародийный аспект за счет деконструирующей иронии и сатирического подтекста. Либретто комической оперы Мармонтеля также содержало в себе элемент легкой пародии на условности сказочной феерии.

В либретто Мармонтеля младшая из дочерей купца Сандера — Земира — просит отца подарить ей не драгоценности, а всего лишь розу, и эта роза оказывается инструментом преображения «чудовища» Азора в прекрасного принца, символом любви. В этой пьесе любовь торжествовала, а через все представление повторялся — как заклинание — рефрен арии:

> Rose chérie,
> Aimable fleur,
> Viens sur mon cœur...
> [Marmontel 1774: 17]

Сюжет сказки сделался чрезвычайно популярным в качестве придворного спектакля. Сама же опера стала своеобразным фоном, культурным контекстом создания «Сказки о Царевиче Флоре» (1781), написанной Екатериной для ее внука Александра. Казалось бы, что общего между волшебной — любовной — розой из оперы-сказки и той загадочной «розой без шипов, которая не колется» [Екатерина II 1990: 121] из сказки Екатерины? Между тем разнообразные коннотации эмблематики розы, имеющие длинную традицию [Веселовский 1939: 132–133], сходились здесь в одной точке. Роза могла ассоциироваться с любовью, эросом или, напротив, служить символом тайны, молчания (Sub Rosa Dictum) и даже смерти, похорон; роза могла приобретать самые неожиданные и противоположные значения, связываться с жизнью Девы Марии, приобретать эзотерические, масонские коннотации [Йейтс 1999].

Роза без шипов в теологических интерпретациях, а также в живописи связывалась с раем до грехопадения, шипы же призваны были напоминать смертным о первородном грехе. В Московской славяно-греко-латинской академии ученики должны были изучать курс физики небесных тел, заканчивающийся такими спорными вопросами, как место существования рая и диспут о реальности «розы без шипов»: «Росла ли в раю роза без шипов? На это Василий Великий, Амвросий и Дамаскин отвечают утвердительно: ибо после падения уже сказал Бог Адаму, что земля возрастит терние» [Смирнов 1855: 166–167]. В 1843 году при Елизавете Петровне шла опера «Роза без шипов», «старинная русская быль, с пением и танцами», положенная на музыку неаполитанским композитором при русском дворе Франческо Арайей [Кочетов 2019: 122].

Откуда эта роза появляется в сказке русской императрицы? Со времен романа Апулея «Метаморфозы» (II век н. э.), получившего впоследствии название «Золотой осел», сюжет о волшебной силе розы, способной преобразить чудовище или животное, вернуть им утраченный человеческий облик, начинает кочевать по мировой литературе. В «Золотом осле» юноша Люций превращен в осла из-за своей неумеренной чувственности, а также непомерного любопытства, — всех этих страстей, толкающих его к приключениям. Во сне герой видит богиню Изиду, которая рассказывает о том, что ему необходимо найти во время мистерии жреца с венком роз, съесть их, — и тогда он вернет себе человеческий облик. После обратного превращения Люций становится добродетельным почитателем культа Изиды, и ослиная шкура спадает с него навсегда. Показательно, что вставная новелла «Золотого осла», повествующая об Амуре и Психее, также сделалась исключительно популярной в литературе. Оба сюжета, Амур и Психея, как и Земира и Азор (вариация сюжета о красавице и чудовище), по сути, стали популярнейшими придворными сценариями, приуроченными к имперским свадьбам или дворцовым праздникам. Показательно, что «Душенька» И. Ф. Богдановича, использовавшая мотивы Амура и Психеи, вариацию сюжета о красавице и чудовище, пишется как раз в то же самое время — начата в 1775, опубликована в 1783 году.

В России опера Гретри ставилась неоднократно. 2 июня 1774 года в Царском Селе, в театре, устроенном в оранжерее, состоялось первое представление «Земиры и Азора», на котором присутствовала молодая чета: великий князь Павел Петрович и его супруга Наталья Алексеевна. В июне 1777 года Екатерина и гостивший в России шведский король Густав III трижды присутствовали на представлении этой оперы, 16-го — на придворном театре. В самом конце июня Густав приехал в Ораниенбаум, где организовывались балы и маскарады в честь тезоименитства Павла Петровича 29 июня. Здесь, на театре, и разыграна была опера «Земира и Азор». Сюжет этой оперы настолько очаровал обеих коронованных особ, что русская императрица назвала именем Земиры любимую собачку, а шведский король — военный корабль.

Опера сопровождала все пребывание шведского короля в России. 24 июня 1777 года вместе с императрицей Густав посетил спектакль на тот же сюжет в Смольном институте, где праздник был устроен по случаю именин И. И. Бецкого, возглавлявшего это учебное заведение для благородных девиц. Там приготовлены были театральные представления, разыгрываемые в здании и в саду. При этом функцию волшебной розы, преобразующей чудовище, выполняло произнесение имени императрицы: «Девица <Е. Н.> Хрущова, представляя безобразного Азора в сцене из известной оперы и приняв свой настоящий вид при магическом действии имени Екатерины, невольно заплакала при произнесении стихов в честь своей благодетельницы» [Грот 1877: 26].

Роза связывалась не только с самой императрицей, но с идеей воспитания, преобразования личности. Описывая медали, выданные выпускницам Смольного монастыря 25 мая 1776 года, французский дипломат Корберон сообщал:

> С одной стороны на них выбито изображение Императрицы, с ее именем русскими буквами, а с другой — ветки винограда разных величин, освещенные лучами солнца, в середине котораго помещена роза — эмблема императрицы; вверху — надпись: «Вот как оне воспитываются» <...>, а внизу — другая надпись, в которой значится, что медаль служит наградой за добродетель и заслуги [Корберон 1907: 82].

Неслучайно на портрете двух смолянок, Ф. С. Ржевской и Н. М. Давыдовой, выполненном в 1772 году, Д. Левицкий изобразил розу: младшая из девочек, княжна Давыдова, в «кофейном» платье начального воспитательного возраста, держит в руке белую розу — знак будущего превращения, трансформации в существо высшего разряда, каковым уже отчасти является старшая девочка в голубом платье. Эта роза должна была указывать на важнейшую масонскую парадигму превращения «дикого камня» в отшлифованный образец и одновременно символизировать силу правильного воспитания, установленного под руководством императрицы.

Однако в «Сказке о царевиче Хлоре» (1781) Екатерина переформатировала масонский символизм по рационалистической схеме. К этому времени императрица уже перешла от толерантности к интенсивной критике масонства: как раз в 1780 году был опубликован ее антимасонский памфлет «Тайна противо-нелепого общества (*Anti-absurd*), открытая непричастным оному». В сказке масонская концепция пути, связанная с поиском «истины», или тайной «мудрости», превращена в наглядное пособие для ее маленьких внуков по правильному поведению при дворе. По тернистым путям Хлора сопровождает Рассудок, юный сын Фелицы, ипостаси самой императрицы в этом сочинении. Целью пути является поиск «розы без шипов», однако отнюдь не в розенкрейцерском его понимании. Сказка имела целью перехватить воспитательную миссию масонов, рационализировать и освободить стратегию воспитания от всякой мистической символики. Отметая какое-либо иное «толкование» (Екатерина употребляет именно такое выражение. — *В. П.*) розы без шипов, сказка говорит лишь об одном: «Сей цветок не что иное значит, как добродетель» [Екатерина II 1990: 126], а сама рассказчица многозначительно предостерегает Хлора не идти «косыми дорогами», а выбирать лишь «прямую» [Екатерина II 1990: 126].

Между двух основных типов «восточной повести» — развлекательно-авантюрной сказкой и серьезной просветительской, философской повестью [Кубачева 1962: 299] — «Сказка о Царевиче Хлоре» занимает промежуточное место. С одной стороны, сюжетная канва сказки соотносится с первым типом: похищение героя, трудное, невыполнимое для обычного героя задание, появление помощников, чудесное обнаружение розы. Сами имена персонажей сказки пришли именно из такого — первого типа — источника. Сочинение Екатерины, как справедливо установил еще В. В. Сиповский, заимствует имена и мотивы французской прозаической сказки «Флорина, или Прекрасная итальянка» («Florine, ou la belle Italienne») [Сиповский 1910: 313]. Этот текст был впервые напечатан без имени автора в 1713 году. Сказка о Флорине написана Франсуазой Ле Маршан (*Françoise Le Marchand*, умерла в 1754 году), а сама писательница позднее фигурировала уже под именем *Françoise Duché de Vancy, dame Le Marchand*.

Сказка о принцессе Флорине входила в сборники сказок о феях, такие как «Новые аллегорические сказки фей» («*Nouveaux contes des fées allégoriques*», 1735), предназначенные для детского чтения, в том числе и для королевских семей. Неслучайно Королева дает задание для Флорины «искать *имперскую* розу без шипов»[2].

Действительно, некоторые мотивы и персонажи «Сказки о царевиче Хлоре» соотносятся с «Флориной». Принцесса Флорина переделана у Екатерины в царевича Хлора, но задание — отыскать розу без шипов — присутствует в обоих текстах. Правда, во французской сказке, длинной и многословной, это лишь одно из заданий, которое должна выполнить юная Флорина. Французская сказка снабжена предисловием и объяснением аллегорических имен, среди них — Feliciane (la Felicité), что соот-

---

[2] «Trouvera encore le moyen de faire régler que Florine irait chercher la Rose Impériale sans épines» [Florine 1713: 33].

ветствует русской Фелице. Как и в сказке Екатерины, героиня должна выбрать правильную дорогу (из нескольких), подняться на гору, пройти мимо «неправильных» героев (лжецов, бездельников, развратников). По дороге она находит дворец, где обитает Рассудок. В предисловии прямо указано, что в сказке о Флорине показана «дорога к добродетели и счастью», что сказка не развлечение, а соединение приятного с полезным, что сказка продолжает традиции Эзопа и Фенелона с его «Приключениями Телемака» [Florine 1713: IV].

Между тем «Сказка о царевиче Хлоре» заметно отличалась от «Флорины». В екатерининской сказке нет ни фей, ни волшебства как такового, и в этом отношении стратегия сказки Екатерины, заимствуя некоторые элементы авантюрно-развлекательной повести, содержит внутренний идеологический (не только дидактически-воспитательный) пласт. Декорируя текст восточными атрибутами, согласно моде того времени, Екатерина демонстрировала успехи своей имперской политики: относительное усмирение казахской «степи», реорганизация Оренбургской губернии, начавшаяся в 1775 году. Восточные декорации из условности превращались в знаки реальных успехов, и потому и царица, и Державин продолжали обыгрывать эти ориентальные мотивы. Екатерина, прочитав «Фелицу», пошлет Державину табакерку «Из Оренбурга от Киргиз-кайсацкой Царевны Державину». Сам поэт всю жизнь с удовольствием будет носить почетное звание «Татарского Мурзы».

С другой стороны, императрица-писательница в вольтеровском стиле подчеркивала фиктивный и даже сатирический характер выведенных в обеих сказках «восточных» персонажей. Ханство, в которое привезли украденного Хлора, как и дворец Февея во второй сказке Екатерины II, — это аллегорическое изображение русского двора. Описание неправильного образа жизни Царицы в «Сказке о царевиче Февее» напоминает мемуарные зарисовки (в том числе сделанные самой Екатериной) ночного образа жизни императрицы Елизаветы Петровны: «...Царица лежит день и ночь в теплой горнице, не делает движения ни малейшаго, и воздухом свежим не пользуется, кушает же повсечастно, что ни вздумает, спит днем, ночь пробалагуривает с барынями и барышнями...» [Екатерина II 1990: 128].

Намек на то, что Екатерина II «пошутила» здесь на счет своей предшественницы на троне, был очевиден для современников [Державин 1864–1883, 1: 172–173]. В отличие от Царицы, кутавшейся в одеяла на «чернолисьем меху» (постоянный атрибут описания Елизаветы Петровны), Февей воспитывался в разумной, просвещенной педагогической системе, схожей с той, какую установила императрица для своих внуков. Само же описание здорового образа жизни маленького Февея построено на отрицании некоего негативного опыта. Как сообщает повествователь, «его (Февея. — *В. П.*) не пеленали, не кутали, не баюкали, не качали никак и никогда» [Екатерина II 1990: 129]. Этот опыт очевидно намекал на воспитание Павла Петровича при дворе Елизаветы Петровны. В своих записках Екатерина сообщает о том, как императрица Елизавета забрала маленького Павла к себе в комнату и «душила» его чрезмерной заботой:

> Его держали в чрезвычайно жаркой комнате, запеленавши во фланель и уложив в колыбель, обитую мехом чернобурой лисицы; его покрывали стеганым на вате атласным одеялом и сверх этого клали еще другое, бархатное, розового цвета, подбитое мехом чернобурой лисицы. <...> Пот лил у него с лица и со всего тела, и это привело к тому, что, когда он подрос, то от малейшего ветерка, который его касался, он простужался и хворал. Кроме того, вокруг него было множество старых мамушек, которыя бестолковым уходом, вовсе лишенным здраваго смысла, приносили ему несравненно больше телесных и нравственных страданий, нежели пользы [Екатерина II 1907: 363].

Показательно было и то, что среди обязательных элементов правильного поведения юных царевичей Хлора и Февея подчеркнуто фигурируют те, которых, по мнению императрицы Екатерины, начисто был лишен Павел Петрович — покорность воле родителей и разборчивость в дружеском окружении. И масонские связи Павла Петровича, и скандал с подозрением, павшим на его друга детства А. К. Разумовского в любовной связи с первой женой Павла Натальей Алексеевной, и конфликт вокруг путешествия Павла по Европе, — все это служило политическим фоном обеих сказок. Этот аллюзионный фон оказался не единственным, и сказки Екатерины, внешне ориентированные на педагогический, дидактический аспект, скрывали острый политический подтекст, чрезвычайно важный для понимания антропологии власти в тот период.

«Между Лентягом и Брюзгой»: подмена прототипов

Сказка императрицы о Хлоре почти сразу оказалась «прочитанной» сквозь канон, заданный Державиным в его «Фелице» — в «Оде к премудрой Киргиз-кайсацкой Царевне Фелице, писанной Татарским Мурзою, издавна поселившимся в Москве, а живущим по делам своим в Санкт-Петербурге», где используются и обыгрываются мотивы текста Екатерины. «Фелица» была написана в 1782 году и напечатана в мае 1783 года в первом номере журнала «Собеседник любителей российского слова», редактируемого Е. Р. Дашковой при участии самой императрицы. Державин не только смело связал Фелицу с самой Екатериной в своей шуточной — «забавной» — оде, но и, по сути, произвел эстетическую и жанровую революцию в истории оды [Проскурина 2006: 195–236].

Между тем сатирический, злободневный подтекст самой «Сказки о царевиче Хлоре» остался непроясненным, заслоненным собственным ярко аллюзионным содержанием державинской оды. Эта ретроспективная аберрация подкреплялась созданной вокруг восприятия оды легендой, распространяемой и поддерживаемой Державиным на протяжении многих лет. Позднейшие «Объяснения» поэта на собственные сочинения закрепили канон. Показателен один такой фрагмент оды «Фелица»:

> Между лентяем и брюзгой,
> Между тщеславья и пороком
> Нашел кто разве ненароком
> Путь добродетели прямой
> [Державин 1864–1883, 1: 139–140].

В первом издании оды, в версии «Собеседника», первая строка звучала более выразительно, более наглядно соотносясь с персонажами сказки Екатерины: «Между Лентягом и Брюзгой» [Державин 1864–1883, 1: 139]. Комментируя эти строки в позднейших «Объяснениях», Державин пишет уже не о своих героях и их прототипах — он «объясняет», кто был выведен в самой «Сказке о царевиче Хлоре» под именем Лентяг-мурзы и Султана Брюзги: «Сколько известно, разумела она под первым кн. Потёмкина, а под другим кн. Вяземского, потому что первый, как выше сказано, вел ленивую и роскошную жизнь, а второй часто брюзжал, когда у него, как управляющего казной, денег требовали» [Державин 1864–1883, 3: 599].

«Объяснения» писались в 1809 году, уже в другую эпоху, когда образ Потёмкина был сформирован позднейшими воспоминаниями современников (во многом также мифологичными) о «ленивой» и «роскошной» жизни князя Таврического. Связав Султана Брюзгу со своим тогдашним начальником по службе князем А. А. Вяземским, Державин привнес в екатерининскую аллюзионность личные мотивы — собственные неприятности по службе, последовавшие за публикацией «Фелицы» (конфликт с Вяземским, отставку, гонения).

Фелица из сказки Екатерины была «замужем за Брюзгой Султаном», который «никогда не смеялся и сержился на других за улыбку» [Екатерина 1990: 121]. Весьма маловероятно, что императрица могла ассоциировать последнего с генерал-прокурором Сената А. А. Вяземским, хотя и высокопоставленным чиновником, но не входившим в ее ближайшее придворное окружение. Вяземский не имел отношения ни к воспитанию, ни к тому почти «семейному» конфликту, о котором — вторым, аллюзионным, планом — повествовала сказка. Современники писали о генерал-прокуроре Вяземском как о человеке малообразованном, мстительном, но всегда готовом предоставить деньги из казны по первому требованию императрицы [Грот 1997: 172–173]. Кто имелся в виду под именем Султана Брюзги, мужа Фелицы, — вопрос этот пока остается открытым.

Между тем представляется возможным установить фигуру того, кто имелся в виду в качестве главного отрицательного персонажа сказки — Лентяг-мурзы. В пору сказки о Хлоре, в том историческом и политическом контексте начала 1780-х годов, Потёмкин никак не мог ассоциироваться с «Лентягом»: он был уже вовлечен в так называемый «Греческий проект» и самым активным образом участвовал в реализации русско-австрийского союза 1781 года, в принципиальной смене вектора русской внешней политики с «Северного аккорда» Никиты Панина, предполагавшего ориентацию на Пруссию, на новую «венскую систему» — тесный союз с Австрией.

Кроме того, в написанной вскоре второй сказке Екатерины — «Сказке о царевиче Февее» (1782) — Потёмкин был выведен под именем Решемысла и представлен как «разумный советодатель» [Екатерина II 1990: 127], умело наставляющий маленького героя. Сказка Екатерины о Февее содержала прозрачные указания на прототип главного «взрослого» протагониста, и здесь Державину, написавшему уже по прямому заказу оду «Решемыслу» (1783), не нужно было искать дополнительных объяснений:

> Но пой, ты пой здесь Решемысла,
> Великого вельможу смысла,
> Наперсника царицы сей,
> Которая сама трудится
> Для блага области своей
> И спать в полудни не ложится
> [Державин 1864–1883, 1: 172–173].

Кто же был выведен под именем Лентяг-мурзы в первой сказке императрицы? Юный Хлор в поисках розы без шипов выходит через калитку в «превеликий зверинец» [Екатерина II 1990: 122], где и встречает Лентяг-мурзу, «главного надзирателя того места», в окружении его «домашних» [Екатерина II 1990: 123]. Мурза отговаривает Хлора искать цветок, поскольку полагает задание скучным и неосуществимым. Он описан с очевидной антипатией, как образец антигероя и антиповедения. Один из приспешников Лентяг-мурзы прямо говорит Хлору: «Я сам неоднократно хотел дойти, но скучил (sic. — *В. П.*), а вместо того я остался жить у моего благодетеля Лентяг-мурзы, который меня и кормит» [Екатерина II 1990: 123]. За угощением «Лентяг-мурза уткнул голову в подушку и заснул» [Екатерина II 1990: 123–124]. Его окружение также предается постоянному питью кофе, курению, еде, сну и картам:

> Как около стены сидящие услышали, что Лентяг-мурза храпит, то они полегоньку встали, иные пошли убираться и украшаться, иные легли спать, иныя начали всякия празднословия говорить, иные схватились за карты и кости <…>. Как Лентяг-мурза проснулся, все паки собрались около него и внесли в горницу стол с фруктами. Лентяг-мурза остался посреди пуховых подушек и оттудова подчивал Царевича, который весьма прилежно примечал все, что тамо ни делалось. Хлор лишь принялся отведать предлагаемое им от Лентяг-мурзы, как его проводник Разсудок за рукав дернул полегоньку; кисть прекрасного винограда, которую Царевич в руках держал, по полу разсыпалась, он же, опомнясь, тотчас встал, и оба вышли из хором Лентяг-мурзы [Екатерина II 1990: 124].

Ленивый боярин изображен «благодетелем» своих компаньонов, которые «кормятся» за его счет и произносят «празднословия». Речь идет не о Потёмкине, а о Никите Панине, а также его секретарях (Д. И. Фонвизине, Я. Я. Убри, П. В. Бакунине), которым он подарил бо́льшую часть своих имений. «Празднословия» — это екатерининский намек на готовившуюся в то время «Конституцию» Панина — написанное Фонвизиным «Рассуждение о непременных государственных законах», предназначенное «панинской партией» для будущего императора Павла.

Все детали описания — ленивый вельможа, окруженный подражающими ему прихлебателями, занятыми «празднословиями» — служат своего рода кодом аллюзионности, связанной с министром иностранных дел Никитой Паниным, одним из видных масонов и сторонником «прусской» ориентации русского двора, противостоящей «австрийскому» направлению, продвигаемому Потёмкиным. Подобный код — изображение Панина в окружении «кормящихся» около него болтунов — императрица уже использовала в своей неопубликованной комедии «Невеста-невидимка» [Проскурина 2017: 79–80].

Любопытно, что во французском переводе сказки, изданном в Берлине и Лозанне в 1782 году, Лентяг фигурирует под более прозрачным именем — Fainéant, что означало «не делающий ничего». Характеристика «Fainéant» никак не могла быть адресована Потёмкину, но как раз подходила Никите Панину, отставленному от должности осенью 1781 года. Во французской версии сказки несмеющийся Султан Брюзга фигурирует под именем Sultan Rébarbatif, что переводится более выразительным набором синонимов: раздраженный, нелюбезный, неблагодарный. Переводы на иностранный язык сочинений императрицы всегда осуществлялись под ее строгим присмотром, и подобные нюансы она не могла отдать на волю переводчика. Так, например, по поводу перевода «Февея» она писала Гримму 19 апреля 1783 года: «…г. Февей предстанет перед вашим превосходительством в точном французском переводе, как вы того желали…» [Екатерина II, Гримм 1879: 103]. Весьма вероятно, что Султан Брюзга намекал одновременно и на бывшего реального мужа императрицы — Петра III, и на самого Павла Петровича, схожих в раздражительности и «брюзгливости» характеров.

Лентяг-Панин (как и Брюзга-Павел) не случайно становятся главными антигероями сказки — реальные события при дворе лета и осени 1781 года наполнили сказку не только педагогическим, но и аллюзионно-политическим содержанием.

Политика прототипов

В своих шутливых «предсказаниях», написанных по-французски около 1768 года, Екатерина II иронизировала, по какой причине тот или иной приближенный умрет: «Граф Панин — если когда-либо поторопится» [Екатерина II 1907: 662]. Позднее, 20 апреля 1783 года, говоря о только что умершем Панине, она решительно и без всякого сочувствия писала Гримму: «Граф же

Панин был ленив по природе и обладал искусством придавать этой лености вид благоразумия и рассчитанности» [Екатерина II 1878: 90].

Двое внимательных и опытных наблюдателей, английский посланник Гаррис и французский дипломат Корберон, оставили выразительные воспоминания о Никите Панине, с которым им пришлось почти ежедневно встречаться в конце 1770-х — самом начале 1780-х. Главный лейтмотив донесений обоих — удивительная леность главного министра в правительстве Екатерины, состоявшего в должности президента Коллегии иностранных дел. Так, Гаррис сообщает:

> Необыкновенная леность и разсеянная жизнь министра (Панина. — *В. П.*) делает его готовым во всякое время верить всему, что, оставляя его в покое, избавляет его от хлопот» (20 марта 1778 года) [Гаррис 1874: 1484].
> Последние (министры. — *В. П.*), особенно граф Панин, пренебрегают делами до невероятной степени. Подчиненные следуют примеру начальников, и все дела этой великой империи делаются как бы сами собой» (1 мая 1778 года) [Гаррис 1874: 1489].

Гаррис постоянно жалуется на апатию Панина и на «небольшую долю времени, уделяемую графом Паниным на занятия делами» (11 января 1779 года) [Гаррис 1874: 144]. Он же говорит о невероятной деятельности Потёмкина в связи с «Восточным проектом» и о «ненависти» Екатерины по отношению к Панину [Гаррис 1874: 153]. 5 июля 1779 года Гаррис сообщает: «Вследствие непростительного нерадения гр. Панина, которое, впрочем, не составляет редкости в его действиях, императрица получила первое известие об Испанской декларации (Испания объявила войну Англии. — *В. П.*) через Гамбургскую газету» [Гаррис 1874: 157]. В начале 1781 года Панин был болен, и, как саркастически замечал Гаррис, «нездоровье его происходит единственно от странного его образа жизни» [Гаррис 1874: 750].

Об этом своеобразном образе жизни подробно писал Корберон, проведший в России около пяти лет: с 1775 года до октября

1780 года (секретарь, затем — поверенный в делах при французском посланнике):

> Он (Панин. — *В. П.*) встает очень поздно, забавляется рассматриванием эстампов или новых книг, потом одевается, принимает являющихся к нему, затем обедает, и после обеда или спит, или играет, а вечером у него гости, и опять игра до глубокой ночи. Старшие чиновники его работают не больше его и проводят время за картежной игрой, причем проигрывают пропасть денег, до шестисот рублей в вечер, как случается, например, с Фонвизиным или Морковым, Бакуниным и др. [Корберон 1907: 204].

Тот же Корберон откровенно излагал общее мнение о Панине в письме к министру иностранных дел графу де Верженну: «Граф Панин — старейший из министров этого двора. Он бессилен перед фаворитами, как и все прочие; влияния не имеет никакого. Сластолюбивый по натуре и ленивый по привычке, он даже и не заботится о том, чтобы иметь влияние на государыню» [Корберон 1907: 9]. В дополнение Корберон приводит отзыв своего предшественника Сабатье де-Кабра, относящийся еще к 1772 году:

> Беспечность и лень его (Панина. — *В. П.*) невыразимы. Он проводит всю жизнь со льстецами и второстепенными куртизанками. Дела, даже самые важные, лежат у него без движения; мало образован и вкусами своими напоминает молодого, избалованного женщинами развратника [Корберон 1907: 9].

К 1781 году отношения императрицы с Никитой Паниным обострились до крайности. Помимо масонских дел, Панин оказался замешан в интриге с поездкой великокняжеской четы за границу в сентябре 1781 года. Так, поначалу Панин настаивал на «берлинском», а не на «венском» направлении путешествия, препятствуя сближению России с Австрией и встрече Павла с Иосифом II. Затем, наткнувшись на непоколебимость императрицы, он попытался отговорить Марию Федоровну от путешествия. Панин сумел внушить ей и отчасти Павлу, что их европейское турне будет не чем иным, как высылкой из России навсегда, что они никогда не увидят своих детей.

В сказке Екатерины маленький Хлор задерживается в обиталище Лентяг-мурзы, его пытаются отговорить от продолжения пути, убедить отказаться от якобы неосуществимой задачи — найти розу без шипов. «Домашние» Лентяг-мурзы обольщают Хлора, желая, чтобы он остался с ними, однако сын Фелицы, некий Рассудок, «за рукав дернул полегоньку» [Екатерина II 1990: 124], и Хлор, «опомнясь, тотчас встал, и оба вышли из хором Лентяг-мурзы» [Екатерина II 1990: 124]. Этот эпизод сказки использует популярный сказочный мотив — попытку удержания героя от выполнения задания. В то же самое время здесь содержится аллюзионная парадигма — намек на попытки Никиты Панина и его сподвижников остановить заграничное турне Павла Петровича и Марии Федоровны, обозначавшее смену вектора международной политики. Панин до самого конца боролся за берлинский маршрут путешествия Павла, тогда как императрица категорично высказывалась против масонских контактов наследника престола (ожидавших его в Берлине при Фридрихе Вильгельме) и настаивала на длительном визите Павла к Иосифу II.

По наблюдениям современников, Панин вмешался в последнюю для его карьеры интригу с неожиданной энергией. В первых числах сентября 1781 года он вернулся из своего имения Дугино. Столкнувшись с категоричным решением императрицы отправить Павла по «венскому» маршруту (немецкие родственники Марии Федоровны были уже приглашены в Вену Иосифом II), Панин «принялся всякими нашептываниями тормозить отъезд Павла Петровича» [Шильдер 1901: 155]. Старый политик понимал, что крайне рискует своим положением: не преуспев с Павлом, он принялся запугивать Марию Федоровну, желая, «если окажется возможным, совершенно отклонить цесаревича от заграничной поездки» [Шильдер 1901: 155]. Супругам внушалось, что предстоящее путешествие в реальности является завуалированной высылкой, что отъезд из России означает отстранение наследника.

17 сентября 1781 года великая княгиня Мария Федоровна объявила, что отказывается ехать и что «ничто не в состоянии заста-

вить ее разстаться с детьми» [Гаррис 1874: 798]. Так или иначе, но 21 сентября 1781 года Павел Петрович и супруга все же выехали из Царского Села: Мария Федоровна трижды падала в обморок, прощаясь с детьми, и ее внесли в карету на руках. По словам Гарриса, все это выглядело как «изгнание» [Гаррис 1874: 800].

По всей видимости, «Сказка о царевиче Хлоре» и была написана осенью 1781 года, после скандального отъезда великокняжеской четы в Европу. Она была опубликована в конце 1781 года в Петербурге. Почти одновременно сказка была переведена на немецкий язык екатерининским переводчиком Б. Ф. Арндтом и напечатана в четвертом (декабрьском) томе ежеквартального издания «Neues St. Petersburgisches Journal» за 1781 год. Никита Панин был отставлен от должности министра иностранных дел той же осенью.

В этом контексте сказка Екатерины о Хлоре, как представляется, имела не только педагогическое, но и политическое звучание, и ее сатирический подтекст маскировался моралистической — сказочной — формой. Во время самого европейского турне напряжение в отношениях Павла Петровича с Екатериной II не утихало, а возрастало. Павел уже в Вене начал жаловаться на свои отношения с матерью, а слухи о драматических отношениях русского наследника и императрицы уже вовсю циркулировали в Европе. Так, известнейший актер Франц Брокман (Иоганн Франц Иероним Брокман, 1745–1812), приглашенный в Вену Иосифом II, отказался играть принца Датского во время приезда Павла, заметив, что в зрительном зале будет второй Гамлет [Шильдер 1901: 156][3]. «Неосторожные» и порою «неприличные» отзывы о матери и ее приближенных звучали и в разговорах Павла с Леопольдом Тосканским (братом Иосифа) и с Людовиком XVI [Шильдер 1901: 179]. Все эти разговоры доходили до императрицы; стала ей известна и перехваченная переписка друга Павла А. Б. Куракина с ее собственным флигель-адъютантом П. И. Бибиковым, где содержались критические суждения о ее правлении вообще и о роли Потёмкина в частности.

---

[3] Заметим, что «Гамлет» Шекспира никогда не ставился на русской сцене в царствование Екатерины.

«Февей»: вторая сказка императрицы в контексте первой

Упоминания о первой сказке императрицы появятся в 1782 году, когда немецкий перевод сказки о Хлоре будет напечатан Фридрихом Николаи в Берлине и Штеттене отдельным изданием[4]. В то же самое время сказка будет опубликована в Берлине и Лозанне на французском. 1 июня 1782 года Екатерина писала Гримму с наигранным недоумением: «Послушайте: эта сказка о царевиче Хлоре такая безделка, что я удивляюсь, зачем ее перевели» [Екатерина II, Гримм 1879: 101]. Екатерина называет свою сказку «безделкой», но на самом деле публикация была далеко не случайной. Немецкий перевод сказки публиковался одновременно с путешествием Павла.

Тогда же, в сентябре 1782 года, императрица сочиняет «Сказку о царевиче Февее». 30 сентября она сообщала Гримму: «Я опоздала с своим письмом, потому что, сказать по совести, сочиняла и должна была спешить окончить для маленькаго Александра сказку, в которой является красавец принц — большой краснобай и разумник» [Екатерина II, Гримм 1879: 102].

Екатерина очевидно торопилась закончить свою новую сказку до возвращения Павла из путешествия (великокняжеская чета вернулась в Петербург 20 ноября 1782 года). В этой второй сказке центральным становится мотив заграничного путешествия молодого царевича Февея, пожелавшего «видеть пространный свет, <...> как бывает в той земле, в иной землице, при таком дворе...» [Екатерина II 1990: 130]. Царь и Царица сказки сначала не хотят отпускать Февея, но соглашаются на его отъезд — при соблюдении им условий, принятых по совету мудрого Решемысла. Февей должен доказать, что он «послушен» Царю, «в душе имеет твердости, в несчастии терпения», а главное — что он «кроток» [Екатерина II 1990: 131]. Царь находит Февею задание — в течение года поливать сухую ветку в саду утром и вечером. Юный царевич

---

[4] Николаи издаст и другие педагогические сочинения русской императрицы — в 1783 году выйдут «Разговоры и рассказы», а в 1784-м — «Сказка о царевиче Февее».

выполняет поставленное задание — несмотря на перешептывания окружения, говорящего о бессмысленности такого занятия. Он даже говорит друзьям-злопыхателям: «Слушайте вы, друзья, добрые молодцы: кто повелевает, тому и разсуждать, а наше дело слушаться, исполняя повеленное с покорностью безропотно, не разсуждая много» [Екатерина II 1990: 131]. Наконец, некие «калмыцкие послы» посылают Февею приглашение посетить «монгольского князя Агрея». Однако царевич отказывается, ссылаясь на то, что не может приехать «без воли» Царя, своего отца [Екатерина II 1990: 132]. В сказке о Февее Екатерина откровенно использовала для своих дидактических выкладок отрицательный опыт, связанный с Павлом. Не только чрезмерная и удушающая забота Царицы, матери Февея, содержит аллюзии. В финале сказки уже повзрослевшего Февея пытаются рассорить с Решемыслом: «Барин Решемысл имел завистников, попался им тот разговор исковеркан весь. Довели речь превратно до ушей Царевича, сказали, будто Решемысл говорил, что Февей надмен и иныя вел речи подобныя не в хвалу Царевича» [Екатерина II 1990: 135]. Однако Февей — в отличие от Павла Петровича — «обхождения» своего «не переменил никак противу Решемысла и вскоре узнал, как то заподлинно происходило» [Екатерина II 1990: 135]. Эта внутренняя интрига — сплетни вокруг Решемысла-Потёмкина — отражает ситуацию с делом П. А. Бибикова, флигель-адъютанта Екатерины. Неосторожные критические суждения о Потёмкине, высказанные в письмах к А. Б. Куракину, сопровождавшему Павла в путешествии, были перехвачены императрицей. Да и сам великий князь не скрывал своего отрицательного отношения к завоевательным планам Екатерины и Потёмкина — все его суждения и разговоры тщательно отслеживались. Павел был холоден с Иосифом II, откровенно высказывался против сближения с ним, был подозрителен и недоверчив.

В мемуарных зарисовках дипломата Федора Головкина содержались детали поведения Павла Петровича за границей. Показательно, что сам мемуарист не был в свите князя Северного, но сохранил в памяти рассказы и слухи, переданные ему в дипломатических кругах. Так, Головкин писал:

> Я никогда не мог выяснить, что именно заставило Екатерину отправить великого князя в путешествие. Последствия в достаточной степени доказали неосновательность мотивов, которые ей тогда приписывали, между прочим — будто она хотела от него отделаться. Сам великий князь позволил себе распространить эти некрасивые слухи и придать им правдоподобность своими нескромными разговорами и странными сценами [Головкин 2003: 122].

Головкин описывает обед, данный во Флоренции великим герцогом Леопольдом Тосканским, братом Иосифа II, во время которого Павел устроил одну из таких сцен — вскочив из-за стола, он стал вызывать рвоту в истерическом припадке, полагая, что его отравили. Затем, уже в Неаполе, Павел Петрович не сдержался в присутствии королевы Марии-Каролины Австрийской (сестры Иосифа и Леопольда). Головкин передавал эту сцену:

> В Неаполе, когда однажды зашла речь о правительстве, королева сочла нужным сказать, что не следует говорить о законах в присутствии принца, привыкшего к самому совершенному законодательству, которое существует на свете. На это великий князь воскликнул:
> — Законы в России! Законы в такой стране, где та, кто царствует, может удержаться на троне только в силу того, что она законы топчет ногами! [Головкин 2003: 122]

Главным итогом было то, что путешествие еще более рассорило великокняжескую чету с императрицей [Кобеко 1882: 242]. Сразу по возвращении из путешествия князь и княгиня Северные отправляются в Гатчину, отдаляются от двора, оказываются в изоляции. Им не разрешено посещать больного Никиту Панина, а их ближайшие друзья подвергаются наказанию: П. И. Бибиков после суда ссылается в Астрахань, Куракин — в свое имение под Саратовом. Именно тогда начинают циркулировать слухи об Александре как о будущем наследнике престола.

Сказочный нарратив приобретал все более очевидное политическое звучание. Сказки о Хлоре и Февее, написанные во время путешествия Павла, ознаменовали новый этап в решении императрицы о передаче власти: воспитанием «царевичей»-внуков Екатерина займется сама и в соответствии с новым направлением политики. Показательно, что в 1781 году (год создания «Сказки о царевиче Хлоре») Ричардом Бромптоном по заказу императрицы был написан известный «Портрет великого князя Александра Павловича и великого князя Константина Павловича», первого с мечом, рассекающим — подобно Александру Македонскому — Гордиев узел (аллегория военных побед), и второго — с крестом (аллегория воссоздания православной Византии, с императором Константином).

Со временем «роза без шипов» превратилась в символ России под правлением Екатерины II — именно так завершилась сказка, перешедшая в реальность со строительством в 1780-е годы Александровой дачи. Этот архитектурно-ландшафтный проект на границе Павловска и Царского Села переложил воображаемое пространство сказки в садово-архитектурное[5]. Центром проекта стал Храм Розы, представляющий собой ротонду с семью колоннами и алтарем, на котором возвышалась урна с розой без шипов. Купол содержал фреску с портретом Петра I, смотрящего на «блаженствующую Россию», опирающуюся на щит с изображением Фелицы-Екатерины. Рядом был виден орел, который «ломает когтями рога луны» — аллегория победы над Турцией [Шубинский 1893: 315]. Фелицу окружали два ангела: в руках одного был Гордиев узел, в руках другого — крест. Фресковое изображение отсылало назад, к 1781 году, к указанному портрету Бромптона.

История сказки и история оды «Фелица» оказались тесно связаны. Державин тонко почувствовал само присутствие второго плана сказки, и его ода приобрела характер хотя и «забавного», но игрового и аллюзионного сочинения. Сама ода «Фелица», как и позднейшие «объяснения» Державина, привели к историко-культурной мифологизации, когда прототипы сказок Екатерины подменились прототипами его оды, и важнейший историко-политический контекст имперского нарратива надолго ускользнул от внимания исследователей.

---

5   Полагалось, что авторами были Ч. Камерон и Н. А. Львов; в последнее время исследователи считают авторство Львова доказанным (см. [Грязнова 2010]).

Источники

Арапов 1861 — Летопись русского театра / Сост. П. Н. Арапов. СПб.: Тип. Н. Тиблена и К°, 1861.

Гаррис 1874 — [Гаррис Д., лорд Мальмсбери]. Лорд Мальмсбюри о России в царствование Екатерины II // Русский архив. 1874. Кн. 1, № 6. Ст. 1465–1512; Кн. 2, № 7. Ст. 143–186; № 8. Ст. 349–440; № 11. Ст. 737–900.

Головкин 2003 — Головкин Ф. Г. Двор и царствование Павла I. Портреты, воспоминания. М.: Олма-Пресс, 2003.

Державин 1864–1883 — [Державин Г. Р.] Сочинения Державина: с объяснительными примечаниями Я. Грота: В 9 т. СПб.: Императорская Академия наук, 1864–1883.

Екатерина II 1878 — [Екатерина II.] Письма Екатерины Второй к барону Гримму // Русский архив. 1878. Кн. 3. Вып. 9. С. 5–128.

Екатерина II 1907 — [Екатерина II.] Записки императрицы Екатерины Второй. СПб.: Изд. А. С. Суворина, 1907.

Екатерина II 1990 — Екатерина II. Сочинения. М.: Современник, 1990.

Екатерина II, Гримм 1879 — Екатерина II в переписке с Гриммом / Под ред. Я. К. Грота. СПб.: Императорская Академия наук, 1879.

Корберон 1907 — [Корберон М.-Д. де] Интимный дневник шевалье де Корберона, французского дипломата при дворе Екатерины II. СПб.: Типо-литография К. К. Стефанского, 1907.

Florine 1713 — Florine, ou la Belle Italienne. Nouveau conte de fées. Paris: Claude Jombert, 1713.

Marmontel 1774 — Marmontel J. F. Zémire et Azore. Comédie-ballet en vers et en quatre actes. Paris, 1774.

Библиография

Акимова 2010 — Акимова Т. И. Смысл жизни дворянина в екатерининской «Сказке о царевиче Февее» и державинской оде «Решемыслу» // Проблемы истории, филологии, культуры. М.; Магнитогорск — Новосибирск. 2010. № 4 (30). С. 257–263.

Акимова 2012 — Акимова Т. И. «Сказка о царевиче Хлоре» Екатерины II: пространство идиллии как поле воспитания и государственного строительства // XVIII век. Вып. 8: Литература в эпоху идиллий и бурь. М.: Экон-Информ, 2012. С. 227–236.

Веселовский 1939 — Веселовский А. Н. Избранные статьи. Л.: Гослитиздат, 1939.

Грот 1877 — Грот Я. К. Екатерина II и Густав III. СПб.: тип. Имп. Акад. наук, 1877.

Грот 1997 — Грот Я. К. Жизнь Державина. М.: Алгоритм, 1997.

Грязнова 2010 — Грязнова Н. В. Храм Розы в Александровой даче // Academia. Архитектура и строительство. 2010. № 2. С. 49–53.

Гуковский 1947 — Гуковский Г. А. Екатерина II // История русской литературы: В 10 т. Т. IV: Литература XVIII века. Ч. 2. М.; Л.: АН СССР, 1947. С. 364–380.

Йейтс 1999 — Йейтс Ф. Розенкрейцерское Просвещение / Пер. с англ. А. Кавтаскина. М.: Алетейя, Энигма, 1999.

Кобеко 1882 — Кобеко Д. Ф. Цесаревич Павел Петрович (1754–1796). Историческое исследование. СПб.: Тип. В. Грацианского, 1882.

Кочетов 2019 — Кочетов Н. Р. Очерк истории музыки. М.: Юрайт, 2019.

Кубачева 1962 — Кубачева В. Н. «Восточная» повесть в русской литературе XVIII — начала XIX века // XVIII век. Сб. 5. М.-Л.: АН СССР, 1962. С. 295–315.

Погосян 2007 — Погосян Е. Уроки императрицы: Екатерина II и Державин в 1783 году // «На меже меж Голосом и Эхом». Сборник статей в честь Т. В. Цивьян. М.: Новое издательство, 2007. С. 241–268.

Проскурина 2006 — Проскурина В. Ю. Мифы империи. Литература и власть в эпоху Екатерины II. М.: Новое литературное обозрение, 2006.

Проскурина 2017 — Проскурина В. Ю. Империя пера Екатерины II. Литература как политика. М.: Новое литературное обозрение, 2017.

Сиповский 1910 — Сиповский В. Очерки по истории русского романа. Т. I. Вып. 2. СПб.: Тип. СПб. т-ва печ. и изд. дела «Труд», 1910.

Смирнов 1855 — Смирнов С. К. История Московской славяно-греко-латинской академии. М.: Тип. В. Готье, 1855.

Строев 1990 — Строев А. Судьбы французской сказки // Французская литературная сказка XVII–XVIII веков. М.: Худож. лит, 1990. С. 5–32.

Шильдер 1901 — Шильдер Н. К. Император Павел I. Историко-биографический очерк. СПб.: Изд. А. С. Суворина, 1901.

Шубинский 1893 — Шубинский С. Н. Исторические очерки и рассказы. СПб.: Изд. А. С. Суворина, 1893.

Defrance 2006 — Defrance A. La politique du conte aux XVIIe et XVIIIe siècles // Féeries. 2006. T. 3. P. 13–41.

3
Стратегии либертинажа в XVIII веке
(князь Д. П. Горчаков и его «Святки»)

Либертинаж как специфический культурный феномен появляется во Франции XVII–XVIII веков и становится интегральной частью всей французской культуры[1]. На первый взгляд, сам термин «либертинаж» кажется слишком неопределенным, размытым, отсылающим к самым разным сферам — от экстравагантного бытового поведения до переступающих приличия и нормы любовных отношений, от смелых антирелигиозных или антиклерикальных суждений до сатирических куплетов, высмеивающих импотенцию французского короля и эротические вкусы его супруги. Еще в 1660-е годы, в своей четвертой «Сатире», Буало определял либертинов как людей «без души и веры», как тех, кто «сделал свои удовольствия высшим законом»[2]. Современные исследователи почувствовали необходимость сузить и уточнить понятие либертинажа, отделить эрудита-философа от аморального соблазнителя[3], поэта-насмешника и светского *dandy* [Delon 2000: 14].

Среди наиболее характерных черт либертина XVIII столетия обычно указываются следующие: в первую очередь, открытое, демонстративное вольномыслие, культ свободы, включающий

---

[1] См.: [Pintard 1983; Donville 1989].

[2] «Un Libertin d'ailleurs, qui sans âme et sans foi, / Se fait de son plaisir une suprême loi» [Boileau 1966: 26].

[3] См., например, [Cryle 2004].

и политическую свободу; во-вторых, либертинский дискурс ставит своей целью разрушение доминирующих общественных кодов, утверждая независимость от моральных или политических стереотипов. Наконец, исключительно важными являются антиклерикальные и антирелигиозные взгляды (в таких формах, как скептицизм, деизм или чистый атеизм). Либертинский дискурс часто, хотя и необязательно, связан с эротикой или даже с моральной или языковой непристойностью [Abramovici 2003: 26–27]. Либертинаж замешан также на насмешке, всепроникающем осмеянии догм и норм.

Можно выделить своеобразную систему идеологических моделей, литературных тем, которые создают константу стиля либертинажа. Писатель-либертин XVIII века — это тот, кто противостоит стереотипам монархического общества, смеется над его религиозно-моральными постулатами, создает еретические тексты, запрещенную, подпольную литературу. Во Франции либертинская литература была представлена широким социальным спектром авторов, от лиц самого высокого социального происхождения до посетителей кофеен и уличных сочинителей. Либертинские жанры — роман, поэма, сатирический куплет — создавали универсальное, межнациональное сообщество. В мощном европейском потоке либертинажа, преодолевающем географические границы и социальные перегородки, рождалась новая культурная среда, в которой, по формулировке Роберта Дарнтона, «все подлежало переосмыслению и не было ничего святого» [Darnton 1995: 90].

Одним из наиболее показательных жанров французской либертинской поэзии был жанр рождественской сатирической песенки — ноэля (Noël), или «святок», как он именовался иногда в русской традиции. Каждый год накануне Рождества французские насмешники соревновались в сочинении кощунственных куплетов, пародирующих один конкретный эпизод Евангелия — «Поклонение волхвов». Евангельский сюжет служил рамкой для сатирического обозрения злободневных новостей из мира политики, высшего общества и его отдельных персонажей, включая литераторов. Ноэли наполнялись пикантными комментариями по поводу жизни короля, королевы, их фаворитов, двора, министров и аббатов. Поэмки мгновенно становились чрезвычайно известными и распевались на популярные мелодии [Darnton 2010: 123–124]. Сатирические песенки, в комической форме подводящие политические и общественные итоги прошедшего года, затрагивали темы и сюжеты, запретные для обычной печатной продукции. Корпус таких текстов тем не менее сохранился в печатном виде и оказался известен в России уже в екатерининскую эпоху благодаря сборникам — своеобразной летописи культурной жизни, таким, например, как многотомные «Секретные записки по истории республики письмен во Франции» («Mémoires secrets pour server à l'histoire de la république des lettres en France»).

* * *

Наиболее известным образцом русского ноэля является стихотворение А. С. Пушкина «Сказки. Noël», написанное в декабре 1818 года, после возвращения (18 декабря) императора Александра I с Аахенского конгресса:

> Ура! В Россию скачет
> Кочующий деспот,
> Спаситель громко плачет,
> А с ним и весь народ...
> [Пушкин 2004: 32–33]

Пушкин, как свидетельствует уцелевшая строка десятой главы «Евгения Онегина», сочинил несколько ноэлей («Читал свои ноэли Пушкин...»), однако они, видимо, оказались утраченными. Сам жанр в 1810-е годы был довольно популярен — известны такие тексты, как «Ноэль на лейб-гусарский полк», в сочинении которого поэт, возможно, принимал участие [Чистова 1996]. Известно также стихотворение П. А. Вяземского в жанре ноэля, написанное в 1814–1817 годы и в течение долгого времени приписывавшееся князю Д. П. Горчакову:

> Спасителя рожденьем
> Встревожился народ;
> К малютке с поздравленьем
> Пустился всякий сброд:
> Монахи, рифмачи, прелестники, вельможи —
> Иной пешком, другой в санях,
> Дитя глядит на них в слезах
> И вопит: «Что за рожи!»
> [Вяземский 1958: 98]

Сам факт атрибуции ноэля Горчакову оказался далеко не случаен. Именно князь Дмитрий Петрович Горчаков (1758–1824) был, видимо, первым русским автором ноэлей. Сочинитель стихотворных сатир, комических опер, эпистол, он прославился в первую очередь своими непечатными стихами и поэмами, циркулировавшими в списках [Каллаш 1903; Шестерников 1928]. В 1828 году, когда Пушкина пытались привлечь к суду за поэму «Гавриилиада», поэт счел уместным и убедительным приписать свою «кощунственную» поэму тому же Горчакову, уже умершему. Пушкину, судя по всему, была известна «кощунственная» и эротическая поэмка Горчакова «Вирсавия», написанная на библейский сюжет, также ориентированная на Эвариста Парни и сохранившаяся в составе рукописного сборника «Библиотека здравого рассудка»[4].

Страстный поклонник Вольтера и апологет Просвещения, «здравого рассудка», Горчаков определенно был атеистом и антиклерикалом — его сочинения содержат колкие насмешки над церковью, попами и особенно над теолого-символической интерпретацией эротических фрагментов Библии. Горчакова можно с достаточными основаниями отнести к числу русских либертинов XVIII — начала XIX века; именно его фигура и его творчество представляют собой образец *политического либертинажа* на русской почве.

Одним из наиболее выразительных стихотворений в этом роде были его «Святки», написанные в 1780-е годы (исследователи и публикаторы затруднялись точнее датировать стихотворение). Однако историко-литературный и политический контекст,

---

[4] См. [Проскурина 2013].

отраженный в «Святках», позволяет определить время написания этого любопытного текста более точно.

Сюжетная рамка «Святок» Горчакова вполне традиционна для жанра рождественской песенки. Зачин ее — известие о рождении Марией младенца Христа, достигающее пределов какого-то города. Здесь-то и разворачивается сатирическая картина, наполненная аллюзиями, насмешками, памфлетными портретами известных обществу деятелей.

* * *

«Святки» Горчакова писались как заведомо неподцензурное сочинение. Предназначалось оно для узкого круга читателей и расходилось в рукописных списках. Стихотворение отражало быт и нравы петербургской политической элиты, переданные сквозь призму мнений и пересудов московской фронды (сам Горчаков жил в это время в Москве). Горчаков писал:

> Как в Питере узнали
> Рождение Христа,
> Все зреть его бежали
> В священные места.
> Царица лишь рекла, имея разум здравой:
> «Зачем к нему я поплыву?
> И так с богами я живу,
> С Эротом и со Славой»
> [Горчаков 1988: 112].

Зачин «Святок» Горчакова следует традиционному канону — весть о рождении младенца Христа достигает «Питера», и все, кроме царицы, спешат встретить его. Схожим образом, например, начинался известный французский ноэль 1764 года, осмеивающий Людовика XV и мадам де Помпадур:

> De Jésus la naissance
> Fit grand bruit à la cour;
> Louis en diligence
> Fut trouver Pompadour;

> «Allons voir cet enfant, lui dit-il, ma mignonne».
> «Eh! Non, dit la marquise au roi,
> Qu'on l'apport tantôt chez moi;
> Je ne vais voir personne» <...>
> [Bachaumont 1874: 100][5].

Этот французский текст был опубликован в уже упомянутом сборнике «Mémoires secrets pour server à l'histoire de la république des lettres en France», более известном под названием «Секретные записки Башомона» («Mémoires secrets de Bachaumont»). Это была многотомная хроника, повествующая изо дня в день о французской придворной и столичной жизни в ее литературных и театральных новинках. Мемуары в 36 томах, охватывавшие период с 1762 по 1787 год, составлялись сначала писателем и критиком Л.-П. де Башомоном (1690–1771), а с 1771 года (после его смерти) королевским секретарем и цензором М.-Ф. Пидансатом де Мэробером (*Mathieu-Francois Pidansat de Mairobert*). Сборники начали выходить в печатном виде с 1777 года, были чрезвычайно популярны и циркулировали в том числе и за пределами Франции [Darnton 2010: 123].

Горчаков очевидно принадлежал к числу русских читателей таких сборников. Обедневший выходец из аристократической семьи, в 1782 году он внезапно покидает военную службу и обосновывается в Москве, где быстро вписывается в круг московских «ворчунов», критикующих петербургскую власть. В 1780-е годы он занят сочинением комических опер — три его оперы были поставлены в 1784–1786 годах в московских театрах и имели шумный успех[6].

Горчаков прекрасно владел французским и немецким, как мало кто был отлично знаком с новейшей французской эро-

---

[5] Текст ноэля опубликован 31 декабря 1763 года, некоторые добавления появились в январе 1764 года. Хочу выразить благодарность А. Добрицыну за любезную возможность ознакомиться с его неопубликованной статьей о русских ноэлях и французской традиции.

[6] Наиболее полная биография Д. П. Горчакова опубликована в издании: [Степанов 1988]. См. также: [Степанов 1989].

тической и сатирической продукцией. Его «Святки» в зачине повторяют упомянутый французский ноэль. Во французском тексте король торопит мадам де Помпадур идти на встречу с младенцем Христом, но капризная, своенравная дама отказывается бежать со всеми, требуя привести новорожденного к себе и остаться с ним наедине. В «Святках» Горчакова Екатерина II также отказывается встретить Христа, мотивируя это тем, что она уже и так «живет» с «богами» — Эротом и Славой.

Горчаков, безусловно, имел в виду фаворитов императрицы, с которыми она «живет». Любвеобилие и славолюбие — два качества государыни, над которыми смеялись «Святки». Одновременно Горчаков подчеркивал секулярную традицию двора — не Христос, а античные боги (знак секулярности) привлекают царицу. В дополнение он упоминает царицын «разум здравой»: в контексте его сборника «Библиотека *здравого рассудка*» это определение говорило о внерелигиозном и антиклерикальном мировоззрении императрицы.

Вторая строфа стихотворения выводит на сцену вельмож и Григория Потёмкина:

> Однако же с поклоном
> Спешат вельможи в хлев.
> Потёмкин фараоном
> Приходит, горд, как лев,
> Труса́ми окружен, шутами, дураками,
> Что зря, ослу промолвил бык:
> «К беседе нашей он привык,
> Так пусть побудет с нами»
> [Горчаков 1988: 112].

Потёмкин, по мнению автора, оказывается в самом подходящем месте — в хлеву, среди быков и ослов (к беседам с последними он уже давно «привык»). Третья строфа «Святок» содержит еще более саркастический и уже вовсе неподцензурный комментарий к нравам русского двора:

> За ним спешат толпою
> Племянницы его
> И в дар несут с собою
> Лишь масла одного.
> «Не брезгай, — все кричат, — Христос, дарами сими;
> Живем мы так, как в старину,
> И то не чтим себе в вину,
> Что вместе спим с родными»
> [Горчаков 1988: 112].

Здесь содержится намек на известную интимную связь Потёмкина с его собственными племянницами — пятью сестрами Энгельгардт. Как писал в своих мемуарах А. Болотов, Потёмкин «имел у себя нескольких родных племянниц, которые, ежели верить носившейся тогда всеобщей молве, были вкупе и его любовницы…» [Болотов 1931: 208]. Французский посол де Корберон (*Chevalier de Corberon*) в письме от 27 сентября 1780 года уведомлял версальский двор о нравах русского двора: «Вы можете получить представление о нравственности в России по тому способу, которым князь Потёмкин покровительствует своим племянницам. <…> Среди них есть и 12-летняя, которая, без сомнения, разделит участь остальных» [Corberon 1901: 377] (перевод мой — *В. П.*). Посол в Лондоне граф С. Р. Воронцов вспоминал в письме к графу В. П. Кочубею (17 января 1802 года): «Мы видели, как князь Потёмкин сделал семейный гарем в императорском дворце» [Воронцов 1877: 360] (перевод с франц. мой. — *В. П.*).

Потёмкинский «семейный гарем» состоял из пяти сестер Энгельгардт: Александры, Варвары, Екатерины, Надежды и Татьяны. Все они — дочери рано умершей сестры Потёмкина, взятые из провинции ко двору, обласканные Екатериной II, получившие самые высокие придворные должности (фрейлин, статс-дам и т. д.), выданные замуж с королевскими почестями. Первые три в действительности были его любовницами. Старшая, Александра — высокая темноволосая красавица — была награждена имениями, землями, миллионами. С 1776 по 1781 год она постоянно сопровождала Екатерину, жила во дворце, обедала с царицей за одним столом. В 1781 году ее выдали замуж за польского гетмана графа Ксаверия Браницкого (дочь — Елизавета Ксаверьевна, пушкинская возлюбленная). Необычная близость к царице, ее расположение к ней и постоянные награды породили слухи о том, что она — реальная дочь Екатерины от Салтыкова, подмененная на мальчика — Павла, наследника мужского пола [Montefiore 2001: 189–190].

Наиболее страстный и открытый роман был у Потёмкина с Варварой, «Пленирой сердцем и умом», как назвал ее Державин. Сохранилась интимная переписка между Потёмкиным и Варварой, а перипетии их любовных отношений, переживших и ее замужество (в 1779 году она была выдана за князя С. Ф. Голицына), превосходят известный либертинский роман Шадерло де Лакло «Опасные связи», написанный в те же годы — в 1782-м.

В промежутках между любовными приключениями со старшими сестрами Потёмкин не терял времени и с Катишью, наиболее красивой из всех (известен ее портрет кисти Виже-Лебрен). В 1780 году разразился скандал с ее беременностью, и разгневанной императрице пришлось срочно отправлять ее из Петербурга «на воды». Вскоре и Екатерина-Катишь будет выдана за другого польского магната — Скавронского.

В тексте стихотворения Горчакова племянницы несут в дар Христу *одного масла*. Здесь содержится кощунственная отсылка к многочисленным евангельским эпизодам с девами, покрывающим маслом (миром) голову и ноги Христа, как грешница в Евангелии от Луки. В отличие от фарисея, грешница отдала все, что у нее было, и тем заслужила «прощение». Обращаясь к фарисею, Христос говорит: «...ты целования Мне не дал, а она, с тех пор как Я пришел, не перестает целовать у Меня ноги; ты головы Мне маслом не помазал, а она миром помазала Мне ноги. А потому сказываю тебе: прощаются грехи ее многие за то, что она возлюбила много» (Лк. 7: 37–48). В либертинской традиции эти эпизоды перетолковывались как сексуальные, а не символические. Греховное поведение, инцест принадлежали к популярным темам либертинской литературы.

* * *

Следующая строфа позволяет с большей точностью датировать это стихотворение. Здесь упомянут «чупский граф», которого все комментаторы безоговорочно связывают с А. А. Безбородко, фактическим министром иностранных дел после недавно умершего Никиты Панина. Чуб, или хохол, в то время ассоциировался с украинцами. Безбородко и был по происхождению украинцем. Однако важны более точные реалии, упомянутые в тексте:

> Потом с титулом новым
> Приходит чупский граф,
> Чтоб канцлерство Христовым
> Предстательством достав,
> Способней управлять мог внешними делами.
> «Постой, — сказал ему Христос, —
> Припомни прежде, где ты взрос,
> И правь пойди волами»
> [Горчаков 1988: 112].

Безбородко был удостоен титула графа Священной Римской империи в октябре 1784 года («с титулом новым») [Григорович 1879: 502]. Вторая же часть куплета говорит о тщетном домогательстве им позиции канцлера, к которой он стремился всеми способами — прося «предстательства» у самого Христа, как саркастировал Горчаков в своем стихотворении. Безбородко станет канцлером только при Павле I, в 1797 году. Между тем в 1783 году, после кончины Н. И. Панина, главноуправляющим Коллегией иностранных дел был назначен вице-канцлер А. И. Остерман, а Безбородко оставался в коллегии иностранных дел формально вторым человеком. Христос отказывает Безбородко и отправляет его пасти волов. Здесь содержится намек на циркулировавшие в обществе слухи о низком происхождении Безбородко: будто бы отцом его был не мелкий украинский дворянин, а простой крестьянин, занимавшийся торговлей рогатым скотом [Гельбиг 1900: 429].

Все это позволяет нам заключить, что стихотворение написано в конце 1784 — начале 1785 года, когда награждение графа Безбородко было свежей новостью — на католическое Рождество (декабрь 1784 года) или на русские святки (январь 1785 года). Это заключение подкрепляется еще несколькими обстоятельствами, отразившимися в горчаковских «Святках».

В дневнике А. В. Храповицкого за 1784 год имеются всего три записи, и две из них прямо соотносятся с текстом «Святок» Горчакова: 25 июня — смерть фаворита императрица А. Д. Ланского; 12 октября — получение графского титула Безбородко [Храповицкий 1862: 5]. Смерть Ланского настолько потрясла Екатерину, что императрица находилась в глубокой депрессии весь конец лета 1784 года. В конце июля Безбородко пришлось писать Потёмкину в Тавриду, прося срочно приехать к страдающей Екатерине. Потёмкин приехал ко двору во всей своей силе и могуществе (как «фараон», по выражению Горчакова) и несколько месяцев был занят здесь подысканием и представлением нового фаворита, своего протеже А. М. Дмитриева-Мамонова. Собрание всех вельмож (в том числе Потёмкина) в одно время при дворе и явилось ближайшим историческим контекстом «Святок» Горчакова.

К группе этих вельмож следует причислить и упомянутого в следующей строфе генерал-прокурора Сената А. А. Вяземского (1727–1793). Сравнение Вяземского с рыжеволосым Иудой Искариотом, общая его характеристика как «злодея» соотносится с литературно-политическими событиями, которые имели место в 1783–1784 годах:

> За ним тотчас ввалился
> К<нязь>, главный прокурор.
> Христос отворотился,
> Сказав, потупя взор:
> «Меня волос его цвет сильно беспокоит:
> Мой также будет рыж злодей».
> Иосиф отвечал: «Ей-ей,
> Один другого стоит»
> [Горчаков 1988: 112].

Вяземский получил репутацию «злодея» в эти годы в связи с известным гонением на Г. Р. Державина, бывшего у него в формальном подчинении. С мая 1783 года, после публикации «Фелицы» в «Собеседнике любителей российского слова», после известного сюжета с присылкой Екатериной II табакерки с червонцами в награду поэту (прямо во время обеда в доме Вяземского), князь превращается из дружелюбного покровителя в заклятого врага Державина. Гнев вельможи на подчиненного поэта, обвинения в негодности писателей для службы делаются известны [Державин 2000: 92]. Княгиня Е. Р. Дашкова вспоминала о «помешательстве» Вяземского на идее, что Державин в каждом своем стихотворении высмеивает князя и его семью [Дашкова 1990: 115], а Д. И. Фонвизин, оправляясь от скандала с Вяземским, описал конфликт между вельможами и поэтами в памфлете «Челобитная Российской Минерве от российских писателей», опубликованном в конце 1783 года [Грот 1997: 213–214].

В дополнение к личной ссоре Державин совершил еще один крайне неосторожный шаг. Решив доказать, что он не только поэт, но и отличный чиновник, Державин придумал новый способ исчисления государственных доходов и тут же обнаружил не учтенные Вяземским финансовые поступления в его отчете конца 1783 года [Державин 2000: 93]. В феврале 1784 года последовало увольнение Державина со службы, вызвавшее довольно шумный общественный резонанс.

Особенно негодовали по поводу «злодея» и «Иуды» Вяземского в литературных кругах: остро встал вопрос и о социальном статусе писателя, не имевшего средств к существованию, кроме службы, и о достоинстве поэта, оскорбленного высокомерным вельможей, и о коррупции власти. Известна эпиграмма на Вяземского, написанная А. В. Олсуфьевым:

> Прибытчик он казне на деньгу и алтын;
> На заднем же крыльце обеими руками
> Хватает мать его рублевики мешками[7].

---

[7] Цит. по: [Степанов 1999: 386–387].

* * *

Следующая строфа описывает подчиненного генерал-прокурора Вяземского — С. И. Шешковского, главу Тайной экспедиции. Эти строки представляют необычную картину публичной рецепции политики Екатерины в середине 1780-х, поворота режима в более репрессивную сторону, ощущение страха перед лицом одного из самых гнусных персонажей времени:

> Спокойно все сидели,
> Как вдруг Шешковский вшел.
> Все с страху побледнели,
> Христос один был смел.
> Спросил: «Зачем пришел?» — и ждал его ответу.
> Шешковский тут ему шепнул:
> «Вас всех забрать под караул
> Я прислан по секрету»
> [Горчаков 1988: 113].

«Домашний палач кроткой Екатерины» (как назвал его Пушкин) был фигурой устрашающей. «Великий Инквизитор России» (так именовал его П. А. Радищев, сын Александра Радищева [Ефремов 1870: 637]) занимался политическим сыском и сам принимал участие в наказании, в особенности над дворянами и даже над женщинами. Хотя формально физические наказания дворян при Екатерине были запрещены, он прибегал к ним неоднократно. Существовало множество анекдотов о том, каким образом он действовал.

В 1783 году Вяземский наделил Шешковского большими полномочиями, а в октябре 1784 года Шешковский был отправлен в Москву для тайного расследования дела Натальи Пассек. Женщина писала императрице письма о будто бы имевшем место заговоре против нее, о том, в частности, что еще в 1770–1771 годах Петр Панин инициировал московский бунт (известный «чумной бунт»), с тем чтобы привести к власти Павла Петровича [Екатерина II 1868: 125]. Вся история оказалась выдумкой, но таинственный визит Шешковского в Москву породил всплеск слухов о какой-то специальной миссии по слежке за московскими критиканами.

Горчаковские «Святки» зафиксировали эти московские пересуды:

> И, вышед из почтенья,
> Он к делу приступил,
> Но силой провиденья
> В ад душу испустил.
> Мария тут рекла: «Конец ему таковский,
> Но ты словам моим внемли:
> Уйдем скорей из той земли,
> В которой есть Шешковский».

Последняя строфа совмещает комический смех и политические коннотации. Горчаков сравнивает Шешковского с царем Иродом — Мария спешит прочь из той земли, где «есть Шешковский», способный «забрать под караул» самого Христа. Эта строфа отражает коллективную мечту, пожелание смерти палачу — само Провидение отправляет его в ад (в действительности Шешковский умрет в лишь в 1794 году, через 10 лет после описываемых событий).

Между тем эта строфа помимо политических аллюзий содержит литературную отсылку к конкретному стихотворению и — через нее — приобретает скрытый обсценный характер. Загадочное выражение Марии «конец ему таковский» отсылает к третьему «Посланию Ивану Даниловичу Осипову». Это исключительно яркое сочинение, по всей видимости, было написано упомянутым выше А. В. Олсуфьевым (1721–1784), бывшим статс-секретарем Екатерины II, членом литературного кружка, к которому принадлежали два главных персонажа «Святок» Горчакова: Вяземский и Шешковский. В «Третьем послании» речь идет о женитьбе Ивана Даниловича, героя-трикстера непристойных сочинений, создававшихся в недрах олсуфьевского кружка. В этом стихотворении Иван Данилович... тонет в вагине жены Михайловны. Его друзья строят разного рода планы по спасению утопающего, и лишь один злобный персонаж, Шесковский (очевидным образом Шешковский), выделяется из всех и жаждет смерти друга:

> Пусть тонет он в пизде ворчит кричит Шесковской, —
> чтоб там он околел *конец ему таковской*...
> [Барков 2004: 416]

Горчаков вводит эту красноречивую сентенцию в «Святки» и переадресовывает пожелание самому Шешковскому. В новом контексте обсценная цитата приобретает каламбурный смысл: сохраняя обсценность, понятную узкому кругу лиц, она приобретает характер неофициального «смертного приговора», вынесенного формирующимся общественным мнением по адресу наиболее одиозной фигуры екатерининского царствования.

Горчаковский ноэль затрагивал темы, запретные для публичной дискуссии. Само обсуждение частной жизни императрицы и ее двора, окружающих ее высших чиновников, насмешка над «поврежденными нравами», — все это служило десакрализации власти и отражало отчуждение части дворянства от власти, начинающей дрейфовать в сторону более репрессивного режима.

Остроумный, наполненный политическими аллюзиями и литературными реминисценциями текст представляет редкий образчик либертинской продукции, произведенный на русской почве. Политика и непристойность, скользкие темы и сатирическое памфлетерство, — все эти качества и создавали уникальный русский вариант перенесенного из Франции жанра.

Источники

Барков 2004 — Барков И. С. Полное собрание стихотворений. СПб.: Академический проект, 2004.

Болотов 1931 — Болотов А. Т. Жизнь и приключения Андрея Болотова, описанные им самим для своих потомков: В 3 т. Т. 3. 1771–1795. М.; Л.: Academia, 1931.

Вяземский 1958 — Вяземский П. А. Стихотворения / Коммент. Л. Я. Гинзбург. Л.: Советский писатель, 1958.

Воронцов 1877 — Архив князя Воронцова. Т. 11: Бумаги графа Семена Романовича Воронцова, ч. 4. М.: Типография А. И. Мамонтова, 1877.

Гельбиг 1900 — Гельбиг Г. фон. Русские избранники / Пер. В. А. Бильбасова. Берлин: Изд. Фридриха Готтгейнера, 1900.

Горчаков 1988 — Горчаков Д. П. Святки // Вольная русская поэзия XVIII–XIX веков: В 2 т. Т. 1. Л.: Советский писатель, 1988. С. 112–113.

Дашкова 1990 — Дашкова Е. Р. Записки. 1743–1812. М.: Наука, 1990.

Державин 2000 — Державин Г. Р. Записки. 1743–1812. М.: Мысль, 2000.

Екатерина II 1868 — Письма государыни императрицы Екатерины II к князю Михаилу Никитичу Волконскому // Осмнадцатый век: Исторический сборник, издаваемый Петром Бартеневым. Т. 1. М.: Типография Т. Рис, 1868. С. 52–162.

Пушкин 2004 — Пушкин А. С. Полное собрание сочинений: В 20 т. Т. 2. СПб.: Наука, 2004.

Храповицкий 1862 — Храповицкий А. В. Памятные записки А. В. Храповицкого, статс-секретаря императрицы Екатерины Второй. М.: Унив. тип., 1862.

Bachaumont 1874 — Mémoires secrets de Bachaumont / Revus et publiés avec les notes et une préface par P. L. Jacob. Paris: Garnier, 1874.

Boileau 1966 — Boileau. Oeuvres complètes. Paris: Gallimard, 1966.

Corberon 1901 — Un diplomate français à la cour de Catherine II, 1775–1780. Journal intime du chevalier de Corberon. Paris: Plon-Nourrit, 1901.

Библиография

Григорович 1879 — Григорович Н. И. Канцлер кн. А. А. Безбородко в связи с событиями его времени. Т. 1 / Сборник императорского Российского исторического общества. Т. 26. СПб.: Типография В. С. Балашева, 1879.

Грот 1997 — Грот Я. Жизнь Державина. М.: Алгоритм, 1997.

Ефремов 1870 — Ефремов П. А. Степан Иванович Шешковский // Русская старина. 1870. Т. 2. С. 637–639.

Каллаш 1903 — Каллаш В. В. Материалы и заметки по истории русской литературы («Святки» и «Соловей» кн. Д. П. Горчакова) // Известия Отделения русского языка и словесности Академии наук. 1903. Т. 8. № 3. С. 357–374.

Степанов 1988 — Степанов В. П. Горчаков Дмитрий Петрович // Словарь русских писателей XVIII века. Вып. 1. Л.: Наука, 1988. С. 223–226.

Степанов 1989 — Степанов В. П. Неизданные произведения Д. П. Горчакова // XVIII век. Вып. 16. Л.: Наука, 1989. С. 110–129.

Степанов 1999 — Степанов В. П. Олсуфьев Адам Васильевич // Словарь русских писателей XVIII века. Вып. 2. Л.: Наука, 1999. С. 383–387.

Проскурина 2013 — Проскурина В. Ю. «Вторая Гавриилиада», или А. С. Пушкин и князь Д. П. Горчаков // А. М. П. Памяти А. М. Пескова. М.: РГГУ, 2013. С. 209–220.

Чистова 1996 — Чистова И. С. Пушкин и царскосельские гусары (О стихотворениях «Ноэль на лейб-гусарский полк» и «Молитва лейб-гусарских офицеров» // Новые безделки. Сборник статей к 60-летию В. Э. Вацуро. М.: Новое литературное обозрение, 1996. С. 327–346.

Шестерников 1928 — Шестерников С. П. Из неизданных стихотворений Д. П. Горчакова // Известия Отделения русского языка и словесности Академии наук СССР. 1928. Т. 1. С. 154–183.

Abramovici 2003 — Abramovici J.-C. Obscénité et classicisme. Paris: Presses universitaires de France, 2003.

Cryle 2004 — Cryle P. Codified indulgence: The niceties of Libertine Ethics in Casanova and His Contemporaries // Libertine Enlightenment: Sex, Liberty and License in the Eighteenth Century // Ed. by P. Cryle, L. O'Connell. New York: Palgrave Macmillan, 2004. P. 48–60.

Darnton 1995 — Darnton R. The Forbidden Best-Sellers of Pre-Revolutionary France. New York; London: W. W. Norton & Company, 1995.

Darnton 2010 — Darnton R. The Devil in the Holy Water or the Art of Slander from Louis XIV to Napoleon. Philadelphia: University of Pennsylvania Press, 2010.

Delon 2000 — Delon M. Le savoir-vivre libertine. Paris : Hachette Littératures, 2000.

Donville 1989 — Donville L. G. de. Le Libertin dès origines à 1665 : un produit des apologètes. Paris; Seattle; Tubingen: W. Leiner, 1989.

Montefiore 2001 — Montefiore S. Prince of Princes. The Life of Potemkin. New York: St. Martin's Press, 2001.

Pintard 1983 — Pintard R. Le Libertinage érudit dans la première moitié du XVIIe siècle. Genève: Slatkine, 1983.

Часть 2

АНТРОПОЛОГИЯ ЛИТЕРАТУРНОГО ГЕРОЯ

Трагедия есть бегство из жизни или отрицание жизни, комедия же — приспособление к ней.

А. Шлегель. Чтения о драматической литературе и искусстве

4
«Горе от ума» А. С. Грибоедова и светская комедия

Комедия «Горе от ума» находится в сложных и неоднозначных отношениях с современной ей литературной, и в том числе комедиографической традицией. Десятилетиями в истории изучения Грибоедова доминировало представление об уникальности «Горя от ума» и внезапности его появления «на бледном фоне русского комедийного репертуара и раннего творчества самого Грибоедова» [Орлов 1946: 4]. Изучение отдельных влияний и традиций, самых общих взаимосвязей пьесы Грибоедова с ближайшим комедиографическим контекстом, тем не менее спорадически предпринималось в трудах Алексея Веселовского [Веселовский 1881; Веселовский 1894], А. Л. Слонимского [Слонимский 1946; Слонимский 1936], Н. Степанова [Степанов 1946], Н. К. Пиксанова [Пиксанов 1934; Пиксанов 1971]. Позднее исследователи предложили более детализированное изучение соответствий между «Горем от ума» и ранними опытами Грибоедова [Фомичев 1969], анализ связей комедии с популярными амплуа русской сцены [Зорин 1977], а также влияния традиции комедии XVIII века [Борисов 1978; Лебедева 2014].

В этом плане остается актуальным вопрос как о месте грибоедовской комедии в контексте современной ему комедиографии, так и об отношении самого автора к сложившемуся канону светской комедии. Любопытно письмо Грибоедова П. А. Катенину от 19 октября 1817 года по поводу только что оконченной А. А. Шаховским комедии «Пустодомы»:

> Ах! кстати он (Шаховской. — *В. П.*) совершенно окончил свою комедию, недостает только предисловия, развязка преаккуратная: граф женится на княжне, князь с княжной уезжают в деревню, дядя и тетка изъясняют моральную цель всего происшедшего, Машу и Ваньку устыжают, они хотят — стыдятся, хотят — нет <…>. Инквартус и многие другие в дураках, в числе их будут и зрители… [Грибоедов 1995–2006, 3: 14]

Ограниченность канона, ведущая к повторению (в лучшем случае) или к прямому заимствованию чужих находок, отмечается Грибоедовым и в пьесах М. Н. Загоскина. За три дня до процитированного письма драматург написал памфлетное стихотворение в адрес Загоскина:

> Вот господин Загоскин,
> Вот весь его причет:
> *Княгини* и
> *Княжны,*
> *Князь Фольгин* и
> *Князь Блесткин;*
> <…>
> Вот *Богатонов* вам: особенно он мил,
> Богат чужим добром — все крадет, что находит,
> С *Транжирина* кафтан стащил,
> Да в нем и ходит
> [Грибоедов 1995–2006, 2: 213–215].

Грибоедов начинает осознавать себя не внутри, а вне сложившейся комедиографической системы. Отсюда — постоянная ирония в оценке наиболее известных комедийных авторов. Наиболее полно этот разрыв с каноном будет происходить в период работы над «Горем от ума», когда драматург начнет воспринимать приемы светской комедии как «суетный наряд», способный исказить начертание высокого замысла, как то, что нужно сознательно «остранить». В этот период Грибоедов будет использовать старые клише для построения принципиально новой комедийной структуры.

Прежде всего, драматург переосмыслил всю систему персонажей комедии начала XIX века, изобразив «25 глупцов на одного здравомыслящего человека», как он писал П. А. Катенину в начале 1825 года [Грибоедов 1995–2006, 3: 87]. Ситуация комедии была резко изменена — вместо фаланги правильных и «умных», с точки зрения автора, героев Грибоедов представил «уродами с того света», «глупцами» всех, взяв под защиту одного, находящегося «в противуречии с обществом, его окружающим» [Грибоедов 1995–2006, 3: 87]. Показательно, что персонажи Грибоедова («глупцы»), каждый в отдельности, могли бы стать вполне положительными героями в ситуации какой-либо комедии 1810–1820-х годов. Так, Фамусов — тот же вполне порядочный Радугин или рассуждающий о нравственности и бранящий все иностранное Холмский («Липецкие воды» А. А. Шаховского). Софья, предпочитающая тихого, скромного возлюбленного излишне говорливому и злоязычному Чацкому, могла бы стать традиционной «идеальной девицей» большинства светских комедий. Однако небольшой сдвиг комедийного канона нарушает всю систему — в Фамусове, как и в Софье, проступают совсем иные черты, не подобающие идеалам комедии этого периода.

М. А. Дмитриев в своем разборе грибоедовской комедии (отрывки которой были напечатаны в альманахе «Русская Талия на 1825 год») увидел это явное нарушение и решил трактовать его по-своему: в его интерпретации Чацкий — глупый, а все остальные — вполне умные и порядочные люди. Он писал: «Чацкий <…> есть ничто иное, как сумасброд, который находится в обществе людей совсем не глупых, но необразованных…» [Дмитриев 1825: 112]. Дмитриев попытался, таким образом, перечеркнуть все достижения Грибоедова и подвести его комедию под известный стереотип:

> По отрывку *нельзя судить о целой комедии*, но о характере главного действующего лица — можно! Г. Грибоедов хотел представить умного и образованного человека, который не нравится обществу людей необразованных. Если бы комик исполнил сию мысль, то характер Чацкого был бы

занимателен, окружающие его лица — смешны, а вся картина забавна и поучительна! Но мы видим в Чацком человека, который злословит и говорит все, что ни придет в голову; естественно, что такой человек наскучит во всяком обществе, и чем общество образованнее, тем он наскучит скорее! Например, встретившись с девицей, в которую влюблен и с которой несколько лет не видался, он не находит другого разговора, кроме ругательств и насмешек над ее батюшкой, дядюшкой, тетушкой и знакомыми; потом на вопрос молодой графини, зачем он не женился в чужих краях, отвечает грубою дерзостию! Сама София говорит об нем: *не человек, змея!* Итак, мудрено ли, что от такого лица разбегутся и примут его за сумасшедшего? [Дмитриев 1825: 112]

Перемена всей системы персонажей привела к резкому несовпадению между *функцией* персонажа и собственно тем идеологическим *типом*, который он воплощает. Исследователями уже было отмечено, что Чацкий по своему амплуа соотносится с такими отрицательными персонажами русской комедии 1810–1820-х годов, как Блесткин, Звонов, Кутермин — неслучайна и перекличка фамилий, имеющих общую семантику «шума», «блеска», «чада», особенно если учесть первый вариант фамилии героя — Чадский [Зорин 1977: 71]. Функция Чацкого в интриге «Горя от ума» аналогична функции всех указанных персонажей — функция комического любовника, «ложного жениха», отвергнутого героиней.

Однако тип героя здесь принципиально иной. Чацкий представляет собой развитие традиционного амплуа «злого умника», изображенного еще Катениным (Зельский в его «Сплетнях» 1820 года) или Загоскиным (Вельский в «Добром малом» 1820 года). Неслучайна и реплика Софьи в адрес Чацкого, уже приведенная в рецензии Дмитриева: «Не человек, змея!» (27)[1].

В комедии «Горе от ума», обращаясь к Чацкому, Софья обвиняет героя в презрении к окружающим и в злоязычии:

---

[1] Здесь и далее все ссылки на текст комедии «Горе от ума» приводятся по изданию [Грибоедов 1969]. В тексте работы указывается страница этого издания.

> Зачем же быть, скажу вам напрямик,
> Так невоздержну на язык?
> В презреньи к людям так нескрыту?
> <...>
> Град колкостей и шуток ваших грянет.
> Шутить! и век шутить! как вас на это станет! (60)

Грибоедов коренным образом трансформировал всю систему персонажей, наделив своего «злого умника» положительным ореолом, сделав его «обличителем» нравов, идеологии, стиля жизни старой Москвы, принципиально разделив «ум» и «злость». О том, насколько тип «злого умника» был переосмыслен Грибоедовым, писал А. Л. Слонимский:

> Грибоедов произвел радикальную перестановку темы «умника» <...>. Грибоедов решительно стал на сторону «ума» <...>. То, что являлось (даже у Мольера) смешным, отрицательным, здесь делается предметом сочувствия, выставляется как положительное. Правым оказывается «ум» и не только в интеллектуальном, но и в моральном и в общественном плане. Напротив, «злость» приписывается обиженным «глупцам» [Слонимский 1946: 68].

Противоречие Чацкого было отмечено и М. Дмитриевым. По Дмитриеву, Чацкий «не что иное, как сумасброд, который находится в обществе людей совсем не глупых, но необразованных и который умничает перед ними, потому что считает себя умнее: следовательно, все смешное — на стороне Чацкого!» [Дмитриев 1825: 112–113].

Это несоответствие амплуа и его «наполнения» вызвало критические замечания Пушкина, отказавшего Чацкому в уме именно по причине его «говорливости». В январе 1825 года поэт писал А. А. Бестужеву:

> Теперь вопрос. В комедии «Горе от ума» кто умное действующее лицо? ответ: Грибоедов. А знаешь ли, что такое Чацкий? Пылкий, благородный и добрый малый, проведший несколько времени с очень умным человеком (именно с Гри-

боедовым) и напитавшийся его мыслями, остротами и сатирическими замечаниями. Все, что говорит он — очень умно. Но кому говорит он все это? Фамусову? Скалозубу? На бале московским бабушкам? Молчалину? Это непростительно. Первый признак умного человека — с первого взгляду знать с кем имеешь дело и не метать бисера перед Репетиловыми и тому подоб. [Пушкин 1937: 138].

Выбранный драматургом путь явно не устраивал Пушкина: совмещение комедийной функции с почти трагедийным «наполнением» не избавляло образ от противоречий и создавало нежелательный эффект. Здесь можно было бы употребить формулу Дмитриева— «несоответствие характера с его назначением».

Между тем неуместная — по Пушкину — «говорливость» Чацкого была взята под защиту Орестом Сомовым:

> Он (Грибоедов. — *В. П.*) представил в лице Чацкого умного, пылкого и доброго молодого человека, но не вовсе свободного от слабостей: в нем их две и обе почти неразлучны с предполагаемым его возрастом и убеждением в преимуществе своем перед другими. Эти слабости — заносчивость и нетерпеливость. Чацкий сам очень хорошо понимает <...>, что, говоря невеждам о их невежестве и предрассудках, и порочным о их пороках, он только напрасно теряет речи; но в ту минуту, когда пороки и предрассудки трогают его, так сказать, за живое, он не в силах владеть своим молчанием: негодование против воли вырывается у него потоком слов, колких, но справедливых [Сомов 1825: 184].

Все, что критики «Горя от ума» относили к отдельным противоречиям Чацкого, Сомов выстраивает в цельную линию поведения молодого либерально настроенного человека того времени. Ю. М. Лотман связал этот тип поведения — поведение Чацкого в доме Фамусова — с так называемым декабристским типом поведения:

> Современники выделяли не только «разговорчивость» декабристов — они подчеркивали также резкость и прямоту их суждений, безапелляционность приговоров, «неприлич-

ную», с точки зрения светских норм, тенденцию называть вещи своими именами, избегая эвфемистических условностей светских формулировок, их постоянное стремление высказывать без обиняков свое мнение, не признавая утвержденного обычаем ритуала и иерархии светского речевого поведения [Лотман 1975: 30–31].

Сближение Чацкого с поведенческой моделью декабристов, предложенное Лотманом, нуждается в уточнениях и корректировке, тем более что в фигуре Чацкого современники обнаруживали массу комических черт и несоответствий: в амплуа комического любовника Грибоедов «вставил» героя, реализующего «серьезное» поведение. Двойственность персонажа влечет за собой постоянные промашки в тактике поведения, вызывающие комический эффект и сближающие его с еще одним комическим типом. Достаточно вспомнить финал третьего действия, когда Чацкий произносит один из своих монологов самому себе — все в это время, согласно ремарке автора, «в вальсе кружатся с величайшим усердием» (95). Существенно и то, что Чацкий здесь, в этом эпизоде, совмещает в себе качества и «злого умника», и — одновременно — «самовлюбленного хвастуна». Эта сцена напоминает сцену комедии Н. И. Хмельницкого «Говорун» (1817), в которой граф Звонов не видит, что все слушатели давно разбежались. Явление XIV этой комедии содержит характерную ремарку — «не примечая, что он остался один, продолжает рассказывать» [Хмельницкий 1849: 331].

«Серьезность» поведения Чацкого сочетается с заметным архаизмом его речи. Н. К. Пиксанов отмечал, что наибольшее число всех книжных оборотов и старославянской лексики приходится на долю монологов Чацкого [Пиксанов 1971: 171]. Современники подметили также прямолинейность Чацкого. В. Ф. Одоевский, противопоставив Чацкого Крутону (герой «Мизантропа» Мольера в переводе Ф. Ф Кокошкина), писал, что в Чацком, в отличие от последнего, «нет ни малейшей тени двуличия» [Одоевский 1825: 7]. Это сближало Чацкого с типом нравоучительного героя — Стародума.

Обычным комедийным сюжетом являлось противостояние «злого умника» и «благородного помощника». В комедии Катенина «Сплетни» Зельский («злой умник») плетет сеть интриг вокруг традиционной пары «влюбленных» — Лидина и Настеньки. Однако силой, парирующей его выпады, является не сам Лидин, а некто Игорев, разоблачающий интриги Зельского и приводящий героев-подопечных к счастливой для них развязке. Этот герой — традиционный резонер, а идеологическим наполнением этого амплуа 1810–1820-х годов сделались такие качества, как русофильство, ненависть ко всяким проявлениям «чужебесия», патриотизм. О популярности этого типа свидетельствуют такие персонажи, как Мирославский («богатоновский» цикл Загоскина), Здравосудов («Урок холостым, или Наследники» Загоскина), Прямиков («Воспитание, или Вот приданое» Ф. Ф. Кокошкина), Радимов («Пустодомы» Шаховского). В «Горе от ума» Чацкий совмещает качества двух антагонистических персонажей — «злого умника» и резонера, возмущенного преклонением перед «французиком из Бордо». Это было серьезнейшей трансформацией комедийной структуры — отсюда возникало ощущение дисфункциональности, непригодности пьесы для сцены.

Один раз Чацкий все же попытался сыграть роль внутри комедийной интриги. Грибоедов вводит в сюжет популярнейший мотив русской комедиографии 1810–1820-х годов — мотив «взаимных испытаний». Чацкий и Софья оказываются в ситуации испытующего и подвергшегося испытанию. Чацкий, убедившись в ничтожности Молчалина, своего предполагаемого соперника, принимает полупризнание Софьи («Я не старалась, бог нас свел» (61) за обман. Он видит в ее поведении известную хитрость, желание проверить его чувство:

> С такими чувствами, с такой душою
> Любим!.. Обманщица смеялась надо мною! (68)

Чацкий решает ответить Софье своим испытанием, с тем чтобы выяснить, «нет ли впрямь тут жениха какого» (39). Грибоедов предваряет его игру репликой «в сторону»: «Раз в жизни притворюсь» (59). Притворяясь, Чацкий играет роль друга Софьи, ее советчика-конфидента, не заинтересованного ни в чем. Его перевоплощение сопровождается сменой тона — с язвительного на доброжелательный; вместо эпиграмм Чацкий сочиняет лжемадригалы Молчалину и Скалозубу:

> Пускай в Молчалине ум тонкий, гений смелый... (59)
> <...>
> Но Скалозуб? вот загляденье:
> За армию стоит горой,
> И прямизною стана
> Лицом и голосом герой... (62)

Игровой характер сцены подчеркнут в тексте репликами «в сторону». Показательно, что во всей комедии наибольшее количество подобных ремарок сконцентрировано именно в сцене испытания Чацким Софьи. Так, герой, ведущий свою маленькую интригу, делает наблюдения:

> (в сторону)
> ...Она его не уважает... (61)
> (в сторону)
> Она не ставит в грош его... (61)
> <...>
> (в сторону)
> Шалит, она его не любит... (62)

Чацкий смоделировал поведение Софьи в соответствии с комедийным мотивом испытаний и, в свою очередь, решил отыграться. Однако налицо трансформация указанного мотива: традиционная ситуация зеркально перевернута — то, что должно было быть только видимостью, «шалостью» по отношению к Чацкому, оказывается правдой — любовь Софьи к Молчалину. Само испытание обнаруживает свою химеричность. Софья в разговоре с Чацким искренна — доверительный тон Чацкого единственный раз вызывает в ней сочувствие, и она почти открывает свою тайну. Между тем Чацкий именно в этой сцене видит игру, а Софью принимает за обманщицу, решившую сыграть роль влюбленной в Молчалина.

Пушкин проницательно уловил этот канонический мотив в «Горе от ума». Он писал А. А. Бестужеву: «Между мастерскими чертами этой прелестной комедии — недоверчивость Чацкого в любви Софьи к Молчалину прелестна! И как натурально! Вот на чем должна была вертеться вся комедия» [Пушкин 1937: 138]. Пушкин — пурист в своем отношении к комедии. Он — противник субъективных вольностей и сторонник сохранения принятых в комедии условностей — определенных, строго очерченных характеров и канонических амплуа². Сам Грибоедов в письме Катенину подчеркивал значимость именно этого мотива: «Ты находишь главную погрешность в плане — мне кажется, что он прост и ясен по цели и исполнению: девушка, сама не глупая, предпочитает дурака умному человеку…» [Грибоедов 1995–2006, 3: 87].

Вместе с переосмыслением типа «злого умника» в комедии Грибоедова наметилась и модификация традиционной темы «быть — казаться». «Злой», обычно ведущий интригу, оказался неспособным к этой роли. И напротив, «скромник» Молчалин взял на себя функцию интригана с далеко идущими планами. «Игровое» поведение Молчалина особенно изощренно выглядело в первоначальных планах текста. В Музейном автографе Софья подробно описывает его «превращенья»:

> …Молчалин мой! как не любить его?
> Как будто свыклись с малолетства,
> Грустна: — он без ума помочь мне ищет средства,
> Смеюсь, тужу непочему:
> Посмотришь, в том и жизнь и смерть ему.
> Беспечна я: он за меня боится,
> Задумаюсь: — он прослезится (137).

В тихом и скромном герое многочисленных комедий Грибоедов разглядел избыток «деловых» качеств, вылившихся у Молчалина в беспринципное делячество. Любопытно, что особый акцент на такого рода способностях у героя был сделан еще Н. И. Ильиным, противопоставившим Речину Делина в своем «Говоруне». Под

---

² Об отношении Пушкина к светской комедии см. [Вольперт 1979: 176].

пером Грибоедова «дельный» и вполне положительный комедийный тип превратился в «низкопоклонника и дельца». Канон оказался переосмыслен, трансформирован под влиянием очевидных памфлетных отсылок к реальному прототипу.

«Сентиментальное» поведение Молчалина, его платонический роман с Софьей в сочетании с карьеризмом, избытком деловых качеств и внутренним аморализмом — весь этот набор черт мог ассоциироваться, как замечал Лотман, с фигурой С. С. Уварова, имевшего такой же сентиментальный роман с дочерью министра просвещения А. К. Разумовского. По словам Лотмана, «есть основания полагать, что в характеристику Молчалина вошли портретные черты Уварова» [Лотман 2003: 163]. Женитьба на некрасивой старой деве способствовала невероятной карьере любителя древностей и члена литературного общества «Арзамас» Уварова. Действительно, «услужник знаменитый» комедии Грибоедова мог вызывать у современников ассоциации с Уваровым, не гнушающимся низких способов в достижении расположения своего начальства. Ф. Ф. Вигель, например, рассказывал П. И. Бартеневу, что Уваров, заискивая расположение министра финансов Е. Ф. Канкрина, ласкал его детей и так часто посещал детскую, что дети принимали его за лекаря [Цявловский 1936: 535][3].

Уваров уже и прежде являлся объектом насмешек в комедии. Так, в «Липецких водах» Шаховского он был выведен под именем Угарова[4]. Для Грибоедова, принадлежащего к противоположной литературной группе — «беседчикам», — фигура сентиментального карьериста и одного из основателей «Арзамаса» была особенно ненавистна.

Между тем, хотя Молчалин в системе персонажей светской комедии должен был выполнять функцию «ложного жениха», в «Горе от ума» он, к несчастью для Чацкого, оказывается действительным возлюбленным Софьи. Пушкин, для которого этот тип персонажа был укоренен в комедийном каноне, не был полностью удовлетворен фигурой Молчалина. Он писал А. А. Бе-

---

[3] Отзывы современников об Уварове собраны Б. Л. Модзалевским в издании [Модзалевский 1923: 358–362].

[4] Подробнее об этом см. [Гозенпуд 1961: 35–38].

стужеву о непроясненности Молчалина, желая видеть в нем такую черту, как трусость: «Молчалин не довольно резко подл; не нужно ли было сделать из него и труса? старая пружина, но штатский трус в большом свете между Чацким и Скалозубом мог быть очень забавен» [Пушкин 1937: 138].

Пушкин опирается здесь на каноническое распределение черт «характера» в системе амплуа. Как правило, скромный и вежливый возлюбленный героини — военный, а «ложный жених» — штатский. Как следствие этого возникала антитеза «военный храбрец — штатский трус». Именно здесь Пушкин увидел непроясненность Молчалина. Штатскость отрицательного персонажа и военная биография положительного были связаны с существующими представлениями о престижности военной службы, и «отсутствие этой черты в биографии должно было иметь какое-либо специальное объяснение» [Лотман 1980: 48]. К этому можно добавить и некоторые дополнительные исторические коннотации. Для некоторой группы литераторов (Катенин, Грибоедов, Жандр) военный ассоциировался, помимо прочего, с передовой дворянской идеологией, со свободолюбием и антиправительственными настроениями. Катенин, например, играл первенствующую роль в промежуточной организации, стоящей между «Союзом спасения» и «Союзом благоденствия», — в Военном обществе, которое образовалось к концу 1817 года в Москве.

Атрибуты популярного в комедии 1810–1820-х типа «скромника» распределены между двумя персонажами «Горя от ума» — Молчалиным и Скалозубом. Как правило, «скромник» русской светской комедии является военным. Этот статус унаследовал не Молчалин, а Скалозуб. Предыстория этого образа — Саблин комедии «Студент» (1817), написанной Катениным и Грибоедовым совместно. Как и в «Студенте», Скалозуб (доведенный до гротеска Саблин) — «ложный жених», поощряемый отцом невесты. Однако в «Горе от ума» — и в этом сказалась модификация известного мотива — не обнаружилось ни одного «истинного жениха», поскольку в финале пьесы происходит известное разоблачение Молчалина в присутствии Софьи. В первоначальном варианте текста эта сцена разоблачения отсутствовала, что не исключало возможного соответствия комедийному канону — Софья могла выйти замуж за Молчалина.

В то же время в пьесе Грибоедова нет и вытеснения Скалозуба, что дало основания Е. П. Ростопчиной, написавшей продолжение комедии «Горе от ума», сделать Скалозуба мужем Софьи [Ростопчина 1865]. «Вытесняется» только Чацкий, покидающий дом героини без всякой надежды на возвращение. Однако это вытеснение происходит на принципиально иной основе, нежели в других комедиях с аналогичным сюжетным мотивом. Чацкий изгоняется из общества, а не только из дома Фамусова. Он терпит крах не только в любви. В результате усложнения любовной коллизии сюжет наполняется «громадным жизненным, общественным, историческим значением» [Тынянов 1969: 351], а сама комедия становится «видом трагедии» [Тынянов 1969: 367].

С мотивом вытеснения Чацкого в комедию вводилась популярная тема сплетен и клеветы. В отличие от обычного развития комедийного сюжета, в котором сплетник или клеветник наказывались, а оклеветанная добродетель торжествовала, в «Горе от ума» отсутствует это традиционное торжество добра над злом. Достаточно невинная тема сплетен, встречающаяся во множестве современных Грибоедову комедий, приобретает в финале пьесы зловещие очертания. Герой публично объявляется сумасшедшим — он покидает общество, изгнавшее его. В последнем явлении четвертого действия Фамусов, обращаясь к Софье, провозглашает окончательный приговор:

> Ну что? не видишь ты, что он с ума сошел?
> Скажи сурьезно:
> Безумный! что он тут за чепуху молол! (120)

В комедии Грибоедова помимо Чацкого упоминаются фигуры, чье поведение, подобно поведению Чацкого, выглядит «странным». В разговоре с Фамусовым Скалозуб рассказывает о своем брате:

> ...Крепко набрался каких-то новых правил.
> Чин следовал ему: он службу вдруг оставил,
> В деревне книги стал читать (41).

Княгиня Тугоуховская упоминает некоего князя Федора, отличающегося таким же «странным» поведением:

> Профессоры!! у них учился наш родня,
> И вышел! хоть сейчас в аптеку, в подмастерьи.
> От женщин бегает, и даже от меня!
> Чинов не хочет знать! Он химик, он ботаник,
> Князь Федор, мой племянник (90).

В рассказах Скалозуба о брате и Тугоуховской о князе Федоре проявляется популярный в комедии мотив «ложных увлечений». Грибоедов здесь воспроизводит комедийный стереотип отрицательного отношения ко всякого рода недворянским занятиям, например к занятиям наукой. Однако в пьесе осуждение «ложных увлечений» передано от авторитетного персонажа «глупцам», чье слово заведомо дискредитировано.

Ю. Н. Тынянов писал, что в сюжете «Горя от ума» самое главное — возникновение и распространение выдумки, клеветы о сумасшествии Чацкого [Тынянов 1969: 351]. Исследователь полагал, что возможным прототипом Чацкого (Чадского — в первой версии комедии) мог быть П. Я. Чаадаев. Лотман также ссылался на эпизод разговора Чаадаева с Александром I в Троппау в октябре 1820 года, вскоре после которого будущий автор «Философических писем» вышел в отставку в том же чине [Лотман 1975: 41–42].

Загадочную отставку блестящего офицера, направленного генерал-адъютантом И. В. Васильчиковым доложить царю о бунте в Семеновском гвардейском полку, современники перетолковывали по-разному. Пушкин, ссылаясь на слухи о Чацком как Чаадаеве, в письме к П. А. Вяземскому от 1–8 декабря 1823 года неодобрительно отзывался о самой возможности шутить на счет опального друга: «Что такое Грибоедов? Мне сказывали, что он написал комедию на Чедаева; в теперешних обстоятельствах это чрезвычайно благородно с его стороны» [Пушкин 1937: 81].

О Чаадаеве как о прототипе Чацкого может дополнительно свидетельствовать и сатира «Два века» А. Г. Родзянки (1822), где фигура Клита, по мнению В. Э. Вацуро, указывает на молодого

Чаадаева — честолюбца, оракула, избегавшего женщин и балов [Вацуро 2000: 72]:

> Зато уж важный Клит, враг женщин записной,
> Лапласа ученик и мыслитель прямой,
> Нем в обществе, в кругу друзей крикливый спорщик,
> Оратор полковой, казарменный заговорщик;
> Горячкой заразясь новизн и вольных дум,
> Дать новый ход вещам его стремится ум;
> Кипя равно подрыть и алтари и троны,
> В Квироги метит он, а там в Наполеоны
> [Родзянка 1972: 163].

За фигурой Чацкого вставали его единомышленники, — такие как князь Федор или брат Скалозуба. Показательно, что внутри либерального социума комедия могла быть воспринята как сатира на круг молодых вольнодумцев. Известен, например, отзыв А. И. Тургенева, присутствовавшего на чтении «Горя от ума» у княгини А. И. Голицыной. В письме к Вяземскому 8 мая 1825 года он выделял эту либеральную группу, включая в нее и адресата своего послания: *«Всем вам досталось*. Много остроты в некоторых стихах, особливо в негодовании Чацкого, но пиеса нехороша и интрига подлая. Есть сатирические черты и *верные портреты московских оригиналов*, но нет комедии» [Вяземский, Тургенев 1899: 123] (выделено мной. — *В. П.*).

Характерно, однако, что с течением времени контраст между типом «умника» и комической функцией Чацкого сделается более очевидным. Свидетельство тому — суждение П. А. Вяземского, тем более показательное, что он теснее других общался с Грибоедовым и в середине 1820-х годов мог рассматриваться как человек «грибоедовской партии». Мнение о «Горе от ума» было высказано в его монографии о Фонвизине, создававшейся в атмосфере тесных контактов с Пушкиным — в начале 1830-х годов:

> Сам герой комедии, молодой Чацкий, похож на Стародума. Благородство правил его почтенно; но способность, с которою он ex abrupto проповедует на каждый попавшийся ему

текст, нередко утомительна <...>. Ум, каков Чацкого, не есть завидный ни для себя, ни для других. В этом главный промах автора, что посреди глупцов разного свойства вывел он одного умного человека, да и то бешеного и скучного [Вяземский 1880: 143].

Вряд ли стоит относить фигуру Чацкого к декабристам как поведенческому типу или, как это делали советские историки, к идеологии ранней декабристской организации — к «Союзу спасения». Чацкий выражает манеру и стиль поведения новых «умных», чье злословие, отрицание всех авторитетов, либертинское поведение (не случайно же Чацкий острит: «Я езжу к женщинам, но только не за этим») гораздо шире декабристской парадигмы. Неслучайно в тексте комедии возникают отнюдь не декабристские прототипы: то фигура Чаадаева [Велижев 2017], то намек на Вяземского [Осповат 2010]. Комедия отображала модное светское поведение, — таким, каким оно сформировалось к началу 1820-х годов. Слонимский справедливо увидел в пьесе сильнейшее влияние комедии Грессе «Le méchant», а в монологах Чацкого увидел парафразы ее главного героя Клеона [Слонимский 1946: 64–70].

В «Горе от ума» присутствует еще один распространенный мотив современной Грибоедову комедии — мотив «обманутого опекуна». Функцию обманутого берет на себя Фамусов, постоянно подозревающий Софью в «обмане», то есть в амурных похождениях. Сначала на подозрении Молчалин. Неожиданно застав Софью с Молчалиным, он произносит:

Но ждал ли новых я хлопот? Чтоб был обманут... (14)

Фамусов сразу же моделирует поведение Софьи по литературному образцу:

А ты, сударыня, чуть из постели прыг,
С мужчиной! С молодым! — Занятье для девицы!
Всю ночь читает небылицы,
И вот плоды от этих книг! (14)

Затем, после появления Чацкого, Фамусов не может решить — «Который же из двух?» (30). Переформатирование канона заключается в том, что в финале Фамусов так и не узнает всей правды. Клубок интриг, сплетенный Молчалиным, остается нераспутанным. И в этом плане «Горе от ума» — комедия без развязки в исконном смысле слова. Открытый финал, отсутствие традиционной свадьбы — это те сдвиги комедийной схемы, которые осуществил Грибоедов. Это дало основания известному театральному критику С. Васильеву-Флерову утверждать: «Фамусов — комическая фигура, партия buffo, нечто вроде дона Бартоло в "Севильском цирюльнике", то, что у французов называется un père dupé» [Васильев-Флеров 1895: 637].

Важно было, между тем, что отсутствие традиционной развязки, действительного прозрения обманутого Фамусова имело свою логику внутри жанра светской комедии. Исследователи полагали, что Фамусов и был изначально задуман как персонаж легкой комедии, который «шел в пару со своей женой, сентиментальной модницей и ветреницей» [Пиксанов 1971: 215]. Он проводит все дни в светских визитах и обедах и философствует по поводу тяжести светской жизни.

Фамусов, как показано выше, исходит из традиционной схемы: обмануть его может, конечно, не «тихий скромник», «бессловесный» Молчалин, а «злой» Чацкий. Действительность переворачивает его представления, как переворачивает схему светской комедии сам автор.

Особые сложности представляла для зрителей и читателей расшифровка образа Софьи. В героине совмещены два традиционных антагонистических типа — тип «кокетки» и тип «идеальной девицы». Закономерно было недоумение Пушкина, писавшего А. А. Бестужеву: «Софья начертана не ясно: не то <блядь>, не то московская кузина» [Пушкин 1937: 138]. От «кокетки» у Софьи — традиционное «модное воспитание»: Фамусов упоминает о мадам Розье и многочисленных учителях, которые учили Софью «и танцам! и пенью! и нежностям! и вздохам!» (15). Занятия Софьи — чтение модных романов (разумеется, французских) и пребывание в «модных лавках». Софья сохраняет и такую черту, как злоязычие, характерную для типа «кокетки». Исследователи уже отмечали, что она с ловкостью парирует «злые» выходки Чацкого ответными колкостями. Именно Софья первая клевещет на Чацкого, желая тем самым избавиться от ненужного соглядатая ее «нежных» свиданий с Молчалиным. Клевета, сопряженная с интригой, — тоже необходимый атрибут указанного типа.

Вместе с тем Софья сохраняет и такие черты, как искреннее чувство влюбленности, свободное от корыстных соображений. В ее предпочтении тихого и скромного Молчалина Чацкому, злому умнику, сохраняются элементы «идеальной» героини типа Оленьки Холмской («Урок кокеткам, или Липецкие воды» Шаховского) или Настеньки («Сплетни» П. А. Катенина). Глубоко не случайно совпадение реплики Настеньки, героини Катенина, с характеристикой, данной Софьей уму Чацкого[5]. В пьесе «Сплетни» Настенька говорит о Зельском:

> Все славят ум его, но этого ума
> Нельзя, мне кажется, быть в целом свете хуже
> [Катенин 1965: 475].

Софья в пьесе Грибоедова, словно развивая ту же идею об уме Чацкого, произносит:

> Что гений для иных, а для иных чума,
> Который скор, блестящ, и скоро опротивит,
> Который свет ругает наповал,
> Чтоб свет о нем хоть что-нибудь сказал... (61)

Напротив, Молчалин — отображение утрированно-литературного (сентиментально-балладно-элегического, говоря условно) поведения, которое прекрасно имитирует этот персонаж. Софья подчеркивает в разговоре с отцом его социальный статус, обусловивший «робость»; она же придумывает свой сон, описанный в балладных клише. В разговоре с Лизой она раскрывает

---

[5] Это совпадение было отмечено А. Л. Зориным. См. [Зорин 1977: 70].

подробности своих ночных свиданий с Молчалиным, где помимо музицирования происходит следующее:

> Возьмет он руку, к сердцу жмет,
> Из глубины души вздохнет,
> Ни слова вольного, и так вся ночь проходит,
> Рука с рукой, и глаз с меня не сводит (21).

Уже было отмечено, что этот эпизод отсылает к «Эоловой арфе» В. А. Жуковского, где описан бедный певец Арминий, влюбленный в богатую Минвану,

> Умолк — и с прелестной
> Задумчивых долго очей не сводил...
> <...>
> Горячей рукою
> Ей руку пожал
> И тихой стопою
> От ней удаляся, как призрак пропал...
> [Левченко 1989: 269]

Травестирование стиля младших карамзинистов уже было предпринято Грибоедовым в его комедии «Студент» (1817), в фигуре и речах сочинителя Беневольского. В его литературных «опытах» угадывались намеки на только что вышедшую книгу «Опыты в стихах и прозе» Н. К. Батюшкова [Фридман 1948; Фридман 1965][6]. В «Горе от ума» Молчалин, надевающий маску сентиментального поклонника Софьи, оказывается карьеристом и интриганом.

В «Горе от ума» отсутствует и традиционное для светской комедии параллельное развитие любовной интриги у господ и слуг. Вернее, оно обозначено пунктиром и не эксплицировано в тексте. Лишь одна реплика Лизы намекает на традиционный сюжет:

> А я... одна лишь я любви до смерти трушу. —
> А как не полюбить буфетчика Петрушу (56).

---

[6] См. также [Кошелев 1989].

Однако никакой взаимопомощи у влюбленной госпожи и служанки не наблюдается. Очень точную и емкую характеристику взаимоотношений господ и слуг с самого начала дает сама Лиза:

> Ах! от господ подалей;
> У них беды себе на всякий час готовь.
> Минуй нас пуще всех печалей
> И барский гнев, и барская любовь (12).

Отсюда — коренная перестройка всего хода интриги. Служанка не играет никакой роли в развитии любовной коллизии пьесы. Она оказывается настолько пассивна, что, сочувствуя Чацкому, не предпринимает никаких попыток устроить его судьбу. Вопреки своим симпатиям, она безучастно (иногда — со страху) выполняет все, что приказывает ей Софья.

В этой особенности комедии Грибоедова заключается серьезное отступление от обычного построения светской комедии, где доминировала *преднамеренность* всякой случайности. Этот принцип организации действия позволил критикам сравнивать светскую комедию с математически выверенной формулой, или, как писал П. А. Вяземский, с «алгебраической задачей» [Вяземский 1880: 143]. Каждое новое явление должно было иметь внутреннее обоснование, а каждый выход персонажа — двигать сюжет. Относительно «Горя от ума» все критики сошлись в одном, а именно — в случайности развязки комедии, которая, по канону, должна была бы следовать за сценой «невольного саморазоблачения». Ловкий слуга или «помощник в женитьбе» заранее подготавливал эту сцену, собирая всех действующих лиц в одном месте и делая их свидетелями раскрытия какой-то тайны, скрываемой на протяжении всего действия.

В «Горе от ума» такой сценой является знаменитая исповедь Молчалина, — сцена, происходящая случайно. Чацкий неожиданно слышит голос Софьи и останавливается, а Софья тоже случайно становится свидетельницей разговора Молчалина с Лизой. Явление 12-е четвертого действия содержит ремарку: «Чацкий за колонною, Лиза, Молчалин (потягивается и зевает), Софья (крадется сверху)» (111). Наконец Молчалин произносит свои известные реплики:

> Поди,
> Надежды много впереди,
> Без свадьбы время проволочим (112).
> <…>
> Да что? открыть ли душу?
> Я в Софье Павловне не вижу ничего
> Завидного (112–113).
> <…>
> И вот любовника я принимаю вид
> В угодность дочери такого человека… (113)

В его признаниях есть все, что обычно содержит сцена «невольного саморазоблачения» в светской комедии: откровенный цинизм в рассказе о своем credo, обнажение корыстных целей «романа» с Софьей. Однако нельзя не видеть и различий. Если в светской комедии в результате невольного саморазоблачения герой изгонялся и водворялись мир и справедливость, то в «Горе от ума» дальнейшая судьба Молчалина неопределенна. Неслучайно сам Молчалин не присутствует в сцене скандала при появлении Фамусова, и есть вероятность, что все произойдет так, как предсказывает Чацкий:

> Вы помиритесь с ним, по размышленьи зрелом.
> Себя крушить, и для чего!
> Подумайте, всегда вы можете его
> Беречь, и пеленать, и спосылать за делом,
> Муж-мальчик, муж-слуга, из жениных пажей,
> Высокий идеал московских всех мужей (118).

Комедийная формальная «случайность» отсутствует, но вместо этого драматург придал пьесе внутреннюю логику — логику повествования о «мильоне терзаний» умного человека в столичном свете.

Следует отметить еще одну особенность грибоедовской комедии, которая вскрывается в сопоставлении со светской комедией. Героям последней присуще восприятие событий как материала для комедии, а себя — как актера в традиционном амплуа. Выше была проанализирована в этом плане «Комедия против комедии, или Урок волокитам» Загоскина. Сюжет этой пьесы развивается в двух планах — как реально существующая событийная канва и как материал для комедии, которую пишет Эрастов, подслушивая и подсматривая за персонажами.

«Сплетни» Катенина содержат тот же потенциальный «текст в тексте», во многом прямо напоминающий «обличительные» эпизоды с участием Чацкого в «Горе от ума». Так, героиня «Сплетен» Крашнева (женский вариант типа «злого») в разговоре с Зельским резко критикует московское общество, а затем рассказывает о своем замысле отобразить его в комедии:

> *Крашнева*
> Да жаль, Мольера нет; — а мне пришла от скуки
> Идея странная, забавная весьма,
> Всех на смех описать и...
> *Зельский*
>   *(в сторону)*
>   Хороша сама!
> *Крашнева*
> В свет выдать.
> *Зельский*
>   Вряд ли вам правительство позволит
> Печатать.
>   *(в сторону)*
>   Вздор какой!
> *Крашнева*
>   Да кто же нас неволит?
> Распустим по рукам, нельзя ли бы в стихи?..
> Вы пишете их?
> *Зельский*
>   Нет.
>   *(в сторону)*
>   Вот мука за грехи!
> *Крашнева*
> Найдем кого-нибудь, в стихах бы только было:
> Из молодых почти все пишут страх как мило,
> И очень зло притом
> [Катенин 1965: 472–473].

С процитированным отрывком (очень показательным для всей светской комедии) можно сопоставить строки заключительного монолога Чацкого:

> Теперь не худо б было сряду
> На дочь и на отца
> И на любовника глупца,
> И на весь мир излить всю желчь и всю досаду.
> <...>
> Все гонят! Все клянут! Мучителей толпа,
> В любви предателей, в вражде неутомимых,
> Рассказчиков неукротимых,
> Нескладных умников, лукавых простяков,
> Старух зловещих, стариков... (119)

Чацкий также намеревается взяться за перо, чтобы описать московское общество. Судя по раскладу амплуа, упомянутых в монологе, он видит в своем московском окружении потенциальных героев комедии, которую, как указывают эти комедийные маски, он собирается сочинить. Не сатиру, не басню, а именно комедию. Мотив комедии в комедии, хотя и в редуцированном виде, присутствует и в «Горе от ума». Однако характерно, что в монологе Чацкого эти комедийные типы приобретают самую мрачную окраску: «кокетки» и «ложные друзья» становятся «предателями» и «врагами»; обычные «говоруны» (типа «Говоруна» Хмельницкого) оказываются «неукротимыми» болтунами, традиционные «простаки» превращаются в «лукавых», а комические старухи — в «зловещих». Сама же комедия, таким образом, превращается в трагикомедию. И в этом был серьезнейший сдвиг всей комедийной системы. Грибоедов, используя старые комедийные клише, словно заговорил на новом, неведомом его современникам языке. Отсюда — частые упреки в нетеатральности «Горя от ума». Так, Катенин писал: «...Жаль только, что эта фантасмагория не театральна <...>, смелых выходок много...» [Катенин 1911: 78] Грибоедов переосмыслил старую систему, теряющие свой идеологический смысл формы. Вольное обращение с этими формами вызвало критику, сформировало мнение о «Горе от ума» как о «плохой» комедии. Комедия Грибоедова перерастала существующую комедиографическую традицию, символизировала выход к другим жанрам и к другим — романическим — канонам.

Источники

Вяземский 1880 — Вяземский П. А. Полное собрание сочинений: В 12 т. Т. 5. СПб.: Типография М. М. Стасюлевича, 1880.

Вяземский, Тургенев 1899 — Остафьевский архив. Т. 3. Переписка П. А. Вяземского с А. И. Тургеневым. 1824–1836.

Грибоедов 1969 — Грибоедов А. С. Горе от ума. М.: Наука, 1969.

Грибоедов 1995–2006 — Грибоедов А. С. Полное собрание сочинений: В 3 т. СПб.: Нотабене, 1995–2006.

Дмитриев 1825 — Дмитриев М. А. Замечания на суждения Телеграфа // Вестник Европы. 1825. № 6. С. 109–123.

Катенин 1911 — Катенин П. А. Письма к Н. И. Бахтину. СПб.: Тип. т-ва «Электро-тип. Н. Я. Стойковой», 1911.

Катенин 1965 — Катенин П. А. Избранные произведения. М.-Л.: Советский писатель, 1965.

Одоевский 1825 — [Одоевский В. Ф.] Замечания на суждения Мих. Дмитриева о комедии: Горе от ума // Московский Телеграф. 1825. Ч. 3, № 10. С. 1–12.

Пушкин 1937 — Пушкин А. С. Полное собрание сочинений: В 16 т. Т. 13. М.; Л.: Изд-во АН СССР, 1937.

Родзянка 1972 — Родзянка А. Г. Два века // Поэты 1820–1830-х годов: В 2 т. Т. 1. Л.: Советский писатель, 1972. С. 162–166.

Ростопчина 1865 — Ростопчина Е. П. Возврат Чацкого в Москву. СПб.: Изд. Н. К. Флиге, 1865.

Сомов 1825 — Сомов О. Мои мысли о замечаниях г. Мих. Дмитриева, на Комедию: Горе от ума, и о характере Чацкого // Сын Отечества, 1825. Ч. 101, № X. С. 177–195.

Хмельницкий 1849 — Хмельницкий Н. И. Сочинения. Т. 1. СПб.: А. Смирдин, 1849.

Библиография

Борисов 1978 — Борисов Ю. Н. «Горе от ума» и русская стихотворная комедия (у истоков жанра). Саратов: СГУ, 1978.

Васильев-Флеров 1895 — Васильев-Флеров С. В. К характеристике Чацкого // Русское обозрение. 1895. № 2. С. 635–654.

Вацуро 2000 — Вацуро В. Э. Пушкинская пора. СПб.: Академический проект, 2000.

Велижев 2017 — Велижев М. Чаадаев и Чацкий: безумие и комедийная интрига в «Горе от ума // Замечательное шестидесятилетие. Ко дню рождения Андрея Немзера. Т. 1. М.: Издательские решения, 2017. С. 58–73.

Веселовский 1881 — Веселовский А. Н. Этюды о Мольере. Мизантроп. М.: Изд-во К. Т. Солдатенкова, 1881.

Веселовский 1894 — Веселовский А. Н. Этюды и характеристики. М.: Типо-лит. Т-ва И. Н. Кушнерев и К°, 1894.

Вольперт 1979 — Вольперт Л. И. Пушкин и французская комедия XVIII в. // Пушкин. Исследования и материалы. Т. IX. Л.: Наука, 1979. С. 168–187.

Гозенпуд 1961 — Гозенпуд А. А. А. Шаховской // Шаховской А. А. Комедии. Стихотворения. Л.: Советский писатель, 1961. С. 5–72.

Зорин 1977 — Зорин А. Л. «Горе от ума» и русская комедиография 10-х — 20-х годов XIX века // Филология. Вып. 5. М., 1977. С. 68–81.

Кошелев 1989 — Кошелев В. А. А. С. Грибоедов и К. Н. Батюшков: (К творческой истории комедии «Студент») // А. С. Грибоедов: Материалы к биографии: Сборник научных трудов. Л.: Наука, 1989. С. 199–219.

Лебедева 2014 — Лебедева О. Б. Поэтика русской высокой комедии XVIII — первой трети XIX веков. М. Языки славянской культуры, 2014.

Левченко 1989 — Левченко О. А. Грибоедов и русская баллада 1820-х гг.: («Горе от ума» и «Хищники на Чегеме») // А. С. Грибоедов: Материалы к биографии: Сборник научных трудов. Л.: Наука, 1989. С. 265–270.

Лотман 1975 — Лотман Ю. М. Декабрист в повседневной жизни (Бытовое поведение как историко-психологическая категория) // Литературное наследие декабристов. Л.: Наука, 1975. С. 25–74.

Лотман 1980 — Лотман Ю. М. Роман А. С. Пушкина «Евгений Онегин». Комментарий. Л.: Просвещение, 1980.

Лотман 2003 — Лотман Ю. М. Александр Сергеевич Пушкин. Биография писателя // Лотман Ю. М. Пушкин. СПб.: Искусство-СПб, 2003. С. 21–184.

Модзалевский 1923 — [Модзалевский Б. Л.] Комментарий к Дневнику // Дневник А. С. Пушкина. М.; Л.: Гос. изд-во, 1923. С. 81–542.

Орлов 1946 — Орлов В. Художественная проблематика Грибоедова // Литературное наследство. Т. 47–48. М.: Изд-во АН СССР, 1946. С. 3–76.

Осповат 2010 — Осповат А. К рецепции «Горя от ума» в пушкинской среде // Пермяковский сборник. Ч. 2. М.: Новое издательство, 2010. С. 180–187.

Пиксанов 1934 — Пиксанов Н. К. Грибоедов. Исследования и характеристики. Л.: Изд-во писателей в Ленинграде, 1934.

Пиксанов 1971 — Пиксанов Н. К. Творческая история «Горя от ума». М.: Наука, 1971.

Слонимский 1936 — Слонимский А. Л. Пушкин и комедия 1815–1820 годов // Пушкин: Временник Пушкинской комиссии. Т. 2. М.; Л.: Изд-во АН СССР, 1936. С. 23–42.

Слонимский 1946 — Слонимский А. Л. «Горе от ума» и комедия эпохи декабристов // Грибоедов А. С. 1795–1829: Сборник статей. М.: Государственный литературный музей, 1946. С. 39–73.

Степанов 1946 — Степанов Н. Грибоедов и Крылов // А. С. Грибоедов, 1795–1829: Сборник статей. М.: Государственный литературный музей, 1946. С. 134–149.

Тынянов 1969 — Тынянов Ю. Н. Пушкин и его современники. М.: Наука, 1969.

Фомичев 1969 — Фомичев С. А. К творческой предыстории «Горя от ума» («Студент») // От «Слова о полку Игореве» до «Тихого Дона»: Сб. ст. к 90-летию Н. К. Пиксанова. Л.: Наука, 1969. С. 88–98.

Фридман 1948 — Фридман Н. В. Творчество Батюшкова в оценке русской критики 1817–1820 гг. // Учен. зап. МГУ. М., 1948. Вып. 127. С. 191–195.

Фридман 1965 — Фридман Н. В. Проза Батюшкова. М.: Наука, 1965.

Цявловский 1936 — Из пушкинианы П. И. Бартенева / Публ. и коммент. М. Цявловского // Летописи государственного Литературного музея. Кн. 1. М.: Государственный литературный музей, 1936. С. 491–562.

5
Диалоги с Чацким
От А. Пушкина до Ю. Тынянова

Вся пьеса представляется каким-то кругом знакомых читателю лиц, и притом таким определенным и замкнутым, как колода карт... Только о Чацком многие недоумевают: что он такое? Он как будто 53-я какая-то загадочная карта в колоде. Пожалуй, немного в русской литературе первой четверти XIX века произведений, которые могли бы сравниться с «Горем от ума» по мощности воздействия на национальную культуру. Среди тех, кто обращался в своих духовных исканиях к грибоедовской комедии, виднейшие русские писатели и мыслители: Пушкин, Белинский, Герцен, Достоевский, Щедрин, Гончаров, Блок... и еще десятки и десятки крупных фигур. По-разному подходили к грибоедовскому шедевру: преобладали то критические толкования, то публицистические, то художественное освоение текста (когда герои, эпизоды, сюжетные линии «Горя от ума» открыто или замаскированно проникали в чужие произведения). На первый план попеременно выдвигались то конфликт, то герои, то принципы бытописания, то язык комедии. Но менялись лишь формы и содержание диалога «Горя от ума» с русской культурой — сам диалог не прекращался никогда. И главным участником этого диалога довелось стать Чацкому.

Чацкий и Грибоедов

1 июня 1824 года Грибоедов привез в Петербург текст только что завершенной комедии. Восторженный прием «Горя от ума» в дружеском кружке литераторов и актеров вселял уверенность

в успехе. Но попытки опубликовать пьесу оказались бесплодными. И Грибоедов, до той поры не поощрявший распространения комедии в списках (это могло повредить успеху издания), меняет тактику. Списки создаются теперь с ведома (и зачастую под наблюдением) автора. Через короткое время пьеса «Горе от ума» становится известна всей читающей России. Комедию цитируют, о ней спорят, но споры эти пока не выплескиваются на журнальные страницы. Неизданную комедию невозможно было обсуждать в подцензурной периодике.

Вскоре, однако, вынужденное молчание было прервано. Грибоедов, окончательно потерявший надежду издать «Горе от ума» целиком, передает в альманах Фаддея Булгарина «Русская Талия» отрывки из комедии (четыре явления первого действия и полностью третье действие). Альманах выходит в свет 15 декабря 1824 года, и уже в ближайшие месяцы вокруг «Горя...» кипят страсти. Участники спора принимали правила игры, навязанные цензурной политикой: положено было делать вид, что известны только опубликованные фрагменты комедии. Эта «неполнота» знаний о комедии всячески подчеркивается — и все понимают, что речь идет о «секрете Полишинеля». Конечно, участники полемики знали всю комедию и, вынужденные говорить об изданных фрагментах, подразумевали проблематику и построение комедии в целом.

Застрельщиками полемики выступили два московских литератора: М. А. Дмитриев и А. И. Писарев. Оба предъявили «Горю от ума» ряд серьезнейших претензий. Их не устраивали ни план, ни сюжет, ни развитие интриги, ни характеры, ни слог комедии. Но особо сокрушительной критике подвергся Чацкий.

Разобраться в смысле и мотивах обвинений помогает реплика, брошенная Дмитриевым в пылу полемики: «...Кроме законов логики и вкуса — есть в литературе еще другие законы, основанные на отношении к лицам! — Чтобы иметь ключ ко многим литературным истинам нашего времени, надобно знать не теорию словесности, а сии отношения!» [Дмитриев 1825: 110]. «Программный» характер слов Дмитриева был понят безошибочно: неслучайно оба оппонента Дмитриева — О. М. Сомов и В. Ф. Одоевский — поставят эту реплику эпиграфом к своим «антикритикам». Каковы же были эти «отношения»?

1824 год прошел в ожесточенных литературных схватках. В центре их находилась полемика между М. А. Дмитриевым и князем П. А. Вяземским о принципах романтизма. Постепенно полемика вовлекала в свою орбиту новых участников (к Дмитриеву присоединился Писарев, к Вяземскому — Грибоедов) и неприметно превращалась из принципиального спора в личную перебранку. Споры не умещались на журнальных страницах: противники засыпали друг друга градом эпиграмм, вставляли полемические выпады даже в невинные водевили, наконец, стали прибегать к явно «нелитературным» приемам. Несмотря на то что борьба шла с переменным успехом, к концу 1824 года Дмитриев и Писарев имели известные резоны считать себя победителями: Вяземский запутался в определениях, и даже Пушкин советовал ему прекратить журнальную перебранку, выражая в то же время несогласие с рядом его мыслей. Не имеет успеха комедия-водевиль Вяземского и Грибоедова «Кто брат, кто сестра», а затем с треском проваливается водевиль Вяземского «Бальдонские воды».

Наступающий 1825 год путает «журнальным близнецам» (так прозвали Дмитриева и Писарева Вяземский и Грибоедов) все карты. Начинает издаваться «Московский телеграф» под редакцией молодого Николая Полевого. Роль наставника и «литературного консультанта» Полевого берет на себя Вяземский, стремившийся превратить новый журнал в проводник идей близкого ему круга. С первых же номеров «Московский телеграф» готовит общественное мнение к встрече с «Горем от ума» как с шедевром. В журнале создается своеобразный культ Грибоедова. В первом номере появляется пространное послание Вяземского «К приятелю», переделанное из старого стихотворения 1813–1814 годов за счет введения нового — современного — объекта для критики. Грибоедов как адресат этого послания узнается без особого труда: стихотворение пронизано реминисценциями из «Горя от ума», наполнено выпадами в адрес «рыцарей классиков из азбучного класса» (тех же Дмитриева и Писарева).

В следующем номере печатается восторженное стихотворение Кюхельбекера «Грибоедову» и там же — чрезвычайно сочувственный отклик о комедии в обзоре Н. Полевого.

Дмитриев и Писарев с ужасом видят, что их враг, презренный «Грибус», неприметно превращается в классика. И здесь в силу вступили не только острые литературные разногласия, но и куда более прозаический мотив — зависть. Об этом задним числом вспоминал сам М. Дмитриев в своих мемуарах: «Писарев был от природы зол и завистлив. Он ненавидел Грибоедова и князя Вяземского: первого за то, что превозносили его рукописную комедию "Горе от ума"; а второго за то, что превозносили его остроумие, а он никому не хотел уступать...» [Дмитриев 1998: 207].

По понятным причинам мемуарист переложил все грехи на плечи покойного соратника, уклонившись от характеристики собственного отношения к Грибоедову в 1820-е годы. Но, надо думать, и он выступил застрельщиком полемики не из чистой любви к словесности. В том же номере «Московского телеграфа», где пелись дифирамбы Грибоедову, можно было найти и весьма колкий отзыв о драматическом «прологе» «Торжество муз», сочиненном Дмитриевым на открытие Большого театра. Да и в послании Вяземского, как уже говорилось, Дмитриеву не поздоровилось.

Дмитриев с Писаревым берутся за перо, стремясь во что бы то ни стало «уронить» в глазах читателей новое сочинение литературного противника. Критики сразу же взяли на вооружение слухи о том, что «Горе от ума» — комедия памфлетная, что за каждым ее героем скрывается реальное лицо. Эту мысль рецензенты развивают настойчиво и последовательно. «...Г. Грибоедов, — резюмирует Дмитриев, — изобразил очень удачно некоторые портреты, но не совсем попал на нравы того общества, которое вздумал описывать...» [Дмитриев 1825: 114]. «Толпа читателей, — подхватывает Писарев, — находит удовольствие при чтении этой комедии оттого, что всякую колкость хочет применять к лицам ей известным» [Писарев 1825а: 120]. Провокационный характер подобных похвал был современниками понят безошибочно. «Предательские похвалы удачным портретам в комедии Грибоедова, — запишет Кюхельбекер в своем тюремном дневнике, — грех гораздо тягчайший, чем их придирки и умничания. Очень понимаю, что они хотели сказать...» [Кюхельбекер 1979: 227]. Но помимо очевидного намерения ополчить против Грибоедова московское общество, намеки Дмитриева и Писарева преследовали и другую цель. Если все персонажи «Горя от ума» не что иное, как портреты, то «портретным» должен быть и образ главного героя. Дмитриев и Писарев давали понять, что Чацкий — это автопортрет Грибоедова.

Намеки на тождество автора и центрального героя рассыпаны по тексту статей. К примеру, Дмитриев указывает, что изображение холодного приема Чацкого после заграничного путешествия есть «грубая ошибка против местных нравов»: «...У нас всякий возвратившийся *из чужих краев* принимается с восхищением» [Дмитриев 1825: 113–114]. Неслучаен здесь курсив при словах «из чужих краев», призванный сконцентрировать внимание читателя на этой реплике: дружеские встречи, устроенные Грибоедову по возвращении с Кавказа, были у всех на памяти, как и его светский успех, и намек не нуждался в комментариях. В другом месте Дмитриев констатирует: «...мы видим в Чацком человека, который злословит и говорит все, что ни придет в голову; естественно, что такой человек наскучит во всяком обществе» [Дмитриев 1825: 112]. Осветив поведение Чацкого в беседе с Софьей, Дмитриев с сочувствием цитирует (выделяя курсивом!) известную реплику героини: «Не человек, змея!»

Осведомленные читатели понимали, конечно, что это прямая отсылка к недавней (1824 года) эпиграмме, написанной А. И. Писаревым, другом и соратником Дмитриева по антигрибоедовской коалиции. Писарев бесхитростно и откровенно нападал на Грибоедова в саркастических стихах, уравнивающих автора и его героя как принадлежащих к одному типу злоязычного умника:

> Глаза у многих змей полны смертельным ядом,
> И, видно, для того придуманы очки,
> Чтоб Грибус, созданный рассудку вопреки,
> Не отравил кого своим змеиным взглядом
> [Васильев и др. 1975: 367].

По Дмитриеву, Чацкий «не что иное, как сумасброд, который находится в обществе людей совсем не глупых, но необразованных и который умничает перед ними, потому что считает себя умнее: следственно, все смешное — на стороне Чацкого!» [Дмитриев 1825: 112–113]. А под пером менее «академичного» Писарева Чацкий превращается в человека, «одержимого духом самолюбия», «совершенно одичалого», «невежду» и едва ли не развратника, который с юношеских лет привык с девицами «прятаться вечером в темный угол» [Писарев 1825б: 207]. В итоге все эти намеки будут сведены в формулу: «Это Мольеров Мизантроп в мелочах и в карикатуре» [Дмитриев 1825: 83]. Писарев развернет формулу Дмитриева в длинный ряд параллелей между героями Мольера и Грибоедова. Эти параллели нужны для того, чтобы показать: Чацкий — это ничтожество, которое выдается за нечто значительное; но такие потуги обречены на провал: между героем Мольера и «мнимым» героем Грибоедова — пропасть. Пропасть пародии. Перед нами, пользуясь формулой Дмитриева, «несообразность характера с его назначением» [Дмитриев 1825: 83]. Но за всем этим прослеживается другой смысл. Та же модель прикладывается и к самому автору: сам Грибоедов — это посредственный сочинитель, который выдается за гения кружком приятелей; его претензии столь же смешны и нелепы, как и амбиции его персонажа. Все это еще раз должно было подчеркнуть тождество автора и героя: обвинения, идущие вроде бы по разным линиям, фокусируются в одну точку.

Главной своей цели Дмитриев и Писарев так и не смогли достичь: «уронить» комедию и подорвать литературную репутацию Грибоедова им не удалось. Зато в другом антагонисты Грибоедова преуспели вполне. Отождествление Чацкого и Грибоедова надолго сделается «общим местом» в суждениях о комедии. Как ни парадоксально, такой подход был закреплен уже первыми защитниками «Горя от ума», проницательно названными Кюхельбекером «неловкими» [Кюхельбекер 1979: 228].

Подымая перчатку, брошенную Дмитриевым, молодой В. Ф. Одоевский попытался парировать все обвинения критика в адрес Чацкого, не обойдя при этом и те места статьи Дмитриева, где заключались очевидные намеки на Грибоедова. Цитируя пассаж о «восхищении», с которым принимается у нас «всякий, возвратившийся из чужих краев», Одоевский замечает: «Правда, м. г., но это восхищение не всегда может относиться к тем, которые возвращаются с новыми познаниями, с новыми мыслями, с страстью совершенствоваться. Таким людям худо жить, особливо если они осмелятся шутить, писать эпиграммы на людей, играющих роль трутней в подлунном мире» [Одоевский 1825: 8–9]. Одоевский отчетливо уловил антигрибоедовский выпад Дмитриева — и он принял бой. Его Чацкий — это тоже Грибоедов, но осмысленный с диаметрально противоположной позиции. На намеки Дмитриева он отвечает своими намеками. «Эпиграммы на людей...» — это эпиграммы Грибоедова на Дмитриева и Писарева, ибо уже в начале статьи Одоевский показывает, что ненависть Дмитриева к автору «Горя...» «родилась от едкой, счастливой эпиграммы» [Одоевский 1825: 2]. В полемическом азарте Одоевский меняет акценты в понимании Чацкого, все «минусы» заменяет на свои «плюсы», а то, что Дмитриев определял как недостатки, осмысляет как достоинства, — но сохраняет заданную Дмитриевым модель: Чацкий — это автопортрет Грибоедова. Соответственно, и нарисованный в статье Одоевского Чацкий — это скорее идеализированный портрет Грибоедова, с которым Одоевский в ту пору сближается («сила характера, презрение предрассудков, благородство, возвышенность мысли, обширность взгляда») [Одоевский 1825: 4].

Полемика 1825 года задала формулу, которая благополучно прожила вплоть до 1830–1840-х годов. Так, Кс. Полевой в 1833 году попытался канонизировать эту формулу:

> Лицо, главное по действию и по тому, что на нем отражаются все противоположности, — конечно, Чацкий. Поэт невольно, не думая, изображал в нем самого себя. Всякий раз, когда надобно изобразить добро, благо, человек обращается к самому себе, потому что в каждом есть больше или меньше добра и он любит высказывать его. Но вместе с тем переходят в его изображение и недостатки оригинала [Полевой 1833: 249–250].

Впрочем, уже на раннем этапе читательской истории «Горя от ума» прозвучали мнения, акцентирующие как раз нетождественность автора и главного героя комедии. Первым такое мнение высказал Пушкин. Бегло — в письме к П. А. Вяземскому от 28 января 1825 года: «Читал я Чацкого — много ума и смешного в стихах, но во всей комедии ни плана, ни мысли главной, ни истины. Чацкий совсем не умный человек — но Грибоедов очень умен» [Пушкин 1937: 137]. Развернуто — в письме к А. А. Бестужеву в конце января 1825 года:

> В комедии Горе от ума кто умное действующее лицо? ответ: Грибоедов. А знаешь ли, что такое Чацкий? Пылкий [и] благородный [молодой человек] и добрый малой, проведший несколько времени с очень умным человеком (именно с Грибоедовым) и напитавшийся его мыслями, остротами и сатирическими замечаниями [Пушкин 1937: 138][1].

Чем объясняется этот упрек и в чем его суть? Пушкин, глубокий знаток европейской и русской комедийной традиции, проницательно уловил связь образа Чацкого с определенным типом комедийного героя. Грибоедов создавал свое произведение, сознательно «переворачивая» традиционную систему комедийных амплуа. По своей сюжетной роли Чацкий соотносим с многочисленными Блесткиными («Г-н Богатонов, или Провинциал в столице» М. Н. Загоскина), Фольгиными, Кутермиными, Зарницкиными (соответственно комедии А. А. Шаховского «Липецкие воды», «Полубарские затеи», «Не любо, не слушай, а лгать не мешай»), Блестовыми («Петиметр в деревне» А. Вешнякова), Звоновыми («Говорун» Н. И. Хмельницкого)[2]. В русской театральной традиции это всегда комические персонажи (амплуа «ложного жениха»), чьи достоинства на поверку оказываются мишур-

---

[1] Комедия Грибоедова провоцировала современников не только на соединение фигуры Чацкого с автором, но и на поиски прототипов героев. См. [Велижев 2017]. См. также [Осповат 2010].

[2] Фамилия героя соотносится со всеми этими персонажами. Она построена на обыгрывании таких значений, как «блеск», «звон», «чад».

ным блеском, пустым звоном и чьи претензии на руку героини всегда оборачиваются крахом. Грибоедов пошел на дерзкий эксперимент: сохранив структурную функцию, он качественно меняет ее содержание. В то же время Грибоедов наделяет своего героя атрибутами иного комедийного типа — «злого умника», хотя и здесь демонстративно переставляет акценты.

Выбранный драматургом путь явно не устраивал Пушкина: совмещение комедийной функции с почти трагедийным «наполнением» не избавляло образ от противоречий и создавало нежелательный эффект. Здесь можно было бы употребить формулу Дмитриева — «несоответствие характера с его назначением». Для Дмитриева, как уже говорилось, это аргумент против Грибоедова, отождествленного с Чацким. Для Пушкина — аргумент в подтверждение несходства Чацкого с Грибоедовым. Обратим внимание на формулировки из пушкинского письма Бестужеву, которыми определяется суть характера главного героя. Пушкин отказывается от выражения «молодой человек», так как не это главное в нем. И точное слово найдено: «добрый малой». Вспомним «а будет просто добрый малой» из «Евгения Онегина», где эта формула служит для обозначения заурядного светского «обывателя», то есть определенного социально-бытового типа.

Однако пушкинское слово таило в себе и другое. «Добрый малый» — так называлась комедия М. Н. Загоскина, представленная с крупным успехом в 1820 году, тогда же опубликованная и не сходившая много лет со сцены. Образ Вельского превратился в лицо нарицательное. Это персонаж совершенно аморальный, картежник, пьяница, неплательщик долгов, скрывающийся под личиной светского щеголя. С. Т. Аксаков отмечал: «...В комедии везде проведена мысль: вот кого называют в свете добрым малым» [Аксаков 1853: 13]. Не следует, разумеется, понимать фразу Пушкина буквально, в том смысле, что Чацкий — это герой комедии Загоскина, «проведший несколько времени» в обществе Грибоедова. Но в образе Вельского были сконцентрированы черты традиционного типа «злого умника» — черты, которые просвечивают и в фигуре Чацкого. Показателен диалог двух героев «Доброго малого» по поводу Вельского:

Ладов: У него, брат, своя философия... мастер говорить! Что за познания! Что за острота! Какой умница!
Стародубов: Нет, не умница, а злоязычник, для которого нет ничего святого; бесчестный, подлый насмешник... [Загоскин 1898: 213]

Темы «Горя от ума», конечно, с иной расстановкой оценочных акцентов, в зародыше уже прослеживаются здесь. Таким образом, пушкинская оценка многопланова и каламбурна — «добрый малой» Чацкий соотнесен и с определенным социально-бытовым, и — одновременно — с литературным типом, вызывающим не героические ассоциации. Салонное красноречие Чацкого заставляет вспомнить именно такие феномены — например, Репетилова. Чацкий оказывается уподоблен Репетилову, и в этом, по мысли Пушкина, промах Грибоедова (который сам, конечно, никогда не мог уподобиться своему герою).

Позднейшие исследователи попытались «спасти» Чацкого (а заодно и Грибоедова) от пушкинских обвинений, указывая на то, что Грибоедов точно отразил в Чацком черты декабристского (периода «Союза благоденствия») типа поведения[3]. Вероятно, дело не в «периоде», а в более общих закономерностях социально-бытового поведения декабриста вообще. Сама одноплановость поведения героя Грибоедова, его демонстративная независимость от обстоятельств, безусловно, оцениваются Пушкиным в контексте занимавших его проблем общемировоззренческого порядка. Как раз в Михайловском, в пору первого знакомства с «Горем...», Пушкин учится «*неромантическому*», «*прозаическому*» поведению, которое, по тонкому замечанию исследователя, «находится в соответствии с поведением других людей» [Лотман 1982: 119]. Овладение новым мироощущением и новым социальным поведением было органически связано с преодолением литературного, бытового и политического романтизма. В этом контексте тип Чацкого не мог не восприниматься Пушкиным как явление вчерашнего дня.

---

[3] См., например, [Нечкина 1951: 361].

Суждения Пушкина не были чем-то уникальным. Скептическое отношение к грибоедовской комедии было свойственно пушкинскому кругу — А. А. Дельвигу, П. А. Плетневу и даже лично связанному с Грибоедовым Вяземскому. Так, из дневника А. Н. Вульфа известно, что Пушкину приходилось даже защищать комедию от едкой критики барона Дельвига, который не находил в «Горе...» вообще «никакого достоинства», с чем Пушкин не соглашался [Вульф 1915: 15].

В своем роде показательна и реплика П. А. Плетнева, который в библиографическом отделе «Современника» (перешедшего к нему после смерти Пушкина) так отозвался об анонимной «комедии-шутке» «Утро после бала Фамусова, или Все старые знакомцы» (1844):

> В виде пятого акта комедии Грибоедова «Горе от ума» неизвестный сочинитель издал свою комедию-шутку — и очень удачно выдержал ее. Своею шуткою он многих заставит задуматься... не выходит ли из этого чего-нибудь в роде следующих заключений: 1) или новый автор своим талантом не отстал от старого; 2) или, в противном случае, безусловно признанное нами за высшую красоту требует пересмотра? [Плетнев 1885: 469]

Наконец, приведем суждение П. А. Вяземского — тем более показательное, что он теснее других общался с Грибоедовым и, как уже отмечалось, в середине 1820-х годов мог рассматриваться как человек «грибоедовской партии». Мнение о «Горе от ума» было высказано в его монографии о Фонвизине, создававшейся в атмосфере тесных контактов с Пушкиным — в начале 1830-х годов:

> Сам герой комедии, молодой Чацкий, похож на Стародума. Благородство правил его почтенно; но способность, с которою он ex abrupto проповедует на каждый попавшийся ему текст, нередко утомительна <...>. Ум, каков Чацкого, не есть завидный ни для себя, ни для других. В этом главный промах автора, что посреди глупцов разного свойства вывел он одного умного человека, да и то бешеного и скучного [Вяземский 1880: 143].

Характерно, что для подкрепления своих выводов Вяземский апеллирует к авторитету Пушкина и цитирует формулировку из пушкинского письма к нему: «Чацкий не умный человек, но Грибоедов очень умен». Показательно, что критическое восприятие Вяземским Чацкого будет усиливаться с годами: его поздние заметки содержат еще более резкие характеристики героя, явно направленные против «революционирующего» взгляда на комедию: «При всем остроумии, при всей бойкости речи своей, Чацкий тот же Репетилов: только из другого лагеря. <...> Из комедии явствует, что одно истинно жалкое и смешное лицо, из всех лиц, выводимых автором, есть Чацкий» [Вяземский 1999: 237–238].

Первые отклики на пушкинское мнение появились достаточно рано. Уже в ответе Ореста Сомова Михайле Дмитриеву можно усмотреть и косвенный ответ Пушкину. О. Сомов, в ту пору активно общавшийся с бестужевским кружком, скорее всего, был знаком с пушкинским письмом Бестужеву, тем более что чтение и обсуждение письма началось с легкой руки самого поэта.

Сомов подчеркивает, что Грибоедов «не имел намерения выставлять в Чацком лицо идеальное» и что самые «недостатки» Чацкого определялись авторской установкой: «Он представил в лице Чацкого умного, пылкого и доброго молодого человека, но не вовсе свободного от слабостей» [Сомов 1825: 184]. Примечательна фразеология Сомова — эпитеты «пылкий» и «добрый» прямо восходят к пушкинскому письму. Любопытно, что и «молодой человек» также находит соответствие в письме Пушкина, но только в зачеркнутом варианте. Сомов едва ли случайно отвергает пушкинскую уничижительную формулировку «добрый малый» и воскрешает первоначальное определение, — критику важно сами «недостатки» Чацкого лишить нежелательного оттенка комизма. Обнаруженные им две «слабости» Чацкого — «заносчивость и нетерпеливость» — Сомов пытается мотивировать психологически — «возрастом и убеждением в преимуществе перед другими» [Сомов 1825: 184]. «Чацкий сам очень хорошо понимает, — пишет Сомов, — что, говоря невеждам о их невежестве и предрассудках и порочным о их пороках, он только напрасно теряет время...» [Сомов 1825: 184]. Это опять ответ Пушкину, а не Дмитриеву (последний говорил о другом противоречии — Чацкий презирает окружающих, а между тем хочет, чтобы они его уважали). Неслучайна и апелляция к мнению тех, кто «внимательно читал комедию» [Сомов 1825: 180]. Напомним слова Пушкина из того же письма к Бестужеву: «Слушал Чацкого, но только один раз, и не с тем вниманием, коего он достоин» [Пушкин 1937: 138]. Итак, по Сомову, Чацкий прекрасно понимает бесплодность «салонного красноречия», «но в ту минуту, когда пороки и предрассудки трогают его, так сказать, за живое, он не в силах владеть своим молчанием...» [Сомов 1825: 184].

Суждениям Сомова нельзя отказать в проницательности и тонкости. В дальнейшем именно эта линия — психологическое объяснение и «оправдание» поведения Чацкого — будет блистательно развита и канонизирована в «критическом этюде» И. А. Гончарова «Мильон терзаний»[4].

Завершение раннего этапа осмысления комедии знаменовала статья Белинского «Горе от ума» (1840). Статья, как известно, была написана в «примирительный» период деятельности критика — и в полной мере несла на себе отпечаток его тогдашних взглядов. В соответствии с «гегельянскими» представлениями, Белинский, высоко оценивая дарование Грибоедова, тем не менее отказал «Горю от ума» в праве называться истинной комедией, низводя ее в разряд «сатир». Сурово оценил он и характер Чацкого: «Это просто крикун, фразер, идеальный шут, на каждом шагу профанирующий все святое, о котором говорит <...>. Это новый Дон Кихот, мальчик на палочке верхом, который воображает, что сидит на лошади» [Белинский 1953: 481]. Стремясь развенчать героя, Белинский обращается к неожиданным союзникам. «Глубоко верно, — пишет он, — оценил эту комедию кто-то, сказавший, что это горе, — только не от ума, а от умни-

---

[4] Не исключено, что суждения Сомова могли послужить Гончарову одним из непосредственных источников для формирования его концепции «Горя от ума». Статья Сомова вошла в подготовленный Е. Серчевским сборник «А. С. Грибоедов и его сочинения» (СПб., 1858) — издание широко известное и почти наверняка бывшее в поле зрения автора «Мильона терзаний».

чанья». С сочувствием упомянутый критиком «кто-то» — не кто иной, как М. Дмитриев. Чрезвычайно характерно и итоговое суждение о герое:

> Искусство может избрать своим предметом и такого человека, как Чацкий, но тогда изображение долженствовало бы быть объективным, а Чацкий лицом комическим; но мы ясно видим, что поэт не шутя хотел изобразить в Чацком идеал глубокого человека в противоречии с обществом, и вышло бог знает что [Белинский 1953: 481].

Причины такой оценки слишком хорошо известны, чтобы останавливаться на них подробно. Но одно весьма показательно: суммируя и заостряя аргументы многих предшественников — Дмитриева, Надеждина, Пушкина, Вяземского, — Белинский, по сути, уже оставляет в стороне проблему тождественности героя и автора. Проблема переводится из плоскости литературно-бытовых отношений в собственно литературный план. Предваряя свой разбор грибоедовской комедии, Белинский отмечал, что «для нее уже настало время оценки критической, основанной не на знакомстве с ее автором и даже не на знании обстоятельств его жизни, а на законах изящного, всегда единых и неизменяемых» [Белинский 1953: 471].

Проницательности критика нельзя не отдать справедливости. Действительно, наступало время, когда комедия должна была отделиться от фигуры своего создателя и зажить самостоятельной жизнью. Близилась пора и новых оценок. Только оценки эти будут основаны не на «законах изящного, всегда единых и неизменяемых», как полагал Белинский в 1840 году, а совсем на других началах.

Русские Чацкие

В середине XIX века фигура грибоедовского героя приобрела контуры значимого исторического типа. Именно тогда литература ощутила вкус к символизации исторических характеров.

И первым символом суждено было стать Чацкому. Появился и прямой повод для размышления над судьбой Чацкого и русских Чацких. В 1858 году в Лейпциге вышло первое, без цензурных купюр, полное издание комедии Грибоедова. Затем, в 1860 году, — второе, берлинское издание. Наконец, «Горе...» (без существенных цензурных искажений) появилось и в России: в 1862 году комедию выпустил демократически настроенный издатель Н. Л. Тиблен.

Именно в эту пору родилась формула, перешедшая в школьные учебники, — «Чацкий-декабрист». Почему эта формула родилась именно тогда? В какой мере отражала она историческую действительность, а в какой — злободневные нужды литературно-общественной борьбы второй половины века?..

Формула возникла в революционном эмигрантском зарубежье, в кружке Герцена. В известном предисловии к сборнику «Русская потаенная литература» (1861) Н. Огарев будет характеризовать Чацкого как «живого человека своей эпохи», «выразившего деятельную сторону жизни, негодование, ненависть к существующему правительственному складу общества» [Огарев 1956: 478]. Даже неоправданная, по мысли Пушкина, «говорливость» Чацкого получает у Огарева культурно-историческое обоснование: «...вспоминая, как в то время члены тайного общества и люди одинакового с ними убеждения говорили свои мысли вслух везде и при всех, дело становится более чем возможным — оно исторически верно» [Огарев 1956: 478]. И в конце концов Огарев торжествующе провозглашает: «...едва ли нам можно возразить, что Чацкий не принадлежит к тайному обществу и не стоит в рядах энтузиастов» [Огарев 1956: 479].

Это положение было тут же подхвачено Герценом и прокламировано им со всей определенностью и полемической заостренностью. «...Это *декабрист*, это человек, который *завершает* эпоху Петра I...» [Герцен 1954–1956, 18: 180], — пишет он о Чацком в статье «Новая фаза русской литературы» (1864). В эпоху, когда на авансцену революционного движения выступили Базаровы, поколение, сформировавшееся в 40-е годы («люди 40-х годов»), попыталось выстроить свою генеалогию, подчеркнуть преемственность по отношению к декабристам и укрепить тем самым свою нынешнюю позицию. «Чацкий, — писал Герцен, — это Онегин-резонер, старший его брат. "Герой нашего времени" Лермонтова — его младший брат. <...> Дело в том, что все мы в большей или меньшей степени были Онегиными, если только не предпочитали быть чиновниками или помещиками» [Герцен 1954–1956, 18: 184].

Ревностный интерес Герцена к Чацкому имел особую подоплеку. Дело в том, что «люди 40-х годов», к которым принадлежал и Герцен, воспринимали фигуру Чацкого в высшей степени интимно. Им было свойственно свою судьбу, свое положение проецировать на судьбу Чацкого. Они охотно уснащают свои горькие монологи явными или скрытыми цитатами из «Горя от ума». Так, Т. Н. Грановский, памятуя гневные инвективы Чацкого, говорит о «фамусовско-репетиловской» Москве:

> С этой барской, пошлой, тупоумной Москвой, представителем которой является английский клуб, с этой апатичной, ленивой Москвой, которая <...> толкует по старой памяти о своем умственном превосходстве, нелепо хвастает какой-то будто независимостью, которую приобрела она, — с этой Москвой я не могу, не хочу и не должен иметь ничего общего. Человеку с свежими силами, с неостывшей энергией, с жаждой деятельности, — в Москве делать нечего[5].

С фигурой Чацкого постоянно соотносит свою судьбу и сам Герцен. Благо почва для таких проекций имелась: резкое неприятие всех сфер русской жизни, отсутствие возможного «дела» в России, бегство, одиночество, даже переплетенность личной и общественной драм. В незаконченной повести «Долг прежде всего» (1847, 1851) ее главный герой Анатоль Столыгин наделен автобиографическими чертами, и в то же время — соотнесен с грибоедовским Чацким. По словам Герцена, Столыгин «искал куда-нибудь прислониться, он стоял слишком одинок <...> без определенной цели, без дела. <...> Опять та же жизнь, которая образовала поколение Онегиных, Чацких и нас всех...»

---

[5] Цит. по: [Колюпанов 1889: 578–579].

[Герцен 1954–1956, 6: 309]. Жизнь литературного героя — Чацкого — становится антропологической основой типа «лишнего человека».

В тяжелый период жизни разочарованный и одинокий Герцен прямо выразит свое состояние строками из монолога Чацкого. Он с болью напишет: «Проезжая тайком Францию в 1852 г., я в Париже встретил кой-кого из русских — это были последние. В Лондоне не было никого. Проходили недели, месяцы… Ни звука русского, ни русского лица…» [Герцен 1954–1956, 11: 298]. Акценты переставлены, интонация переменена с гневно-обличительной на тоскующую. Герцена, конечно, уже не очарует «дым отечества», однако трагедия вынужденного эмигрантства и изоляция первых лет жизни за границей отзовется в этих строках.

Москва 1840-х годов, Москва Герцена, оказывается — среди прочих — населена Чацкими. В «Былом и думах» дается иронический смотр Москве и выясняется, что фигура Чацкого — ее необходимый и вечный атрибут:

> Я в Москве знал два круга, два полюса ее общественной жизни <…> В ней не приходит все к одному знаменателю, а живут себе образцы разных времен, образований, слоев, широт и долгот русских. В ней Ларины и Фамусовы спокойно оканчивают свой век; но не только они, а и Владимир Ленский и наш чудак Чацкий — Онегиных было даже слишком много [Герцен 1954–1956, 9: 153–154].

Характерно, что и в восприятии нового поколения, «детей», Базаровых, все эти так называемые лишние люди русской классики образуют некий единый, глубоко чуждый образ. Для демократов-шестидесятников он станет жупелом. Говоря о том, что историческое время этих героев безвозвратно кануло в прошлое, они будут говорить об исчерпанности и «дела» поколения Герцена.

Особенно афористично выразит это общее отношение к типу дворянина-либерала Писарев: «Время Бельтовых, Чацких и Рудиных прошло навсегда с той минуты, как сделалось возможным появление Базаровых, Лопуховых и Рахметовых…» [Писарев 1958: 223]. Ясно, что стрелы метят прежде всего в «отцов» — в поколение Рудиных — людей «со знанием», но без «воли», несостоятельных на *rendez-vous* с русской действительностью. Однако отношение лагеря демократов-шестидесятников к Рудиным накладывает свой отпечаток и на отношение к Чацкому: он начинает восприниматься ими по той же модели. Так, Писарев отметит «бесплодное красноречие» Чацкого [Писарев 1958: 224]. А еще ранее Добролюбов будет иронизировать над пустотой и мелочностью «маленьких требований» Чацкого и невольно (а может быть, и вполне сознательно) припишет ему сентенции Фамусова о Кузнецком мосте и «вечных нарядах» (так!). «Реальная критика», таким образом, откажет в серьезности идеологическим устремлениям грибоедовского героя, «не замечающего слона» [Добролюбов 1958: 220–221], и осмыслит его поведение как формулу, лишенную всякого исторического смысла.

Удар по Чацкому-Бельтову Герцен воспримет как удар по себе — по кружкам 1830–1840-х годов, по времени его молодости и даже по той работе, которая ведется им сейчас в эмиграции. Его статьи конца 1850–1860-х годов, посвященные реабилитации поколения «отцов» — от Чацких до Рудиных, были направлены против крайностей взглядов поколения «детей», Базаровых (в котором, в свою очередь, узнали себя такие люди, как Писарев). В этой полемике декабрист Чацкий, стоявший, по мысли Герцена, у истоков дворянской революционности, постепенно наделялся чертами во многом идеализированного образа «человека 30–40-х годов». Все комическое в Чацком снимается. Вместо этого в грибоедовском Чацком прорисовывается тот героизированный облик, который встречается в работах Герцена, посвященных эпохе его молодости. «Образ Чацкого, печального, неприкаянного в своей иронии, трепещущего от негодования и преданного мечтательному идеалу», — таков герой Грибоедова в статье Герцена 1864 года [Герцен 1954–1956, 18: 180]. Что это, литературная критика, публицистика? Нет, это исповедь «сына века», облеченная в форму литературной критики и публицистики. Говоря о Чацком, Герцен говорит о себе, о своем поколении, о «негодовании» и «мечтательных идеалах» своей молодости. Этот своеобразный «комплекс» Чацкого в мировоззрении людей 40-х годов очень точно описал И. А. Гончаров — сам связанный с этим поколением:

> Много можно бы привести Чацких — являвшихся на очередной смене эпох и поколений — в борьбе за идею, за дело, за правду <...> а возьмем одного из позднейших бойцов с старым веком, например, Белинского. <...> Прислушайтесь к его горячим импровизациям — и в них звучат те же мотивы и тот же тон, как у грибоедовского Чацкого. <...> Оставя политические заблуждения Герцена, где он вышел из роли нормального героя, из роли Чацкого, этого с головы до ног русского человека, — вспомним его стрелы, бросаемые в разные темные, отдаленные углы России. <...> В его сарказмах слышится эхо грибоедовского смеха и бесконечное развитие острот Чацкого. И Герцен страдал от «мильона терзаний» [Гончаров 1980: 44].

К концу 1860-х годов картина литературного движения у Герцена несколько меняется. Резкие расхождения с революционными демократами достигают наивысшего накала. Последние также используют литературные образы в качестве символов общественного движения. Для них именно Онегин приобретает черты исторического характера 20-х годов. От него тянется, по мысли Писарева, галерея «лишних людей», ничего не сделавших для России. В ответ на эти выпады Герцен разражается страстной полемической статьей «Еще раз Базаров» (1869). Это голос поколения, мстящего за незаслуженное забвение, голос «из преждевременных и не наступивших могил» [Герцен 1954–1956, 20, I: 339]. Теперь Герцен резко противопоставляет «умную ненужность» — Онегина — Чацкому: «Тип того времени, один из великолепнейших типов новой истории, — это декабрист, а не Онегин. <...> Если в литературе сколько-нибудь отразился, слабо, но с родственными чертами, тип декабриста—это в Чацком» [Герцен 1954–1956, 20, I: 341, 342]. Чацкий предстает у Герцена символом «великих отцов», какими были декабристы. Грибоедовский герой, по мысли Герцена, через голову поколения, «сплюснутого террором», протягивает руку не Базаровым, а тем, кого они, с легкой руки Писарева, пытаются похоронить, — Герцену и его соратникам.

О «героическом значении» Чацкого писал в 1862 году еще Ап. Григорьев, видя в нем одного из «падших борцов»: «Пушкин провозгласил его (Чацкого. — *В. П.*) неумным человеком, но ведь героизма-то он у него не отнял, да и не мог отнять. В уме его, то есть практичности ума людей закалки Чацкого, он мог разочароваться, но ведь не переставал же он никогда сочувствовать энергии падших борцов» [Григорьев 1967: 503]. Герцен идет дальше и последовательнее — он увидит будущее Чацкого в каторжной ссылке: «...он <Чацкий> головой бьет в каменную стену общественных предрассудков и пробует, крепки ли казенные решетки. Чацкий шел прямой дорогой на каторжную работу...» [Герцен 1954–1956, 20, I: 342].

Герценовского Чацкого-«каторжника» не захочет принять бывший каторжник Достоевский, парадоксально переосмысливший эту фразу Герцена. В записной тетради 1876–1877 годов Достоевский напишет: «Ты всего-то из банной мокроты зародился, сказали бы ему, как говорили, ругаючись, покойники из Мертвого дома <...>, когда хотели обозначить какое-нибудь бесчестное происхождение». А на полях пометит: «Чацкому, если б его сослали» [Достоевский 1971: 624].

Как видно, здесь сошлись две полярные точки зрения — наиболее «высокая» и, пожалуй, самая уничижительная в истории восприятия образа Чацкого. Ведь не случайно же это «бесчестное происхождение» повторится в Смердякове — Лизавета Смердящая родила его, как известно, в «банной плесени». Однако в мире Достоевского нет окончательных решений, нет абсолютных истин, предлагаемых читателю. Потому и «проблема Чацкого» (по сути, центральная в творчестве писателя, так как связана с осмыслением того или иного варианта «идейного» героя) не сводима к однозначным решениям. Хотя Достоевский вслед за Герценом и усвоит его периодизацию этапов общественного движения, усвоит и известные литературные символы, однако будет писать об их «грубости» и приблизительности. Так, в подготовительных материалах к «Подростку» есть, например, такая запись: «Про современную литературу Версилов говорит, что данные ею типы довольно грубы (Чацкий, Печорин, Обломов) и что много тонкого и несомненно действительного ускользнуло...» [Достоевский 1965: 298]. «Ускользнул» прежде всего сам Чацкий: и для «шестидесятников», и для Герцена грибоедовский герой — чистая абстракция, символ. Это не фигура, даже не лицо, а тонкий, изящный профиль — подобный тем условным пяти профилям казненных декабристов на обложках «Полярной звезды».

Фигура западника, бранящего окружающее его общество, стремящегося «вон из Москвы», привлекала к себе пристальное внимание Достоевского. В подготовительных материалах к «Бесам» (1869–1872) появляется фигура «человека 40-х годов» — Гр[ановского], бичующего московское общество репликой Чацкого:

> К перу от карт и к картам от пера,
> И положенный час приливам и отливам.

С ним спорит некто Ш[апошни]ков. Его монолог имеет двойную направленность — против Чацкого (и декабристов в его лице), а также против «передовых людей» 1830–1840-х годов:

> Он <Чацкий> был барин и помещик, и для него, кроме своего кружка, ничего и не существовало. Вот он и приходит в такое отчаяние от московской жизни высшего круга, точно, кроме этой жизни, в России и нет ничего. Народ русский он проглядел, как и все наши передовые люди <...>. Он тянул оброк, чтоб на него жить в Париже, слушать Кузена и кончить чаадаевским или гагаринским католицизмом. Если же он вольнодумец, то ненавистью Белинского с tutti quanti к России [Достоевский 1972–1990, 11: 87].

Сложный, многогранный образ, выведенный под именем Грановского, совмещает в себе (так же как и у Герцена) двуединую природу — это облик «идеалиста 40-х годов» и одновременно Чацкого. Однако можно предположить, что, несмотря на множество общих характеристических черт поколения и несмотря на отсылки к Чаадаеву, Белинскому и Ивану Гагарину, этот «Чацкий» Достоевского имеет конкретного адресата — Герцена. Отсюда и постоянный мотив бегства из Москвы в Европу, ставший своего рода приметой «герценовского подтекста» в ряде суждений и даже в некоторых образах Достоевского. Ведь именно этот мотив проходит через «Зимние заметки о летних впечатлениях» Достоевского (1863), «целиком проникнутые мыслями Герцена» [Долинин 1963: 217]:

> Как это умный человек не нашел себе дела? Они все ведь не нашли дела, не находили два-три поколения сряду. <...> Однако ж Чацкий очень хорошо сделал, что улизнул тогда опять за границу <...>. Я видел их там всех, то есть очень многих, а всех и не пересчитаешь, и все-то они, кажется, ищут уголка для оскорбленного чувства [Достоевский 1972–1990, 5: 62].

«Видел» Достоевский «там», в Лондоне, в 1862 году, Герцена, ездил туда специально, чтобы встретиться с ним. В собирательном образе «человека 40-х годов» писатель акцентирует герценовские черты, просвеченные сквозь призму судьбы грибоедовского героя. Можно сказать, что Чацкий воспринимался писателем «под знаком» Герцена. Неслучайно и его личное отношение к Герцену развивалось параллельно отношению к Чацкому. Исследователи не раз обнаруживали эту динамику — от сочувствия Чацкому в 60-е годы к постепенному нарастанию негативных характеристик и к резко отрицательным оценкам героя в конце жизни писателя. Современники фиксировали то же отношение и к Герцену на протяжении 60–70-х годов: от «мягкого» к «резкому». Н. Н. Страхов, например, свидетельствовал: «Гордость просвещением, брезгливое пренебрежение к простым и добродушным нравам — эти черты Герцена возмущали Федора Михайловича, осуждавшего их даже и в самом Грибоедове, а не только в наших революционерах и мелких обличителях» [Страхов 1990: 439]. Характерна уже сама связь этих двух имен — Герцен и Грибоедов. Эта же чрезмерная «гордость» оттолкнет писателя и от Чацкого. Сходным образом будет в конце жизни описан Достоевским и Чацкий, судя по воспоминаниям А. С. Суворина: «Чацкий был ему не симпатичен. Он слишком высокомерен, слишком эгоист. У него доброты нет. У Репетилова больше сердца» [Суворин 1990: 469].

Однако резкие приговоры Чацкому как общественному типу в публицистике смягчались под пером Достоевского-романиста, где точкой отсчета была сама человеческая сущность героя. В публицистике и в романах Чацкий оценивался Достоевским по-разному, порой даже диаметрально противоположным образом. Точкой отсчета здесь служили разные моменты: не принимая Чацкого как идеолога, Достоевский любовался им как одним из «лучших людей»[6].

Достоевский откроет в грибоедовском герое не только идею, но и характер, личность — в ее противоречивых и трагически непримиримых элементах. Пушкинская формула им будет переосмыслена: глупый, но добрый малый у Достоевского превратится в искренне заблуждающегося («глупость» — как следование ложной идее), но сердечного человека. «Это (Чацкий. — *В. П.*) фразер, говорун, но сердечный фразер и совестливо тоскующий о своей бесполезности» [Достоевский 1972–1990, 5: 62], — напишет Достоевский в «Зимних заметках о летних впечатлениях». «Но пусть он <Чацкий> глуп — зато у него сердце доброе» [Достоевский 1972–1990, 11: 87], — отзовется Шатов-Ш[апошни]ков из набросков к «Бесам». Герои, ориентированные на Чацкого, такие как Степан Трофимович Верховенский, Версилов, Ставрогин, — будут поражать окружающих своей «странностью» (смешанной порой и с «глупостью», и с безумием), непонятным, с точки зрения здравомыслящего нового поколения, гуманизмом, антирациональностью, своими прорывами в искренность и «сердечность».

Достоевский не забудет и «комических» черт Чацкого — иногда будут смешны и старший Верховенский, и Ставрогин, и Версилов. Неслучайно Аркадий Долгорукий на всю жизнь запомнит Версилова в облике Чацкого, которого тот играл на домашнем спектакле:

> Я <Аркадий> с замиранием следил за комедией; в ней я, конечно, понимал только то, что она ему изменила, что над ним смеются глупые и недостойные пальца на ноге его

---

[6] Об этом см. [Бем 1931: 94].

люди. Когда он декламировал на бале, я понимал, что он унижен и оскорблен, что он укоряет всех этих жалких людей, но что он — велик, велик! [Достоевский 1972–1990, 13: 95]

За комическим важно было разглядеть великое.

Версилов, по сути, средоточие размышлений Достоевского над судьбой «русских Чацких» — от декабристов до Герцена. Здесь, в «Подростке», он не столько «барин», «крепостник», оторванный от народа, сколько «тип милый, восторженный, страдающий, взывающий и к России, и к почве...» [Достоевский 1972–1990, 5: 61]. Происходит переоценка ценностей: в своем анализе типов русской дворянской интеллигенции Достоевский возвращается от этапа «Бесов» к этапу «Зимних заметок». Тогда же он задумает статью о декабристах под названием «Лучшие люди». Это не случайно, так как размышления о декабристах всегда тесно переплетаются у Достоевского с размышлениями о Чацком — литературном прототипе образа Версилова[7]. Не случайно и потому, что суждения о декабристах проецируются на последующее поколение — на деятелей 40-х годов, в первую очередь на Герцена — исторического прототипа образа Версилова. Герой, представитель «лучших людей», «русской тысячи», связан с двумя фигурами — Чацким и Герценом.

Роман «Подросток» как ни один из других романов Достоевского пронизан грибоедовскими реминисценциями. Сама история поколения, к которому принадлежит Версилов, показана на фоне Чацкого. Это постоянное присутствие «тени Чацкого» за спиной Версилова особенно заметно в черновиках «Подростка». Здесь встречаем: «Начать с "Горя от ума" и истории поражения» [Достоевский 1965: 256]. Или, например, о Версилове как культурном типе «всемирного скитальца»:

> NB. Как это случилось, что у нас образовался такой любопытный тип всемирно болеющего человека из дворянства Петра Великого? И зачем говорить, что он ни к чему не

---

[7] А. С. Долинин указывал, что образ Версилова воспроизводит ряд моментов из личной жизни и идеологии Герцена [Долинин 1963: 113]; Е. И. Семенов писал о влиянии статьи Н. Н. Страхова «Литературная деятельность А. И. Герцена» (1870) на концепцию образа Версилова [Семенов 1979].

способен, кроме странствования? Да разве всемирное боленье тоже великое дело? Да неужели все болели, эти и вели-то и ведут за собой. Да неужели крепостники? Ну вот, именно крепостники. Начиная с Чацкого-крепостника, но ведь довольно из 1000 одного — тысячи и десятки прошли бесследно, а Чацкий-то вот остался в памяти. О, тут много было фанфаронов, комичных людей, да я ведь не все хвалю [Достоевский 1965: 410–411].

Молодость героя приходится на 30–40-е годы, и он с удовольствием вспоминает эпоху горячих кружковых споров, замечая: «Это был чад, но благословение и ему» [Достоевский 1965: 385]. «Чад» (ведь и Чацкий, и Версилов постоянно в чаду событий, идей, противоречий) — так Достоевский оценит прежние духовные искания Версилова-Чацкого. Но это уже смягченная оценка, данная в свете вынашиваемых писателем идеалов всеобщего единения, братства, гармонии, где «русским Чацким» предстоит сыграть немаловажную роль.

Смерть героя

На рубеже XIX и XX веков среди разноголосицы мнений[8] прозвучал один трагический голос, исполнивший реквием по «милому», «восторженному» и навсегда уходящему типу «русских Чацких». Это был Александр Блок, автор незаконченной поэмы «Возмездие», где в облике героя проступали и черты реального прототипа — отца поэта, А. Л. Блока, и «родовые» признаки, восходящие к грибоедовскому Чацкому:

> Его прозрения глубоки,
> Но их глушит ночная тьма,
> И в снах холодных и жестоких
> Он видит «горе от ума»...
> [Блок 1960: 442]

---

8   Подробно восприятие «Горя от ума» в начале XX века описано в статье [Долгополов, Лавров 1977].

Раздумья над противоречивостью этого образа постепенно сменились в сознании Блока ощущением трагического финала существования героя — символического знака конца старой культуры и старой эпохи. Неслучайно в прозаических набросках к поэме появятся строки: «На фоне каждой семьи встают ее мятежные отрасли — укором, тревогой, мятежом. <...> может быть, они сами осуждены на погибель <...> Они — последние. В них все замыкается. Им нет выхода из собственного мятежа...» [Блок 1960: 464].

Сама смерть Блока в 1821 году воспринималась как осуществление его собственного пророчества, как «возмездие» Истории. Именно так она была осмыслена в статье Б. М. Эйхенбаума «Судьба Блока» (1921) и в статье Ю. Н. Тынянова «Блок» (1921). Оба отметили как наиболее важные для Блока строки: «Как тяжело ходить среди людей / И притворяться непогибшим». Процитировав их, Тынянов напишет: «Об этом холодном образе не думают, он скрыт за рыцарем, матросом, бродягой» [Тынянов 1965: 252]. У Эйхенбаума Блок предстает как трагический актер, «загримированный под самого себя», а смерть оказывается неожиданным разрушением сценической иллюзии: «И вот — наступил внезапный конец этой трагедии: подготовленная всем ее ходом сценическая смерть оказалась смертью подлинной...» [Эйхенбаум 1987: 355]. В судьбе поэта прорисовывалась судьба всего поколения, не выдержавшего перемены роли (Эйхенбаум писал: «Пророки революции, они теперь мрачные ее созерцатели» [Эйхенбаум 1987: 357]). «Схождение» Тынянова и Эйхенбаума было знаменательно: обрисовывался культурный тип героя, вступившего на новом витке истории «в противуречие с обществом».

Судьба Блока оказала влияние на возникновение замысла романа Тынянова «Смерть Вазир-Мухтара» (1927–1928). Этому роману и суждено было подвести итог вековому диалогу с Чацким в русской литературе.

Не случайно и название романа: трагическая гибель героя символизировала крушение мифа, питавшего культуру в течение 100 лет. Ощущение «хруста костей», великого слома истории —

характерное для всего «поколения на повороте» (Л. Я. Гинзбург) — водило пером Тынянова, показавшего невозможность существования героя и закономерность его гибели. Трагические размышления о человеке, не вписавшемся в «мертвую паузу общества и государства», были, конечно, глубоко автобиографичны. Именно в пору работы над «Вазир-Мухтаром» Тынянов (как и многие представители «культурного поколения», в частности тот же Эйхенбаум и В. Б. Шкловский) напряженно размышляет о проблеме поведения, пытаясь отыскать свою «точку совместимости» с окружающим миром.

К судьбе Блока отсылал и эпиграф к роману — известное стихотворение Е. А. Баратынского, напечатанное в 1826 году в «Северных Цветах»:

> Взгляни на лик холодный сей,
> Взгляни: в нем жизни нет...

В посмертных публикациях стихотворение Баратынского расшифровывалось как «Надпись на портрет Грибоедова». Однако «холодный лик» ассоциировался и с Блоком: вспомним «холодный образ» в статье Тынянова «Блок», вспомним и наверняка известную Тынянову интерпретацию «холодного лика» как портрета Грибоедова в статье Блока «О драме». Там есть скрытая цитата из стихотворения Баратынского: в лице Грибоедова, как замечает Блок, «жизни нет». Таким образом, подобно тому как у Достоевского двуединый образ Чацкого — Грибоедова постоянно воспринимался под знаком Герцена, у Тынянова Грибоедов — Вазир-Мухтар — был окружен блоковскими ассоциациями.

Центральная проблема романа — взаимоотношения человека с историей и в связи с этим выбор исторического поведения — возвращает Тынянова в «магический круг» грибоедовской комедии. В романе переплелись воедино две предшествующие линии восприятия «Горя от ума». С одной стороны, Грибоедов и Чацкий, автор и герой, соединились в одном персонаже — Вазир-Мухтаре. С другой стороны, тыняновский Грибоедов проецировался на тип «мятежных отраслей», «русских Чацких».

Прошлое героя воссоздается «по мотивам» «Горя от ума»: здесь и «московские кузины», «дядюшка», приходивший к нему «в спальную тащить на визиты» [Тынянов 1985: 174], и «хвастовство старичков московских, их покровительство и суетня бессмысленная у шуб в передних» [Тынянов 1985: 165]. Как и Чацкий, герой Тынянова решает, что «не ездок» туда, бежит вон из Москвы.

Однако все это в прошлом. А настоящее встает перед Вазир-Мухтаром в виде жестких исторических обстоятельств, подминающих под себя человека и судьбу. История заново переписывает сюжет «Горя от ума»: бывший «умник», бывший Чацкий оказывается в положении Молчалина. Вазир-Мухтар размышляет: «О нем говорят, что он подличает Паскевичу. Судьи кто? <…> Они скажут: Молчалин, они скажут: вот куда он метил, они его сделают смешным» [Тынянов 1985: 24–25]. Злоязычный Сенковский прямо намекает на «молчалинство» — во время экзамена он в лицо Грибоедову бросает строки знаменитого монолога:

> Мне завещал отец:
> Во-первых, угождать всем людям без изъятья…
> [Тынянов 1985: 67]

Тыняновский Грибоедов — трагическая фигура. Он — герой в маске, вынужденно играющий роль. Грибоедов обретает своего двойника — Вазир-Мухтара, который пытается жить и действовать по законам реальности. При этом сознание героя ясно фиксирует это раздвоение. Так, выслушивая сентенции Голенищева-Кутузова, он размышляет: «Тьфу, Скалозуб, а кто ж тут Молчалин? Ну, что ж, дело ясное, дело простое: он играл Молчалина» [Тынянов 1985: 106].

Атрибутами роли Вазир-Мухтара становятся две ненавистные ему вещи — «позлащенный мундир» и «павлинье звание». Мундир как символ отступничества Грибоедова от декабристских идеалов возникает в разговоре осужденных по делу декабристов, разжалованных в солдаты Берстеля и Кожевникова. Они устраивают суд над бывшим «учителем», как оба называют Грибоедова. Кожевников с упреком цитирует гневные инвективы Чацкого:

«Мундир! один мундир!», «...он дойдет до степеней известных» [Тынянов 1985: 203], — переадресовывая их Чацкому-Грибоедову. Однако мотив молчалинства получает неожиданное развитие. Внешность оказывается обманчивой, а мундир не спасает ни от чего. Завершая импровизированный суд над Грибоедовым, Берстель вдруг возражает своему неумолимому собеседнику: «Мундир, говорите вы. Так мундир та же внешность. <...> Я только говорю, что если вы Чацкого по бальному наряду не судите, так зачем вы его автора судите по позлащенному мундиру?» [Тынянов 1985: 205]. Итак, суд отменяется. Герою предстоит доиграть свою роль до конца.

Трагизм поведения Вазир-Мухтара заключается в отчетливом предчувствии своего конца, близкой гибели. История словно мстит ему за неудачное перевоплощение в Молчалина. И дело, конечно, не в случайной гибели в Тегеране. Вазир-Мухтар ощущает свою отторженность от всего, прежде всего от родины. Россия и «заграница» как бы меняются местами — «иностранщина» окружает героя везде: в образе Нессельроде, Родофиникина, вечного доктора Макниля и даже Нины, в чьем поцелуе он чувствует «иностранный акцент». Не нужен он не только правительству, но и оппозиции. Проект Закавказского государства вызывает гнев бывшего «либералиста» Бурцова: «В скот, в рабов, в преступников мужиков русских обратить хотите <...>. Отвратительно! Стыдитесь! <...> Это вы "Горе от ума" создали!» [Тынянов 1985: 243–244]. Здесь происходит еще одно перевоплощение: Чацкий сливается с героем Достоевского — с Шапошниковым-Шатовым из черновых набросков к «Бесам». Отвечая Бурцову, Вазир-Мухтар произносит монолог «по мотивам» монологов этого обвинителя декабристов:

> Вы бы как мужика освободили? Вы бы хлопотали, а деньги бы плыли. <...> И сказали бы вы бедному мужику российскому: младшие братья <...> временно, только временно не угодно ли вам на барщине поработать? И Кондратий Федорович это назвал бы не крепостным уже состоянием, но добровольною обязанностью крестьянского сословия. И верно, гимн бы написал [Тынянов 1985: 244].

Вазир-Мухтар Тынянова — это многослойный образ, отсылающий ко многим литературным типам. В частности, это и Чацкий, прошедший через разочарование самого Грибоедова в декабристских идеалах, это и герой, познавший уже скорбь героев Достоевского — скорбь отрыва от почвы лучших людей России.

Взаимоотношения Вазир-Мухтара с русским народом даны в романе сквозь призму литературных реминисценций. Особенно показательна сцена гуляния на бульваре. Грибоедов, беря под защиту вора, над которым нависла угроза немедленной расправы, противостоит тут толпе, народу. Эта картина из уличной жизни отсылает, с одной стороны, к Некрасову («Вор»), а с другой — что здесь важнее — к «почвенничеству» Достоевского. Неслучайно навязчиво проходит через всю сцену мотив грязи, «почвы», с которой соприкоснулся герой: «...воришка без всякого выражения опускался в грязь»; «Все решалось не в кабинетах с акварельками, а в жидкой грязи, на бульваре». Грибоедов в финале едет переобуться: «Сапоги его были до колен в желтой густой глине» [Тынянов 1985: 95–96].

Вазир-Мухтар ежеминутно ощущает себя внутренне чуждым окружающему миру. Главная его идея — идея служения Отечеству — обессмысливается. Обессмысливается потому, что Отечества нет. Символом призрачности, ненадежности этого государства становится для героя воздвигаемый на сваях Исаакиевский собор, «церковь, которая строится десятилетиями, с тем чтобы через сто лет провалиться сквозь землю» [Тынянов 1985: 69].

Тыняновский Грибоедов так и не смог сделаться ни Молчалиным, ни Скалозубом, ни Горичем (а перспектива такая маячит перед ним в облике Нины и «вечных Цинандал»). Победа внешним образом оказывается за Историей. Вазир-Мухтар гибнет. Но самой своей гибелью он бросает дерзкий вызов судьбе, ломая намеченный ею «сюжет». Идя встречать смерть, «он надел шитый золотом мундир, а на голову треуголку — как на парад» [Тынянов 1985: 371]. И он гибнет в этом золоченом мундире, уготованном ему судьбою для молчалинско-скалозубовской роли...

Комедия с переодеваниями обернулась высокой трагедией. Трагическая смерть ведет к очищению, обнажает первоосновы. На мертвом Вазир-Мухтаре «не сохранилось... лоскута золотой одежды» [Тынянов 1985: 382]. История не могла торжествовать победу.

И вот возникает в конце романа Пушкин, встречающий тело «Грибоеда». Встреча дает толчок мыслям и чувствам: в уме Пушкина мелькают фразы, известные нам по «Путешествию в Арзрум». И вдруг: «Ему нечего более делать. Смерть его была мгновенна и прекрасна. Он сделал свое: оставил "Горе от ума"» [Тынянов 1985: 416]. В тексте «Путешествия…» мы найдем только слова о «мгновенной и прекрасной» смерти. Остальное Тынянов «придумал». И слова эти имеют особый смысл, ибо парадоксальным образом отсылают нас к другому произведению и другому герою. В романе Л. Толстого «Война и мир» о смерти Кутузова сказано: «Представителю русского народа, после того как враг был уничтожен… делать больше было нечего» [Толстой 1974: 210].

В сознании Пушкина — по Тынянову — закономерно рождался вопрос: «Он знал, хоть и ошибся. Но если он знал… зачем… Зачем поехал он?» И тут же — невнятный, может быть, для читателя, но жутковато-ясный для Пушкина ответ: «Но власть… но судьба… но обновление». Здесь же: «Холод прошел по его лицу» [Тынянов 1985: 417]. Этот трагически-леденящий холод — от осознания того, что Грибоедов открывает путь для всех, кто пойдет за ним следом, — путь битвы с Историей и судьбой. Путь, уготованный всем «русским Чацким».

Источники

Аксаков 1853 — Аксаков С. Т. Биография М. Н. Загоскина. М.: Университетская типография, 1853.

Белинский 1953 — Белинский В. Г. Полное собрание сочинений: В 13 т. Т. 3. М.: Изд-во АН СССР, 1953.

Блок 1960 — Блок А. А. Собр. соч.: В 8 т. Т. 3. М.; Л.: Гос. изд-во худож. литературы, 1960.

Васильев и др. 1975 — Русская эпиграмма второй половины XVII — начала XX в. / Сост., подгот. текста и прим. В. Е. Васильева, М. И. Гиллельсона, Н. Г. Захаренко. Л.: Советский писатель, 1975.

Вульф 1915 — Дневник А. Н. Вульфа. 1828–1831 гг. // Пушкин и его современники. Вып. 21/22. Пг.: Типография Императорской Академии наук, 1915. С. 1–310.

Вяземский 1880 — Вяземский П. А. Полное собрание сочинений: В 12 т. Т. 5. СПб.: Типография М. М. Стасюлевича, 1880.

Вяземский 1999 — Вяземский П. А. Заметки о комедии «Горе от ума». Публикация, предисловие и примечания Д. П. Ивинского // Новое литературное обозрение. 1999. № 38. С. 230–250.

Герцен 1954–1956 — Герцен А. И. Собрание сочинений: В 30 т. М.: Изд-во Академии наук СССР, 1954–1956.

Гончаров 1980 — Гончаров А. И. Собрание сочинений: В 8 т. Т. 8. М.: Художественная литература, 1980.

Григорьев 1967 — Григорьев А. А. Литературная критика. М.: Художественная литература, 1967.

Дмитриев 1825 — Дмитриев М. А. Замечания на суждения Телеграфа // Вестник Европы. 1825. № 6. С. 109–123.

Дмитриев 1998 — Дмитриев М. А. Главы из воспоминаний моей жизни. М.: Новое литературное обозрение, 1998.

Добролюбов 1958 — Добролюбов Н. А. О степени участия народности в развитии русской литературы: (Отрывок) // Грибоедов в русской критике / Сост., вступ. ст. и примеч. А. М. Гордина. М.: Гослитиздат, 1958. С. 220–221.

Достоевский 1965 — Литературное наследство. Т. 77. Ф. М. Достоевский в работе над романом «Подросток»: Творческие рукописи. М.: Наука, 1965.

Достоевский 1971 — Литературное наследство. Т. 83. Неизданный Достоевский: Записные книжки и тетради 1860–1881 гг. М.: Наука, 1971.

Достоевский 1972–1990 — Достоевский Ф. М. Полное собрание сочинений: В 30 т. Л.: Наука, 1972–1990.

Загоскин 1898 — Загоскин М. Н. Полное собрание сочинений: В 10 т. Т. 8. СПб.: Изд. М. О. Вольфа, 1898.

Колюпанов 1889 — Колюпанов Н. Биография Александра Ивановича Кошелева: В 2 т. Т. 1, кн. 1. М.: Издательство О. Ф. Кошелевой, 1889.

Кюхельбекер 1979 — Кюхельбекер В. К. Путешествие. Дневник. Статьи. Л.: Наука, 1979.

Огарев 1956 — Огарев Н. П. Избранные произведения: В 2 т. Т. 2. М.: Гос. изд-во художественной литературы, 1956.

Одоевский 1825 — [Одоевский В. Ф.] Замечания на суждения Мих. Дмитриева о комедии: Горе от ума // Московский Телеграф. 1825. Ч. 3, № 10. С. 1–12.

Писарев 1825а — Пилат Белугин [Писарев А. И.]. Против замечаний неизвестного У. У. на суждения о Комедии: Горе от ума // Вестник Европы. 1825. № 23–24. С. 198–224.

Писарев 1825б — Пилат Белугин [Писарев А. И.]. Несколько слов о Мыслях одного критика и о Комедии «Горе от ума» // Вестник Европы. 1825. № 10. С. 108–121.

Писарев 1958 — Писарев А. И. Пушкин и Белинский // Грибоедов в русской критике / Сост., вступ. ст. и примеч. А. М. Гордина. М.: Гослитиздат, 1958. С. 223–224.

Плетнев 1885 — Плетнев П. А. Сочинения и переписка. Т. 2. СПб.: Типография Императорской Академии наук, 1885.

Полевой 1833 — [Полевой К. А.] Новые книги. Горе от ума. Комедия в четырех действиях, в стихах. Сочинения Александра Сергеевича Грибоедова // Московский телеграф. 1833. Ч. 53. № 18. С. 245–254.

Пушкин 1937 — Пушкин А. С. Полное собрание сочинений: В 16 т. Т. 13. М.; Л.: Изд-во АН СССР, 1937.

Сомов 1825 — Сомов О. Мои мысли о замечаниях г. Мих. Дмитриева, на Комедию: Горе от ума, и о характере Чацкого // Сын Отечества, 1825. Ч. 101, № 10. С. 177–195.

Страхов 1990 — Страхов Н. Н. Воспоминания о Федоре Михайловиче Достоевском // Ф. М. Достоевский в воспоминаниях современников: В 2 т. Т. 1. М., 1990. С. 375–437.

Суворин 1990 — Суворин А. С. О покойном // Ф. М. Достоевский в воспоминаниях современников: В 2 т. Т. 2. М., 1990. С. 465–473.

Толстой 1974 — Толстой Л. Н. Собрание сочинений: В 12 т. Т. 7. М.: Художественная литература, 1974.

Тынянов 1985 — Тынянов Ю. Н. Сочинения: В 2-х т. Т. 2. Л.: Художественная литература, 1985.

Библиография

Бем 1931 — Бем А. «Горе от ума» в творчестве Достоевского // Slavia. 1931. Вып. 10, кн. 1. С. 88–108.

Велижев 2017 — Велижев М. Чаадаев и Чацкий: безумие и комедийная интрига в «Горе от ума // Замечательное шестидесятилетие. Ко дню рождения Андрея Немзера. Т. 1. М.: Издательские решения, 2017. С. 58–73.

Долгополов, Лавров 1977 — Долгополов Л. К., Лавров А. В. Грибоедов в литературе и литературной критике конца XIX — начала XX века // Грибоедов А. С. Творчество. Биография. Традиции. Л.: Наука, 1977. С. 109–130.

Долинин 1963 — Долинин А. С. Последние романы Достоевского. М.; Л.: Советский писатель, 1963.

Лотман 1982 — Лотман Ю. М. Александр Сергеевич Пушкин. Биография писателя. Л.: Просвещение, 1982.

Нечкина 1951 — Нечкина М. В. Грибоедов и декабристы. М.: Изд-во АН СССР, 1951.

Осповат 2010 — Осповат А. К рецепции «Горя от ума» в пушкинской среде // Пермяковский сборник. Ч. 2. М.: Новое издательство, 2010. С. 180–187.

Семенов 1979 — Семенов Е. И. Роман Достоевского «Подросток». Л.: Наука, 1979.

Тынянов 1965 — Тынянов Ю. Н. Проблема стихотворного языка. М.: Советский писатель, 1965.

Эйхенбаум 1987 — Эйхенбаум Б. М. О литературе: Работы разных лет. М.: Советский писатель, 1987.

Часть 3

ПУШКИН И XVIII ВЕК

И въявь я вижу пред собою
Дней прошлых гордые следы.
Еще исполнены великою женою,
Ее любимые сады...

*А. С. Пушкин. Воспоминания
в Царском Селе*

6
«Вторая Гавриилиада»
А. С. Пушкин и князь Д. П. Горчаков

В исследовательской литературе, посвященной А. С. Пушкину, имя князя Д. П. Горчакова занимает скромное место. Литературные и личные взаимоотношения Пушкина и Горчакова были эпизодическими — известно, что последний вместе с Г. Р. Державиным присутствовал на лицейском экзамене в 1815 году. Ряд поэтических портретов в ранних текстах Пушкина до сих пор связывается исследователями с князем Горчаковым, что не является правильным. Так, например, известные строки из «Городка» Пушкина, посвященные «князю, наперснику муз», относятся не к князю Горчакову, а к князю Вяземскому[1].

На первый план имя Горчакова выходит лишь в связи с поэмой «Гавриилиада», прежде всего в ситуации 1828 года, когда специальная комиссия, созданная по требованию митрополита Серафима и при активном участии Николая I, вела расследование об авторе крамольного сочинения. Именно в мае 1828 года крепостные люди отставного штабс-капитана В. Ф. Митькова донесли, что последний читал им противную их православной вере поэму. Дело приняло тогда настолько серьезный оборот, что Пушкину дважды пришлось побывать на допросе и давать письменные показания комиссии; в третий раз поэт получил разрешение отвечать не комиссии, а лично царю, который и остановил это дело.

---

[1] См. чрезвычайно убедительную статью В. Э. Вацуро [Вацуро 1994].

Именно в те тревожные дни конца лета 1828 года Пушкин и создает легенду о принадлежности поэмы князю Д. П. Горчакову, известному вольтерьянцу и сатирику, умершему в 1824 году. В черновиках второго показания комиссии от 19 августа 1828 года содержится первое упоминание о Горчакове: «Знаю только, что ее <поэму> приписали покойному поэту кн. Дм. Горчакову» [Пушкин 1935: 750]. Тогда же Пушкин, загнанный в угол очевидной угрозой нового следствия и вероятного наказания, начинает распространять легенду об авторстве Горчакова среди читающей публики. Зная о перлюстрации всех своих писем, он отправляет 1 сентября 1828 года П. А. Вяземскому письмо, где и развертывает миф о Горчакове:

> Ты зовешь меня в Пензу, а того и гляди, что я поеду далее,
>
> Прямо, прямо на восток.
>
> Мне навязалась на шею преглупая шутка. До прав<итель­ства> дошла наконец Гавриилиада; приписывают ее мне; донесли на меня, и я, вероятно, отвечу за чужие проказы, если кн. Дм<итрий> Горчаков не явится с того света отстаивать права на свою собственность [Пушкин 1937–1959, 14: 26–27].

Здесь поэт весьма откровенно указывает, каким образом следует публично комментировать эту историю или, в случае привлечения к следствию Вяземского, обладавшего списком «Гавриилиады» и прекрасно осведомленного об авторстве Пушкина, отвечать на вопросы комиссии. На полях этого же письма, помеченного 1 сентября, но начатого еще 19 августа, одновременно со вторым допросом, Пушкин отчеркивает последний абзац и сопровождает его пометой: «Это да будет между нами» [Сандомирская 1982: 246–247]. В этом письме, рассчитанном на перлюстрацию, Вяземскому намекалось на то, какую версию Пушкин придумал и предложил правительству и, соответственно, какой версии следует держаться его адресату. Как полагал В. Э. Вацуро, Пушкин в этой неожиданной мистификации следовал известному прецеденту: Вольтер в схожих обстоятельствах политико-религиозных гонений отказался от авторства своей поэмы «За и против. Послание к Урании» в пользу давно умершего аббата де Шолье, известного остроумца и либертина [Вацуро 2000: 148–149].

В том же письме Пушкин осторожно, с помощью своеобразного «арзамасского кода», сообщает Вяземскому об угрозе ссылки, приводя цитату — «Прямо, прямо на восток» — из известного стихотворения В. А. Жуковского 1809 года «Путешественник». Включение этой цитаты было ироническим обыгрыванием текста Жуковского (его вольного перевода стихотворения Ф. Шиллера «Der Piligrim»), повествующего о спиритуальном пути человека к вере, к «Востоку», ассоциировавшемуся со страной истины и Света (в том числе и в масонской метафорике). Пушкин же наполняет религиозно-мистическую цитату земным смыслом — ему грозит путешествие на географический, а не на метафизический «восток», то есть в Сибирь.

Исследователи полагают, что в личном письме к Николаю I от 2 октября 1828 года Пушкин честно признался в своем авторстве [Измайлов 1975: 58], а история с этим пропавшим письмом императору в исследовательской литературе приобрела детективный характер [Гурьянов 1978]. 31 декабря 1828 года Николай повелел дело закрыть.

* * *

Между тем фигура князя Дмитрия Петровича Горчакова (1758–1824) важна не только в связи с перипетиями следствия об авторстве поэмы. Известный вольтерьянец, автор комических опер, посланий, эпиграмм и сатир, Горчаков был прекрасным знатоком французской атеистической литературы[2]. Можно сказать, что князь Горчаков представлял тип страстного «афея» и интеллектуального либертина, — являлся, так сказать, наиболее законченным воплощением этого культурно-исторического яв-

---

[2] Наиболее полная биография Д. П. Горчакова написана В. П. Степановым. См. [Степанов 1988].

ления на русской почве. Он умело перекладывал на русский лад «острый галльский смысл», как это было, например в его «Эпиграмме. Подражание французской»:

> Попам заграждена всегда во ад дорога —
> Страшатся дьяволы великих их затей
> И мнят, когда в живых они едали бога,
> То здесь немудрено поесть им всех чертей
> [Ермакова-Битнер 1959: 167].

М. Н. Лонгинов упоминает многие стихотворения Горчакова, «неудобные для печати» [Лонгинов 1871: 681]. Неудобными они названы не в связи с наличием обсценной лексики или обсценных сюжетов: горчаковские стихи далеки по своему стилю от стихов так называемой барковианы. За пределы тогдашней печати бо́льшую часть его поэтических текстов выводила резкость их антиклерикальных мотивов, социальной сатиры и политических аллюзий [Шестериков 1928; Степанов 1989]. Горчаков, не нашедший своего места в военной службе, оставленный без внимания высшими сферами, в 1780 году вышел в отставку и занял диссидентскую позицию по отношению к «поврежденным» нравам екатерининского двора.

Одним из наиболее показательных его стихотворений были «Святки» (начало 1785 года), написанные в жанре «ноэля» — святочной сатирической песенки, пародирующей евангельские сюжеты о рождении Христа, о встрече девы Марии с пришедшими на поклонение волхвами. Десакрализация Екатерины II и ее двора, либертинское кощунство сопрягались в этом стихотворении с эротическими намеками и политическим вольномыслием[3].

Однако известное «вольнодумство» Горчакова, запечатленное в «Святках» и нескольких подобных стихотворениях, не могло служить достаточным поводом для посмертного приписывания ему Пушкиным собственных кощунственных стихов. Куда важнее было то, что по рукам ходила поэма Горчакова, *также обыгры-*

---

[3] См. нашу работу в первой части книги: Стратегии либертинажа в XVIII веке (князь Д. П. Горчаков и его «Святки»).

вающая библейский сюжет. В начале XX века эту поэму уже не знал никто, хотя слухи о существовании какой-то «второй Гавриилиады» добавляли путаницы в споры об авторстве Пушкина. Так, В. В. Каллаш писал: «Возможно, что кроме "Гавриилиады", приписываемой Пушкину, найдется другая, кн. Горчакова, и что в первую попали отрывки из второй» [Каллаш 1903: 158].

В действительности Горчакову принадлежит поэма «Вирсавия», сохранившаяся в составе рукописного сборника «Библиотека здравого рассудка» [Персиц 1959][4]. Рукопись этого двухтомного труда (каждый том состоял из прозаических переводов французских антиклерикальных авторов и оригинальных стихотворений) датируется приблизительно (по сорту бумаги) периодом между 1799 и 1819 годами, хотя вполне вероятно, что входящие в сборник тексты могли быть написаны раньше. Сам Горчаков, по всей видимости, и был составителем сборника; вся оригинальная стихотворная часть сборника написана им. «Вирсавия» в начале XIX века была известна читающей публике, о чем свидетельствуют отдельные сохранившиеся списки поэмы с незначительными разночтениями [Персиц 1959: 374]. Поэма распространялась анонимно, и лишь немногие знали ее действительного автора.

Поэма «Вирсавия», опубликованная лишь в 1959 году, не указывалась среди источников «Гавриилиады». Продолжая говорить о какой-то эротической или неприлично-кощунственной поэме Горчакова, исследователи не идентифицировали ее с поэмой в сборнике «Библиотека здравого рассудка», полагая, что рукопись этой неизвестной «второй Гавриилиады» сгорела, как и многие рукописи Горчакова.

Между тем этой «второй Гавриилиадой» и была, скорее всего, «Вирсавия». Пушкин, очевидно, был знаком именно с этой поэмой — не просто эротической, а кощунственной, построенной на близком ему принципе либертинской насмешки над «галант-

---

[4] Полное название сборника слегка варьируется в разных списках: «Библиотека здравого рассудка, или Собрание разных сочинений важных для спасения», «Библиотека здравого рассудка, или собрание важных сочинений для спасения».

ными» эпизодами Библии, обычно толкующимися в символическо-мессианском плане. Именно знакомство с этой поэмой (и допущение, что она знакома не только ему) и давало Пушкину возможность приписать Горчакову «Гавриилиаду» — текст, в некоторых отношениях близкий «Вирсавии».

Несомненно, решающее влияние (большее, чем, например «Орлеанская девственница» Вольтера) на пушкинскую «Гавриилиаду» оказали поэмы Эвариста Парни, прежде всего «Битва богов», «Галантная Библия, или Нравоучение в стихах» и «Потерянный рай», причем не только в общем плане (кощунственно-эротическое переосмысление сюжетов Библии, «сомнительных», с точки зрения рационалистически настроенных читателей XVIII века; насмешка над концепцией Троицы; деконструкция провиденческой схемы), но и в чрезвычайно сходных конкретных эпизодах [Пушкин 1922: 55–59; Алексеев 1972; Добрицын 2011][5]. Вместе с тем поэма Горчакова заслуживает отдельного рассмотрения — как «фоновое» произведение *русской поэзии*, по всей вероятности, бывшее в поле зрения Пушкина во время создания «Гавриилиады».

* * *

«Вирсавия» описывала любовные похождения царя Давида — историю соблазнения прекрасной Вирсавии, жены его слуги хеттеянина Урии. В своей эротической поэме Горчаков откровенно смеялся над символическим толкованием эпизода из Второй Книги Царств (главы 11–12) и красочно повествовал, как Давид внушает Вирсавии, что она должна зачать от него Мессию и что таким образом должно сбыться предсказание небес (рождение Соломона). Показательно, что и другие тексты сборника «Библиотека здравого рассудка» атаковали библейских пророков и в частности Давида с его многочисленными любовными историями. Неизвестный автор самой первой статьи

---

[5] К приведенным исследователями параллельным местам можно было бы добавить и еще некоторые дополнительные сцены.

этого сборника (по всей видимости, переводной) утверждал: «Если Давид в старости просит <...> чтобы его согревала естественным жаром своим прекраснейшая из всего народа девка, то св. Августин и другие св. Отцы не имеют права меня принудить <считать> это действие за пророчество соединения Иисуса Христа с церковью»[6].

Поэма Горчакова начинается с описания утренней зари и прихода Вирсавии к реке:

> Как некогда заря на горизонт вступила,
> Вирсавия с бельем тогда к реке спешила;
> Вирсавия, жена почтенного жида,
> В домостроительстве не ведала стыда...
> [Персиц 1959: 399][7]

Далее рисуется омовение Вирсавии:

> От пят все выше шла, куда дошла не знаю,
> Читателевой то догадке оставляю.
> Лишь то известно мне, и верно знаю я,
> Что стала нагишом красавица моя.
> Рубашка с плеч ее без умысла слетела,
> Она себя всее знать вымыть захотела...
> [Персиц 1959: 400]

Изображение нагой Вирсавии — один из популярнейших сюжетов мировой живописи. Любопытно, что в бумагах Пушкина июня-июля 1820 года сохранился карандашный рисунок с двумя почти полностью обнаженными фигурами[8]. Мужскую фигуру исследователи связывают со святым Себастьяном, а женскую — с Вирсавией, омывающей тело. Поза на рисунке Пушкина наиболее близка к двум знаменитейшим картинам на сюжет

---

[6] Цит. по: [Персиц 1959: 374].
[7] В дальнейшем все ссылки на поэму «Вирсавия» даются в тексте нашей статьи по этой публикации.
[8] См.: Каталог рисунков Пушкина, I — 3–5 в [Пушкин 1996].

«Вирсавии» — Рубенса и Рембрандта (хотя точный источник его рисунка пока не установлен).

Горчаков подробно останавливается на описании любовного «жара» царя Давида, наблюдавшего издали, с высоты своего «терема», за нагой красавицей (в библейском источнике ничего подобного нет):

> Давыд из терема на тело зря прекрасно,
> Вздыхал, страдал, горел и мучился напрасно;
> Давыд до женщин был нагих весьма охочь,
> Сидел он с ними в день, лежал он с ними в ночь.
> В Вирсавию тогда смертельно он влюбился,
> И разума совсем в то время он лишился.
> Из мудреца простяк он сделался совсем,
> Пророчей остроты не видно было в нем;
> Не о пришествии мессии возвещает,
> Красы нагой жены подробно исчисляет;
> Втекает в грудь ему геэнны лютый жар,
> Сразил его любви ужаснейший удар;
> От рук, лица, грудей и нежных членов тела
> Кровь царска, как смола разженная, кипела;
> Когда ж несытый взор он дале простирал,
> И паче уж тогда любовию сгорал;
> Но что в жару том зрел, того сказать не смею,
> Довольно: он пленен стал совершенно ею...
> [Персиц 1959: 400–401]

«Царь небес» в поэме Пушкина также «склоняет» взор на Марию, «исчисляет» ее красы, теряет разум и перестает заниматься своими делами:

> Но, братие, с небес во время оно
> Всевышний бог склонил приветный взор
> На стройный стан, на девственное лоно
> Рабы своей — и, чувствуя задор,
> Он положил в премудрости глубокой
> Благословить достойный вертоград...
> [Пушкин 1937–1959, 4: 122]

> Всевышний между тем
> На небесах сидел в уныньи сладком,
> Весь мир забыл, не правил он ничем —
> И без него все шло своим порядком
> [Пушкин 1937–1959, 4: 125].

Отметим здесь же еще один чрезвычайно важный мотив. Царь Давид у Горчакова забывает свой «пророчий» дар, перестает «возвещать» о пришествии Мессии, а вместо этого, чувствуя «лютый жар», в состоянии некоего поэтического безумия («Из мудреца простак он сделался совсем») описывает красоту возлюбленной и нагой Вирсавии:

> Не о пришествии мессии возвещает,
> Красы нагой жены подробно исчисляет…
> [Персиц 1959: 401]

В «Гавриилиаде» Бог также чувствует «задор» (слово отсылает к квазибарковской поэзии XVIII века, где «задор» означает сексуальное возбуждение) и сочиняет любовные стихи:

> И ты, господь! познал ее волненье,
> И ты пылал, о боже, как и мы.
> Создателю постыло все творенье,
> Наскучило небесное моленье, —
> Он сочинял любовные псалмы…
> [Пушкин 1937–1959, 4: 124]

Отметим, что у Горчакова комизм ситуации обусловлен тем, что Давид, которому «полагается» сочинять псалмы, отклоняется от своей задачи и начинает воспевать возлюбленную в духе «Песни песней», которую принято связывать с его сыном Соломоном, рожденным от Вирсавии (не подлежит сомнению, что строка «Красы нагой жены подробно исчисляет» отсылает именно к этому библейскому тексту). У Пушкина же сочинять «любовные псалмы» начинает… сам Бог! Эта акция, не находящая никаких параллелей ни в Библии, ни в переосмыслениях библейских сюжетов у Парни, получает смысл только в проекции на соответствующий эпизод у Горчакова. Приправленный иронией рассказ о любовном безумии, переходящем в творческое безумие, объединяет обоих героев двух поэм.

В «Гавриилиаде» дважды звучит мессианский призыв к Марии — сначала Мария слышит обращенные к ней слова Бога:

> «Краса земных любезных дочерей,
> Израиля надежда молодая!
> Зову тебя, любовию пылая,
> Причастница ты славы будь моей:
> Готовь себя к неведомой судьбине,
> Жених грядет, грядет к своей рабыне»
> [Пушкин 1937–1959, 4: 123].

Затем известную «весть» передает ей Гавриил — перед тем как овладеть ею:

> «О радуйся, невинная Мария!
> Любовь с тобой, прекрасна ты в женах;
> Стократ блажен твой плод благословенный,
> Спасет он мир и ниспровергнет ад...»
> [Пушкин 1937–1959, 4: 133]

У Горчакова Давид, соблазняя Вирсавию, прибегает к пророчеству о будущем Мессии, которого красавица должна родить:

> Тогда в Давыда дух пророчества вступил,
> Восстав с колена, он пред нею говорил:
> «Не склонная! Внемли, скажу тебе не ложно,
> От нас произойти в свет благодати должно;
> Познай, что над тобой всесильны небеса
> Явить хотят свои правдивы чудеса;
> Ты будешь мать, тобой вселенна обновится,
> Тобою благодать здесь на земли явится.
> Но естьли истину моих ты презришь слов,
> Страшися мук, и ад пожрать тебя готов»
> [Персиц 1959: 401].

Перед самым соблазнением происходит своего рода метаморфоза — Давид, описанный прежде как «старик», становится «в глазах» Вирсавии прекрасным:

> Покорствуя судьбе, она прочь гонит стыд,
> Прекрасен стал тогда в глазах ее Давыд...
> [Персиц 1959: 402]

Пушкин также прибегает к трансформации — в эпизоде с Сатаной, который соблазняет Марию:

> И вдруг змии как будто не бывало –
> И новое явленье перед ней:
> Мария зрит красавца молодого...
> [Пушкин 1937–1959, 4: 130]

* * *

Описание испуга Вирсавии при неожиданном появлении Давида заслуживает особого внимания:

> *Красавицу* при нем объемлет нежный стыд,
> Торопится скорей *одеждою покрыться*,
> Чтоб в скромном виде ей перед царем явиться;
> Но худо служит ей *дрожащая* рука <...>
> *Колена сжав* и грудь рукой закрыв сидит,
> Давыд в молчании ей под руки глядит;
> Потом опомнившись, *вздыханье* испускает,
> И пад к ногам ее, колена обнимает...
> [Персиц 1959: 401]

Мария в «Гавриилиаде» при появлении архангела тоже торопится «закрыть» лицо:

> От ужаса при виде Гавриила
> *Красавица* лицо свое *закрыла*...
> [Пушкин 1937–1959, 4: 131]

Жест с сжиманием колен также возникает в «Гавриилиаде», в сцене появления голубя, который «вдруг летит в колени милой девы»:

> *Колени сжав*, еврейка закричала,
> *Вздыхать, дрожать*, молиться начала...
> [Пушкин 1937–1959, 4: 135]

Пушкинская поэма — в большей степени, нежели поэмы Парни — ориентируется на детальное описание женского эротизма. Аналогичный эпизод схождения голубя (пародия на схождение Святого Духа) в «Битве Богов», внимательно проанализированный Б. В. Томашевским, не содержит реакции Марии — голубь овладевает спящей героиней [Пушкин 1922: 71]. Горчаков в этом плане более подробен — схожий жест и лексико-грамматическое тождество, использование деепричастного оборота («колена сжав» в обеих поэмах) можно отнести к разряду прямых цитат.

Соответствующий жест получает особое значение в контексте стилистических приемов Пушкина в начале 1820-х годов. Именно в это время он разрабатывает в лирике (и отчасти в поэмах) изображение женской любви, ее зарождения и развития, через изображение физического жеста и вообще физической реакции (потупленный взор, румянец, дрожащая рука и т. п.). Основным резервуаром подобных поэтических жестов был для Пушкина К. Батюшков [Виноградов 1941: 182; Проскурин 1999: 89, 116–118]. «Сжатые колени» Марии, восходящие к сжатым коленям горчаковской Вирсавии, оказываются в этом же ряду.

В отличие от галантной «Душеньки» И. Ф. Богдановича (в свое время считавшейся крайне эротичной), в отличие от лексической «низости» в описании эротических сцен в текстах барковианы, Горчаков находит нейтральный — средний по известной шкале — язык, которым он описывает весьма фривольные сцены, идя дальше, чем это делали самые смелые поэты его времени. В целом поэма Горчакова отходит от структуры, стиля и языка русской бурлесной традиции; еще менее следов бурлесной поэмы в пушкинской «Гавриилиаде»[9], близкой не столько ироикомической традиции, сколько поэтическим экспериментам Пушкина в других жанрах.

* * *

Мотивный анализ, сопоставление ряда эпизодов позволяют предположить, что Пушкин, приписывая «Гавриилиаду» Горчакову, не понаслышке знал о существовании его поэмы о Давиде. «Вирсавия» — единственный до Пушкина русский образец «кощунственно-эротической» поэмы. Именно Горчаков, прекрасный знаток французской вольтерьянской литературы и ее идеологического противостояния церкви, перенес на русскую почву то, что составляло одно из магистральных направлений европейской поэмы второй половины XVII — начала XIX века [Robertson 2009]. После завершения «Кавказского пленника» и почти одновременно с началом работы над «Гавриилиадой» Пушкин экспериментировал с разными типами поэмы (известны его планы поэмы на античный сюжет — об Актеоне и Диане, о русском князе Мстиславе, о сказочном Бове, о греческом восстании 1821 года); все они остались лишь в замыслах и набросках. Поэма «в стиле» Парни привлекла его более других. В этот период для поэта оказался важен сам жанр пародии на так называемый «библейский эпос», или «христианский эпос» — то, что делал Парни в отношении «Потерянного рая» Джона Мильтона.

Поэмы Парни не только пародировали Мильтона, но и одновременно использовали его арианское неверие в Троицу, а заодно и его бунтарскую, «прометеевскую» интерпретацию Сатаны как спасителя (а не губителя) человечества [Parny 2009: 22]. Написанные в наполеоновской Франции, поэмы уже не были стеснены ни нормами традиционной морали, ни церковной цензурой. Вместе с тем они были наполнены политическими аллюзиями. Так, Сатана, сделавшись главным героем «Потерянного рая» Парни, ассоциировался с революционными преобразованиями во Фран-

---

[9] Ср. [Вачева 1999].

ции. Все эти политические аллюзии оказались полностью опущенными в «Гавриилиаде».

Что же осталось в «Гавриилиаде» от указанной традиции? Либертинская насмешка над сакральной символикой эротических сюжетов Библии, особенно провокативная в эпоху религиозно-мистических тенденций петербургского придворного двора. Известна весьма дерзкая сентенция Пушкина по поводу «Гавриилиады» в письме Вяземскому от 1 сентября 1822 года: «Посылаю тебе поэму в мистическом роде — я стал придворным» [Пушкин 1937–1959, 13: 44].

Однако важен был и поиск новой формы поэмы и тех лирических возможностей, которые она давала: сочетание нарративной структуры и постоянного авторского присутствия, ироническое комментирование, свобода автобиографического отступления. Интересовал Пушкина и новый — эротический — облик героини, воплощенный одновременно и в Еве, и в Марии, и в автобиографическом прототипе последней.

Все эти черты присутствовали уже и в поэме Горчакова — как раз в том прямолинейно-наивном виде, какой чрезвычайно нравился Пушкину, любившему вышивать новые узоры по старой канве. Если современники могли видеть несомненную связь двух поэм (что и подвигло Пушкина на мистификацию), то позднейших исследователей смущало различие в сюжете — Горчаков писал о Давиде и его любви к Вирсавии, а Пушкин писал поэму «о Благовещении» (под таким условным названием поэма была известна среди современников). Возможно, что эта видимая разность сюжетов помешала сопоставлению двух поэм на иных уровнях — исследователи тщетно искали «вторую Гавриилиаду», которой и была «Вирсавия».

Источники

Ермакова-Битнер 1959 — Поэты-сатирики конца XVIII — начала XIX в. / Вступ. ст., подгот. текста и прим. Г. В. Ермаковой-Битнер. Л.: Советский писатель, 1959.

Лонгинов 1781 — Лонгинов М. Русские писатели XIII века. Князь Дмитрий Петрович Горчаков // Русская старина. 1871. № 12. С. 681–682.

Пушкин 1922 — Пушкин А. С. Гавриилиада / Ред., прим. и комментарий Б. Томашевского. Пг.: 5-я Гос. тип. (б. Голике и Вильборг), 1922.

Пушкин 1935 — Рукою Пушкина. Несобранные и неопубликованные тексты. М.; Л.: Academia, 1935.

Пушкин 1937-1959 — Пушкин А. С. Полное собрание сочинений: В 16 т. М.; Л.: Изд-во АН СССР, 1937–1959.

Пушкин 1996 — Пушкин А. С. Полное собрание сочинений: В 17 т. Т. 18 (дополнительный): Рукою Пушкина. М.: Воскресение, 1996.

Parny 2009 — Parny É.-D. de. Le Paradis perdu / Ed. by R. Robertson, C. Seth. London: MHRA, 2009 (Critical texts. Vol. 20).

Библиография

Алексеев 1972 — Алексеев М. П. Заметки о «Гавриилиаде» // Алексеев М. П. Пушкин: Сравнительно-исторические исследования. Л.: Наука, 1972. С. 281–325.

Вацуро 1994 — Вацуро В. Э. «Князь, наперсник муз» в пушкинском «Городке» // Вацуро В. Э. Записки комментатора. СПб.: Академический проект, 1994. С. 63–67.

Вацуро 2000 — Вацуро В. Э. «Вольтеровский» эпизод в биографии Пушкина // Новое литературное обозрение. 2000. № 42. С. 146–149.

Вачева 1999 — Вачева А. «Гавриилиада» в контексте эволюции русской бурлескной поэмы // Университетский Пушкинский сборник. М.: МГУ, 1999. С. 213–218.

Виноградов 1941 — Виноградов В. В. Стиль Пушкина. М.: Гос. изд-во худож. лит., 1941.

Гурьянов 1978 — Гурьянов В. П. Письмо Пушкина о «Гавриилиаде» / Послесл. Т. Г. Цявловской и Н. Я. Эйдельмана // Пушкин: Исследования и материалы. Т. 8. Л.: Наука, 1978. С. 284–292.

Добрицын 2011 — Добрицын А. А. «Гавриилиада» и французская либертинская поэзия // Russian Literature. 2011. Vol. 69. P. 183–193.

Измайлов 1975 — Измайлов Н. В. Очерки творчества Пушкина. Л.: Наука, 1975.

Каллаш 1903 — Каллаш В. В. «Спор, уж взвешенный судьбою» (об авторе «Гавриилиады») // Русская мысль. 1903. № 12. С. 153–160.

Персиц 1959 — Персиц М. М. Русский атеистический рукописный сборник конца XVIII — начала XIX в. // Вопросы истории религии и атеизма. Сб. Статей. Т. VII. М.: Изд-во Акад. наук СССР, 1959. С. 361–409.

Проскурин 1999 — Проскурин О. А. Поэзия Пушкина, или Подвижный палимпсест. М.: Новое литературное обозрение, 1999.

Сандомирская 1982 — Сандомирская В. Б. Рабочая тетрадь Пушкина 1828–1833 гг. (ПД № 838): История заполнения // Пушкин: Исследования и материалы. Т. 10. Л.: Наука, 1982. С. 238–271.

Степанов 1988 — Степанов В. П. Горчаков Дмитрий Петрович // Словарь русских писателей XVIII века. Вып. 1. Л.: Наука, 1988. С. 223–226.

Степанов 1989 — Степанов В. П. Неизданные произведения Д. П. Горчакова // XVIII век. Вып. 16. Л.: Наука, 1989. С. 110–129.

Шестериков 1928 — Шестериков С. П. Из неизданных стихотворений Д. П. Горчакова // Известия Отделения русского языка и словесности Академии наук СССР. 1928. Т. 1. С. 154–183.

Robertson 2009 — Robertson R. Mock-Epic Poetry from Pope to Heine. Oxford: Oxford University Press, 2009.

7

«Пир Петра Первого»

Последний «урок царю»?

«Петровский текст» оказался для Пушкина чрезвычайно неудачным: «Стансы» подорвали репутацию Пушкина в его окружении; «Полтава» не имела успеха у читателей; «Медный всадник» был цензурован царем таким образом, что поэт отказался его печатать; «История Петра» также не была пропущена в печать уже после смерти автора. В 1840 году император Николай I не позволил публиковать текст пушкинских «Материалов», поданный ему В. А. Жуковским на рассмотрение, сочтя, что «рукопись издана быть не может по причине многих неприличных выражений на счет Петра Великого»[1].

Стихотворение «Пир Петра Первого» завершало «петровский текст» и одновременно «открывало» «Современник», будучи напечатано на первых страницах первого тома журнала в качестве своеобразного «посвящения» журнала Николаю I. «Пир», по всей видимости, был написан во второй половине декабря 1835 года. Этот текст принято интерпретировать как своеобразный финал той линии политических манифестов, в которых поэт «милость к падшим призывал», то есть так или иначе, в своеобразной поэтической парадигме, обращался к власти в связи с осужденными декабристами. По традиции, идущей от «Стансов», Пушкин, говоря о Петре Великом, подразумевал Николая I, и сама поэтическая аналогия должна была служить неким «уроком» — поли-

---

[1] Исторический вестник, 1889, № 3. С. 692.

тическим советом, или скорее пожеланием, высказанным от лица первого поэта России, выдвинутого на такую роль самим правителем. Контекст создания стихотворения, как и сам смысл этого последнего поэтического обращения к Петру I при ни разу не упомянутом (но после «Стансов» неизбежно подразумеваемом) императоре Николае I, нуждается в существенной корректировке.

Исследователи этого пушкинского текста всегда оказывались согласны в одном — «Пир» был написан в связи с «милостью» Николая I в отношении сосланных декабристов. Указ от 14 (26) декабря 1835 года, опубликованный в петербургских газетах в начале января 1836 года, был выпущен в знак «благополучного окончания ныне исполнившегося десятилетия» царствования Николая и в качестве «нового опыта милосердия»[2]. В советское время принято было радикализировать пушкинское «вольнолюбие», считать неизменными политические симпатии поэта — вплоть до 1836 года [Макогоненко 1982: 336–338]. Историки фокусировались на самой аллюзионной строфе стихотворения, усматривая именно здесь «урок государственной мудрости, нравственно-этическую заповедь» [Малафеев 2004: 123–124]:

> Нет! Он с подданным мирится;
> Виноватому вину
> Отпуская, веселится;
> Кружку пенит с ним одну;
> И в чело его целует,
> Светел сердцем и лицом;
> И прощенье торжествует,
> Как победу над врагом.

Отсутствие точной истории создания (Пушкин пометил текст лишь годом — «1835») побуждало одних исследователей расценивать стихотворение как пушкинский «призыв» к помилованию декабристов, приуроченному или к юбилею восстания, или — по крайней мере — к грядущему 13 июля 1836 года десятилетию со дня вынесения им приговора [Измайлов 1975: 237–238].

---

[2] Северная Пчела. 1836. 7 января. № 14. С. 14 (перепечатано из «Санкт-Петербургских ведомостей»).

Другая группа исследователей воодушевлялась идеей, «что "Пир Петра Первого" писался *не до издания указа <...>, а после* знакомства с указом в конце 1835 года», и что — таким образом — в самом тексте «открыто формулировались требования отказаться от мщения осужденным» и вернуть их домой; то есть все стихотворение являлось «острополитическим уроком Николаю I» [Макогоненко 1982: 336].

Исследователей приводило в недоумение, каким образом стихотворение, в котором Пушкин «в лоб» напоминал «жалкому и мстительному» Николаю о его великодушном предке, прошло цензуру почти без придирок [Кунин 1988: 14–15]. Показательно, что и современные авторы оказываются в плену так называемой «вольнолюбивой» парадигмы Пушкина. Так, Л. С. Салямон пишет: «И "Пир Петра Первого" не призывает царя к милосердию (как иногда кажется), а подчеркивает истинное великодушие Петра в противовес фиктивным милостивым жестам. "Пир Петра Первого" содержит укор императору Николаю...» [Салямон 1997: 144].

Анализ «Пира Петра Первого» как очередного урока царю подкреплялся опубликованным М. И. Гиллельсоном отзывом на стихотворение, принадлежащим генерал-лейтенанту Л. И. Голенищеву-Кутузову, переводчику, картографу, морскому офицеру и другу А. С. Шишкова. Л. И. Голенищев-Кутузов в своем дневнике 14 апреля 1836 года сделал запись:

> Наконец появилось то, что ожидалось с таким нетерпением — «Современник» Пушкина, и с первой же страницы чувствуется отпечаток его духа; Пир в Петербурге повествует в гармоничнейших стихах о пире, устроенном Петром Великим не в честь победы и торжества, рождения наследника или именин императрицы, но в честь прощения, оказанного им виноватым, которых он обнимает — стихи звучат по-пушкински, выражения, свойственные ему. <...> Не распространяясь уже о стихе, сама идея стихотворения прекрасна, это урок, преподанный им нашему дорогому и августейшему владыке — без всякого вступления, предисловия или посвящения, журнал начинается этим стихотво-

рением, которое могло быть помещено и в середине, но оно вначале, и именно это обстоятельство характеризует его [Гиллельсон 1962: 51].

Приведем это суждение в оригинальной французской версии:

Ce qu'on attendait avec impatience vient de paraître, le Contemporain (Современник) de Пушкин, et dès la première page on y voit son cachet; Пир в Петербурге, il raconte en vers très harmonieux une fête qu'a donné Pierre le Grand non pour célébrer une conquête, une victoire, la naissance d'un prince ou le jour de nom de l'impératrice, mais pour célébrer le pardon, qu'il vient d'accorder à des coupables et qu'il embrasse — les vers sont à la Пушкин, des expressions qui lui sont propres <…>. Sans parler des vers, c'est l'idée qui est délicieuse, *c'est la leçon qu'il veut donner à notre cher et auguste maître* — point d'avant-propos, ni d'avant-scène, point de dédicace, le livre commence par cette pièce de vers qu'on aurait pu tout aussi bien situer au milieu, c'est au commencement et voilà ce qui le caractérise... [Гиллельсон 1962: 50–51] (выделено нами. — *В. П.*).

Комментируя свою публикацию, Гиллельсон подтверждал приведенным суждением неизменность пушкинского «вольнолюбия» вплоть до 1836 года:

...самое ценное в отзыве Л. И. Голенищева-Кутузова заключается в ясном понимании того, что стихотворение «Пир Петра Первого» своим содержанием, а также тем, что оно было помещено в начале первого номера журнала — это урок царю. Итак, от надписи «урок царям» на портрете Лувеля, убийцы герцога Беррийского, сделанной поэтом в 1820 году, до урока царю в стихотворении «Пир Петра Первого» — таков неуклонный путь свободомыслия Пушкина [Гиллельсон 1962: 51].

Однако Гиллельсон, как представляется, не совсем точно проинтерпретировал мнение автора дневника. Никто из исследователей не задумывался о том, что этот написанный по-французски отклик на стихотворение принадлежал консерватору, близкому власти и далекому от всякой оппозиционности. О каком уроке «нашему дорогому и августейшему владыке», как именует он Николая, идет речь? Само слово «la leçon» здесь означает не «укор» или «упрек»: невероятно, чтобы такой лояльный власти человек приветствовал пушкинские «укоры» царю. Французское выражение «donner la leçon» не равно выражению «faire la leçon», что означало «отчитывать», «читать мораль». «Donner la leçon» — это скорее давать (или представлять) образец, пример, и здесь Пушкин получает положительную оценку старого моряка за удачный пример. Военные, морские подвиги Петра I, широкое празднование побед, простота в помиловании своих сподвижников — это идеальные модели поведения, присущие как Петру I, так и — по традиционной аналогии — Николаю Павловичу. Голенищев-Кутузов разглядел здесь удачный комплимент, тонкую и гармоничную похвалу, а не укор, призыв или какое-либо требование.

Историко-политический контекст

Стихотворение Пушкина отнюдь не являлось очередным «вольнолюбивым» идеологическим текстом, содержащим критику власти или какое-либо противопоставление двух царей в пользу первого. Напротив, оно имело очевидный комплиментарный характер, служило «посвящением» журнала императору Николаю I. Пушкин не открыл бы только что разрешенный царем журнал «укором» в недостаточности милосердия к декабристам.

Прежде всего, поэт — как и все его окружение — отнюдь не считал «куцей амнистией» указ, изданный в связи с десятилетием декабристского восстания. Согласно этому указу от 14 (26) декабря 1835 года, срок для первой категории «государственных преступников» — 15 лет каторжных работ — сокращался до 13 лет, а указанные во второй категории немедленно освобождались от каторги и отправлялись на поселение. Отдельным — третьим — пунктом оговаривалась особая милость, явленная В. К. Кюхельбекеру великим князем Михаилом Павловичем, жест особо значимый по отношению к покушавшемуся на него преступнику. Лицейский однокашник Пушкина освобождался из крепости Свеаборг и переводился на поселение в городок Баргузин под Иркутском.

Для Пушкина, хлопотавшего о перемене участи и об издании сочинений Кюхельбекера [Кюхельбекер 1954: 458], это была большая победа. Уже в конце декабря 1835 года поэт знал о судьбе Кюхельбекера, о чем 26 декабря сообщал П. А. Осиповой, с которой виделся во время своей недавней поездки в Михайловское:

> Государь только что оказал свою милость большей части заговорщиков 1825 г., между прочим и моему бедному Кюхельбекеру. <По указу должен он быть поселен в южной части Сибири.> Край прекрасный, но мне бы хотелось, чтобы он был поближе к нам; и, может быть, ему позволят поселиться в деревне его сестры, г-жи Глинки. Правительство всегда относилось к нему с кротостью и снисходительностью. Как подумаю, что уже 10 лет протекло со времени этого несчастного возмущения, мне кажется, что все я видел во сне. Сколько событий, сколько перемен во всем, начиная с моих собственных мнений, моего положения и проч., и проч. [Пушкин 1937–1959, 16: 376] (перевод с франц.).

Письмо безусловно писано с учетом перлюстрации: поэт не только политкорректно определяет восстание декабристов как «несчастное возмущение», а самих декабристов называет «заговорщиками». Он также чрезвычайно умело благодарит государя за его «милость» и высказывает — почти открыто — просьбу о разрешении Кюхельбекеру поселиться в имении сестры — Ю. К. Глинки. Указывает он и на перемены его собственных мнений — и здесь дело было не только в нарочитой демонстрации лояльности.

Распространенное в советском литературоведении представление о «куцей амнистии» 1835 года является исторической аберрацией. В обществе известие о смягчении судьбы декабристов было воспринято позитивно. Так, адресат пушкинского письма П. А. Осипова отвечала 18 января 1836 года, что письмо поэта «заставило» ее «испытать чувство теплой радости», что для нее это «добрая весть об облегчении участи несчастных ссыльных», что она просит подтверждения радостному событию, в которое до конца не верит.

Как раз в эти последние дни декабря 1835 года Пушкин подает А. Х. Бенкендорфу бумагу с просьбой разрешить издание журнала — и 10 января 1836 года получает положительный ответ. В последние годы жизни Пушкин гораздо ближе к императорскому двору, чем это принято видеть, особенно в советском литературоведении. Он «почти» придворный историограф, занятый написанием «Истории Петра», и царь не отказывает поэту ни в финансовой помощи, ни в издательских предприятиях. Пушкин в дружеских отношениях с образованной великой княгиней Еленой Павловной, а с ее супругом, почти ровесником, великим князем Михаилом Павловичем поэт имел несколько важных бесед. Одна из них — 22 декабря 1834 года — касалась декабристов, положения дворянства и отношений с аристократией. Пушкин записывал в своем дневнике: «Я успел высказать ему многое. Дай бог, чтобы слова мои произвели хоть каплю добра!» [Пушкин 1937–1959, 12: 335]. Вполне возможно, что именно тогда Пушкин мог намекнуть об изменении приговора Кюхельбекеру.

Михаил Павлович уже был связан своей первой милостью с Кюхельбекером: благодаря его вмешательству в 1826 году смертная казнь осужденному по первому разряду, как покусившемуся на жизнь члена царской семьи, была заменена на каторжные работы (вместо них — заключение в Динабургской крепости, а с 1831 года — в крепости Свеаборг). Проявленное в указе особое милосердие великого князя по отношению к Кюхельбекеру, едва не ставшему убийцей брата царя, было для Пушкина чрезвычайно важно. Этот указ расценивался Пушкиным отнюдь не как «куцая амнистия», а как благородный акт, в котором сам поэт сыграл какую-то роль, как предмет и его гордости. Весной 1836 года Пушкин посылает Кюхельбекеру первый том «Современника», вынашивает планы по привлечению его к сотрудничеству в журнале.

«Пир Петра Первого»: политико-литературный контекст

Во второй половине января 1836 года «Пир» был, по всей видимости, отправлен к цензору: указание на цензурное вмешательство позволяло уточнить завершение работы над текстом.

На очередную литературную субботу у Жуковского 8 февраля 1836 года Пушкин, по свидетельству очевидцев, пришел в крайне раздраженном состоянии, поскольку цензор «Современника» А. Л. Крылов не позволил печатать строчку, относящуюся к Екатерине I: «чудотворца-исполина чернобровая жена» [Иваницкий 1910: 35][3]. Сам рассказ об этом эпизоде был записан Н. И. Иваницким со слов А. А. Краевского, активного помощника Пушкина в издательско-типографских делах «Современника», а потому весьма осведомленного. Что же не понравилось цензору в этих строках:

> Родила ль Екатерина?
> Именинница ль она,
> Чудотворца-исполина
> Чернобровая жена?
> [Пушкин 1937–1959, 3, I: 409]

Сам эпитет «чернобровая» — державинского происхождения. Например, этот эпитет встречается у Державина в стихотворении «Разные вина» (1782): «За здравье выпьем чернобровых»; в оде «На Счастие»: «С красоткой чернобровой рядом» (1789); в послании «К Н. А. Львову» (1793): «Моя подруга черноброва…».

Вероятно, строки показались слишком фамильярными по отношению к Екатерине I и слишком вольными по отношению к самому Петру I, названному «чудотворцем-исполином», то есть уподобленному, с одной стороны, христианским чудотворцам, а с другой — библейским падшим ангелам (строки о «кумире на бронзовом коне» в «Медном всаднике» не прошли цензуру у самого государя).

Пушкину каким-то образом удалось отстоять эту строку: 31 марта 1836 года первый номер «Современника» был подписан цензором Крыловым к печати. Не исключено, что поэту пришлось напрямую обратиться к Николаю для разрешения цензурного

---

[3] Требуется уточнить многократно повторяемую неточность — рассказчиком этой истории являлся А. А. Краевский, а не Никитенко. См. [Абрамович 1991: 77].

конфликта. Характерно, что нет никаких цензурных материалов по поводу прохождения по «инстанциям» этой строчки, не возникает также никаких упоминаний в переписке поэта и его окружения. Все это может говорить в пользу версии о том, что взбешенный цензором Пушкин напрямую обратился с этим стихотворением к царю.

Скорее всего, Николай I получил это стихотворение в феврале-марте и дал согласие на публикацию: польза от завуалированного, но понятного читателям «уподобления» его самого великому «пращуру» была важнее словесной придирки. Видимо, тогда же возникла и идея военно-морского парада в подражание параду Петра.

Пушкин в своем стихотворении ни разу не упомянул Николая, однако параллелизм двух фигур, Петр I — Николай I, был задан сложной интертекстуальной игрой. Поэт не случайно открыл свой журнал этим стихотворением, написанным — как представляется — в традициях Державина и его «забавных» од, остраняющих династический восторг за счет сниженного стилевого регистра. Как указал исследователь, «форма "Пира Петра Великого" внушена началом "Шествия по Волхову Российской Амфитриты"» (1810) [Бицилли 1929: 355]:

> Что сияет от заката
> В полночь полудневный свет?
> Средь багряна сткляна злата
> Кто по Волхову плывет?
> <...>
> Посидон-ли с Амфитритой
> Озирает ход то рек...
> <...>
> Иль Прекраса перевозит
> В Выбутск Игоря в ладье...
> <...>
> Нет, — не древних див картина
> Удивляет смертных взгляд;
> Шествует Екатерина
> Со Георгом в Петроград!
> [Державин 1864: 37–38]

Ср. с пушкинским текстом:

> Что пирует царь великий
> В Питербурге-городке?
> Отчего пальба и клики
> И эскадра на реке?
> <...>
> Годовщину ли Полтавы
> Торжествует государь,
> День, как жизнь своей державы
> Спас от Карла русский царь?
> <...>
> Нет! Он с подданным мирится;
> Виноватому вину
> Отпуская, веселится;
> Кружку пенит с ним одну...
> [Пушкин 1937–1959, 3, I: 408–409]

Цепочка вопросов в обоих стихотворениях обрывается отрицанием «нет», создающим ритмическую остановку и — одновременно — кульминацию лирического сюжета, за которой следует развязка-«объяснение». Стихотворение Державина было написано в 1810-м и напечатано в следующем году в составе статьи «Рассуждение о лирической поэзии» в «Чтении в Беседе любителей русского слова». Оно посвящено водному путешествию из Твери в Петербург великой княгини Екатерины Павловны и ее супруга Георга Ольденбургского. Здесь для Пушкина важны были все детали — архетипическое описание постепенного появления Петербурга при взгляде с корабля, со стороны Невы и Волхова, создающее своеобразный «петербургско-невский» лирический текст, написанный четырехстопным хореем:

> Петрополь встает на встречу,
> Башни всходят из-под волн.
> <...>
> Вижу, Севера столица
> Как цветник меж рек цветет, —
> В свете всех градов царица,
> И ея прекрасней нет!
> [Державин 1864: 39]

Важно было и то, что стихотворение — в державинском «забавном» слоге — славословило весь императорский дом — и Александра I (он потрясает «рогатую Луну», то есть Турцию), и Марию Федоровну, известную своей благотворительностью («Но всех лучше украшений / Милосердья алтари») [Державин 1864: 41][4], и будущего сына великой княгини, и даже уже давно покойную Екатерину II: совпадение имен великой княгини и державинской «Фелицы» вызывает восторженно-удивленные и одновременно шутливые строки:

> Как? гласит: Екатерина!
> Вновь мне блещет божество?
> Имя, весть о ней едина —
> Мне восторг и торжество!
> [Державин 1864: 38]

Наконец, Державин открыто славословит всю императорскую династию:

> Вижу дом весь благодатный,
> Братьев, сестр — божеств собор
> [Державин 1864: 41].

Этот державинский контекст присутствует и в стихотворении Пушкина. Между тем ориентация на державинские комплиментарные оды в «забавном слоге» составляла только часть показательной риторической формы, которая — вместе с размером, четырехстопным хореем, — образовывала своеобразную поэтическую рамку, куда помещался комплиментарный, но не льстивый, — игровой, — слой.

Однако этим слоем содержание пушкинского стихотворения не исчерпывалось. В «Пире» — суггестивный, интертекстуальный

---

4 За «Пиром» в «Современнике» следовала статья П. А. Плетнева «Императрица Мария», посвященная благотворительной деятельности Марии Федоровны, — она была упомянута и у Державина: «Марииной рукой» сеются благие дела.

дискурс, отсылающий к ряду иных текстов. Прежде всего (и это самое очевидное), «Пир» Пушкина содержит переклички с думой Рылеева «Петр Великий в Острогожске» (1823): написан тем же размером и также включает цепочку риторических вопросов [Архангельский 1989][5]. Пушкинское противопоставление старого «деда» (ботика Петра) и «внуков» (юный флот) также соотносится с текстом Рылеева.

Рылеев:

> Где, плененный славы звуком,
> Поседевший в битвах *дед*
> Завещал кипящим *внукам*
> Жажду воли и побед...
> [Рылеев 1971: 164]

Пушкин:

> Иль в отъятый край у шведа
> Прибыл Брантов утлый бот,
> И пошел навстречу *деда*
> Всей семьей наш юный флот,
> И воинственные *внуки*
> Стали в строй пред стариком,
> И раздался в честь Науки
> Песен хор и пушек гром?
> [Пушкин 1937–1959, 3, I: 408]

Пушкин хорошо знал этот текст Рылеева; в письме к Рылееву от последних чисел мая 1825 года он писал: «Окончательные строфы *Петра в Остр<огожске>* чрезвычайно оригинальны» [Пушкин 1937–1959, 13: 175]. Две строки из запомнившихся последних строф Пушкин процитировал и затем исключил — из цензурных опасений — из первой главы «Путешествия в Арзрум»,

---

[5] Однако в таком широком контексте размываются контуры пушкинского «послания», и «Пир» приобретает характер еще одного «петербургского текста».

напечатанного в том же первом томе «Современника», по соседству с «Пиром Петра Первого». Описывая отъезд из Новочеркасска в Тифлис, «переход от Европы в Азию», Пушкин приводит цитату из этой же думы Рылеева:

> Кобылиц неукротимых
> Гордо бродят табуны
> [Пушкин 1937–1959, 8, I: 446].

«Пир» соотносится также с «Медным всадником»; читатель «Пира» мог ознакомиться с референтным текстом — текстом вступления к поэме «Медный всадник» — по публикации в «Библиотеке для чтения»[6], где это вступление было озаглавлено «Петербург. Отрывок из поэмы» и напечатано с купюрой, относящейся к царицам:

> И перед младшею столицей
> Померкла старая Москва,
> Как перед новою царицей
> Порфироносная вдова
> [Пушкин 1937–1959, 5: 136].

В тексте «Пира» «пальба и клики» на Неве связаны с победами или очередными родами супруги Петра Екатерины I, произведшей на свет восьмерых детей. Есть здесь и отсылка к вступлению к поэме «Медный всадник», где следующие строки прямо адресовались Николаю и его многорожавшей супруге Александре Федоровне:

> Люблю, военная столица,
> Твоей твердыни дым и гром,
> Когда полнощная царица
> Дарует сына в царской дом,
> Или победу над врагом
> Россия снова торжествует...
> [Пушкин 1937–1959, 5: 137]

---

[6] Библиотека для чтения. 1834. Т. 7. Кн. XII, отд. I. С. 117–119.

Сближение идет и по линии военных побед: «пальба» из пушек совершается и по этому случаю. При этом в «Медном всаднике» Пушкин легко перекидывал ассоциативный мостик от побед Петра к победам современным, уже относящимся к Николаю: "Победу над врагом Россия *снова* торжествует" может относиться только к цепи побед 1827–1831 гг.» [Пумпянский 2000: 167].

В «Пире», как и в «Медном всаднике», речь также идет и о военных победах, по случаю которых на Неве «пальба и клики»:

> Озарен ли честью новой
> Русский штык иль русский флаг?
> Побежден ли швед суровый?
> Мира ль просит грозный враг?
> [Пушкин 1937–1959, 3, I: 408]

Подобно прозрачным ассоциациям в «Медном всаднике», эти «милитаристские» строки Пушкина в «Пире» намекали одновременно и на петровские успехи, и на военные победы новейших времен.

Конец «Истории Петра»

Пушкин, как известно, «со страхом и трепетом» приступил к чтению материалов по истории Петра, как сообщал в 1834 году М. П. Погодину, которого он первоначально пытался привлечь к совместной работе над архивными материалами петровского времени. Погодин в 1831 читал свою трагедию «Петр I» Пушкину и Жуковскому, одобрившим сочинение. Однако трагедия Погодина была запрещена Николаем не только к постановке на сцене, но и к публикации. В конце 1831 года Николай вынес строгий вердикт пьесе о Петре: «Лице императора Петра I должно быть для каждого русского предметом благоговения и любви; выводить оное на сцену было бы почти нарушение святыни, и посему совершенно неприлично. Не дозволять печатать» [Стасов 1903: 315–316].

Петр Первый воспринимается Николаем как сакральная фигура, почти «святыня». Император любил, когда его называли новым Петром Великим; здесь была не просто человеческая симпатия или государственное уважение. Фигура «пращура» воспринималась Николаем — через голову всех прежних императоров и императриц — как прямая мессианская связь между великим «предком» и достойным его «потомком». Икону, принадлежавшую Петру, Николай всегда возил с собой. А. О. Смирнова-Россет в «Автобиографических записках» вспоминала: «Государь знал все 20 томов Голикова наизусть и питал чувство некоторого обожания к Петру. Образ Петра, с которым он никогда не расставался, был с ним под Полтавой, этот образ был в серебряном окладе, всегда в комнате императора до его смерти» [Смирнова-Россет 1989: 199].

Интенсивная работа над «Историей Петра» продолжалась Пушкиным в течение 1835 года. «С генваря очень я занят Петром» — помета Пушкина в дневнике от февраля 1835 года [Пушкин 1937–1959, 12: 336]. Конспект по хронологии событий за 1725 год отмечен двумя датами: 14 декабря <1835> в начале и 15 декабря <1835> в конце. Таким образом, работа, основанная на выписках и переосмыслении книги И. И. Голикова «Деяния Петра Великого, мудрого преобразователя России» (издание Н. И. Новикова 1788–1797 гг.), была остановлена в середине декабря 1835 года [Тархова 1999: 366].

Скорее всего, около этого времени и был написан «Пир Петра Первого». Важно было то, что к моменту написания текста «Пира» Пушкин уже окончательно разошелся с Николаем в оценке Петра I. «История Петра», хотя и состояла из конспектов Голикова, содержала выразительные и отнюдь не комплиментарные комментарии Пушкина. Негативные оценки усиливались в описании последнего десятилетия. Так, в конспектах за 1714 год: «В сие время издан тиранский же указ о запрещении во всем государстве каменного строения под страхом конфискации и ссылки» [Пушкин 1937–1959, 10: 209]. В записях за 1718 год: «18-го августа Петр объявил еще один из тиранских указов: под смертною казнию запрещено писать запершись. Недоносителю объявлена равная казнь» [Пушкин 1937–1959, 10: 247]. 22 декабря того же года Пушкин приводит указ о надворных судах, который он называет «трогательным, хотя и с примесью обыкновенной жестокости» [Пушкин 1937–1959, 10: 252]. Наиболее известная фраза, удаленная Жуковским в 1840 году, при попытке получить разрешение на публикацию, звучала не менее критично: «Достойна удивления разность между государственными учреждениями Петра Великого и временными его указами. Первые суть плоды ума обширного, исполненного доброжелательства и мудрости, вторые нередко жестоки, своенравны и, кажется, писаны кнутом» [Пушкин 1937–1959, 10: 256].

Во время поездки в Москву в мае 1836 года для работы в архивах Пушкин неоднократно выражает свое разочарование в фигуре первого императора России. В разговоре с М. С. Щепкиным (частым гостем в семействе П. В. Нащокина, у которого поэт остановился в Москве) Пушкин высказывается по поводу своей работы над историей Петра: «Вот что мне самому сказал Пушкин: "Я разобрал теперь много материалов о Петре и никогда не напишу его истории, потому что есть много фактов, которых я никак не могу согласить с личным моим к нему уважением"» [Ельницкая, Фельдман 1984: 341]. А. В. Никитенко, посетивший 20 января 1837 года «литературную среду» П. А. Плетнева, передавал суждения Пушкина о Петре: «Вечер провел у Плетнева. Там был Пушкин <...>. Он сознавался также, что историю Петра пока нельзя писать, то есть ее не позволят печатать» [Никитенко 1955: 193]. О разочаровании Пушкина позднее свидетельствовал и М. П. Погодин:

> Нам остается говорить о личном характере Петра I. В последнее время легло на его память много темных пятен, вследствие вновь открытых документов, принадлежавших до сих пор к государственным тайнам. Еще Пушкин, начав заниматься собиранием материалов для истории Петра, говорил мне, что при ближайшем знакомстве Петр теряет, а Екатерина выигрывает [Погодин 1863: 16].

Показательно, что к 1836 году на самых верхних этажах власти уже тоже не верили в успех пушкинского предприятия и не разделяли взгляда Пушкина на фигуру императора. Андрей Карамзин, поправлявший здоровье в Баден-Бадене, сообщал своим родным (письмо от 10 (22) декабря 1836 года) о состоявшемся там разговоре с великим князем Михаилом Павловичем:

> Я рассказал ему историю Чедаева, она привела нас к цензуре, оттуда — к Пушкину и наконец к Петру Великому. Вы знаете, что это для них всех <то есть для царской семьи> божество, что же касается меня, то я обратного мнения. Он утверждал, что Пушкин недостаточно воздает должное Петру Великому, что его точка зрения ложна, что он рассматривает его скорее как сильного человека, чем как творческого гения; и тут, со свойственной ему легкостью речи, он начал ему панегирик, а когда я приводил в параллель императрицу Екатерину II, он посылал меня подальше [Измайлов 1960: 372].

Сын Н. М. Карамзина и племянник П. А. Вяземского, видимо, разделял культивируемую в пушкинском петербургском окружении симпатию к императрице Екатерине и антипатию к жестоким приемам правления Петра Первого. Выразительна реакция Михаила, младшего, «порфирородного» сына Павла: откровенная ненависть по отношению к бабке и возведенная в культ, постоянно демонстрируемая любовь к императору Петру I. Великий князь Михаил (как, скорее всего, и сам император Николай) уже был настроен негативно по отношению к пушкинской «Истории Петра»: разговор А. Н. Карамзина свидетельствует о том, что на самых верхах обсуждали ставшую им известной позицию Пушкина, не увидевшего в Петре гениального творца — но только оценившего грандиозную историческую фигуру. Споры о Петре/Екатерине, как видим, происходили не только в литературно-журналистской среде.

В начале 1836 года Пушкину стала известна рукопись «Записки о Древней и Новой России» Н. М. Карамзина, представленная в 1811 году Александру I и написанная по просьбе великой княгини Екатерины Павловны. Сочинение содержало серьезную политическую критику не только «древней», но и современной России. Александр не позволил отправить сочинение в печать.

Этот политический трактат был случайно обнаружен Жуковским в одном из дворцовых архивов и передан Пушкину для публикации в «Современнике». П. А. Вяземский из Санкт-Петербурга сообщал в Москву И. И. Дмитриеву 25 февраля 1836 года о «приятном известии»: «…на днях отыскана здесь (вероятно, известная вам по слуху и которая почиталась доныне пропадшею) *политическая записка о России,* писанная Николаем Михайловичем для Екатерины Павловны» [Вяземский 1868: 644][7].

Однако в пятом томе «Современника», уже после смерти Пушкина, увидели свет лишь отрывки записки в сильно сокращенном виде. Здесь были полностью убраны крайне негативные характеристики Петра I (прежде всего, жестокость в борьбе со своим собственным народом), а оставлено лишь комплиментарное введение в обзор петровского правления; эта публикация на долгие годы исказила восприятие Петра. Пушкин в последний год жизни оказался идейным союзником Карамзина в оценке Петра I.

«Пир Петра Первого» и морской парад на Неве 3 июля 1836 года

Рецепция пушкинского стихотворения на государственном уровне имела неожиданный поворот. Император Николай по-своему прочитал «урок», преподнесенный ему поэтом. Первый том «Современника» вышел из печати в первые дни апреля (цензурное разрешение получено 31 марта 1836 года), а 10 апреля 1836 года Николай I подписывает приказ о проведении ремонта ботика Петра I [Курносов 1999: 88]. Ремонт был связан с намерением Николая устроить морской парад по образцу петровского смотра 11 августа 1723 года, когда чествовали «дедушку русского флота», как называли ботик. Открывающее «Современник» стихотворение Пушкина очевидно инициировало развитие и воплощение грандиозного пропагандистского сценария, который был чрезвычайно необходим власти в тот период.

---

[7] Однако из-за огромного спроса копия Дмитриеву была послана Жуковским лишь в августе 1836 [Жуковский 1866: 1639].

Этот сценарий был спланирован уже и самим Петром I, начавшим подготовку торжественного смотра после успешного окончания войны со Швецией — Северной войны, — закончившейся подписанием Ништадтского мирного договора 1721 года. После долгих месяцев ремонта, переправки ботика в Санкт-Петербург, церемонии встречи, 11 августа 1723 года был наконец организован великолепный морской парад с пальбой из пушек, салютом и пиром по окончании его. Историк флота описывал это событие:

> В августе месяце государь пожелал сделать почетный прием дедушке русского флота среди его взрослых многочисленных внуков. По этому случаю к Котлину собран был флот из 20 линейных кораблей и одного фрегата, не считая мелких судов. <...> Днем торжественного приема «Дедушки русского флота» назначено было 11 августа. Ботик, поставленный в Петербурге на гальот, был, в сопровождении невского флота, перевезен к Котлину и поставлен за военною гаванью. <...> На флоте «Дедушку» приняли согласно вышеприведенному церемониалу и когда он, в 12-м часу обойдя всю линию кораблей, возвращался назад, то при проходе его на каждом корабле били поход, играли на трубах и люди стояли по вантам. Когда он вошел в военную гавань, где находился Невский флот, тогда снова раздался салют со всех кораблей, гавани, крепостей и судов Невского флота [Веселаго 1871: 473–474].

Петр I распорядился повторять парад каждый год в конце августа, но его решение не выполнялось. Елизавета Петровна дважды, в 1744 и 1745 годах, устраивала смотры, но затем ботик был забыт. Лишь в 1803 году, во время празднования 100-летия основания Петербурга, вспомнили про петровский ботик. Однако символическое значение церемонии было отодвинуто на задний план, и ботик Петра оказывался лишь малой частью церемонии 100-летнего юбилея города на Неве: «При праздновании столетия Петербурга, 16 мая 1803 года, "Дедушка Русскаго флота" находился на палубе стоявшаго на Неве 110-пушечнаго корабля "Гавриил", где почетными стражами были четыре столетние моряка Петровского времени» [Веселаго 1871: 479]. Пушкин интересовался этим событием, о котором он сделал заметку в «Истории Петра», под 1723 годом: «10-го же <августа> триумф старого Ботика, дедушки русского флота (см. Голик<ова>, Ломон<осова>, Сумароков<а> etc.)» [Пушкин 1937–1959, 10: 277].

Действительно, ломоносовское «Слово похвальное блаженной памяти Государю Императору Петру Великому, говоренное апреля 26 дня 1755 года» наделяет ботик особой символикой: «малый ботик» побудил Петра к «большим» свершениям — строительству флота. Почитание этой старой лодки, найденной Петром в Измайлове и отремонтированной голландским мастером Карштеном Брандтом, сделалось своеобразной «легендой о происхождении» — о рождении русского флота. Об этой лодке писал в 1756 году А. П. Сумароков в своей поэтической надписи «К Ботику»:

> Сей ботик дал Петру в моря ступить охоту.
> Сей ботик есть отец всему российску флоту.
> Под императорским он гербом на водах.
> Се — трон российского Нептуна, Бельту — страх
> [Сумароков 1756: 66].

После 1803 года на 30 с лишним лет петровский бот был, казалось, основательно забыт. Неожиданным, по видимости, выглядело решение Николая I провести 3 июля 1836 года морской смотр, в котором ботику отводилась центральная роль. Тем не менее «это торжество, по характеру своему, было единственным повторением Петровского; в обоих случаях знаменитый дед торжественным образом являлся перед своим потомством» [Веселаго 1871: 479].

Николай I с удовлетворением сообщал И. Ф. Паскевичу из Петергофа 4 (16) июля 1836 года об успехе задуманной им церемонии: «Вчера был у нас смотр флота, и честь ботику Петра 1-го; на рейде было 26 лин<ейных> кораб<лей>, 14 фрегатов, а всех 80 воен<ных> судов; вид величественный, и все было в примерном порядке. Возил с собой иностранных послов, и, кажется, им понравилось» [Николай I 1897: 18].

Действительно, этот смотр флота произвел впечатление и отразился в донесениях взятых Николаем на борт иностранных послов. Барон де Барант, историк и французский посланник в России с осени 1835 года, давал подробнейший отчет об этом празднике на Неве в письме другому историку и министру иностранных дел Луи-Адольфу Тьеру 16 июля 1836 года:

> 15-го числа Император со всей своей семьею отправился на пароходе в Кронштадт, чтобы сделать смотр своему флоту. <...> Он имел к этому параду совсем особый интерес, который весьма подходит к его характеру. Петр Великий, начав создавать флот в Петербурге и после своих морских побед над шведами, вспомнил, что, будучи еще ребенком, часто плавал по реке возле Москвы на парусном ботике, сделанном в Англии, и что там ему пришла первая мысль создать из России могущественную морскую державу. Он привез из Москвы эту лодку и велел своему флоту воздать ей величайшие почести. В последующее время лодку стали с благоговейным почетом сохранять. Несколько месяцев тому назад я ездил смотреть ее <...>. Император велел ее поправить и выкрасить; через несколько времени ее спустили при пушечной пальбе на Неву, она доплыла до Кронштадта и была взята на палубу парохода «Геркулес». Там ее поставили на разукрашенном помосте, окруженном старыми гренадерами-гвардейцами. «Геркулес», неся эту святыню основателя могущества и величия России, шел впереди парохода, на котором находился Император со своей семьей и свитой. Весь флот воздал почести своему «дедушке», как называл Петр Великий этот ботик. Объехав всю линию, Император с Императрицей, всею царскою фамилией и тремя посланниками на лодке, рулем коей он сам управлял, распоряжаясь маневрами, направился к «Геркулесу» и взошел на него, чтобы самому воздать честь ладье Петра Великого. Этот парад, благоприятствуемый прекрасной погодой, был действительно внушителен [Барант 1896: 243].

Сцена почитания «святыни» выглядела чрезвычайно показательно — Николай прилежно повторял петровские жесты, изображая того деятельного «мореплавателя», которого описал Пушкин в своих «Стансах». Для Николая Павловича было чрезвычайно важно, что после десятилетий забвения и упадка флота при Александре он всерьез занялся возрождением русского флота. Одним из первых его указов было учреждение 11 декабря 1825 года Комитета для образования флота. Николай I — в особенности в 1830-е годы — ясно ощущал враждебность и непонимание со стороны европейских держав. Понимал он и то, что именно флот снова является главной силой в возможной новой европейской войне [Зотов 1857: 34].

Дипломаты, присутствовавшие на параде 4 июля 1836 года, тоже ясно прочитали военно-морское «послание» русского императора как нарочитую и даже хвастливую демонстрацию могущества, успехов. Барант именно так интерпретирует весь ход церемонии. Он пристально наблюдает, как Николай небрежно перечисляет успехи своего флота (даже преуменьшая их) в разговоре с английским послом; он детально разбирает и русские опасения относительно сближения Франции с Англией, и причины неприятия Николаем современной Франции, как и Европы вообще [Барант 1896: 122, 127].

Что же так внезапно подтолкнуло императора Николая к столь масштабному и пышному празднованию даже не юбилея, не круглой даты со времени парада Петра Великого?

Самым удивительным в истории с ботиком Петра было то, что, как представляется, именно пушкинское стихотворение вдохновило Николая организовать этот показательный сценарий власти. Связь торжества с пушкинскими стихами весьма проницательно почувствовали в редакции «Северной пчелы», где в огромной, подробной — на три страницы — статье, открывающей номер, было описано невиданное событие: «3-го сего Июля происходило торжество, какого не бывало у нас сто тринадцать лет — это было *торжественное шествие ботика Петра Великого мимо Балтийского флота*»[8].

Поразительны были и лирические зарисовки о пальбе, развевающихся флагах и криках на Неве, о пире — торжественном обеде, состоявшемся после парада. Давая описание торжествен-

---

[8] Северная пчела. 1836. № 154. 9 июля. Четверток. С. 613.

ного парада, устроенного Николаем, автор статьи (возможно, сам Ф. В. Булгарин) сначала парафразирует, а затем приводит прямую цитату из стихотворения Пушкина: «Государю Императору благоугодно было воздать честь творцу Русского Флота, новым торжественным шествием бессмертного его ботика, мимо *юного русского Флота*, какому подобного, числом, силою и устройством судов, не бывало еще на Кронштадтском рейде»[9].

Ср. с «Пиром Петра Первого» Пушкина:

> И пошел навстречу деда
> Всей семьей *наш юный флот*...
> [Пушкин 1937–1959, 3, I: 408]

Автор статьи проявил замечательную тонкость как в знании и понимании имперской символики, так и в рецепции пушкинского текста с его невысказанной, эмфатической параллелью Петр I — Николай I. Пушкинская фраза о «нашем юном флоте» могла бы озадачить читателя своей абсурдностью — русскому флоту, как и подчеркивало упоминание «дедушки русского флота», более 100 лет. Однако «Северная пчела» прояснила и развила эти строки Пушкина: флот назван «юным», поскольку он был как бы заново создан Николаем. Предок завещал — Николай исполнил и превзошел начинания Петра, поскольку «подобного, числом, силою и устройством судов, не бывало еще на Кронштадтском рейде». Этот образ юного флота развивал и дополнял нужными имперскими коннотациями лаконичные пушкинские стихи.

Определенным подтверждением связи «Пира» Пушкина и морского парада может служить стихотворение Семена Стромилова «3 июля 1836 года» («Опершись на грудь пучины...»), напечатанное в третьем томе «Современника». Московский поэт, видимо, из газет почерпнул сведения о торжественной церемонии приветствия ботика: не исключено, что именно статья «Северной пчелы», детально описывающая весь парад, послужила источником для создания этого стихотворения. С другой стороны,

---

[9] Там же.

«3 июля 1836 года» откровенно использовало сюжет, риторические вопросы, композицию и метр пушкинского «Пира Петра Первого». Подражая Пушкину, Стромилов вводил прямые заимствования из текста «Пира», для наглядности выделяя их курсивом:

> Нет! то мирными рядами
> *Внуки* к *деду* собрались,
> И обнявшись парусами,
> *Деда* здравствовать стеклись[10]
> [Стромилов 1836: 258].

Без сомнения, Пушкин увидел здесь подражание собственному тексту, однако вряд ли дело заключалось в литературной игре [Куц 2020: 184–185]. Морской парад 3 июля 1836 года был, пожалуй, крупнейшим церемониалом со времени открытия Александровской колонны в 1834 году. Стихотворение Стромилова хоть и неуклюже, но «отметило» событие, имевшее большое значение для самого императора. Символическое значение церемонии с ботиком Петра определила та же «Северная пчела»:

> На ботике поднят был штандарт, и вдруг загремела пальба изо всех кораблей и с крепости. Картина восхитительная и единственная! Прекрасный, могучий флот Российский, с выражением искренней благодарности, славит громом орудий память своего Основателя, и пред флотом, Преемник Петра Великаго, с справедливым чувством величия и достоинства Своей Державы, в сердце своем отдает тени безсмертнаго Предка отчет в том, что дела и начинания Его поняты, довершены и исполнены[11].

Церемониал с ботиком Петра сделался своего рода подведением итогов десятилетнего правления Николая I. Здесь вполне официально была провозглашена прямая параллель: император Николай — это «Преемник» Петра Первого, получивший леги-

---

[10] Пушкинский подтекст этих стихов — впрочем, весьма откровенный, — отмечен в статье [Архангельский 1989: 82–83].
[11] Северная пчела. 1836. № 154. С. 614–615.

тимность напрямую, минуя все смуты и неувязки легитимности 1825 года. Если Петр I — «Основатель», то Николай оказывался «завершителем» в создании могущества российского флота (а с ним — и могущества вообще).

Этот парад и стихотворение «3 июля 1836 года» служат выразительным примером того, как воспринималось стихотворение Пушкина «Пир Петра Первого» внутри исторического контекста 1836 года. «Декабристский» подтекст не был прочитан — и не этот пласт ассоциаций был выдвинут вперед. Стихотворение Стромилова — своими цитатами из Пушкина — связало «Пир Петра Первого» с реальным церемониалом 3 июля 1836 года. Символическая проекция пушкинского текста воплотилась в реальность николаевского торжества, и именно этот «урок» был извлечен властью из текста поэта.

Источники

Барант 1896 — Из депешей барона Баранта // Русский архив. 1896. Т. 89, № 1–2. С. 120–140, 241–256.

Вяземский 1868 — [Вяземский П. А.] Письма к И. И. Дмитриеву. Князя Петра Андреевича Вяземского // Русский архив. 1868. Т. 9. Вып. 1–6. Ст. 602–658.

Державин 1864 — Державин Г. Р. Сочинения Державина с объяснительными примечаниями Я. Грота. Т. 3. СПб.: В Тип. Имп. Акад. наук, 1864.

Ельницкая, Фельдман 1984 — Щепкин М. С. Жизнь и творчество / сост. Т. М. Ельницкая, О. М. Фельдман: В т. Т. 2. М., 1984.

Жуковский 1866 — [Жуковский В. А.] Письма к И. И. Дмитриеву. В. А. Жуковского // Русский архив. 1866. Т. 6. Вып. 11–12. Ст. 1628–1642.

Зотов 1857 — Зотов Р. Тридцатилетие Европы в царствование императора Николая I: В 2 ч. Ч. 1. СПб.: В Тип. Ю. Штауфа, 1857.

Иваницкий 1910 — Иваницкий Н. И. Пушкин в воспоминаниях и дневник Н. И. Иваницкого // Пушкин и его современники: Материалы и исследования. Повременное издание Комиссии для издания сочинений Пушкина при Отделении Русского языка и словесности Императорской Академии Наук. Вып. 13. СПб., 1910. С. 30–37.

Измайлов 1960 — Пушкин в письмах Карамзиных 1836–1837 годов / Под ред. Н. В. Измайлова. Л.: Изд-во Академии наук СССР, 1960.

Кунин 1988 — Последний год жизни Пушкина. Переписка. Воспоминания. Дневники / Сост. и вступ. статья В. В. Кунина. М.: Правда, 1988.

Кюхельбекер 1954 — Письма Кюхельбекера из крепостей и ссылки (1829–1846) // Литературное наследство. Т. 59. Декабристы-литераторы. М.: Изд-во АН СССР, 1954. С. 395–478.

Никитенко 1955 — Никитенко А. В. Дневник: В 3 т. Т. 1. Л. Государственное изд-во худ. литературы, 1955.

Николай I 1897 — Император Николай Павлович в его письмах к князю Паскевичу // Русский архив. 1897. Т. 92, № 1. С. 5–44.

Погодин 1863 — Погодин М. П. Петр Первый и национальное органическое развитие. М. Унив. тип. (Катков и К°), 1863.

Пушкин 1937–1959 — Пушкин А. С. Полное собрание сочинений: В 16 т. М.; Л.: Изд-во АН СССР, 1937–1959.

Рылеев 1971 — Рылеев К. Ф. Полное собрание стихотворений. Л.: Советский писатель, 1971.

Смирнова-Россет 1989 — Смирнова-Россет А. О. Дневник. Воспоминания. М.: Наука, 1989.

Стромилов 1836 — Стромилов С. И. 3 июля 1836 года // Современник. 1836. № 3. С. 257–259.

Сумароков 1756 — [Сумароков А. П.]. Надписи // Ежемесячные сочинения к пользе и увеселению служащие. 1756. Июль. С. 65–66.

Библиография

Абрамович 1991 — Абрамович С. Л. Пушкин. Последний год. Хроника. М.: Советский писатель, 1991.

Архангельский 1989 — Архангельский А. В тоске по контексту // Вопросы литературы. 1989. № 7. С. 68–102.

Бицилли 1929 — Бицилли П. М. Державин — Пушкин — Тютчев и русская государственность // Сборник статей, посвященных П. Н. Милюкову. 1859–1929. Прага, 1929. С. 351–374.

Веселаго 1871 — Веселаго Ф. Ф. Дедушка русского флота // Русская старина. 1871. Т. 4, № 11. С. 463–482.

Гиллельсон 1962 — Гиллельсон М. И. Отзыв современника о «Пире Петра Первого» Пушкина // Временник пушкинской комиссии. 1962. М.; Л.: Изд-во АН СССР, 1963. С. 49–51.

Измайлов 1975 — Измайлов Н. В. Очерки творчества Пушкина. Л.: Наука, 1975.

Курносов 1999 — Курносов С. Ю. Ремонты и реставрации ботика Петра I // Труды Центрального военно-исторического музея. Т. 1. СПб.: ООО «Галея Принт», 1999. С. 87–98.

Куц 2020 — Куц Н. В. К вопросу о литературном эпигонстве в 1830-е годы: С. И. Стромилов и А. С. Пушкин // Труды молодых ученых филологического факультета Московского государственного университета имени М. В. Ломоносова: Сб. Статей. Вып. 2. М.: МАКС Пресс, 2020. С. 181–191.

Макогоненко 1982 — Макогоненко Г. П. Творчество А. С. Пушкина в 1830-е годы (1833–1836). Л.: Художественная литература, 1982.

Малафеев 2004 — Малафеев К. А. «Я думал стихами…»: Историко-документальные очерки о лирических стихотворениях А. С. Пушкина. М.: Наука, 2004.

Пумпянский 2000 — Пумпянский Л. В. Классическая традиция. Собрание трудов по истории русской литературы. М.: Языки русской культуры, 2000.

Салямон 1997 — Салямон Л. С. О мотивах переложения Пушкиным оды Горация «Exegi monumentum…» // Новое литературное обозрение. 1997. № 26. С. 127–147.

Стасов 1903 — [Стасов В. В.] Цензура в царствование императора Николая I // Русская старина. 1903. № 2. С. 305–328.

Тархова 1999 — Летопись жизни и творчества Александра Пушкина / Сост. Н. А. Тархова. Т. 4. М.: Слово/Slovo, 1999.

8
Екатерина II в «Капитанской дочке» А. С. Пушкина

Последняя повесть А. С. Пушкина — «Капитанская дочка» — была напечатана в четвертом томе журнала «Современник» за 1836 год. В июне 1836 года на Каменноостровской даче Пушкин приступил к плотной работе над первыми ее главами, а в октябре — над заключительными. Конец «Капитанской дочки» содержит символическую для Пушкина дату окончания работы над текстом — 19 октября 1836 года. Между тем самые ранние наброски сюжета или его версий относятся исследователями к 1832–1833 годам. Уже в этих первоначальных вариантах повести устойчиво повторяется один мотив, послуживший основой ее фабулы: дворянин, добровольно или в силу личных обстоятельств, переходит на сторону пугачевцев, за него заступаются (в нескольких версиях через графа А. Г. Орлова) перед императрицей:

> Шванвич за буйство сослан в гарнизон. Степная крепость — подступает Пуг. — Шв. предает ему крепость — взятие крепости — Шв. делается сообщником Пуг. — Ведет свое отделение в Нижний — Спасает соседа отца своего. — Чика между тем чуть было не повесил ста‹рого› Шв‹анвича›. — Шв‹анвич› привозит сына в П.Б. Орл‹ов› выпрашивает его прощение. 31 янв. 1833.
> ‹...› Последняя сцена — Мужики отца его бунтуют, он идет на помощь — Уезжает — Пугачёв разбит. Мол‹одой› Шв‹анвич› взят — Отец едет просить Орлов‹а›. Екатер‹ина› Дидерот — Казнь Пугачёва [Пушкин 1937–1959, 8, II: 929].

Пушкин, как хорошо известно, основывался на истории Михаила Шванвича, сына офицера Александра Мартыновича Шванвича, который во время трактирной драки (имевшей место, видимо, в 1755–1757 годах) оставил шрам на щеке Алексея Орлова и который впоследствии был сослан в Оренбург за проступки по службе. Орловы вообще активно фигурируют в первоначальных планах и редакциях повести. Так, в материалах к «Капитанской дочке» Пушкин записывает анекдот об А. М. Шванвиче, участнике кулачных боев с Орловыми. Во время одной стычки Шванвич и нанес Орлову удар палашом по лицу. Приход Екатерины к власти в 1762 году, огромное влияние Орловых в то время, казалось бы, должны были лишить Шванвича не только карьеры, но, возможно, и жизни. Однако Орлов оказался выше мести и помирился со своим обидчиком. Пушкин подробно описывает всю историю, заключая ее неожиданным примирением:

> Шв.<анвич> в бешенстве стал дожидаться их выхода, притаясь за воротами. — Через несколько минут вышел Алексей Орлов, Шв.<анвич> обнажил палаш, разрубил ему щеку и ушел <?>; удар пьяной руки не был смертелен. Однако ж Орл<ов> упал. — Шв.<анвич> долго скрывался, — боясь встретиться с Орл<овыми>. Через несколько времени произошел переворот, возведший Екат<ерину> на пр<естол> а Орловы<х> на первую степень госу<дарства>. Шв.<анвич> почитал себя погибшим. Орлов пришел к нему, обнял его и остался с ним приятелем [Пушкин 1937–1959, 9, II: 480].

В планах повести есть и такие строки: «Сын Шв.<анвича>, находившийся в команде Черны<шева>, имел малодушие пристать к Пугачеву, и глупость служить ему со всеусердием. — Г. А. Орлов выпросил у гос.<ударыни> смягчение приговора» [Пушкин 1937–1959, 9, II: 480][1]. Однако приведенные Пушкиным

---

[1] Уточним, что речь идет здесь, как и во всех планах «Капитанской дочки», только о генерал-адъютанте графе Алексее Григорьевиче Орлове. Григорий Орлов в то время был отправлен за границу «для лечения» и не принимал участия в действиях против Пугачёва. Брат бывшего фаворита Алексей Орлов, несмотря на заслуги в турецкой кампании и формальное чествование,

сообщения о влиянии Орловых на смягчение приговора Шванвичу не имеют никаких документальных подтверждений [Овчинников 1991: 242][2]. Видимо, для Пушкина легенда о милости Екатерины, квинтэссенция первоначальной фабулы, была чрезвычайна важна. Так или иначе, в конце 1832 — начале 1833 года Пушкин аккумулирует истории, связанные с неожиданным прощением провинившегося офицера, — милостью, оказанной Екатериной при заступничестве Орлова.

Окончательный текст повести «Капитанская дочка», как известно, уже не содержит посредничества Орлова. Характерно, что в октябре 1836 года, дописывая повесть и сохраняя фабульную парадигму заступничества, Пушкин сделает просительницей дочку капитана Миронова — вместо отца героя (как во всех первоначальных планах). Этот вальтер-скоттовский «след» (см. далее анализ отсылок к «Эдинбургской темнице» Вальтера Скотта) не только еще более романтизировал и «олитературивал» историю, но и помогал увести текст от цензурных привязок.

Показательно, что первая половина «Капитанской дочки» (главы 1–7), посланная около 27 сентября 1836 года благосклонному к поэту цензору П. А. Корсакову, вызвала восторг и готовность немедленно «подписать и дозволить к печатанию» [Пушкин 1937–1959, 16: 162]. Получив окончание романа, цензор пришел в сомнение относительно допустимости именно этого финального эпизода встречи Маши Мироновой с императрицей Екатериной. 25 октября 1836 года он послал Пушкину запрос:

> Я прочел всю рукопись *Капитанская дочка* и не нашел в ней ничего предосудительного. Одно только обстоятельство заставило меня к вам обратиться. Благоволите уведомить: 1-е, существовала ли девица Миронова и действительно ли была у покойной императрицы? 2-е, объявить ли мне в цензуре, что рукопись эта (*неизвестного автора*) доставлена вами; ибо окончание ее обличает вас — в издании этой

был холодно принят императрицей (в 1775 году он выйдет в отставку).

[2] По мнению Н. Н. Петруниной, план с условным названием «Кулачный бой» относится к числу ранних — не позднее августа 1832 года [Петрунина 1970].

> повести? — Вы спросите: на что мне первое? отвечаю. У вас
> выведена на сцену, хотя и самым приличным образом —
> великая Екатерина; и потому, прежде возвращения вам
> оригинала я должен о том доложить моему начальнику, по
> порядку у нас существующему [Пушкин 1937–1959, 16: 177].

Известно, что существовали цензурные ограничения на изображения лиц царской семьи по неофициальным источникам [Вацуро, Гиллельсон 1986: 342–343]. Художественная проза все же не подвергалась столь тщательной верификации, тем более когда речь шла о почивших императорских особах. Цензор Корсаков, собираясь докладывать начальству, явно был чрезмерно осторожен, хотя и подтверждал, что «великая Екатерина» изображена Пушкиным «самым приличным образом». Однако сдержанный тон вышеприведенного октябрьского письма заметно отличался от восторженного и безмятежного ответа, написанного Корсаковым по прочтении первых семи глав повести в сентябре 1836 года.

В своем ответе, посланном в тот же день, 25 октября 1836 года, Пушкин возводил сюжетную парадигму императорского «прощения» к преданию и всячески подчеркивал «выдуманность» всего происходящего:

> Имя девицы Мироновой вымышлено. Роман мой основан
> на предании, некогда слышанном мною, будто бы один из
> офицеров, изменивших своему долгу и перешедших в шайки
> Пугачёвские, был помилован Императрицей по просьбе
> престарелого отца, кинувшегося Ей в ноги. Роман, как изволите
> видеть, ушел далеко от истины. О настоящем имени
> автора я бы просил вас не упоминать, а объявить, что рукопись
> доставлена через П. А. Плетнёва, которого я уже
> предуведомил [Пушкин 1937–1959, 16: 177–178][3].

Игра с анонимностью (цензура усердно боролась за сокращение числа анонимных текстов в печати) и эпизод с Екатериной оказывались двумя цензурными препятствиями, впрочем, пре-

---

[3] См. также об истории публикации текста: [Рак 2008].

одоленными. Первоначально Пушкин, видимо, думал дать более широкую панораму петербургской придворной жизни, судя по упоминанию в планах А. Г. Орлова и Дидро. Последний приехал в Петербург по приглашению императрицы и прожил там пять месяцев как раз во время событий Пугачевского бунта — с октября 1773-го по март 1774-го. Орловы и Дидро, как и картины придворной жизни, почти полностью остались за рамками повествования. Тем не менее последние эпизоды повести описывают встречу Маши Мироновой с Екатериной II — то самое обращение к императрице за прощением обвиненного в предательстве офицера. Этот первоначальный мотив милости сохранился, хотя и в модифицированном виде, от первых набросков до окончательного варианта «Капитанской дочки».

Милость монарха: контекст 1830-х годов

Мотив оказания «милости» императрицей Екатериной II лишь немногим исследователям мог показаться второстепенным, а само «выпрашивание прощения» могло интерпретироваться как простой способ «развязки романтической части» [Якубович 1939: 192]. По словам Ю. М. Лотмана, «тема милости становится одной из основных для позднего Пушкина» [Лотман 2003: 223]. Исследователь связал категорию милости в «Капитанской дочке» с «человечностью» как Пугачёва, так и Екатерины, оспорив тезис о сознательно «сниженном» и «отрицательном» образе императрицы [Лотман 2003: 224]. Между тем мотив «милости» тесно связан в повести с мотивом «чести», и их неизменная корреляция определяет весь идеологический контекст «Капитанской дочки». По справедливому замечанию В. Э. Вацуро, «для Пушкина 1830-х годов "кротость", "благодетельность", "милосердие" в отношении к монарху есть не личные атрибуты, а общественные категории» [Вацуро 1986: 318]. Исследователь прочерчивал несомненную связь в восприятии монархической власти между повестью Пушкина и традицией XVIII века — от Сумарокова и Фонвизина до Карамзина, чья ода «К Милости» (1792) была прямым обращением к Екатерине-Милости в связи с делом осужденного

Н. И. Новикова. Отзвук этой традиции, безусловно, звучит в словах Маши Мироновой, которая перед лицом монархини чеканно произносит: «Я приехала просить милости, а не правосудия» [Пушкин 1984: 80]. По верному наблюдению М. Неклюдовой, в словах Маши Мироновой содержится отсылка к концепции «милости», широко обсуждаемой во французской политико-юридической риторике XVIII века, но прежде всего восходящей к книге «О духе законов» Монтескьё [Неклюдова 2000].

Пушкин с лицейских лет — внимательный читатель, а в оде «Вольность» уже и «добросовестный ученик» идей Монтескьё [Эткинд 1999: 355]. Влияние мыслителя оказалось чрезвычайно актуальным не только в 1820-х годах, когда Пушкин писал «Арапа Петра Великого» и погружал своего героя в интеллектуальную атмосферу салонов Парижа с «разговорами» Монтескьё и Фонтенеля. В 1830-х Монтескьё оказывается чрезвычайно востребованным в кругу писателей пушкинского круга, с их утопическим проектом просвещенной монархии и благодетельного воздействия мнений лучших авторов на государя [Вацуро, Гиллельсон 1968: 98].

В данной ему на прочтение рукописи монографии П. А. Вяземского «Биографические и литературные записки о Денисе Ивановиче Фонвизине» Пушкин не мог пройти мимо восторженного рассказа об успехе комедии «Бригадир». Вяземский описывает, как «русский автор» приглашается Екатериною во дворец для чтения своего сочинения «в приближенном обществе», заслуживает похвалы и почестей. Вслед за этим пассажем Вяземский дает концептуальное обоснование важности этого эпизода, ссылаясь на Монтескьё: «Монтескьё сказал, что честь — душа монархического правления; можно прибавить: и почести» [Вацуро, Гиллельсон 1968: 26].

Пушкин читал рукопись в 1832 году — множество помет на ее полях, проанализированных В. Э. Вацуро и М. И. Гиллельсоном, складывались в идеализированную картину правления Екатерины II, которая совмещалась с концепцией монархии у Монтескьё с ее культом чести и уважением сословных прав дворянства. Так, например, Монтескьё писал, что монархия основана на дворянской чести, и правильный баланс власти монарха и подчиненной ему власти дворянства составляют основу этого правления:

> Самая естественная из этих посредствующих и подчиненных властей есть власть дворянства. Она некоторым образом содержится в самой сущности монархии, основное правило которой: «Нет монарха, нет и дворянства, нет дворянства, нет и монарха». В монархии, где нет дворянства, монарх становится деспотом [Монтескьё 1999: 23].

Одним из центральных замечаний на полях сочинения Вяземского является пушкинское «Прекрасно» против пассажа, составляющего квинтэссенцию описания царствования Екатерины. Вяземский писал: «Она (Екатерина. — *В. П.*) не только уважала ум, но любила, не только не чуждалась его, но снисходила к нему, но, так сказать, баловала и щадила неизбежные его уклонения» [Вацуро, Гиллельсон 1968: 13]. Екатерина представала в книге Вяземского идеальным монархом по всем канонам Монтескьё. Это «снисхождение» к «уклонениям» ума, то есть милость по отношению даже к инакомыслящим, соотносились с программным тезисом Монтескьё, высказанным в главе «О милосердии государя»:

> Милосердие есть отличительное качество монархов. В республике, принцип которой — добродетель, оно менее необходимо. В деспотическом государстве, где царствует страх, оно встречается реже, так как там надо сдерживать высокопоставленных лиц государства примерами строгости. *В монархиях, где управляет честь, часто требующая того, что запрещает закон, милосердие более необходимо.* Опала там равносильна каре; даже формальности судопроизводства являются наказаниями [Монтескьё 1999: 88] (курсив наш. — *В. П.*).

По мысли Монтескьё, следование принципу чести может привести дворянина к отступлению от формальности закона, подобно тому как это происходит с Гринёвым, действующим согласно неписаному кодексу чести, — и во время дуэли со Швабриным, и при спасении Маши Мироновой, ради которой офицер вынужден обратиться за помощью к вражеской стороне. Во время следствия Гринёв, также в соответствии с дворянскими представлениями о чести, отказывается сообщать о причинах своей «преступной» (по законам военного времени) поездки к Пугачеву, чтобы не впутывать Машу в судебные разбирательства.

Пушкин нарочито сталкивает старомодное идеологическое представление о чести, носителем которого является Гринёв-старший, и новейшую — европейскую — концепцию чести. Последняя оказывалась связанной с «милосердием», как в «Духе законов» Монтескьё. Пропонентом этой теории выступает в повести Екатерина.

Сам Гринёв-старший, служивший «при Минихе», вышел в отставку в 1762 году (эта дата имеется в первоначальных вариантах, в печатном тексте Пушкин убирает две последние цифры), что напрямую связано с воцарением Екатерины II — нелегитимным, с точки зрения старого служаки, преданного офицерской присяге и чести. Андрей Петрович Гринёв удалился в отставку по тем же причинам, что и дед Пушкина в «Моей родословной»:

> Мой дед, когда мятеж поднялся
> Средь петергофского двора,
> Как Миних, верен оставался
> Паденью третьего Петра
> [Пушкин 1937–1959, 3, I: 262][4].

Гринёв-старший отсылает сына в армию, а не в гвардию — по причинам, раскрываемым эпиграфом из Княжнина. Именно этот старомодный идеологический субстрат, заданный указанными референтными текстами, выбран в качестве «рамочного» этического базиса. Показательно, что и заключительные эпизоды «Капитанской дочки» снова возвращаются к той же парадигме чести. Отец Гринёва узнает из письма князя Б**, что сын признан преступником, приговоренным к казни, но что «государыня из

---

[4] О сознательном сближении собственной фамильной истории с историей Гринёва-старшего см. [Гиллельсон, Мушина 1977: 67–68].

уважения к заслугам и преклонным летам» старика-отца «решилась помиловать преступного сына и, избавляя его от позорной казни, повелела только сослать в отдаленный край Сибири на вечное поселение» [Пушкин 1984: 78–79].

Старый Гринёв приходит в полное отчаяние не из-за суровости наказания, а из-за сыновней измены дворянской присяге («Не казнь страшна: пращур мой умер на лобном месте <...>. Но дворянину изменить своей присяге...» [Пушкин 1984: 79]). Отец пребывает в горести и из-за грядущего страшного унижения — замена реальной казни должна была сопровождаться ритуалом «шельмования», гражданской казнью[5]. Прощаясь с Машей Мироновой, старый Гринёв желает ей найти «в женихи доброго человека, не ошельмованного изменника» [Пушкин 1984: 79]. Сама замена казни, да еще для сына опального офицера, бывшего на стороне противников государыни во время переворота 1762 года, была уже проявлением «милости». Маша Миронова отправляется на встречу с Екатериной, имея уже этот царский вердикт — первоначальную «милость» в виде замены казни ссылкой. Однако прибыв в Царское Село «просить милости, а не правосудия» [Пушкин 1984: 80], Маша Миронова получает не вторую «милость», а *оправдание* Гринёва. Во время последующей сцены во дворце Екатерина произносит свой вердикт: «Я убеждена в невинности вашего жениха» [Пушкин 1984: 83].

Первая «милость» царицы соотносилась со старым, доекатерининским правлением — она была вполне в духе елизаветинского царствования. Вторая же «милость», или, правильнее сказать, «оправдание», была оказана уже по законам чести в духе Монтескьё. Маша Миронова пересказывает императрице Екатерине свою историю — и та оправдывает Гринёва: нарушив формальный закон военного времени, он следовал неписаным правилам дворянской чести.

Окончательное оформление развязки всего повествования — обращение героини (а не отца или кого-либо из просителей)

---

[5] 10 (21) января 1775 года на Болотной площади в Москве палачи провели ритуал гражданской казни Михаила Шванвича.

к Екатерине — сложилось, по всей видимости, лишь осенью 1836 года. Именно тогда и появилось название — «Капитанская дочка», важное не для придания большей «романтичности» всей повести, но для принципиальной мотивированности оправдания Гринёва императрицей, принявшей во внимание следование офицером дворянской, почти рыцарской чести при защите девицы Мироновой. Гринёв оказался в стане пугачевцев не по случайным обстоятельствам, не по «шалости» или ради самосохранения. Только выдвижение на первый план капитанской дочки сделало возможной развязку сюжета — эпизод Маши Мироновой и Екатерины II — в том виде, в каком она сложилась в сентябре-октябре 1836 года.

Таким образом, Екатерина у Пушкина оказывается тем самым идеальным монархом, который может даровать милость при всех формальных отступлениях от «закона» и «правосудия». Вслед за Вяземским (и, вероятно, не без влияния чтения и обсуждения его «Фонвизина») Пушкин все более интересуется эпохой Екатерины, а также планомерно собирает и читает все известные на тот момент материалы, относящиеся к ее времени. А. И. Тургенев в письме к И. С. Аржевитинову от 30 января 1837 года, рассказывая о предсмертных минутах жизни поэта, сообщал: «Последнее время мы часто видались с ним и очень сблизились; он как-то более полюбил меня, а я находил в нем сокровища таланта, наблюдений и начитанности о России, особенно о Петре и Екатерине, редкие, единственные» [Тургенев 1903: 143].

Пушкинские первоначальные планы «Капитанской дочки» соотносятся с более обширными планами написания истории Екатерины, — именно ее время и ее правление вызывают больший интерес, чем история Петра. Показателен запрос Пушкина о присылке «Памятных записок» статс-секретаря Екатерины А. В. Храповицкого, направленный П. П. Свиньину. Посылая 19 февраля 1833 года копию записок Пушкину, Свиньин комментировал:

> Я уже написал и в деревню о присылке самого оригинала Храповицкого; впрочем это самая верная с него копия, с которой печатались эти записки у меня в журнале.

> Воображаю сколь любопытно будет обозрение великой
> царицы, нашего золотого века или, лучше сказать, мифологического царствования под пером вашим. Право, этот
> предмет достоин вашего таланта и трудов [Пушкин 1937–
> 1959, 15: 48].

Пушкин, как видно из ответа Свиньина, мотивирует свой интерес к запискам Храповицкого намерением писать историю царствования Екатерины — в то время как его обязанностью по службе являлось создание истории Петра I. Фокус его исторических интересов смещается к екатерининскому времени. В сентябре 1833 года на «мальчишнике» с братьями Языковыми Пушкин сообщает, что хотел «писать историю Петра <...> и далее, вплоть до Павла Первого» [Абрамович 1994: 404].

Показательно, что темы екатерининского царствования постоянно дискутируются ближайшими друзьями Пушкина, В. А. Жуковским и П. А. Плетневым, во время уроков с великим князем Александром Николаевичем в 1834–1835 годах. Оба, как следует из недавно опубликованных дневников Жуковского, усердно читают с наследником статьи о Екатерине, литературные и публицистические сочинения императрицы, записки о ней Сегюра, даже обсуждают наиболее опасные темы, связанные с началом ее правления и убийством Петра III [Жуковский 2004: 12–19]. Жуковский пишет о «холодном недоверчивом невнимании» наследника по отношению к этой теме — видимо, сказывалось и известное отрицательное отношение Николая I к своей бабке [Жуковский 2004: 12][6]. Жуковский приводит в дневнике написанное по-французски письмо Екатерины к А. М. Дмитриеву-Мамонову, в котором императрица пишет о причинах своей щедрости в наградах и почестях дворянам: «Целью моего правления я сделала благо государства, благо общественное, благо

---

[6] О нелюбви Николая I к Екатерине существовало множество анекдотов: «В Зимнем Дворце находились картины (кажется, четыре), изображающие некоторые мгновения воцарения Екатерины II, как она явилась в Измайловский (кажется) полк. Николай I приказал повесить их там, где стоит его судно (рассказано очевидцем)» [Вяземский 1963: 284].

каждого в отдельности, но непременно все это вместе» [Жуковский 2004: 18].

Жуковский пересказывает страницы мемуаров и писем, в которых императрица легко прощала проступки своих приближенных, вела себя — именно так в эти годы хотелось представлять ее правление пушкинскому окружению, даже вопреки всем негативным фактам, о которых они были прекрасно осведомлены, — как просвещенный и милосердный правитель. Жуковский особенно сосредоточен в это время на вопросе власти и соотношении прав монарха и прав личности. В начале 1835 года он записывает в дневнике: «Я сказал великому князю: благоденствие государства зависит менее от формы, нежели от духа правления. Главное дело справедливость» [Жуковский 2004: 29].

Разговоры с наследником, несомненно приправленные «духом законов» Монтескьё, перетекали в разговоры с дружеским кругом, в том числе на известных вечерах — субботах у Жуковского, постоянным посетителем которых был Пушкин. Вслед за размышлениями о правах государя в дневнике Жуковского появляется запись: «П. сказал мне: Г<осударь> может сделать меня богатым так же, как может сослать меня в Сибирь» [Жуковский 2004: 30]. Скорее всего, П. — это Пушкин, вовлеченный в разговор о границах «прав» государя и не без иронии преподнесший Жуковскому наглядный пример того, что государь «может».

К началу издания «Современника» Екатерина, наряду с Петром I (милость царя в «Пире Петра Первого»), входит в тот же показательный ряд, дающий образцы идеализированной монархии. При этом Пушкин осторожно, но последовательно смещает свои «примеры» от Петра к Екатерине. В «Современнике» (том 2) печатается его статья «Российская Академия», где Пушкин приводит знаменитые «Вопросы» Фонвизина, на которые Екатерина дала «остроумные ответы», в том числе — о дарованном ею «свободоязычии», которого «предки не имели» [Пушкин 1937–1959, 12: 42]. В своей не пропущенной цензурой статье «Александр Радищев» Пушкин представил своего рода апологию Екатерины, риторически взвалив на Радищева вину за легкомысленное отношение к возможным решениям по целому ряду важнейших проблем, ибо *в те времена*

> ...само правительство не только не пренебрегало писателями и их не притесняло, но еще требовало их соучастия, вызывало на деятельность, вслушивалось в их суждения, принимало их советы — чувствовало нужду в содействии людей просвещенных и мыслящих, не пугаясь их смелости и не оскорбляясь их искренностью [Пушкин 1937–1959, 12: 36].

Понятно, что советы покойному Радищеву — как он должен был взаимодействовать с властью — были программой самого «Современника», соотносящейся с указанными фрагментами монографии Вяземского о Фонвизине.

Судя по намеченным для «Современника» статьям, среди которых по меньшей мере пять относятся ко времени Екатерины, Пушкин собирался писать и о полемике императрицы с аббатом Шаппом, и даже — отдельная статья — о ее ответе «клеветнику» России (статья Пушкина названа по титулу ее двухтомной отповеди — «Antidote»). Можно лишь предположить, что две намеченные статьи могли развивать важную для Пушкина того времени тему Россия — Европа, и фигура Екатерины, поставившей Россию «на пороге Европы» [Пушкин 1969: 156][7], должна была явиться в новом контексте.

Комбинированный экфрасис

Исследователи повести, при всей разности интерпретаций, сходятся в одном: Пушкин использовал в описании Екатерины картину В. Л. Боровиковского «Екатерина II на прогулке в Царскосельском парке», очевидно, известную ему благодаря прославленной гравюре Н. И. Уткина 1827 года. На сходство картины и облика императрицы в повести Пушкина указывал еще П. А. Вяземский в статье «Письма Карамзина» (1866):

---

[7] В этом контексте весьма показательны приведенные слова Пушкина о Екатерине из неотправленного письма к П. Я. Чаадаеву от 19 октября 1836 года. Они напрямую связаны с финалом «Капитанской дочки», помеченным тем же числом.

> В Царском Селе нельзя забывать Екатерину. <...> Памятники Ея царствования здесь повествуют о Ней. Сложив венец с головы и порфиру с плеч Своих, здесь жила Она домовитою и любезною хозяйкою. Здесь, кажется, встречаешь Ее в том виде и наряде, какою Она изображена в известной картине Боровиковскаго, еще более известной по прекрасной и превосходной гравюре Уткина. Тот же образ Ея находим и у Пушкина в повести его «Капитанская дочка» [Вяземский 1882: 147].

Виктор Шкловский в работе 1937 года окончательно оформил этот популярный миф об имевшем месте экфрасисе: Екатерина «Капитанской дочки» «пришла в сад прямо с портрета», «Пушкин описал Екатерину точно по этому портрету», автор «демонстративно не прибавил и не убавил от портрета ни одной черты» [Шкловский 1937: 126–127]. Шкловский опирался на свое представление о картине Боровиковского как о вполне официальной, замечая, что «Пушкин сознательно держался за официальный образ, не желая ничего прибавлять от себя» [Шкловский 1937: 127]. Между тем в одной из позднейших работ, озаглавленной «Портрет», Ю. М. Лотман расширил визуальный референтный ряд, соотнеся пушкинскую Екатерину с Боровиковским и — одновременно — с Д. Г. Левицким:

> Пушкин в «Капитанской дочке» подсветил свой образ Екатерины II двумя лучами: один отсылал читателя к торжественным портретам Левицкого, другой — к связанному с просветительской концепцией власти (государь-человек) портрету Боровиковского. Литературный образ, созданный Пушкиным, осциллирует между двумя живописными портретными концепциями Екатерины: персонификацией мощи государственного разума и воплощением гуманной человечности монарха эпохи Просвещения [Лотман 2002: 367].

Лотман явно искал визуальное обоснование для своей старой концепции двуединства императрицы-человека, полемичной по отношению к советским интерпретациям, наследующим представления об «официальности» портрета Екатерины у Шкловского [Лотман 2003: 224]. Однако указанное Лотманом соотнесение с аллегорическим «Портретом Екатерины II в виде Законодательницы в храме богини Правосудия» Левицкого (1783) представляется маловероятным — в плане экфрасиса. Екатерина в домашнем — партикулярном — наряде на прогулке в Царском Селе вовсе не похожа на «законодательницу», сжигающую на алтаре маковые цветы, как это было представлено у Левицкого.

Важно, однако, то, что портрет Екатерины Боровиковского, несомненный источник для Пушкина, не только не был «официальным», — он не был куплен императрицей, долгое время оставался в мастерской художника и писался не с Екатерины, а совсем с другого персонажа.

Картина Боровиковского существовала в двух вариантах; ранняя версия восходит к началу 1790-х годов[8]. Как убедительно показывает Т. В. Алексеева, портрет Екатерины не был заказан императрицей (никаких сведений об этом нет в документах дворцовых ведомств), а скорее был вдохновлен Н. А. Львовым, пытавшимся ввести близкого по духу художника в придворное окружение [Алексеева 1975: 100]. В этом раннем — наиболее удачном — варианте Екатерина изображена на фоне Чесменской колонны (1776), возведенной в честь героя Турецкой войны А. Г. Орлова.

Боровиковскому позировала отнюдь не императрица, а ее камер-фрау М. С. Перекусихина, известная «пробовольщица» фаворитов Екатерины, ее давняя конфидентка, а в то время покровительница художника Д. П. Трощинского, через которого Львов и обратился за помощью. Далее история приобретает характер авантюры, о которой князь А. Н. Голицын рассказывал в 1837 году Ю. Н. Бартеневу: «Князь показывал мне картину Боровиковского, показывал мраморную собачку, подаренную ему Императором. <...> Перекусихина надевала платье Екатерины, с этой позы писал Боровиковский, с нея гравировал Уткин...» [Бартенев 1886: 312–314].

---

[8] «Боровиковский прибыл в Петербург в 1788 году и поступил в мастерскую Левицкого; портрет писан в этой первой манере его и может быть отнесен безошибочно к 1790 или 1791 году» [Ровинский 1889: 680].

Вторая версия портрета (исследователи даже называют ее авторской копией раннего варианта) написана уже в начале XIX века (около 1801–1810 годов) по заказу Н. П. Румянцева, сына екатерининского полководца, фельдмаршала Петра Александровича Румянцева-Задунайского. На этом портрете фоном служил уже Кагульский обелиск (1771), возведенный Антонио Ринальди в честь победы русской армии под командованием Петра Румянцева при реке Кагул. На этой картине, из-за монументального постамента обелиска, уже не осталось места ни для пруда с лебедями, ни для мостика, то есть исчез практически весь царскосельский ландшафт.

Позднее тот же Н. П. Румянцев заказал Уткину гравюру, выполненную с этого «румянцевского» варианта портрета Екатерины. Уткин посвятил гравюру императору Николаю I, она впервые выставлялась в 1827 году (в том же году Уткин сделал гравюру по портрету Пушкина, выполненному О. Кипренским). За екатерининскую гравюру Уткин получил от Николая I бриллиантовый перстень, а сам портрет был куплен вдовствующей императрицей Марией Федоровной. Именно к этой гравюре Уткина, то есть к позднейшему варианту картины Боровиковского, «восходит» описание встречи Маши Мироновой с Екатериной, по мнению большинства исследователей:

> Марья Ивановна пошла около прекрасного луга, где только что поставлен был памятник в честь недавних побед графа Петра Александровича Румянцева. Вдруг белая собачка английской породы залаяла и побежала ей навстречу. Марья Ивановна испугалась и остановилась. В эту самую минуту раздался приятный женский голос: «Не бойтесь, она не укусит». И Марья Ивановна увидела даму, сидевшую на скамейке противу памятника [Пушкин 1984: 80].

Однако императрица изображена здесь сидящей на скамейке, а не прогуливающейся по аллее, как на портрете Боровиковского. Более того, ее одежда, возраст, само описание не совсем точно сочетаются с изображением Боровиковского: «Она была в белом утреннем платье, в ночном чепце и в душегрейке. Ей казалось лет сорок. Лицо ее, полное и румяное, выражало важность и спокойствие, а голубые глаза и легкая улыбка имели прелесть неизъяснимую» [Пушкин 1984: 80].

Портрет Боровиковского-Уткина представляет пожилую даму, которой отнюдь не 40 лет, ее черты сдержанно сухи. Кроме того, у Боровиковского императрица представлена в длинном прогулочном капоте (род легкого пальто, модный вид одежды в конце XVIII века) — и без всякой душегрейки. На картине Боровиковского душегрейки нет — зато она есть на других портретах Екатерины, относящихся как раз ко времени, когда императрице было «лет сорок». Таков известный «Портрет Екатерины II в шугае и кокошнике», выполненный в начале 1770-х годов Вигилиусом Эриксеном и находившийся в Эрмитаже. Шугай (иногда — молдаван) — род душегрейки. В 1773 году с этого портрета английским мастером Уильямом Дикинсоном была сделана гравюра, ставшая весьма популярной и вызвавшая немало подражаний [Ровинский 1889: 666]⁹. Уменьшенная копия с этого портрета напечатана в «Русских анекдотах» Сергея Глинки 1822 года — в издании, имевшемся в библиотеке Пушкина [Модзалевский 1910: 28 (№ 81)].

Эта душегрейка явно противоречила изображению у Боровиковского, но была вполне мотивирована в тексте повести. Прежде всего, душегрейка в одежде пушкинской Екатерины — отсылка к заячьему тулупчику Пугачёва, композиционная параллель, элемент общего структурного параллелизма. Здесь содержится очевидная перекличка с «заячьим тулупчиком», который Пугачёв (псевдоимператор Пётр III) получает от Гринёва. Облик Пугачёва, одетого простым крестьянином, параллелен Екатерине, одетой в так называемый «народный» костюм. Императрица с 1770-х годов вводила в моду своеобразный «русский стиль» [Кирсанова 1995: 89; Кирсанова 1999: 78–81; Бордэриу 2016: 22–33], а душегрейка, или молдаван, сделались ее повседневной одеждой.

---

⁹ В собрании П. И. Щукина есть описание портрета Екатерины II, писанного на овальной золотой эмалированной пластине: «Императрица в русском наряде: в розовой душегрейке с собольим мехом, с белыми рукавами; на голове синий бархатный кокошник, вышитый жемчугом, и белая фата» [Александров 1900: 10].

В душегрейку одета и мать Маши Мироновой — капитанша Василиса Егоровна; причем в последние минуты своей жизни она предстает раздетой донага, а один из «разбойников»-пугачевцев «успел уже нарядиться в ее душегрейку» [Пушкин 1984: 44]. Здесь спрятана еще одна параллель: императрица Екатерина — комендантша Белогорской крепости Василиса Миронова. Мотив Пугачёва как субститута отца Гринёва («посаженый отец») соотнесен с мотивом Екатерины как субститута матери для Маши Мироновой. Императрица берется устроить и «состояние» бесприданницы Маши Мироновой [Пушкин 1984: 83][10].

Следует, как кажется, скорректировать бытующее по сей день представление о том, что облик Екатерины в повести воспроизводит исключительно картину Боровиковского. Экфрасис носил синтетический характер, соотносился с несколькими типами портретного изображения императрицы (как и с мемуарно-литературным контекстом). В одном Шкловский был прав: Пушкин действительно стремится в эпизоде с Екатериной опереться на какой-либо официальный источник, легитимировать изображение императрицы ссылкой на известные портретные образы. Здесь популярнейшая гравюра Уткина с оригинала Боровиковского, да еще посвященная Николаю I, служила своего рода цензурным «пропуском».

Ссылка на предание могла удовлетворить цензора Корсакова, но Пушкин уже 3 октября 1836 года (все еще заканчивая «Капитанскую дочку») набросал план имеющихся сочинений для четвертого тома «Современника», куда включил и свою повесть. По всей видимости, он уже тогда принял решение печатать ее не отдельным изданием, а в составе своего журнала [Пушкин 1935: 269–270; Абрамович 1991: 355]. Новая повесть Пушкина должна была послужить рекламой для подписчиков на следующий год — поэт надеялся получить разрешение на продолжение издания

---

[10] У Пушкина душегрейка появлялась еще однажды в «Сказке о рыбаке и рыбке»: «На крыльце стоит его старуха / В дорогой собольей душегрейке» [Пушкин 1937–1959, 3, I: 537]. Это подтверждает концепцию М. Н. Эпштейна о старухе как «сниженном, смеховом варианте самодержца» [Эпштейн 2015: 45].

в 1837-м. Предвидя новые придирки по поводу «неофициальности» эпизода с Екатериной от жесточайшего цензора «Современника» А. Л. Крылова, Пушкин, возможно, сознательно распространял мнение о том, что его Екатерина «сошла» с картины Боровиковского. Показательно, как Вяземский в приведенной выше статье описывал этот сюжет, фокусируясь на визуальных источниках эпизода, — словно по отработанной «легенде».

От картины к мемуарам

С одной стороны, описание Екатерины отсылает к визуальным источникам (гравюра с портрета Боровиковского; гравюры, изображающие Екатерину в душегрейке), а с другой стороны, имидж императрицы соотносится с некоторыми хорошо известными Пушкину мемуарными текстами.

Так, например, Пушкин мог позаимствовать сведения о внешности императрицы, ее распорядке дня и привычках, как и об одежде (в том числе и душегрейке), из мемуаристики. П. И. Сумароков в своем «Обозрении царствования и свойств Екатерины Великия» писал: «…Обыкновенное одеяние [Екатерины] состояло в капоте или Молдаване своей выдумки, без особенных украшений» [Сумароков 1832, 1: 58]. Мемуары П. И. Сумарокова издания 1832 года были в библиотеке Пушкина, и автор «Капитанской дочки» мог почерпнуть оттуда ряд важнейших деталей. Так, в частности, Сумароков сообщает о ранних (с 7 утра) прогулках Екатерины в Царском Селе, что корреспондирует с «Капитанской дочкой»:

> Она (Екатерина. — *В. П.*) раставалась с скиптром и державою, покоилась от трудов, наслаждалась природою, тихими летними днями, и хозяйничала как помещица. В шляпке, в легком капоте, с тросточкою в руке, всегда начинала свою прогулку от 7 часов утра. Г. Перекусихина ее сопровождала, позади шел егерь, впереди резвились любимые ея собачки [Сумароков 1832, 3: 84–85].

Тот же Сумароков приводит описание ее внешности (кстати, вполне каноническое, соотносимое со множеством других мемуаров), совпадающее и с описанием Екатерины в «Капитанской дочке»:

> На *голубых глазах* изображались приятность, скромность, доброта и *спокойствие* духа. Говорила тихо, с выжимкою, несколько в горло; *небесная улыбка* обворожала, привлекала к ней сердца. <...> Сколь ни старалась она скрывать *важность* своего сана, но необыкновенно величественный вид вселял уважение во всяком [Сумароков 1832, 1: 40] (выделено нами. — *В. П.*).

Ср. с пушкинским описанием Екатерины: «Она была в белом утреннем платье, в ночном чепце и в душегрейке. Ей казалось лет сорок. Лицо ее, полное и румяное, выражало *важность и спокойствие*, а *голубые глаза и легкая улыбка имели прелесть неизъяснимую*» [Пушкин 1984: 80] (выделено нами. — *В. П.*).

В своем обозрении, основанном по большей части на воспоминаниях той же М. С. Перекусихиной, Павел Сумароков приводит многочисленные истории о тайных подарках императрицы, оказанных милостях при сокрытии своего участия, о всевозможных сюрпризах и *qui pro quo*, когда императрица не была узнана. Екатерина, по словам мемуариста, «любила интриговать при своей милости» [Сумароков 1832, 1: 153]. Это невинное «интриганство» императрицы при оказании милости — один из основных мотивов «Обозрения» Сумарокова — могло стимулировать Пушкина на создание сцены встречи Екатерины с Машей Мироновой[11].

Источником полезных сведений о распорядке дня императрицы служит в повести приютившая Машу жена смотрителя, она же племянница придворного истопника Анна Власьевна. Придворный истопник — один из постоянных героев анекдотического эпоса вокруг Екатерины II. П. И. Сумароков в своем «Обозрении царствования и свойств Екатерины Великия» рассказывал об истопнике Федоре Михайловиче, который служил

---

[11] Анекдот о неузнанном императоре Иосифе II и дочери некоего капитана — из числа схожих анекдотических парадигм, хотя маловероятно, чтобы он был известен Пушкину [Яковлев 1939].

при императрице со времени ее приезда в Россию и был ее личным курьером [Сумароков 1832, 1: 144].

Эта иронически-анекдотическая атмосфера определила и особый статус Анны Власьевны в «Капитанской дочке». Дама оказывается посвященной во все нюансы дворцовой повседневности — она не только отвела Маше Мироновой «уголок» за перегородкою, но и «посвятила ее во все таинства придворной жизни»:

> Она рассказала, в котором часу государыня обыкновенно просыпалась, кушала кофей, прогуливалась; какие вельможи находились в то время при ней; что изволила она вчерашний день говорить у себя за столом, кого принимала вечером, — словом, разговор Анны Власьевны стоил нескольких страниц исторических записок и был бы драгоценен для потомства [Пушкин 1984: 80].

Существен и в высшей степени ироничен тот факт, что простая жена станционного смотрителя обладает информацией, сравнимой с драгоценными для потомства «историческими записками». Сведения Анны Власьевны о внутреннем распорядке жизни Екатерины и ее высказываниях, об упоминаемых посетителях и о беседах с ними более всего соответствуют как мемуарам П. И. Сумарокова, так и подневным запискам статс-секретаря императрицы А. В. Храповицкого. Еще в 1833 году Пушкин не только получил от Свиньина рукопись этих записок, но и внимательно проштудировал их, оставив многочисленные пометы и, вероятно, сделав копию для себя [Тартаковский 1991: 215]. Характерно, что Маша Миронова приезжает во дворец и входит «в уборную государыни», место, куда допускалось только ближайшее окружение Екатерины: «Через минуту двери отворились, и она вошла в уборную государыни. Императрица сидела за своим туалетом. Несколько придворных окружали ее и почтительно пропустили Марью Ивановну» [Пушкин 1984: 83]. Это место действия — «уборная государыни» — постоянный локус «Памятных записок» Храповицкого, где встреча статс-секретаря с императрицей часто происходит «за туалетом» или «при волосочесании» и дополняется точными высказываниями Екатерины («что изволила она вчерашний день говорить у себя за столом») и описанием ее посетителей («кого принимала вечером»). На первый взгляд может показаться странным и маловероятным, что вдова станционного смотрителя и племянница придворного истопника обладает такими детальными знаниями о функционировании екатерининского кабинета, которые стоили бы «нескольких страниц исторических записок». Пушкин сознательно подчеркивает и усиливает эту странность — императрица знает по имени-отчеству столь незначительную особу, да еще проживающую в не существующем на тот момент (осень 1774 года) городе София, близ Царского Села, — городе, возведенном по указу Екатерины позже описываемых событий — в 1779 году: «Марья Ивановна благополучно прибыла в Софию и, узнав, что двор находился в то время в Царском Селе, решилась тут остановиться» [Пушкин 1984: 79]. Этот анахронизм — один из множества других, и современники Пушкина наперебой писали Пушкину о той или иной исторической неточности в его «Капитанской дочке». Но Пушкин писал не документальную историю; противоречия, анахронизмы, игра с читателем — все это составляло стратегию его повествования.

Маша Миронова в «Эдинбургской темнице»

Между тем изображение Екатерины в повести «Капитанская дочка» содержит еще более сложный, полиреферентный цитатный ряд. Исследователями установлен несомненный факт влияния на указанный эпизод встречи нескольких определенных глав романа Вальтера Скотта «Эдинбургская темница» («The Heart of Midlothian»), опубликованного в 1818 году. Французский перевод, вышедший в 1821-м, был озаглавлен «La prison d'Édimbourg». Первое русское издание появилось в 1825-м под полным названием «Эдинбургская темница, из собрания новых сказок моего хозяина, изданных Джедедием Клейшботом, пономарем и учителем Гандер-Клюфского прихода». В библиотеке Пушкина имелись французские и английские издания Вальтера Скотта [Модзалевский 1910: 332–333]. Как справедливо указывает исследовательница, влияние именно этого романа Скотта на эпизод встречи Маши Мироновой с Екатериной II настолько очевидно, что не требует дополнительных доказательств [Frazier 1993: 473–475][12].

Внимательный анализ сходных эпизодов романа Скотта и повести Пушкина позволяет тем не менее уточнить существующую парадигму восприятия концовки «Капитанской дочки» и роли Екатерины II в замысле писателя.

Действительно, главы XXXV–XXXVII в русских изданиях (главы 11–13 второго тома — в английских изданиях) романа «Эдинбургская темница» напоминают «Капитанскую дочку». Простая шотландская девушка Джини Динс пешком добирается до Лондона, чтобы добиться отмены смертного приговора, несправедливо вынесенного ее сестре, обвиненной в детоубийстве. Она обращается к своему соотечественнику, герцогу Аргайлу, за помощью. Герцог сводит настойчивую Джини с королевой Каролиной во время прогулки последней в парке. Королева не скрывает от Джини, кто она, да и сама девушка уже заранее предполагает, что встретит королевских особ, — только скромные одеяния действующих лиц поначалу внушают некоторое сомнение. Королева объясняет Джини, что не может помиловать сестру, но будет просить об этом короля...

При самом общем сходстве — встреча в парке с королевской особой и просьба о милости к осужденной — тексты Пушкина и Вальтера Скотта сильно разнятся в историческом контексте, в идеологии и стиле описания. Герои Скотта обсуждают сложности англо-шотландских взаимоотношений, юридические нюансы «жестокого» шотландского закона, приравнивающего потерю ребенка к его убийству, придворные интриги (герцог Аргайл в немилости, и встреча с королевой нужна ему не меньше, чем Джини). Герцог во время встречи подает Джини условленные знаки, чтобы перевести разговор в более спокойное русло, но разговорчивая девушка ведет себя как заправский юрист и красноречиво опровергает аргументы королевы. Подобных дискуссий

---

[12] См. также: [Якубович 1939; Жолковский 2001; Осповат 2007].

нет в немногословной встрече Маши и неузнанной Екатерины в «Капитанской дочке», как нет и всего историко-политического и религиозного контекста романа Скотта, а потому можно согласиться с Александром Долининым, увидевшим и доказавшим громадное идеологическое различие между двумя этими текстами [Долинин 2007: 243].

Между тем несомненно и то, что Пушкин оставил читателю очевидные, подчеркнуто маркированные и чрезвычайно важные детали — иронические *следы* «влияния» этого романа. Эта ироническая игра с «влиянием», обнажение приема, выставление его напоказ особенно заметны в следующих, чрезвычайно суггестивных, насыщенных интертекстуальностью эпизодах.

Обе героини заняты своим «делом» и покидают столицы, подчеркнуто «не полюбопытствовав взглянуть» на их достопримечательности. Джини так же не взглянула на Лондон, как и Маша на Петербург:

> Неудивительно, что на следующий день Джини отказалась от всех предложений и соблазнов выйти прогуляться и взглянуть на достопримечательности Лондона (глава XXXVI) [Скотт 1990: 330].
>
> Mrs. Glass was equally surprised at her cousin's reluctance to stir abroad, and her indifference to the fine sights of London. «It would always help to pass away the time», she said, «to have something to look at, though ane was in distress». But Jeanie was unpersuadable [Scott 1892: 175].

Обе героини останавливаются у незначительных по социальному статусу хозяев (вдова станционного смотрителя Анна Власьевна у Пушкина и некая миссис Гласс, владелица табачной лавки), но их высокие покровители знают об их существовании. «Где вы остановились? — спросила она [Екатерина] потом; и услыша, что у Анны Власьевны, примолвила с улыбкою: — А! знаю» [Пушкин 1984: 82].

В «Эдинбургской темнице» герцог Аргайл спрашивает о том же у Джини. Узнав, что Джини остановилась у миссис Гласс, он сообщает, что хорошо знает миссис Гласс и часто покупает в ее лавке табак [Scott 1892: 164]. Так же как Анна Власьевна информирует Машу Миронову о «всех таинствах придворной жизни», владелица табачной лавки у Вальтера Скотта посвящает Джини в детали дворцового этикета. Наконец, во время отъезда Джини на встречу миссис Гласс пытается одеть бедную девушку в свою шелковую мантилью, но героиню увозят в том, в чем она была одета [Scott 1892: 177]. Точно так же у Пушкина Анна Власьевна хлопочет о наряде Маши Мироновой и собирается послать к повивальной бабке «за ее желтым робронем» [Пушкин 1984: 82]. Однако приехавший за Машей камер-лакей объявляет, что «государыне угодно было, чтоб Марья Ивановна ехала одна и в том, в чем ее застанут» [Пушкин 1984: 82].

При этом Пушкин, подчеркивая эти следы влияния, немедленно деидеологизирует и тем самым деконструирует это заимствование. В контексте романа Скотта все указанные эпизоды имеют мотивацию. Герцог Аргайл, сам шотландец, познакомился с миссис Гласс, поскольку именно у нее, на окраине Лондона, находил любимый сорт табака. Возможно, Джинни не взглянула на Лондон не только потому, что все ее мысли были заняты предстоящей встречей с высокой особой. Она — шотландка и патриотка, и обозрение достопримечательностей все еще враждебной столицы противоречило ее принципам. Миссис Гласс предлагает заменить платок на мантилью, чтобы сгладить «вызывающий» вид Джинни. Знаменателен и наряд героини: Джинни приезжает в своем традиционном платье — и с шотландским платком на плечах:

> На ней (Джинни. — *В. П.*) был клетчатый плед ее страны, одетый таким образом, что часть его прикрывала голову, а часть была откинута за плечи назад. <...> Во всем остальном туалет Джини отвечал той моде, какой придерживались шотландские девушки ее круга (глава XXXV) [Скотт 1990: 322].

> She wore the tartan plaid of her country, adjusted so as partly to cover her head, and partly to fall back over her shoulders. <...> The rest of Jeanie's dress was in style of Scottish maidens of her own class [Scott 1892: 163].

Шотландский наряд героини служил выразительной сигнатурой «рождения традиции». Вальтер Скотт уже отличился созданием «еврейской» традиции — имидж Ревекки из «Айвенго» оказался столь популярен в России, что сделался модным атрибутом одежды или костюмированных балов [Долинин 1988: 131, 156]. Пушкин был чрезвычайно чуток к таким деталям. Вполне вероятно, что, играя со сценой Джинни — королева Каролина, он инвертировал этот костюмный элемент: в его «Капитанской дочке» не героиня, а императрица Екатерина в душегрейке символизирует «русскую» традицию.

В «Капитанской дочке» все мотивации опущены — их просто нет, и это значимое отсутствие возможного смысла создает иронический и даже комический эффект. Екатерине II незачем «знать» вдову станционного смотрителя Анну Власьевну. Факт их знакомства — чистая игра Пушкина, автора «Станционного смотрителя», с читателем. Маше Мироновой можно и даже нужно было бы задержаться в Петербурге и передать письмо-оправдание Гринёва «по инстанциям». Однако героиня повести, «не полюбопытствовав взглянуть на Петербург, обратно поехала в деревню...» [Пушкин 1984: 83]. Наконец, в эпизоде с платьем Пушкин — вместо маркированного знака шотландского национального костюма Джинни — чуть было не одел Машу в платье повивальной бабки, приятельницы Анны Власьевны. Известно, что Екатерина разработала «Устав повивальных бабок», содержала при дворе целый их штат. Однако в контексте рассказов о тайных родах императрицы (Пушкин был знаком с ее «Записками») эпизод выглядит довольно двусмысленным.

Сама техника Пушкина не является ни адаптацией романного дискурса Скотта, ни отталкиванием от него, как не представляет она и известный принцип вышивания «новых узоров по старой канве», декларированный писателем в 1829 году применительно к старым английским романным образцам. Пушкин отнюдь не стремится переделать или улучшить романный дискурс Скотта, он оценивает писателя неизменно высоко. «Читаю романы В.<альтера> Скотта, от которых в восхищении», — сообщает он жене 25 сентября 1835 года, как раз в пору работы над «Капитанской дочкой» [Пушкин 1937–1959, 16: 51]. В незаконченной статье «О Мильтоне и переводе "Потерянного рая" Шатобрианом», предназначенной для «Современника», Пушкин противопоставляет французских романистов Вальтеру Скотту именно в стратегии изображения встреч обычных героев с «великими» фигурами — французские литераторы не довольствовались бы неэффектным, «незначащим и естественным изображением» у английского романиста [Пушкин 1937–1959, 12: 143]. Пушкинское суждение здесь сродни автометаописанию — он приписал Скотту свой метод.

Работая над последней сценой «Капитанской дочки», Пушкин не искал «косых» или «кривых» диалогов, которые нужно было бы исправлять или улучшать, то есть не использовал принцип *aemulatio* [Смирнов 1991]. Техника реакции на литературные «влияния» в этой повести оказалась совсем иной. Пушкин снимает «нагруженный» идеологическими парадигмами дискурс Скотта и переводит его в иронический и «легкий», по видимости деидеологизированный, нарратив. Так, вместо многословной дискуссии между Джини Динс и королевой Англии об особенностях шотландских законов Маша Миронова одним восклицанием выражает свое несогласие с определением Гринёва как преступника:

> — Ах, неправда! — воскликнула Марья Ивановна.
> — Как неправда! — возразила дама, вся вспыхнув. <...> Тут она [Маша Миронова] с жаром рассказала все, что уже известно моему читателю [Пушкин 1984: 82].

Как видно, описывая встречу Маши с Екатериной, Пушкин сознательно играет с романом «Эдинбургская темница»; он изменяет существенные детали: убирает посредника, встреча Маши с неузнанной Екатериной происходит без помощи покровителя, само «преступление» Гринёва не обсуждается, Маша вторично встречает Екатерину уже во дворце, в ее уборной, а уважительное обращение императрицы с дочерью капитана Миронова и награждение ее приданым контрастируют со снисходительным тоном английской королевы. При этом Пушкин сохраняет «следы», иронические отсылки к роману Вальтера Скотта, превращая «Капитанскую дочку» в метатекст. Сам дискурс большого исторического нарратива — своего рода авторитетного канона — остранен в этом заключительном эпизоде за счет иронического подключения иного стилевого метадискурса, содержащего скрытую игру с читателем, множество отсылок к разным визуальным рядам и разнообразным литературным источникам.

Источники

Бартенев 1886 — Бартенев Ю. Н. Рассказы князя Александра Николаевича Голицына. Из записок Ю. Н. Бартенева // Русский архив. 1886. Кн. 3. Вып. 6. С. 305–333.

Вацуро, Гиллельсон 1968 — Новонайденный автограф Пушкина. Заметки на рукописи книги П. А. Вяземского «Биографические и литературные записки о Денисе Ивановиче Фонвизине» / Ред. и коммент. В. Э. Вацуро и М. И. Гиллельсона. М.; Л.: Наука, 1968.

Вяземский 1882 — Вяземский П. А. Полн. собр. соч.: В 12 т. Т. 7. СПб.: Типография М. М. Стасюлевича, 1882.

Вяземский 1963 — Вяземский П. А. Записные книжки. 1813–1848. М.: Наука, 1963.

Жуковский 2004 — Жуковский В. А. Полн. собр. соч. и писем: В 20 т. Т. 14. М.: Языки славянской культуры, 2004.

Монтескьё 1999 — Монтескьё Ш. Л. О духе законов. De l'esprit des lois / Сост., перев. и коммент. примечаний автора А. В. Матешук. М.: Мысль, 1999.

Пушкин 1935 — [Пушкин А. С.]. Рукою Пушкина. Несобранные и неопубликованные рукописи. М.; Л.: Academia, 1935.

Пушкин 1937–1959 — Пушкин А. С. Полное собрание сочинений: В 16 т. М.; Л.: Изд-во АН СССР, 1937–1959.

Пушкин 1969 — Пушкин А. С. Письма последних лет. 1834–1837. Л.: Наука, 1969.

Пушкин 1984 — Пушкин А. С. Капитанская дочка. Изд. 2-е / Изд. подготовил Ю. Г. Оксман. Л.: Наука, 1984.

Скотт 1990 — Скотт В. Эдинбургская темница / Пер. З. Е. Александровой, С. П. Мирлиной // Скотт В. Собр. соч.: В 8 т. Т. 5. М., 1990.

Сумароков 1832 — Сумароков П. И. Обозрение царствования и свойств Екатерины Великия: В 3 т. СПб.: Тип. Мед. деп. М-ва вн. дел, 1832.

Тургенев 1903 — [Тургенев А. И.]. А. И. Тургенев о кончине Пушкина // Русский архив. 1903. Кн. 1. С. 143–144.

Scott 1892 — Scott W. Waverley Novels: In 45 volumes. Vol. 12. London; Edinburgh: A. and C. Black, 1892.

Библиография

Абрамович 1991 — Абрамович С. Л. Пушкин. Последний год. Хроника (январь 1836 — январь 1837). М.: Советский писатель, 1991.

Абрамович 1994 — Абрамович С. Л. Пушкин в 1833 году. Хроника. М.: Слово, 1994.

Александров 1900 — Александров И. Н. Русские портреты собрания П. И. Щукина в Москве. Вып. 1. М.: Товарищество типографии А. И. Мамонтова, 1900.

Алексеева 1975 — Алексеева Т. В. Владимир Лукич Боровиковский и русская культура на рубеже 18-го — 19-го веков. М.: Искусство, 1975.

Бордэриу 2016 — Бордэриу К. Платье императрицы. Екатерина II и европейский костюм в Российской империи. М.: Новое литературное обозрение, 2016.

Вацуро 1986 — Вацуро В. Э. Из историко-литературного комментария к стихотворениям Пушкина // Пушкин: Исследования и материалы. Л.: Наука, 1986. Т. 12. С. 305–323.

Вацуро, Гиллельсон 1986 — Вацуро В. Э., Гиллельсон М. И. Сквозь «умственные плотины». М.: Книга, 1986.

Гиллельсон, Мушина 1977 — Гиллельсон М. И., Мушина И. Б. Повесть А. С. Пушкина «Капитанская дочка»: Комментарий. Пособие для учителя. Л.: Просвещение, 1977.

Долинин 1988 — Долинин А. Д. История, одетая в роман. Вальтер Скотт и его читатели. М.: Книга, 1988.

Долинин 2007 — Долинин А. Д. Пушкин и Англия: цикл статей. М.: Новое литературное обозрение, 2007.

Жолковский 2001 — Жолковский А. К. Очные ставки с властителем: из истории одной «пушкинской» парадигмы // Пушкинская конференция в Стэнфорде, 1999: Материалы и исследования / Под ред. Д. М. Бетеа, А. Л. Осповата, Н. Г. Охотина и др. М.: ОГИ, 2001. С. 366–401.

Кирсанова 1995 — Кирсанова Р. М. Костюм в русской художественной культуре 18 — первой половины 20 в.: Опыт энциклопедии. М.: Большая российская энциклопедия, 1995.

Кирсанова 1999 — Кирсанова Р. М. Из истории костюма русских императриц // Россия/Russia. Вып. 3 (11). М.; Венеция, 1999. С. 71–81.

Лотман 2002 — Лотман Ю. М. Статьи по семиотике культуры и искусства. СПб.: Академический проект, 2002.

Лотман 2003 — Лотман Ю. М. Идейная структура «Капитанской дочки» // Лотман Ю. М. Пушкин. СПб.: Искусство-СПб, 2003. С. 212–227.

Модзалевский 1910 — Модзалевский Б. Л. Библиотека А. С. Пушкина. СПб.: Императорская Академия наук, 1910.

Неклюдова 2000 — Неклюдова М. «Милость» / «Правосудие»: о французском контексте пушкинской темы // Пушкинские чтения в Тарту 2: Материалы международной научной конференции 18–20 сентября 1998 г. Тарту, 2000. С. 204–215.

Овчинников 1991 — Овчинников Р. В. Записи Пушкина о Шванвичах // Пушкин: Исследования и материалы. Т. 14. Л.: Наука, 1991. С. 235–245.

Осповат 2007 — Осповат А. Л. О некоторых сюжетных источниках «Капитанской дочки» // The Real Life of Pierre Delalande. Studies in Russian and Comparative Literature to Honor Alexander Dolinin / Ed. by D. M. Bethea, L. Fleishman, A. Ospovat. Part 1. Stanford: Stanford University, 2007. P. 85–99.

Петрунина 1970 — Петрунина Н. Н. К творческой истории «Капитанской дочки» // Русская литература. 1970. № 2. С. 79–92.

Рак 2008 — Рак В. Д. «Капитанская дочка» в неосуществленном собрании «Романы и повести Александра Пушкина» (1937) // Русская литература. 2008. № 1. С. 21–38.

Ровинский 1889 — Ровинский Д. А. Подробный словарь русских гравированных портретов: В 4 т. Т. 1. СПб.: Тип. Императорской Академии наук, 1889.

Смирнов 1991 — Смирнов И. П. Aemulatio в лирике Пушкина // Пушкин и Пастернак. Studia Russica Budapestinensia. № 1. Budapest, 1991. С. 17–42.

Тартаковский 1991 — Тартаковский А. Г. Русская мемуаристика XVIII — первой половины XIX в. М.: Наука, 1991.

Шкловский 1937 — Шкловский В. Б. Заметки о прозе Пушкина. М.: Советский писатель, 1937.

Эпштейн 2015 — Эпштейн М. Н. Ирония идеала: Парадоксы русской литературы. М.: Новое литературное обозрение, 2015.

Эткинд 1999 — Эткинд Е. Г. Божественный глагол. Пушкин, прочитанный в России и во Франции. М.: Языки русской культуры, 1999.

Яковлев 1939 — Яковлев Н. В. К литературной истории «Капитанской дочки» // Пушкин. Временник Пушкинской комиссии. [Вып.] 4/5. М.; Л.: Изд-во АН СССР, 1939. С. 487–488.

Якубович 1939 — Якубович Д. П. «Капитанская дочка» и романы Вальтер Скотта // Пушкин: Временник Пушкинской комиссии. М.; Л.: Изд-во АН СССР, 1939. [Вып.] 4/5. С. 165–197.

Frazier 1993 — Frazier M. «Kapitanskaia dochka» and the Creativity of Borrowing // The Slavic and East European Journal. 1993. Vol. 37, № 4. P. 472–489.

Часть 4

ВОПРЕКИ КАНОНУ

Обряды и формы должны ли суеверно порабощать литературную совесть?

А. С. Пушкин. Письмо к издателю «Московского вестника»

9
От Афин к Иерусалиму
(Культурный статус античности в 1830-х — начале 1840-х годов)

На разных этапах русской культуры восприятие античности вписывается в разные культурные коды. Так называемое античное наследие оказывается важнейшим фактором культурного самосознания, ареной столкновения противоположных позиций. Отношение к античности становится знаком конфессиональной, идеологической или эстетической позиции. Знаком каких культурных оппозиций была рецепция античности во вторую четверть XIX века?

Культура первой трети XIX столетия уникальна по интенсивности вторжения античного фактора. Поэтика тождества — поэтика образца — выработала универсальный поэтический язык, кодом которого являлась античная мифология. Ареопаг античных богов и героев стал своего рода священным алтарем, которому приносили дань чуть ли не каждой строкой нового стихотворения[1].

Античность, старательно переведенная в архитектурный стиль классицистической эры, создавала общий культурный фон жизни человека первой трети XIX века. Законченным символом антикизации культуры и жизни становится Петербург: именно в облике города Петра эта тенденция к концу первой трети XIX века до-

---

[1] Среди многочисленных работ, посвященных античному наследию в русской литературе, укажем на наиболее значимые: [Томашевский 1936; Kazoknieks 1968; Лотман 1973; Кнабе 1990; Кнабе 2000].

стигает своего апогея[2]. Как писал Г. С. Кнабе, «никогда Петербург не выглядел более по-римски, чем при Николае, декретировавшем и утверждавшем триумфальные арки, триумфальные колонны, декоративные эмблемы из римских мечей и шлемов, типовые фасады, отчетливо восходившие через Кваренги и Палладио к дворцам и храмам императорского Рима» [Кнабе 1990: 261].

В то же самое время происходит интенсивное насыщение бытового пространства античным антуражем, переносящим высокую парадигму античного в салон, в усадьбу, в модный фасон[3]. Имперская символика дробится и мельчает во множестве приватных репродукций. Н. В. Гоголь с иронией описывал этот культурный феномен в статье «Об архитектуре нынешнего времени»: «В начале XIX столетия вдруг распространилась мысль об аттической простоте и так же, как обыкновенно бывает, обратилась в моду и отразилась вдруг на всем, начиная с дамских костюмов, преобразовавшихся в небрежное, легкое одеяние гетер» [Гоголь 1937–1952, 8: 60].

С другой стороны, античная маска позволяла «укрупнять» бытовое поведение реального человека, переводила его из статуса героя нашего времени в статус персонажа всемирной истории. Выразительна в этом отношении известная формула, которой Пушкин определял П. Я. Чаадаева: «Он в Риме был бы Брут, в Афинах — Периклес». Античность диктовала и формы бытового поведения — вплоть до поведения декабриста[4].

Таким образом, в первую четверть XIX века культурное пространство русского дворянина измерялось масштабом Рима или Афин.

---

[2] О соединении в рецепции Петербурга двух архетипов — «вечного Рима» и «обреченного Рима», то есть Константинополя, см. [Лотман 1992в: 12–13].

[3] Кнабе назвал этот феномен «мягкой» античной стилизацией, порождающей «разлитый в цивилизации, эстетике и повседневности античный колорит» [Кнабе 2000: 120].

[4] См. [Лотман 1992а: 307]. Г. С. Кнабе справедливо указывал на специфическую идеологизированность ориентации декабристов в рецепции римской традиции: в пику государственной рецепции имперского символизма декабристы акцентировали тираноборческую и децентрализирующую империю символику свободных республиканских городов [Кнабе 2000: 133].

Между тем именно в конце первой четверти XIX века происходит заметный культурный сдвиг, вызванный ощущением автоматизации слишком интенсивной античной экспансии. Явление это первоначально просматривается в симптомах своего рода культурной усталости, затем — в форме открытого вызова «античному наследию».

* * *

Одним из первых симптомов надлома было неожиданно выплеснувшееся на поверхность острое недовольство архитектурным пространством Петербурга, который приобретал к 1830-м годам законченность классицистического города: завершилось строительство ансамблей Дворцовой и Михайловской площадей, строились здания Александринского театра, Сената и Синода, а также сооружалась знаменитая Александровская колонна. Провинциал Гоголь в Петербурге ясно ощущал «монотонность» современного города в «аттическом» стиле. В 1835 году в книге «Арабески» он публикует статью «Об архитектуре нынешнего времени» (написана ранее, в 1832–1833 годах), где недоумевает: «Неужели все то, что встречается в природе, должно быть непременно только колонна, купол и арка?» [Гоголь 1937–1952, 8: 74][5]. Здесь же Гоголь замечает: «Оттого новые города не имеют никакого вида: они так правильны, так гладки, так монотонны, что, прошедши одну улицу, уже чувствуешь скуку и отказываешься от желания заглянуть в другую. Это ряд стен и больше ничего» [Гоголь 1937–1952, 8: 61–62].

Возникающая культурная усталость от классицистического «однообразия громад» первоначально могла осмысляться в духе

---

[5] Датировка статьи, указанная самим писателем, — 1831 год — не соответствует реальности. Исследователи уже отмечали как склонность Гоголя относить написание многих сочинений к более раннему времени, так и заведомо ложную датировку именно этой статьи. В черновом варианте этой статьи упомянута лютеранская кирка, строящаяся А. П. Брюлловым. Начало ее строительства относится к 1833 году (см. примечания к статье в изд.: [Гоголь 1978: 501]).

пререромантического требования соответствия климата и «духа народа», отраженного в архитектурных формах. Так, в частности, Н. И. Надеждин в речи на торжественном собрании Университета 6 июля 1833 года указал на «несоответствие» «северного климата» «светлым пропорциям греко-римского зодчества» [Надеждин 1833: 445].

П. Я. Чаадаев в небольшом, но чрезвычайно важном этюде «О зодчестве» («Телескоп», 1832, № 11) в заостренной форме выразил недовольство архитектурой «в греческом стиле» и впервые противопоставил ей «готическую» (и ее прообраз — «египетскую»):

> В греческом стиле, как и во всех более или менее приближающихся к нему, вы откроете чувство оседлости, домовитости, привязанности к земле и ее утехам, в египетском и готическом — монументальность, мысль, порыв к небу и его блаженству; греческий стиль со всеми производными от него оказывается выражением материальных потребностей человека, вторые два — выражением его нравственных нужд; другими словами, пирамидальная архитектура является чем-то священным, небесным, горизонтальная же — человеческим и земным [Чаадаев 1989: 217–218][6].

Эта статья, развивавшая распространенную в романтической эстетике проблему соотношения архитектурных стилей и типов культуры, обозначила важнейшую для всего этого периода оппозицию и дала ей культурно-философское обоснование. Оппозиция «античное» — «готическое» (по Чаадаеву, готическая архитектура, основанная на геометрии треугольника, восходит к египетской) предвосхищает центральную, узловую проблематику 1830-х — начала 1840-х годов: *соотношение двух миров — мира языческого, античного и мира христианского.*

Античное было связано в культурной мифологии с «горизонталью» — с материей, землей, тогда как «готическое» (то есть христианское) искусство становилось выражением «вертика-

---

[6] См. в связи проблемой восприятия готики [Muratova 1979].

ли» — нравственного и даже сакрального в жизни человека. Даже «прекраснейший из греческих храмов» не говорит о небе, тогда как самая излишняя грандиозность (бесцельная для материальных нужд человека) готического храма являет собой «мысль, одиноко рвущуюся к небесам», символ чудесного откровения [Чаадаев 1989: 219].

Статья Чаадаева очевидно повлияла на статью Гоголя «Об архитектуре нынешнего времени». Обе восходят к одному — основному — источнику: в обеих заметно сильнейшее (до деталей) влияние книги Ф. Р. Шатобриана «Гений христианства» (см. часть III, главу 8 — «Готические соборы»). Отсюда, в частности, у Гоголя сравнение готики с лесом, колонны — с деревом. Однако очевидно, что Гоголь знал и работу Чаадаева: он даже полемизирует с ним, присоединяясь к точке зрения Шатобриана, подчеркивавшего разность готики и египетской архитектуры. Гоголь пишет: «Ее (готику. — *В. П.*) напрасно производят от арабской: идеи этих двух родов совершенно расходятся...» [Гоголь 1937–1952, 8: 57]. Рассуждения Гоголя об «испорченных» нравах византийцев, принесших «языческие, круглые, пленительные» [Гоголь 1937–1952, 8: 58] формы куполов, соотносятся с выпадами Чаадаева против «обольстительных» форм греческой архитектуры [Чаадаев 1989: 220].

Бунт против пышного однообразия каменных громад Петербурга, запечатленный в ряде литературных произведений и достигший кульминации в «Медном всаднике», был по сути отказом от дальнейшей — запрограммированной по старым канонам — рецепции античности.

Именно такова семантика изображения Петербурга в «Арабесках» Гоголя. Так, в повести «Портрет» Чертков, став модным петербургским художником, строит свою карьеру на том, что изображает светских знакомых в виде античных (и потому не имеющих черт индивидуальности) героев. Живое сходство заменяется «образцом», и вместо девушки появляется «Псишея», а вместо гвардейского поручика (во второй редакции) — Марс. Гибель художника, поддавшегося соблазну материальных благ, символизирует отказ писателя от идеи канона, образца. Идеальным становится для него сакральное искусство — картина неизвестного художника «из Италии». Характерно, что попытка Черткова выйти за пределы старого канона в сферу сакральной живописи — изобразить падшего ангела — полностью проваливается: «...кисть его невольно обращалась к затверженным формам» [Гоголь 1937–1952, 3: 423]. Этим «копиям», ориентированным на «школу» и восходящим к античным образцам, противостоят «святые прекрасные произведения, в которых великое искусство приподняло покров с неба...» [Гоголь 1937–1952, 3: 424]. На уровне личных, биографических событий отказ от античной «копии» и обращение к «сакральному» искусству выражалось в перемещении интереса Гоголя от К. Брюллова к А. Иванову[7].

Однако особого накала отталкивание от Петербурга как символа победы цивилизации над природой достигает в «петербургской повести» А. С. Пушкина «Медный всадник». Знаком Петербурга становится «кумир на бронзовом коне» — ложная «вертикаль», материально-языческая в своей сути. Пушкинское словоупотребление здесь чрезвычайно точно: именно «кумир» — изваяние языческого божества — противостоит «горизонтали» природной стихии. Неправедный город заслужил, как подчеркивает поэт, «Божий гнев». Стихия обнажила его материально-языческую сущность:

>...воды вдруг
>Втекли в подземные подвалы,
>К решеткам хлынули каналы,
>И всплыл Петрополь, как тритон,
>По пояс в воду погружен
>[Пушкин 1937–1959, 5: 140].

Пушкинский образ Петербурга как языческого города-«тритона» (показательна и греческая вариация его названия — Пе-

---

[7] От восхищения Брюлловым (см. статью Гоголя «Последний день Помпеи» 1834 года) Гоголь довольно скоро переходит к увлечению А. А. Ивановым, с которым знакомится в 1837 году и который изображает на одном из эскизов «Явления Мессии» автора «Ревизора» [Машковцев 1936: 415].

трополь) был сполна подхвачен современниками. Выразительное в своей откровенной прямолинейности стихотворение критика и мемуариста М. А. Дмитриева «Подводный город» (1847) эксплуатировало ту же мифологему:

> Тут был город всем привольный
> И над всеми господин,
> Нынче шпиль от колокольни
> Виден из моря один.
> <...>
> Богатырь его построил;
> Топь костьми он забутил,
> Только с Богом как ни спорил,
> Бог его перемудрил!
> [Дмитриев 1972: 60]

«Вертикаль» медного кумира была сродни «александрийскому столпу» стихотворения Пушкина «Я памятник себе воздвиг нерукотворный...»[8]. Горделивый символ имперского начала и мнимой победы над природой оказался ниже нерукотворного памятника, о котором писал поэт. В контексте новозаветной символики, к которой и отсылает этот «нерукотворный памятник» (Христос говорил о нерукотворном храме, воздвигнутом в три дня; см.: Ин. 2, 19; Мф. 27, 39), оппозиция антично-языческого и христианского обретает вполне очевидные контуры.

* * *

Отказ от прежней, почти автоматической рецепции античности не был отказом от античности вообще. В конце первой четверти XIX столетия происходит культурный сдвиг, вызванный *переориентацией с эпохи классической Античности на эпоху поздней Античности и начала христианства*.

Весь этот отрезок времени — конец 1820-х — начало 1830-х годов — был наполнен ожиданиями эсхатологического порядка,

---

[8] См. об этом [Алексеев 1967: 54–85; Проскурин 1999: 275–301].

к коим одновременно примешивались мессианские чаяния. Конец Наполеоновской эпохи, польское восстание 1831 года, наступление после июньской революции 1830 года буржуазного («железного») века, — все это было воспринято как конец целого исторического цикла. Новый же исторический цикл невольно вызывал в памяти образы раннего христианства. Подпитанный идеями «нового христианства», проповедуемыми в 1820-х годах Сен-Симоном, Чаадаев писал в своем программном письме к Пушкину осенью 1831 года:

> Ибо, взгляните, мой друг, разве не воистину некий мир погибает и разве для того, кто не обладает предчувствием нового мира, имеющего возникнуть на месте старого, здесь может быть что-либо, кроме надвигающейся ужасной гибели. <...> Но смутное сознание говорит мне, что скоро придет человек, имеющий нести нам истину времени. Быть может, на первых порах это будет нечто, подобное той политической религии, которую в настоящее время проповедует Сен-Симон в Париже... [Чаадаев 1989: 353]

Интерес к эпохе поздней Античности с ее амбивалентной напряженностью[9] становится важнейшим фактором культуры. Показательно, что юный М. Ю. Лермонтов — хотя и на поверхностном уровне — улавливает уже ставшее модным поветрие. В 1831 году у него появляется сначала план трагедии «Марий», а затем — «Нерон» (оба замысла не были осуществлены).

Интерес к эпохе Нерона и Петрония отразился в замысле Пушкина, известном под названием «Повесть из римской жизни», которую Ю. М. Лотман связывает с 1833 годом. Именно тогда поэт читает «Сатирикон», взятый у А. С. Норова (кстати, ближайшего приятеля Чаадаева) [Лотман 1992б: 453]. Думается, однако, что Пушкина интересовала не только «широкая картина упадка античного мира и рождения нового» [Лотман 1992б: 453].

В рукописи плана имелась помета «Хр.», которую Лотман прочитывал как «Христос» [Лотман 1992б: 455]. Пушкина оче-

---

[9] См. [Вейдле 1947: 23–24].

видно интересовало парадоксальное *столкновение античного и христианского миров, историческая встреча двух систем, их сосуществование и взаимопроникновение*. Так, раб, появляющийся в финале первоначального наброска, уже христианин. Выразительна и фигура самого Петрония. Его портрет — портрет античного героя, ставшего мучеником. На всем рассказе лежит налет какой-то печали — предчувствия гибели, смерти. Рассуждения о роде смерти в планах повести еще овеяны ореолом эстетского восхищения. Здесь все еще доминирует стоическое *искусство умирать*, однако оно уже приправлено христианским — жертвенным — началом. Рассуждения же «о падении человека — падении богов — о общем безверии — о предрассудках Нерона» [Пушкин 1937–1959, 8: 936] не только «подкрепляют» «картину духовного опустошения античного мира» [Лотман 1992б: 454], но и заставляют вспомнить тезисы известных Пушкину «Философических писем» П. Я. Чаадаева.

Своего рода итогом старого типа рецепции античности стал перевод Н. И. Гнедичем «Илиады», появившийся в 1829 году и встреченный довольно равнодушно. Неудивительно, так как еще в 1828 году, словно предупреждая появление «Илиады», Пушкин писал: «Нам наскучила правильность и совершенство классической древности и бедные, однообразные списки ее подражателей» [Пушкин 1937–1959, 11: 66]. «Илиада» воспринимается как памятник уже ушедшей эпохи. Однако проходит несколько лет — и отношение к Гнедичу меняется. В 1832 году Пушкин пишет восторженное послание «Гнедичу», где тональность похвал приобретает характер торжественного, ритуального действа:

> С Гомером долго ты беседовал один,
> Тебя мы долго ожидали,
> И светел ты сошел с торжественных вершин
> И вынес нам свои скрижали
> [Пушкин 1937–1959, 3, I: 286].

Здесь снова Пушкин сталкивает два мира — язычество (гомеровская «Илиада») и христианство: сам Гнедич уподоблен Моисею, вынесшему скрижали Завета.

Подобное сосуществование и взаимопроникновение двух систем будет характерным явлением 1830-х — начала 1840-х годов. В этом процессе интенсивные обращения Пушкина к эпохе поздней Античности были одной из составляющих общего фона этой новой культурной эпохи[10].

В массовой поэзии 1830-х годов новая культурная ситуация обернется смешением старого и нового типа рецепции Античности: по инерции будут появляться и анакреонтические стихотворения, и всевозможные «подражания древним». Однако показательно, что «древность» у лучших поэтов будет звучать уже дисгармонично и эсхатологично: как грозное предзнаменование, как урок современникам. Например, В. Г. Тепляков в 1836 году публикует второй том своих стихотворений, куда входит и цикл «Фракийские элегии» (написаны еще в 1829 году). Пушкин отметил этот цикл особым знаком внимания — написал рецензию на «Стихотворения» Виктора Теплякова в своем «Современнике», выделив и процитировав несколько строк, несомненно заинтересовавших его:

> Ты прав, божественный певец:
> Века — веков лишь повторенье!
> Сперва — свободы обольщенье,
> Гремушки славы наконец,
> За славой — роскоши потоки,
> Богатства с золотым ярмом,
> Потом — изящные пороки,
> Глухое варварство потом!..
> [Тепляков 1972: 625]

Между тем если экстравагантный поэт и путешественник Тепляков остановился на простой констатации смены исторических циклов, то Пушкину в 1836 году уже важно другое — показать, что пришло на смену «глухому варварству».

---

[10] Показательны выводы, сделанные Г. С. Кнабе на основе анализа античных источников текстов Пушкина за последние пять лет жизни: «...среди античных авторов преобладают поздние, а среди тем, особенно римских, — мотивы завершения античной цивилизации, катастрофы, старости и смерти» [Кнабе 2000: 149–150].

Пушкинский цикл 1836 года, весь проникнутый христианской символикой, важен особенно. Экстатическое состояние поэта влечет за собой обращение к самым напряженным эпизодам христианского времени — к казни Христа («Мирская власть»), к предательству Иуды («Подражание италиянскому»), к интенсивному пересмотру всех традиционных ценностей («Из Пиндемонти»), к воссозданию в себе самом мироощущения кающегося грешника первых веков христианства («Отцы пустынники и жены непорочны...», «Напрасно я бегу к сионским высотам...»).

Стихотворение того же цикла «Когда за городом, задумчив, я брожу...» соотносится с той же проблематикой. Иронические обертоны в кладбищенской теме позволили Е. А. Тоддесу не только назвать это стихотворение «кощунственным», но и увидеть в нем осмеяние умерших [Тоддес 1983: 44].

Однако это не так. Городское кладбище, как оно изображено у Пушкина, есть царство земного греха. Семь смертных грехов закодированы в его описании: гордыня, сребролюбие, блуд, гнев, чревоугодие, зависть, уныние. Кладбище подчеркнуто обрисовано в атрибутах античной символики:

> Решетки, столбики, нарядные гробницы,
> Под коими гниют все мертвецы столицы...
> <...>
> Купцов, чиновников усопших мавзолеи...
> [Пушкин 1937–1959, 3, I: 422]

Урны, амуры, эпитафии, — от этого всего герой бежит на сельское кладбище, где

> На место праздных урн и мелких пирамид,
> Безносых гениев, растрепанных харит
> Стоит широко дуб над важными гробами,
> Колеблясь и шумя...
> [Пушкин 1937–1959, 3, I: 423]

Мир городского кладбища оказывается миром античного и — одновременно — греховного, а потому и действительно мертвого царства (ср. чаадаевский «Necropolis»). Дуб, появляющийся в финале, связан с Древом (Крест), возникающим и в «Мирской власти», и в «Подражании италиянскому». Древо соотнесено с Древом Жизни, лицезреть которое удостоятся верные в Царстве Господнем. В иконографической традиции популярно было изображение Распятия в виде Древа Жизни. *«Античному — мертвому» Пушкин противопоставляет «христианское — живое».*

Таким образом, уже в середине 1830-х годов русская литература и — шире — русская культура в целом — делается ареной столкновения двух культурных миров. Показательно, что А. А. Иванов, работая над изображением Мессии, использовал в качестве модели Аполлона Бельведерского. Для начала на этюде изображались рядом две одинаковые фигуры в одном повороте; затем на вторую фигуру поверх античных накладывались черты, которые Иванов хотел видеть в Иисусе Христе. В парном этюде рабов художник также пытался облечь в плоть античные модели; в одной из голов раба он даже сохраняет раздвоенный подбородок кентавра.

* * *

Оппозиция «языческое — христианское» определила характер «Философических писем» П. Я. Чаадаева. Все седьмое письмо представляло собой выяснение отношения России и русских к двум культурно-религиозным мирам — миру античности и библейскому миру. Начальным импульсом для Чаадаева была реакция на традиционное для светской русской культуры преклонение перед античностью. Чаадаев вынашивает идею замены «идолов» язычества и ареопага языческих героев с их «материальными» добродетелями на христианские идеалы. Центральными оппозиционными парами здесь становятся:

Библия — языческая мифология,
Моисей — Гомер.

Чаадаев проводит ревизию всем прежним представлениям — в русле той ревизии, которая была проделана французскими мыслителями неокатолического движения (Шатобриан, Балланш, Ламенне, де Местр, Бональд) в начале XIX столетия [Quénet 1931]. Если у последних в основе лежала реакция на просветительские идеалы и просветительский деизм, то у Чаадаева — на поверхностное, внешнее усвоение русскими чужих и негодных «верований». Переворачивая оппозицию Возрождение — Средние века (первое он оценивает резко отрицательно: культ материальности, второе — положительно: Средние века ознаменованы для него прежде всего повышенным градусом религиозности), Чаадаев переворачивал и то, что лежало в ее основе — отношение к античному наследию.

Между тем в чаадаевских «постулатах христианской философии истории» [Флоровский 1981: 248] не было абсолютного отрицания античности: в древней истории и античной философии он искал и всегда находил те образы, идеи и исторические события, которые служили предвестием христианства. История античного мира была переосмыслена «басманным философом» в связи с «христоцентрическим пониманием истории» [Зеньковский 1947: 90].

Первым в ряду рассматриваемых им персонажей является Гомер. Ему даются самые суровые оценки. Гомер, по мысли Чаадаева, создал апофеоз материи, опоэтизировал все материальное в человеке. Создатель «чувственной» и «лживой» поэзии, он, как полагает мыслитель, умалил духовное начало в человеке и «возрастил» физическое [Чаадаев 1989: 118]. Гомер становится символом старых ценностей ориентированной на античность цивилизации: «...его боги и его герои <...> все еще оспаривают почву у христианской идеи» [Чаадаев 1989: 130].

Пифагор и Платон вызывают неизменное сочувствие Чаадаева, прежде всего поскольку они «боролись с этим пагубным направлением духа своего времени», олицетворением которого был Гомер [Чаадаев 1989: 118]. Теория чисел как знаков материи у Пифагора и идеализм «самого идеального» [Чаадаев 1989: 36][11], по определению Чаадаева, философа, создателя «Пира» и «Федра»,

---

[11] Сочувствие вызывала и оценка Платоном Гомера. В «Государстве» Платон говорил, что при всем совершенстве картины мира у Гомера нельзя допустить воздействия его прекрасных, но порочных (подверженных страстям) образов на мораль членов утопического государства.

служили переходным мостом между миром материального (античность) и миром духовного (христианство). Чаадаев видит в них предтеч христианства: «Их взоры, обращенные на ту точку, откуда должно было взойти новое солнце, до некоторой степени различали его зарю» [Чаадаев 1989: 48].

Отчасти Чаадаев готов «оставить» место в новом мире и Сократу, однако «неуверенность его мысли» [Чаадаев 1989: 124], диалектика, отрицание выбивали почву из-под ног. Тот же самый «христианский постулат» диктует и отношение к Аристотелю, одно имя которого, по мнению Чаадаева, должно наводить ужас на потомков. Этот «ангел тьмы» в своей этике обошелся без Божества, создав апофеоз системы, «заковавшей», как пишет Чаадаев, «на протяжении нескольких веков все силы добра среди людей» [Чаадаев 1989: 94].

Особое и весьма почетное место в этом новом иконостасе Чаадаев отводит Эпикуру: «...в эту философию существенной частью входило нечто совершенно чуждое практической мысли древних — элемент единения, связи, благорасположения между людьми...» [Чаадаев 1989: 125]. Культ мудрой жизни, предполагавшей наслаждение в силе духа и его господстве над телом, создавал особую тональность философии Эпикура, которой оказывались не чужды чисто христианские добродетели — душевный мир, отсутствие гордости. Мягкий гуманизм его учения (Чаадаев неслучайно употребляет здесь такие выражения, как «мирная жизнь», «нежные привязанности», «тихие радости» [Чаадаев 1989: 125–126]) был близок христианской этике — в понимании Чаадаева.

Однако всем избранным мудрецам древности Чаадаев противопоставляет Моисея и Давида — «великих людей Библии» [Чаадаев 1989: 123]. Характеристика Моисея у Чаадаева полемична по отношению к новоевропейской традиции, видевшей в облике библейского пророка трагически-демонического титана, носителя «злых» сил и противостоящего народу (что, в частности, отразилось в скульптуре Моисея Микеланджело, изобразившего героя в гневе, готового разбить скрижали).

Облик Давида, противоречивый в ветхозаветной традиции, воспринят Чаадаевым однозначно: все его деяния объявляются «святыми» в русле богословского толкования этого героя как царя-спасителя, своего рода прообраза Иисуса Христа. Герои Библии должны заменить героев Греции и Рима, а русский человек должен перестать, по мысли Чаадаева, поклоняться языческим кумирам, должен воскресить в себе подлинную веру.

Характерно, что Моисея и Давида Чаадаев противопоставляет не только древнегреческим мудрецам, но и некоему обобщенному типу «римского императора» [Чаадаев 1989: 124]. В этом был акт не только философского вольномыслия, но и политической оппозиции, поскольку римско-императорская символика была чрезвычайно значимой как для Александра, так и — в особенности — для Николая I.

* * *

Оппозиция «античность — христианство» в концепции Чаадаева была особо преломлена в его восприятии Рима. Рим для русского философа — факт не только идеологически-религиозный, но и лично-биографический. Проведя в Риме два месяца (февраль — март 1825 года) с Николаем Тургеневым, Чаадаев писал брату: «Рим — чрезвычайная вещь — ни на что не похожая, превосходящая всякое ожидание и всякое воображение...» [Чаадаев 1989: 338]. В Риме перед Н. Тургеневым предстал уже не прежний Чаадаев, остроумный и экстравагантный *comme il faut*, — теперь это был человек, озабоченный своим внутренним миром, человек религиозного сознания. Сам Н. Тургенев не без удивления констатировал изменения в облике и поведении молодого философа. В письме к С. И. Тургеневу он давал отчет (1/13 апреля 1825 года):

> С ним (Чаадаевым. — *В. П.*) провожу целый день. В продолжении страстной недели мы вместе ежедневно ездили в Ватикан; смотрели на духовные церемонии и три раза слушали славное Miserere <...>. Святую неделю мы провели в прогулках и осмотре некоторых древностей <...>. Часто мне казалось весьма странным, что случай привел меня в Рим вместе с Чаадаевым. Я его всегда любил и уважал, но теперь более чем когда-либо умею ценить его. В продолжении всего путешествия голова его хорошо образовалась [Тургенев 1936: 458].

Рим у Чаадаева лишен всякого античного колорита. Рим — это *идея*, именно об этом и писал он А. И. Тургеневу в 1833 году:

> Поймите же раз навсегда, что это не обычный город, скопление камней и люда, а безмерная идея, громадный факт. Его надо рассматривать не с Капитолийской башни, не с фонаря св. Петра, а с той духовной высоты, на которую так легко подняться, попирая стопами его священную почву [Чаадаев 1989: 362].

Рим связывается Чаадаевым с великим символом вечности — с идеей христианства. Чаадаев продолжает в том же письме к А. И. Тургеневу:

> Вы увидите тогда, как длинные тени его памятников ложатся на весь земной шар дивными поучениями, вы услышите, как из его безмолвной громады звучит мощный глас, вещающий неизреченные тайны. Вы поймете тогда, что Рим — это связь между древним и новым миром... [Чаадаев 1989: 362–363]

Рим как символ христианской идеи в концепции Чаадаева приобретает вселенский характер. В этом смысле он получает двуединый статус Города и Мира. С ним Чаадаев связывает триаду своих главных идей, верований, мечтаний: *идею всеединства, идею вселенства, идею преемственности и традиций*.

Все это было противоположно неустроенности и случайности судьбы России, ее изолированности от общих путей цивилизации. Отсюда у Чаадаева возникает постоянная оппозиция «Россия — Рим», а не просто «Россия — Запад», как это было у западников и славянофилов. Для Чаадаева Запад как новая цивилизация никогда не был предметом особого восхищения. О. Мандельштам тонко подметил идиллический, ирреальный характер «Запада» в теориях Чаадаева: «Мысль Чаадаева, национальная в своих истоках, национальна и там, где вливается в Рим. Только русский человек мог открыть этот Запад, который сгущеннее, конкретнее самого исторического Запада» [Мандельштам 1990: 155].

Реальный Запад для Чаадаева не существовал. Его Запад — это утопический Запад, превозмогший разделение Реформации. Подобно славянофилам, создавшим своеобразную ретроспективную утопию в образе идеализированной старой России, Чаадаев создал свой «сгущенный», идеальный Запад. *Этим идиллическим Западом в его философии и был Рим.* Концепция Рима у русского обличителя лежала в русле эсхатологических чаяний русского общества начала 1830-х годов. Неслучайно Чаадаев пишет о Риме как о точке, в которой скрещиваются древний и новый мир. Экскурсы в древнюю и новую историю Запада снова и снова приводили мысль Чаадаева в Россию, которая, по его мнению, стояла на пороге — от старого мира (основанного на антично-языческих ценностях) к новому — христианскому.

* * *

Столь стройное и последовательное изложение взглядов на античность как оппозицию христианству — редкость в этот период. Тем не менее в 1830–1840-х годах русская культура демонстрирует образцы «ухода» от античных образцов. Немало их было и в архитектуре. Очевидны уже с начала 1830-х годов попытки освободиться от однообразия классических «громад». Стремление выйти за пределы известных форм проявилось в перемещении центра градостроительства на окраины, где возводятся дачи в неоготическом стиле, всевозможные «фермы», «шапели» (особенно замечательна была церковь в Шуваловском парке в Парголово, архитектор — А. П. Брюллов). В 1840–1850-х годах в Петергофе архитектором Н. Л. Бенуа был возведен по заказу Николая I целый комплекс готических зданий.

Вторым проявлением архитектурного эскапизма был русско-византийский стиль, связанный с деятельностью К. Тона. Особенно показательна история с церковью святой Екатерины в Петербурге (построена в 1831–1837 годах близ Калинкина моста). Проект Тона, ориентировавшегося на крестово-купольную композицию, разработанную византийскими архитекторами, вызвал восхищение Николая I. Тот даже счел необходимым довести до сведения президента Академии художеств А. Н. Оленина (убежденного сторонника классического искусства, создавшего в своем доме своеобразный культ античности) свой восторг и указание на будущее — как нужно строить нынешним архитекторам[12].

Тонкость ситуации заключалась в очевидном желании «уколоть» «античника», ценителя древности Оленина, продемонстрировать новую ориентацию двора. Однако рескрипт Николая I свидетельствовал и о серьезных сдвигах во вкусах — о все большем изживании классических форм.

Важно подчеркнуть и другое: церкви в русско-византийском стиле и пригородные «шапели» не меняли общего облика «северной Пальмиры». Все это была периферия, существующая пока еще *на фоне* классики и получающая значимость тоже лишь на ее фоне. Подобное сосуществование и взаимное оппонирование двух систем в архитектуре и живописи (К. Брюллов — А. Иванов, характер самой работы Иванова, имевшего в виду античную модель для создания образцов нового искусства) было параллельно тем устремлениям в литературе, о которых шла речь выше.

Открытое в начале 1830-х годов столкновение двух систем будет активно использоваться в последующие годы. Характерен, в частности, замысел А. Майкова 1841 года — «римские сцены времен пятого века христианства» («Олинф и Эсфирь»). Не доведенный до конца план предварялся весьма выразительным комментарием: в предисловии к публикации автор говорил, что эти сцены «суть опыт изобразить противоположность» двух начал, которые отразились в Римской империи периода упадка — «чувственность и духовность, жизнь внешняя и внутренняя явились во вражде, в противодействии, в борьбе на жизнь и смерть» [Майков 1842: 214].

Майков, наиболее чуткий к традициям культуры пушкинской эпохи, смог уловить проявившуюся тенденцию — интерес к векам перехода от античности к христианству. Однако реализовать этот замысел вне идеологических схем на путях чисто эстетического осмысления ему не удалось.

---

[12] См. [Пунин 1990: 48–49].

Показателен и замысел Гоголя начала 1840-х годов — написать роман «Рим», приведший в 1842 году к созданию небольшой повести. Противопоставляя Анунциату с ее «антично дышущей ногой» англичанину, чопорному и замкнутому в круге современной цивилизации, Гоголь противополагал идеально понятое прошлое негативно оцениваемому настоящему современного Запада. Прошлое (Рим) указывало путь для России. Это была та утопическая и идеализированная античность, которая вставала и со страниц переводимой В. А. Жуковским «Одиссеи». Идиллический Рим Гоголя и греческая мифология в интерпретации Жуковского были идеологически изоморфны в процессе создания утопической программы, идущей рядом с формирующимся славянофильством, но не смыкавшейся с ним. Эти сочинения дают неожиданный — последний в это время — вариант отношения к античности как патриархальной утопии, резко контрастирующей с наступившим «железным веком». Дальнейшая рецепция античного наследия в русской культуре будет строиться на путях идеологической борьбы, где античность включится в иные теоретические схемы.

Источники

Гоголь 1937–1952 — Гоголь Н. В. Полное собрание сочинений: В 14 т. М.; Л.: Изд-во АН СССР, 1937–1952.

Гоголь 1978 — Гоголь Н. В. Собрание сочинений: В 7 т. Т. 6. М.: Художественная литература, 1978.

Дмитриев 1972 — Дмитриев М. А. Подводный город // Поэты 1820–1830-х годов: В 2 т. Т. 2 / Биографические справки, составление, подготовка текста и примечания В. С. Киселева-Сергенина. Л.: Советский писатель, 1972. С. 60–61.

Майков 1842 — Майков А. Н. Стихотворения Аполлона Майкова. СПб.: Тип. Э. Праца, 1842.

Надеждин 1833 — Надеждин Н. И. О современном направлении изящных искусств // Ученые записки Императорского Московского университета. Ч. 1. М.: В Университетской типографии, 1833. С. 95–114, 236–253, 396–446.

Пушкин 1937–1959 — Пушкин А. С. Полное собрание сочинений: В 16 т. М.; Л.: Изд-во АН СССР, 1937–1959.

Тепляков 1972 — Тепляков В. Г. Фракийские элегии // Поэты 1820–1830-х годов: В 2 т. Т. 1. / Биографические справки, составление, подготовка текста и примечания В. С. Киселева-Сергенина. Л.: Советский писатель, 1972. С. 608–660.

Тургенев 1936 — Декабрист Н. Тургенев. Письма брату С. И. Тургеневу. М.; Л.: Изд. АН СССР, 1936.

Чаадаев 1989 — Чаадаев П. Я. Сочинения. М.: Правда, 1989.

Библиография

Алексеев 1967 — Алексеев М. П. Стихотворение Пушкина «Я памятник себе воздвиг...». Л.: Наука, 1967.

Вейдле 1947 — Вейдле В. Перерождение античного искусства // Православная мысль. Труды Богословского института в Париже. Вып. V. Париж, 1947. С. 23–47.

Зеньковский 1947 — Зеньковский В. П. Я. Чаадаев, как религиозный мыслитель // Православная мысль. Труды Богословского института в Париже. Вып. V. Париж: YMCA-Press, 1947. С. 75–94.

Кнабе 1990 — Кнабе Г. С. Римская тема в русской культуре и в творчестве Тютчева // Тютчевский сборник. Таллинн: Ээсти Раамат, 1990. С. 252–285.

Кнабе 2000 — Кнабе Г. С. Русская Античность: Содержание, роль и судьба античного наследия в культуре России. М.: Российский государственный гуманитарный университет, 2000.

Лотман 1973 — Лотман Ю. М. Театр и театральность в строе культуры начала XIX века // Лотман Ю. М. Статьи по типологии культуры. Тарту: Тартуский университет, 1973. С. 42–73.

Лотман 1992а — Лотман Ю. М. Декабрист в повседневной жизни (Бытовое поведение как историко-психологическая категория) // Лотман Ю. М. Избранные статьи: В 3 т. Т. 1. Таллинн: Александра, 1992. С. 296–336.

Лотман 1992б — Лотман Ю. М. Опыт реконструкции пушкинского сюжета об Иисусе // Лотман Ю. М. Избранные статьи: В 3 т. Т. 2. Таллинн: Александра, 1992. С. 452–462.

Лотман 1992в — Лотман Ю. М. Символика Петербурга и проблемы семиотики города // Лотман Ю. М. Избранные статьи: В 3 т. Т. 2. Таллинн: Александра, 1992. С. 9–21.

Мандельштам 1990 — Мандельштам О. Э. Сочинения: В 2 т. Т. 2. М.: Художественная литература, 1990.

Машковцев 1936 — Машковцев Н. Г. История портрета Гоголя // Н. В. Гоголь. Материалы и исследования: В 2 т. Т. 2. М.; Л.: Изд-во Академии наук СССР, 1936. С. 407–422.

Проскурин 1999 — Проскурин О. А. Поэзия Пушкина, или Подвижный палимпсест. М.: Новое литературное обозрение, 1999.

Пунин 1990 — Пунин А. Л. Архитектура Петербурга середины XIX века. Л.: Лениздат, 1990.

Тоддес 1983 — Тоддес Е. А. К вопросу о каменноостровском цикле // Проблемы пушкиноведения. Рига: Латвийский гос. университет им. П. Стучки, 1983. С. 26–44.

Томашевский 1936 — Томашевский Б. В. К. Н. Батюшков // Батюшков К. Н. Стихотворения. Л.: Советский писатель, 1936. С. 5–50.

Флоровский 1981 — Флоровский Г. В. Пути русского богословия. Париж: YMCA-Press, 1981.

Kazoknieks 1968 — Kazoknieks M. Studien zur Rezeption der Antike bei russischen Dichtern zu Beginn des XIX Jahrhunderts. München: Peter Lang, 1968.

Muratova 1979 — Muratova X. L'image du gothique dans la littérature russe // Romantisme. Vol. 23. 1979. P. 66–78.

Quénet 1931 — Quénet C. Tchaadaev et Les Lettres Philosophiques. Contribution à l'étude du mouvement des idées en Russie. Paris: H. Champion, 1931.

10
Гоголевский «Нос» в пушкинском кругу
О редакции повести в журнале «Современник» 1836 года

> Но каким чудом отвратительная бессмыслица могла смешить Пушкина?
>
> *Барон Розен. Ссылка на мертвых*

Несмотря на многочисленные работы, посвященные повести Н. В. Гоголя «Нос», целый ряд вопросов, связанных как с текстологической историей, так и с литературно-историческим контекстом этого «загадочного» произведения, остаются непроясненными. В каком направлении и при каких обстоятельствах Гоголь переделывает первую редакцию повести, подготовленную в 1835 году для «Московского наблюдателя», но не напечатанную в этом журнале? Почему Пушкин взялся поместить отвергнутый москвичами текст в своем журнале «Современник», в третьем томе за 1836 год?

Участие Гоголя в пушкинском «Современнике» достаточно хорошо изучено[1]. Именно в 1836 году отношения Гоголя с Пушкиным приобретают характер тесного сотрудничества. Гоголю дается «зеленый свет» на страницах пушкинского журнала. Гоголь оказывается главным прозаиком издания — факт особенно при-

---

[1] См. [Гиппиус 1931; Мордовченко 1936; Петрунина, Фридлендер 1969; Вацуро 1994; Рейфман 1996; Проскурина 1996; Лямина, Самовер 2020].

мечательный, если принять во внимание, что Пушкин не опубликовал в своем журнале ни одного из популярных прозаических авторов 1830-х годов. Само появление повести «Нос» в «Современнике» в сопровождении предисловия Пушкина создавало вокруг этой публикации определенную интригу: «Н. В. Гоголь долго не соглашался на напечатание этой шутки; но мы нашли в ней так много неожиданного, фантастического, веселого, оригинального, что уговорили его позволить нам поделиться с публикою удовольствием, которое доставила нам его рукопись» [Гоголь 1836: 54; Пушкин 1937–1959, 12: 183].

Барон Розен, яростный ненавистник Гоголя, усмотрел в примечании Пушкина какой-то потаенный подтекст:

> Чего же хотел Пушкин своим примечанием к этой повести? Изменило ли ему на тот раз чувство критики? Или он хотел издеваться над вкусом публики, рекомендуя ей, под видом неожиданного, фантастического, веселого, оригинального, — такую бессмысленную ералашь? Самая *форма* рекомендации проникнута каким-то мефистофельски-сатирическим духом: *Пушкин* насилу испросил дозволение авторское поделиться с публикою удовольствием от повести, которая (выражусь о ней как нельзя мягче) пустейший, непонятнейший фарс! Для чего нет подобной рекомендации под другими, так же пустыми, но понятными, иногда забавными и нигде не отвратительными шутками того же Гоголя: «Утро делового человека» и «Коляска», в том же журнале Пушкина? На подобные замечания мои Пушкин отозвался, что странность фарса требовала оговорки; уверял меня, что в самом деле смеялся при чтении «Носа» и тиснул его, полагая, что этот фарс может смешить и других. Стало быть, достоверно, что этот «Нос» смешил Пушкина! [Розен 1974: 286.]

В гневных филиппиках Розена тем не менее содержится ряд вопросов, на которые исследователи не дали достаточно аргументируемого ответа: в чем была причина холодно-неприязненной рецепции повести «Нос» большинством современных Гоголю читателей? Почему повесть Гоголя «Нос» оказалась столь востребованной ближайшим окружением Пушкина, и прежде всего — самим поэтом?

Между тем предисловие Пушкина отнюдь не отражало реальности. Гоголь не только не отказывался печатать свою повесть в журнале Пушкина, но специально переделал ее для «Современника», внеся значительные изменения в текст, в том числе и такие, которые никак не связаны с цензурным вмешательством. Версия «Носа» 1836 года, созданная в период тесного взаимодействия Гоголя с пушкинским кругом, проливает свет на важные аспекты литературной, языковой, идеологической позиции Пушкина и его окружения в 1836 году.

«Сальная» повесть в контексте «грязной» комедии

В 1836 году Гоголь делается завсегдатаем субботних литературных вечеров у Жуковского. 18 января он присутствует на том вечере, когда «литературная братия» (Пушкин, Вяземский, Крылов, Одоевский, Плетнев, барон Розен) с энтузиазмом читала и обсуждала очередное парижское письмо А. И. Тургенева, один из текстов его будущей «Хроники русского» в «Современнике». В тот же вечер Гоголь впервые прочел своего «Ревизора». Особенным поклонником пьесы оказался Вяземский, сделавший подробный разбор «Ревизора» в письме к А. И. Тургеневу от 19 января 1836 года:

> Вчера Гоголь читал нам новую комедию «Ревизор». <...> Весь этот быт описан очень забавно, и вообще неистощимая веселость; но действия мало, как и во всех произведениях его. Читает мастерски и возбуждает un feu roulant d'éclats de rire dans l'auditoire[2]. Не знаю, не потеряет ли пиеса на сцене, ибо не все актеры сыграют, как он читает. Он удивительно живо и верно, хотя и карикатурно, описывает наши mœurs administratives[3]. Вигель его терпеть не может за то, что он где-то отозвался о подлой роже директора департамента. У нас он тем замечательнее, что, за исключением Фонвизина, никто из наших авторов не имел истинной веселости.

---

[2] «Взрывы смеха со стороны зрителей» (*франц.*).
[3] «Административные нравы» (*франц.*).

> Он от избытка веселости часто завирается, и вот чем веселость его прилипчива. <…> Один Жуковский может хохотать на бумаге и обдавать смехом других, да и то в однех стенах Арзамаса [Вяземский, Тургенев 1899: 285].

Из всех присутствующих на этом чтении лишь барон Розен, поздно вошедший в русскую литературную среду, не чуткий в понимании смеховой культуры вообще, а тем более в отношении интертекстуального, сложно-комического нарратива Гоголя, воспринял «Ревизора» как оскорбительно-грязную карикатуру:

> …и вдруг, в оба отверстые уха мои грянула из комедии такая шутка, что душа моя оцепенела, — шутка, по моему разумению, *неопрятная*, но, видно, *забавная* для других: многие расхохотались; иные зарукоплескали, и звучный голос одного очень образованного человека, в похвалу этой нечистой, по моему мнению, шутке, произнес во всеуслышание, с единственною энергией: «C'est le haut comique!»[4] Это возвещение *высоко-комического* подействовало на мою мозговую систему жестоким нервическим ударом, который поверг меня в желанную апатию, так что я, без особенных умственных страданий, выдерживал комедию до конца [Розен 1974: 283].

Голос Розена звучал диссонансом на фоне полного одобрения комедии среди окружения Пушкина. Особенным поклонником «Ревизора» оказался Вяземский, которому пришлось защищать Гоголя и его комедию от обвинений в фарсовой, «грязной» природе. В своем разборе «Ревизора» на страницах «Современника» Вяземский подтвердил высокое качество комедийного мастерства Гоголя сравнением с Фонвизиным, монографию о котором он писал с начала 1830-х годов[5]. Разговор о «низком» языке «Реви-

---

[4] «Это высшая степень комизма!» (*франц.*).

[5] В конце февраля 1836 года сатирические тексты Фонвизина вновь актуализируются в связи с тем, что Пушкин получает из цензурного комитета рукопись монографии Вяземского «Биографические и литературные записки о Денисе Ивановиче Фонвизине» (см. [Пушкин 1969: 292]; коммент. В. Э. Вацуро). Переписка свидетельствует об огромном интересе обоих к сатирико-памфлетным текстам Фонвизина.

зора» перерастал в дискуссию об истинной и ложной языковой стратегии, соответствующей настоящему обществу, в том числе и придворному. Дискуссия о «Ревизоре» была, по сути, борьбой за политическую стратегию. Вяземский писал:

> Впрочем, трудно и угодить на литературных словоловов. У которого-то из них уши покраснели от выражения: «суп воняет, чай воняет рыбою». Он уверяет, что теперь и порядочный лакей того не скажет. Да мало ли того, что скажет и чего не скажет лакей? Неужли писателю ходить в лакейские справляться, какие слова там в чести и какие не в употреблении. <...> Впрочем, критик, может быть, и прав; в этом случае мы спорить с ним не будем. Порядочный лакей, что называется — un laquais endimanché[6], точно, может быть, постыдится сказать «воняет», но порядочный человек, то есть благовоспитанный, смело скажет это слово и в великосветской гостиной, и перед дамами. Известно, что люди высшего общества гораздо свободнее других в употреблении собственных слов: жеманство, чопорность, щепетильность, оговорки — отличительные признаки людей, не живущих в хорошем обществе, но желающих корчить хорошее общество [Вяземский 1836: 295–296].

В своей статье о «Ревизоре» Вяземский полемизировал со своеобразным стилевым пуризмом Ф. В. Булгарина, издевавшегося над низким языком «Ревизора». Прямо адресуясь к пушкинскому кругу (к «друзьям автора комедии Ревизор»), Булгарин писал:

> Друзья автора комедии «Ревизор» оказали бы ему и публике величайшую услугу, если б могли убедить его отказаться от *цинизма* в языке, которым упитана не только комедия, но и все вообще произведения этого молодого и, притом, талантливого писателя. <...> ...в языке автора «Ревизора» так много противуизящного, что мы не понимаем, как он мог решиться на это. Теперь порядочный лакей не скажет: «суп

---

[6] «Лакей во фраке» (*франц.*)

воняет» <...> или «чай воняет рыбой» <...> а скажет: «дурно пахнет, пахнет рыбой». Ни один писатель со вкусом не напишет: «*ковыряет* пальцем в зубах»...⁷

За обвинением Гоголя в языковом «цинизме» стояла целая программа: Гоголь с его «Ревизором», как и «друзья» комедии Гоголя, — циничные критиканы, и политическая элита (в первую очередь — сам царь!) должна чуждаться таких авторов. «Грязная» лексика служила, по Булгарину, сигнатурой «грязных» помыслов, и здесь угадывалась попытка заявить и о некоей неблагонадежности автора «Ревизора» и его «друзей». Вяземский прекрасно понял, куда метила критика Булгарина, — поэтому глубоко не случайны были его отсылки к Фонвизину и Екатерине II. Вяземский писал, что разговорный язык персонажей Фонвизина не смущал аристократическое общество: «Между тем не излишним будет заметить почитателям классических преданий, что фон-Визин читал своего *Бригадира* и своего *Недоросля* при просвещенном и великолепном дворе Екатерины II» [Вяземский 1836: 292]. Вяземский очевидно проводил параллель между одобрением Николаем I «Ревизора» и Екатериной II, присутствовавшей на чтении Фонвизина.

Булгарину было хорошо известно, что цензура запретила постановку «Ревизора», после чего Жуковскому удалось передать рукопись пьесы императору Николаю. «Ревизор» «был вытребован в Зимний дворец, и графу Виельгорскому поручено его прочитать <...> и затем по окончании чтения последовало высочайшее разрешение играть комедию» [Вольф 1877: 49]⁸. Князь Вяземский в письме А. И. Тургеневу от 24 апреля / 6 мая 1836 года описывает всеобщий ропот против «Ревизора», а также сообщает о малом числе «ратоборцев за пиесу» — в их числе назван он сам, Козловский, Жуковский, «не говоря уже о государе, ко-

---

⁷ Северная пчела. 1836. № 98. 1 мая. С. 391; подпись: Ф. Б. Впервые на эту статью Булгарина как на источник полемических выпадов Вяземского указано в работе [Кузовкина 2007: 87–88].

⁸ См. также [Манн 2004: 399–404].

торый читал ее (комедию. — *В. П.*) в рукописи» [Вяземский, Тургенев 1899: 317]. Сохранилось множество свидетельств высочайшего одобрения «Ревизора»: царь появлялся на представлении, иногда в присутствии наследника, иногда в окружении министров, — его демонстративные хохот и аплодисменты запечатлели мемуаристы.

Парадокс восприятия Гоголя на тот момент заключался в том, что, несмотря на высочайшее одобрение, вызванное во многом тем, что царь усмотрел в «Ревизоре» соответствие его собственной программе «оздоровления» чиновничества, провинциальной бюрократии, высшие круги — элита — эстетически и идеологически отвергли сочинение Гоголя как грязную и недостойную искусства клевету на русское общество. В том же письме к А. И. Тургеневу Вяземский замечал: «Все стараются быть более монархистами, чем царь, и все гневаются, что позволили играть эту пиесу, которая, впрочем, имела блистательный и полный успех на сцене, хотя не успех общего одобрения» [Вяземский, Тургенев 1899: 317].

Почти одновременно с представлениями комедии на сцене в пушкинском кругу начинаются первые чтения новой редакции повести «Нос». Князь Вяземский писал А. И. Тургеневу 9 апреля 1836 года о том, что только Гоголь (коего Жуковский называет Гоголек) оживлял посетителей Жуковского своими рассказами:

> В последнюю субботу читал он нам повесть об носе, который пропал с лица неожиданно у какого-то коллежскаго асессора и очутился после в Казанском соборе в мундире Министерства просвещения. Уморительно смешно! Много настоящего humor. Коллежский асессор, встретясь с носом своим, говорит ему: «Удивляюсь, что нахожу вас здесь; вам, кажется, должно бы знать свое место» [Вяземский, Тургенев 1899: 314].

«Ревизор» и «Нос» оказались связаны не только почти одновременным появлением в 1836 году: «Нос» воспринимался на фоне дискуссии о «Ревизоре». Оба текста подверглись критике за свой «фарсовый» характер, за «низкий», «грязный» язык. Тем не менее было и отличие: если «Ревизор» был положительно принят при дворе и заслужил высочайшее одобрение, то гоголевский «Нос» оказался востребован только в узком кругу «друзей» Гоголя.

Отвергнутая повесть

Повесть «Нос» была задумана еще в начале 1830-х годов — в 1832-м или в начале 1833-го была написана первая страничка, содержащая эпизод обнаружения носа в только что испеченном хлебе. Эпизод содержал указание на дату этого «необыкновенно-странного происшествия» — «23-го числа 1832 года» [Гоголь 1937–1952, 3: 380].

В начале 1835 года, в связи с ожиданием выхода нового журнала — «Московского наблюдателя», — Гоголь сочиняет повесть «Нос»: о работе над новой повестью он оповещает М. П. Погодина уже 31 января 1835 года, но предупреждает, что не сможет ее закончить в короткий срок:

> Скажи нашим господам, что сгораю желанием приклеить свои труды к ихним. Но, ей богу, раньше как к 3-й книжке не могу прислать им повести. Я теперь в таких хлопотах, что страшно и подумать. Кроме всего прочего, я стараюсь, чтобы чрез три недели вышло мое продолжение «Вечеров», итак, ты посуди сам. Но впрочем все это для них же лучше: вещь, которую я напишу после, все же должна сколько-нибудь быть лучше той, которая написана раньше. Я начал даже для них повесть. Но, ей богу, две недели, по крайней мере, я не буду иметь времени даже подумать о ней [Гоголь 1937–1952, 10: 351].

Тем не менее уже 18 марта 1835 года он сообщает Погодину об отправке якобы законченной повести:

> Посылаю тебе нос. Да если ваш журнал не выйдет, пришли мне его назад. Обо<...>лись вы с вашим журналом. Вот уже 18<-е> число, а нет и духа. Если в случае ваша глупая цензура привяжется к тому, что нос не может быть в Казанской церкви, то, пожалуй, можно его перевести в католическую. Впрочем, я не думаю, чтобы она до такой степени уж выжила из ума [Гоголь 1937–1952, 10: 355].

Почти сразу, буквально через пять дней, 23 марта того же года, Гоголь просит Погодина прислать рукопись назад: «Так как Московский Наблюдатель не будет существовать, то пришли мне мой нос назад, потому что он мне очень нужен» [Гоголь 1937–1952, 10: 358].

Однако, по всей видимости, в марте-апреле 1835 года «Нос» не был еще послан Погодину. Письмо Гоголя Погодину от 17 апреля 1835 года позволяет предположить, что автор прибег к своему излюбленному приему, сочинив историю про потерю посылки с повестью, требуя проверить почту и почтмейстера и снабдив свое письмо мотивами самого «Носа»:

> Сам чорт разве знает, что делается с носом! Я его послал как следует, зашитого в клеенку, с адресом в Московский университет. Я не могу и подумать, чтобы он мог пропасть как-нибудь. У нас единственная исправная вещь: почтамт. Если и он начнет заводить плутни, то я не знаю, что уже и делать. Пожалуйста, потормоши хорошенько тамошнего почтмейстера. Не запрятался ли он куда-нибудь по причине своей миниатюрности между тучными посылками [Гоголь 1937–1952, 10: 363–364].

Гоголь неслучайно разыгрывал историю с пропажей посылки и рукописи: он не был уверен в успехе нового журнала, как и своего сотрудничества в нем. Во второй книге «Московского наблюдателя» была напечатана чрезвычайно комплиментарная рецензия С. П. Шевырева на гоголевский «Миргород» (март 1835 года) [Шевырев 1835]. Однако при всем восхищении непринужденностью и искренностью гоголевского смеха Шевырев подчеркнул некую ограниченность художественного мира писателя — певца и выразителя экзотичной, почти сказочно-фантастической реальности. Критик обращал внимание на некоторую провинциальность текстов, на их фарсовость. По эстетической шкале Шевырева Гоголю отводилось не самое почетное место «комического писателя».

Гоголь как будто бы чувствовал, что новая повесть окажется и вовсе неуместной в философическом журнале, задуманном «как роскошное издание на веленевой бумаге типа салонных альманахов» [Мордовченко 1936: 113]. Действительно, «Нос» редакцией «Московского наблюдателя» был отвергнут. С. П. Шевырев, ведущий критик журнала, определявший эстетические вкусы всего издания, впоследствии назвал «Нос» одним из «самых неудачных созданий» писателя [Шевырев 1842: 373]. В. Г. Белинский в «Литературных и журнальных заметках» 1842 года вспоминал «московский журнал, который отказался принять в себя повесть Гоголя "Нос", по причине ее пошлости и тривиальности», а также упоминал и того «*именитого* критика», «который отказался писать о "Ревизоре", как опять о тривиальном и грязном произведении...» [Белинский 1953–1959, 6: 504].

Показательно, что К. С. Аксакову, сочувствовавшему Гоголю, приходилось доказывать серьезность и глубину сочинений писателя — вопреки отрицательному впечатлению, произведенному повестью «Нос». Аксаков писал своей приятельнице и родственнице М. Г. Карташевской:

> ...Я уже читал «Ревизора»; читал раза четыре и потому говорю, что те, кто называет эту пьесу грубою и плоскою, не поняли ее. Гоголь — истинный поэт; ведь в комическом и смешном есть также поэзия. Мне жаль, что Вы в первый раз узнали Гоголя только по его «Носу». В этой шутке есть свое достоинство, но <она>, точно, немножко сальна [Ланской 1952: 50][9].

Итак, повесть приобрела репутацию «сальной». Читатели 1830-х годов еще прекрасно ощущали французское происхождение этого слова (*sale* — это прежде всего непристойный, имеющий намеки сексуального характера). Таким образом, «Нос» — это не просто «грязное» произведение, содержащее низкую лексику или описывающее грубые эпизоды. Повесть трактуется читателями как неприличная, с намеками сексуальной направленности.

Пушкин в своем примечании к публикации «Носа» говорит о том, что Гоголь «долго не соглашался на напечатание этой шутки». Так ли это? По всей видимости, здесь имеет место созна-

---

[9] Вызывает сомнение датировка этого письма — 9 мая 1836 года, поскольку «Нос» был напечатан осенью того же года. Рукописная копия вряд ли могла циркулировать за пределами редакции. Скорее всего, адресат послания ознакомилась с «Носом» по изданию «Современника» не ранее осени 1836 года.

тельная игра с читателем Пушкина-издателя. Пушкин отводил от автора «Носа» потенциальные упреки, сообщив, что Гоголь «долго» не соглашался публиковать повесть, что его пришлось уговаривать, что и сама повесть всего лишь «шутка».

В реальности, едва узнав о высочайшем разрешении, данном Пушкину на издание «Современника», Гоголь в первую очередь думает о повести «Нос». Уже 18 января 1836 года, возвратясь с «субботы» у Жуковского, Гоголь пишет письмо, где просит Погодина прислать рукопись «Носа»: «Мне теперь он до крайности нужен. Я хочу его немного переделать и поместить в небольшое собрание, которое готовлю издать» [Гоголь 1937–1952, 11: 31].

Никакого собрания он тогда не готовил — «Нос» ему нужен был для передачи в пушкинский «Современник», в котором Гоголь поначалу принял самое деятельное участие. Погодин не отвечал — и Гоголь еще дважды (в феврале и марте) отсылал Погодину письма-запросы. «Нос» вернулся к Гоголю не ранее середины марта 1836 года [Гоголь 1937–1952, 11: 39]. Именно тогда Гоголь начал переделку повести.

Об особенностях редакции 1836 года

В новую редакцию своей «сальной» повести, отвергнутой «наблюдателями», Гоголь вносит особенно много сексуальных, неприличных, почти непристойных намеков.

Одним из первых таких фрагментов является знаменитая речь супруги цирюльника Прасковьи Осиповны, произнесенная при обнаружении носа в разрезанном хлебе. На предложение цирюльника завернуть нос в тряпочку, спрятать, а потом вынести потихоньку из дома она разражается выразительной тирадой, отсутствующей в редакции 1835 года: «Сухарь поджаристый! Знай умеет только бритвой возить по ремню, а долга своего скоро совсем не в состоянии будет исполнять, потаскушка, негодяй! Чтобы я стала за тебя отвечать полиции?.. Ах ты пачкун, бревно глупое!» [Гоголь 1836: 56]. В первой редакции 1835 года неприличных фразочек о супружеском долге, оскорблений сексуального характера не содержалось: «И слушать не хочу, зверь проклятый! Чтобы я позволила у себя в комнате лежать отрезанному носу? — Не будет этого, не будет! Найдут полицейские обыскивать да подумают, что я была участницею в таком» [Гоголь 1937–1952, 3: 382].

Если в редакции 1835 года эпизод с обнаружением носа описан кратко, то в версии 1836 года действие замедляется, фокусируется на словах супруги и на попытках цирюльника найти «объяснения» отрезанию носа. Иван Яковлевич[10] произносит внутренний монолог:

> «Чорт его знает, как это сделалось», — сказал он наконец, почесав рукою за ухом. «Пьян ли я вчера возвратился, или нет, уж наверное сказать не могу. А по всем приметам должно быть происшествие несбыточное: ибо хлеб — дело печеное, а нос совсем не то. Ничего не разберу!..» Иван Яковлевич замолчал [Гоголь 1836: 56].

Иван Яковлевич производит здесь абсурдистское противопоставление («хлеб — дело печеное, а нос совсем не то»), где первое (хлеб) ассоциируется с высоким началом, а второе (нос) — с низким и постыдным. Как представляется, в этом эпизоде разрезания испеченного хлеба можно обнаружить кощунственную подоплеку[11]. Гоголевский герой, разрезая ножом хлеб и обнаруживая в середине нос, производит кощунственное пародирование церковной проскомидии, исполняемой во время Литургии. Сам хлеб (просфоры в церкви) символизирует тело Христа, а церковный нож («копие»), которым священник разрезает определенным образом просфору, ассоциируется с копьем римского воина, пронзившего Спасителя на кресте[12]. Во время проскомидии священник омывает вином «рану», нанесенную «копием», — здесь же вино имеет иной, прозаический смысл: цирюльник мотиви-

---

[10] Имя цирюльника в версии 1835 года — Иван Федорович, в версии «Современника» — Иван Яковлевич.

[11] О кощунственных мотивах в «Носе» в связи с датировкой исчезновения и появления носа см. [Успенский 2004].

[12] О травестировании обряда проскомидии еще в 1987 году писал Михаил Вайскопф в статье «Нос в Казанском соборе: о генезисе религиозной темы у Гоголя» [Вайскопф 2003]. См. также [Pilshchikov 2021].

рует события своим пьянством («Пьян ли я вчера возвратился, или нет, уж наверное сказать не могу»), что привносит дополнительный кощунственный элемент.

Эротические мотивы второй части «Носа» связаны с переживаниями майора Ковалева. Характерно, что только в редакции «Современника» появляются матримониальные мечтания Ковалева, заменяющие его карьерные планы.

В версии 1835 года Ковалев объясняет носу в Казанском соборе, что неудобно ходить без носа «для лица, получив<шего?> *губернаторского места*, что без сомнения последует» [Гоголь 1937–1952, 3: 388] (курсив наш. — *В. П.*), или как здесь же в вариантах: губернаторское место, «которое мне без сомнения» (еще вариант: «как говорят это») последует. Вопрос о «губернаторском месте», где Гоголь старательно перебирает варианты, был в объяснениях Ковалева основным.

В версии 1836 года необходимость поисков носа объясняется не карьерной, а матримониальной (или эротической) мотивировкой. В разговоре Ковалева с носом в Гостином дворе (заменившем еще более кощунственный эпизод молитвы носа в Казанском соборе) вопрос о губернаторском месте редуцирован, фраза оборвана многоточием, но зато появляется упоминание о знакомых дамах: «...но, имея в виду получить... притом, будучи во многих домах знаком с дамами: Чехтырева, статская советница, и другия...» [Гоголь 1836: 64].

Затем эта мотивировка нужды в носе из-за знакомства с дамами появляется снова, когда Ковалев отказывается сообщить чиновнику Газетной экспедиции свою фамилию, поскольку стыдится, что потеря носа станет известной дамам: «У меня много знакомых: Чехтарева, статская советница, Пелагея Григорьевна Подточина, штаб-офицерша... Вдруг узнают, Боже сохрани!» [Гоголь 1836: 71].

Абсурдность ситуации — необходимость найти нос объясняется ожиданием встреч с дамами — усиливается еще одним, уже третьим, повторением на следующей странице схожих ламентаций Ковалева, отсутствующих в первоначальной версии и вставленных в версии «Современника»: «Я бываю по четвергам у статской советницы Чехтаревой; Подточина Пелагея Григорьевна штаб-офицерша, и у ней дочка очень хорошенькая, тоже очень хорошие знакомые; и вы посудите сами, как же мне теперь… Мне теперь к ним нельзя явиться» [Гоголь 1836: 72].

Новой вставкой 1836 года являлась также переписка майора Ковалева и штабс-офицерши Подточиной (последняя фигурирует в этих письмах как Александра Григорьевна, а не как Пелагея Григорьевна!). Ковалев обвиняет ее в «волхованиях» с носом — на что дама отвечает, что «готова сей же час удовлетворить» Ковалева, «ибо это составляло всегда предмет <…> живейшего желания» с ее стороны [Гоголь 1836: 86]. Здесь речь идет о желанной для Подточиной женитьбе Ковалева на ее дочери, однако сама неясно сформулированная фраза звучит двусмысленно и намекает на двойной флирт Ковалева с матерью и дочерью, аналогичный флирту Хлестакова с женой и дочерью городничего в «Ревизоре».

«Сальность» гоголевской повести получила эмблематическое завершение в литографированной картинке-рекламе, выставленной в витрине магазина Юнкера: здесь имелось «изображение девушки, поправлявшей чулок, и глядевшего на нее из-за дерева франта с откидным жилетом и небольшой бородкою…» [Гоголь 1836: 87]. Эта вставка появилась только в версии 1836 года. Слухи о носе в витрине магазина Юнкера вызывают столпотворение в городе, народ спешит увидеть этот нос, но вместо него обнаруживается эта литографированная картинка. Сам эпизод пародирует мотивы либертинских «святок»: согласно обычной структуре ноэля (Noël), в некоем городе (или в каком-то местечке) распространяется слух о чудесном младенце, все устремляются ему навстречу. Сами рождественские «святки» уже являлись пародией на евангельский сюжет поклонения волхвов. Пушкин и Вяземский были авторами ноэлей, использовали этот жанр как удобную форму для сатирического обозрения современной политики[13]. В гоголевском тексте имеет место пародия на пародию, придающая всей повести игровой интертекстуальный характер, близкий прозе самого Пушкина. У Гоголя толпы зевак, увлеченные слухом

---

[13] См. [Проскурина 2015].

о гуляющем в городе носе, собираются его встречать перед магазином с неприличной картинкой; там же некий «спекулатор» торгует удобным для просмотра местом. Появившаяся в 1836 году картинка-реклама, маленький экфрасис Гоголя, завершала травестийно-эротическую фокусировку повести.

О литературном фоне «Носа» и табакерке с портретом дамы

Классическая работа В. В. Виноградова «Сюжет и композиция повести Гоголя "Нос"» (1920, опубл. 1921) послужила началом изучению литературно-журнального фона повести Гоголя. В ней исследователь декларировал, что сюжетная конструкция «Носа» предполагает сложный смысловой контекст литературной и внелитературной «носологии» 20–30-х годов XIX века[14]. С легкой руки В. В. Виноградова именно «носология» оказалась в центре внимания и у позднейших исследователей повести: вокруг носа коллежского асессора Ковалева выросла уже очень значительная литература[15]. И это привело к некоторому «размыванию» проблемы: среди фоновых носологических текстов назывались самые разнородные произведения: от третьесортной газетно-журнальной продукции[16] до немецких романтиков, от «Тристрама Шенди» Лоуренса Стерна до физиогномических эссе «Похвала носу» Генриха Цшоке[17] или полупародийного эссе «Панегирик носу»

---

[14] См. [Виноградов 1976].

[15] См. [Бычкова 2014; Бемиг 2018; Пильщиков 2019].

[16] Таковым, например, являлся текст под названием «Нос. Французский анекдот», напечатанный в 1831 году в «Литературных прибавлениях к "Русскому инвалиду"» (№ 72. 9 сент. С. 562–564). Этот «анекдот» повествует о несчастной любви некоего обладателя огромного уродливого носа, закрывавшего все лицо, к бедной девушке Лауретте, жительнице Рима. Возможно, знакомство с этим текстом отозвалось в гоголевском наброске 1832 года «Фонарь умирал», где студент в окне видит прекрасную женщину и господина во фраке с необычным носом.

[17] Прозаические юморески немецкого и швейцарского писателя Цшоке (в современном написании — Чокке) были опубликованы в двух номерах газеты «Молва» за 1831 год (№ 37. С. 161–167; и № 39. С. 195–201). См. также [Бемиг 2011]. К уже найденному можно добавить не отмеченное исследователями

Николая Карлгофа[18]. Множественность и разнородность обнаруженных «источников» уводили от главного — от эротической подоплеки всей повести Гоголя.

Между тем еще одно примечательное изменение было внесено Гоголем в текст — чиновник Газетной экспедиции уже не просто нюхал табак во время разговора с Ковалевым (как это было в редакции 1835 года), но коварно предлагал табакерку майору:

> «Не угодно ли вам понюхать табачку? это разбивает головные боли и печальные расположения; даже в отношении к гемороидам это хорошо». Говоря это, чиновник поднес Ковалеву табакерку, довольно ловко подвернув под нее крышку с *портретом какой-то дамы в шляпке* [Гоголь 1836: 74–75] (курсив наш. — *В. П.*).

Примечательна также и реакция Ковалева, отсутствующая в прежней редакции: «Этот неумышленный поступок вывел из терпения Ковалева. "Я не понимаю, как вы находите место шуткам, — сказал он с сердцем. — Разве вы не видите, что у меня нет именно того, чем бы я мог понюхать?"» [Гоголь 1836: 75].

Наконец, примечательны в редакции 1836 года размышления Ковалева о том, как и при каких обстоятельствах потеря носа была бы менее постыдна: «И пусть бы уже на войне отрубили или на дуэли» [Гоголь 1836: 77]. В первоначальной редакции этой военной или дуэльной темы не было: «Будь я без руки или без ноги — все бы это лучше. Будь я без обоих ушей даже, все сноснее, но без носа человек хоть выбрось. Если бы кто-нибудь отрезал или я сам был причиною… но вот штука — пропал сам собою» [Гоголь 1937–1952, 3: 395].

стихотворение «Похвала носу», напечатанное в той же «Молве» за 1831 год (№ 11) без подписи. Оно принадлежит Д. П. Ознобишину. «Похвала носу» открывает этот номер: «Никто носов еще не пел, / А нос, из чувств едва ль не главной, / Его Создатель нам в удел / Дал всем, хоть в доле и неравной» (Молва. 1831. № 11. С. 1). В современном издании это стихотворение публикуется под названием «Нос» (см. [Ознобишин 2001: 488]).

[18] Литературные прибавления к «Русскому инвалиду». 1832. № 62. 3 авг. С. 489.

Последние изменения — о предложении понюхать табак из табакерки с портретом дамы в шляпке и упоминание войны как лучшего способа утратить нос — позволяют ввести в носологический контекст повести еще одно произведение. Здесь — возможно — содержится отсылка к «Тристраму Шенди» Лоуренса Стерна, к тем его главам, в которых вдова Водман обеспокоена судьбой раны в пахе дяди Тоби, полученной им во время сражения при Намюре. В высшей степени эротизированные главы (в том числе и с многозначащими многоточиями, тогда входившими в моду) содержат рассказ о попытках вдовы выяснить, способен ли дядя Тоби к супружеским отношениям[19].

Однако, вероятно, здесь для Гоголя было не менее важно и русское произведение, ускользнувшее от внимания исследователей.

В обширной сатирической традиции выделяется стихотворная сказка-басня Я. Б. Княжнина «Феридина ошибка» (1778), дважды публиковавшаяся в журналах, в том числе в 1783 году в «Собеседнике любителей русского слова» Екатерины II и Е. Р. Дашковой. Позднее текст вошел во все собрания писателя, включая его «Сочинения» в пяти томах (1817–1818). Это третье издание сочинений, выпущенное с приложением биографии, написанной сыном, А. Я. Княжниным, имелось и в библиотеке Пушкина.

В сказке Княжнина красавица размышляет о достоинствах молодого жениха, среди которых она более всего ценит добродетели, а не внешнюю красоту. Но тут случается война:

> Любовник между тем, сражаясь в поле ратном,
> В случа́е для него весьма превратном,
> Среди военных страшных гроз
> За общество утратил вправду нос
> [Княжнин 1961: 685].

Юный герой не беспокоится о чувствах Фериды, которая не раз объявляла всем знакомым, что душа ценнее всех физических качеств героя:

---

[19] См. [Стерн 1968: 520–534].

> Потеря невелика.
> Была бы лишь душа цела,
> Которая Фериде так мила;
> Ей нужды нет до лика.
> Дурнее стал... так что ж?
> Ведь нос не для любви, для табаку пригож...
> [Княжнин 1961: 685]

Финал сказки обнажает все иллюзорные надежды утратившего нос героя, как и ложные обещания светской дамы:

> Оцепенела вся Ферида,
> У ног ее ей кажется злодей...
> Кричит на слуг: «Какого странна вида
> Впускаете ко мне людей?..»
> — «Я тот... — любовник восклицает, —
> Я самый тот, который не лицом —
> Душой тебя прельщает,
> А душу — ту же видишь в нем».
> — «Так это ты? — Ферида отвечает. —
> О! ты, который был мне прежде столько мил!
> Ах! можно ли, чтоб нос так душу повредил!»
> [Княжнин 1961: 685–686]

Последняя строчка монолога Фериды звучала афористично, а сама бойкая и хорошо написанная «сказка» Княжнина вписывалась в контекст эротико-юмористических анекдотов.

Гоголь прекрасно знал и ценил пьесы Княжнина: еще в Нежинской гимназии юный Гоголь играл по крайней мере в двух княжнинских пьесах: в «Чудаках» и «Неудачном примирителе». Есть основания полагать, что знаком он был и с прочей поэтической продукцией Княжнина — возможно, еще с гимназических лет.

Но особенно важно, что фигура Княжнина оказывается значимой в пушкинском кругу середины 1830-х годов. Характерно, что Пушкин включает в «Капитанскую дочку» *три* эпиграфа из Княжнина — два подлинных, третий фиктивный, написанный «в стиле Княжнина». Немаловажен и тот факт, что в своей монографии «Фон-Визин» Вяземский особо отметил Княжнина, чьи комедии перечитываешь «с удовольствием и смехом» и которого «до́лжно признать» «первым комиком нашим» [Вяземский 1880: 130]. Можно с осторожностью предположить, что анекдотическая сказка Княжнина могла быть известна автору «Носа».

Пушкинский смех

Гоголь был чрезвычайно внимателен к эстетическим вкусам и стилевым пристрастиям в пушкинском кругу, желая всеми силами войти в этот круг, вписаться в него и занять в нем почетное место первого комического писателя. Он не мог пройти мимо очевидного увлечения смеховой, пародийной, ироикомической или даже барковианской литературой, культивируемой в этой среде.

Ядром «пушкинского круга» в середине 1830-х годов являлись авторы, прошедшие литературную школу «Арзамаса», «арзамасской галиматьи», ориентированной на травестирование сакрального, на пародирование церковного ритуала. Широкий интертекстуальный пласт, вторжение пародии и травестии в высокие материи, — такие уроки берет Гоголь в кругу Пушкина.

Даже бытовые или эпистолярные нарративы Гоголь начинает адаптировать по образцам, культивируемым в этом сообществе. Посылая М. П. Погодину свои «Арабески», Гоголь пишет 22 января 1835 года: «Посылаю тебе всякую всячину мою. *Погладь ее и потрепли...*» [Гоголь 1937–1952, 10: 348] (курсив наш. — *В. П.*). Выделенная нами фразочка отсылала к шутливой оде Г. Р. Державина «На Счастие», где лирический герой призывает Фортуну-Счастие:

> Простри и удостой усмешкой
> Презренную тобою тварь;
> И если я не создан пешкой,
> Валяться не рожден в пыли,
> Прошу тебя моим быть другом;
> Песчинка может быть жемчугом,
> *Погладь меня и потрепли*
> [Державин 1957: 127] (курсив наш. — *В. П.*).

Наверняка Гоголь ощущал второй, непристойный, план этих державинских строк, в свою очередь отсылающих посвященных к традициям барковианы, в частности к оде «На воспоминание прошедшей молодости» (вероятным автором которой являлся Ф. И. Дмитриев-Мамонов)[20].

Работа над новой версией «Носа» несомненно проходила под влиянием как самого Пушкина, так и разговоров в пушкинском литературном кругу 1836 года. В. Э. Вацуро назвал этот процесс «влияния» Пушкина на Гоголя «плагиатами» Гоголя (видимо, по аналогии с известной работой М. О. Гершензона «Плагиаты Пушкина») [Вацуро 1994: 325]. Среди уже отмеченных исследователем «плагиатов» в «Носе» — изменение финала. Серия вопросов «И для чего все это? К чему это? <...> Для какой цели? Что доказывает эта повесть?» [Гоголь 1836: 89–90] отсылает к финалу «Домика в Коломне», где имелась схожая цепочка вопросов от недоумевающего читателя, жаждущего понять смысл рассказанной истории и ее мораль[21].

Но использованием (и обыгрыванием) мотивов из произведений Пушкина «влияние» пушкинского круга на гоголевскую повесть не ограничивалось. Важна была сама атмосфера разговоров. В пушкинском кругу, по свидетельству мемуаристов, любили сальные анекдоты и имели склонность к двусмысленным выражениям. Эта разговорная вольность культивировалась как знак утонченного либертинства, а тонкости в умении вести такие разговоры указывали на принадлежность к кругу.

Особенной страстью отличался Жуковский, Гоголь же вторил ему. А. О. Смирнова-Россет не раз вспоминает, что Жуковский очень любит шутить, пересказывать «все старые, мне известные анекдоты»; эти анекдоты Жуковского чаще всего имели отношение к природному «низу», как, в частности, его любимый рассказ о визите Жана-Поля Рихтера к герцогу Кобургскому[22]. При этом, любя затасканные и грязные анекдоты, Жуковский уклонялся от

---

[20] См. [Проскурина 2017: 242–243].
[21] См. [Вацуро 1994: 326–327].
[22] См. [Смирнова-Россет 1989: 57, 454].

эротических разговоров в присутствии дам — та же Смирнова-Россет передавала, что он «в ужасе от сальностей» [Смирнова-Россет 1989: 454]. Между тем она же подчеркивала, по контрасту, что «Пушкин — любитель непристойностей», и что и она сама присутствовала на этих беседах [Смирнова-Россет 1989: 454].

Гоголевские же анекдоты рискованно балансировали на грани непристойного или даже кощунственного — как в его известном устном рассказе о молитве в борделе[23]. Согласно свидетельствам мемуаристов, Гоголь постоянно оказывался или слушателем, или рассказчиком анекдотов. В. А. Соллогуб даже очертил особенности гоголевского смеха — в сопоставлении с добродушно-наивной манерой князя В. Ф. Одоевского:

> Он <Одоевский> отличался еще тою особенностью, что самым невинным образом и совершенно чистосердечно и без всякой задней мысли рассказывал дамам самые неприличные вещи; в этом он совершенно не походил на Гоголя, который имел дар рассказывать самые соленые анекдоты, не вызывая гнева со стороны своих слушательниц, тогда как бедного Одоевского прерывали с негодованием. Между тем Гоголь всегда грешил преднамеренно, тогда как князь Одоевский <...> был в самом деле невиннее агнца [Соллогуб 1931: 307].

Князь А. И. Урусов приводит мнение А. А. Краевского о Гоголе, относящееся именно к 1836 году:

> По словам одного из его современников, г. К<раевско>го (с которым я на днях беседовал и которого благодарю здесь за любезное сообщение некоторых сведений о Гоголе), в то время господствующим качеством (qualité maîtresse) Гоголя была необыкновенная сила сообщительного юмора при большой скрытности характера. <...> Любимый род его рассказов в то время были скабрезные анекдоты, причем рассказы эти отличались не столько эротическою чувствительностью, сколько комизмом во вкусе Раблэ [Урусов 1907: 273–274].

---

[23] См. [Соллогуб 1931: 311–313]. См. об этом [Курганов 1997: 112–113].

В отношении к смеху, в принятии разговорной речи и даже «сальных» анекдотов, в культе простоты в общении и отсутствия мещанского жеманства была своя программа, и этот своеобразный интеллектуальный элитизм отличал пушкинский круг. Отталкивание от жеманного языка мещанства, культ «простонародного» языка, приправленного барковианскими реминисценциями и внутренней игрой, пародийная стихия безо всяких ограничений (в том числе и религиозных), — таковы были лингвокультурные тенденции пушкинского круга. Утопическое «истинно дворянское» общество, по Пушкину, должно было быть (помимо прочего) толерантным к игровой, фарсово-бурлескной или пародийной литературе. Образцом такого рода беллетристики и был признан «Нос».

Источники

Белинский 1953–1959 — Белинский В. Г. Полн. собр. соч.: В 13 т. М.: Изд-во АН СССР, 1953–1959.

Вольф 1877 — Вольф А. И. Хроника петербургских театров: В 3 ч. Ч. 1. СПб.: Типография Р. Голике, 1877.

Вяземский 1836 — [Вяземский П. А.]. Ревизор, комедия соч. Н. Гоголя, С.-Петербург, 1836 // Современник. 1836. № 2. С. 285–309.

Вяземский 1880 — Вяземский П. А. Полн. собр. соч.: В 12 т. Т. 5: Фон-Визин. СПб.: Типография М. М. Стасюлевича, 1880.

Вяземский, Тургенев 1899 — Остафьевский архив князей Вяземских. Т. 3: Переписка князя П. А. Вяземского с А. И. Тургеневым: 1824–1836. СПб.: Типография М. М. Стасюлевича, 1899.

Гоголь 1836 — Гоголь Н. В. Нос: Повесть // Современник. 1836. Т. 3. С. 54–90.

Гоголь 1937–1952 — Гоголь Н. В. Полное собрание сочинений: В 14 т. М.; Л.: Изд-во АН СССР, 1937–1952.

Державин 1957 — Державин Г. Р. Стихотворения. Л.: Советский писатель, 1957. («Б-ка поэта». Большая сер.).

Княжнин 1961 — Княжнин Я. Б. Избранные произведения. Л.: Советский писатель, 1961. («Б-ка поэта». Большая сер.).

Ланской 1952 — Гоголь в неизданной переписке современников / Публикация и комментарии Л. Ланского; предисловие И. Сергиевского // Литературное наследство. Т. 58: Пушкин. Лермонтов. Гоголь. М.: Изд-во АН СССР, 1952. С. 533–772.

Ознобишин 2001 — Ознобишин Д. П. Стихотворения. Проза: В 2 т. Т. 2. М.: Наука, 2001.

Пушкин 1937–1959 — Пушкин А. С. Полное собрание сочинений: В 16 т. М.; Л.: Изд-во АН СССР, 1937–1959.

Пушкин 1969 — Пушкин А. С. Письма последних лет. 1834–1837. Л.: Наука, 1969.

Розен 1974 — Розен Е. Ф. Из статьи «Ссылка на мертвых» // А. С. Пушкин в воспоминаниях современников. М.: Художественная литература, 1974. Т. 2. С. 271–288.

Смирнова-Россет 1989 — Смирнова-Россет А. О. Дневник. Воспоминания. М.: Наука, 1989.

Соллогуб 1931 — Соллогуб В. А. Воспоминания. М.; Л.: Academia, 1931.

Стерн 1968 — Стерн Л. Жизнь и мнения Тристрама Шенди, джентльмена. Сентиментальное путешествие по Франции и Италии / Пер. с англ. А. Франковского. М.: Художественная литература, 1968.

Урусов 1907 — Князь Александр Иванович Урусов: Статьи его о театре, о литературе и об искусстве. Письма его. Воспоминания о нем: В 3 т. Т. 1. М.: Типография И. Н. Холчев и К°, 1907.

Шевырев 1835 — Шевырев С. П. О «Миргороде» Гоголя // Московский наблюдатель. 1835. Кн. 2. С. 396–411.

Шевырев 1842 — Шевырев С. П. Похождения Чичикова, или «Мертвые души»: Поэма Н. Гоголя. Статья вторая // Москвитянин. 1842. Ч. 4. Кн. 8. С. 346–376.

Библиография

Бемиг 2011 — Бемиг М. Повесть Н. В. Гоголя «Нос»: Пародия на «Физиогномику» Лафатера? // Образы Италии в русской словесности. Томск: Томский государственный университет, 2011. С. 196–211.

Бемиг 2019 — Бемиг М. «Нос» Н. В. Гоголя в контексте европейской «носологии» // Русская литература и журналистика в движении времени: Ежегодник. 2018. М., 2019. С. 29–66.

Бычкова 2014 — Бычкова А. Ю. Ринология Н. В. Гоголя: Типологические аспекты: Дисс. ... канд. филол. наук. Томск, 2014.

Вайскопф 2003 — Вайскопф М. Я. Нос в Казанском соборе: о генезисе религиозной темы у Гоголя // Вайскопф М. Я. Птица-тройка и колесница души: Работы 1978–2003 годов. М.: Новое литературное обозрение, 2003. С. 164–185.

Вацуро 1994 — Вацуро В. Э. «Великий меланхолик» // Вацуро В. Э. Записки комментатора. СПб.: Академический проект, 1994. С. 313–345.

Виноградов 1976 — Виноградов В. В. Натуралистический гротеск: (Сюжет и композиция повести Гоголя «Нос») // Виноградов В. В. Поэтика русской литературы: Избранные труды. М.: Наука, 1976. С. 5–44.

Гиппиус 1931 — Гиппиус В. В. Литературное общение Гоголя с Пушкиным // Ученые записки Пермского государственного университета: Отдел общественных наук. Вып. 2. Пермь. 1931. С. 61–126.

Кузовкина 2007 — Кузовкина Т. Феномен Булгарина: Проблема литературной тактики. Тарту: Tartu Ülikooli Kirjastus, 2007.

Курганов 1997 — Курганов Е. Я. Анекдот как жанр. СПб.: Академический проект, 1997.

Лямина, Самовер 2020 — Лямина Е. Э., Самовер Н. В. Чужой: (О стратегии вхождения Гоголя в пушкинский литературный круг) // Unacknowledged Legislators. Studies in Russian Literary History and Poetics in Honor of Michael Wachtel. Berlin: Peter Lang Verlag, 2020. P. 199–241.

Манн 2004 — Манн Ю. В. Гоголь: Труды и дни. 1809–1845. М. Аспект Пресс, 2004.

Мордовченко 1936 — Мордовченко Н. И. Гоголь и журналистика, 1835–1836 гг. // Н. В. Гоголь: Материалы и исследования. Т. 2. М.; Л.: Изд-во АН СССР, 1936. С. 106–150.

Петрунина, Фридлендер 1969 — Петрунина Н. Н., Фридлендер Г. М. Пушкин и Гоголь в 1831–1836 годах // Пушкин: Исследования и материалы. Т. 6. Л.: Наука, 1969. С. 197–228.

Пильщиков 2019 — Пильщиков И. А. К поэтике и семантике гоголевского «Носа», или Что скрывают говорящие детали // Литературоман(н)ия: К 90-летию Ю. В. Манна. М.: РГГУ, 2019. С. 218–237.

Проскурина 1996 — Проскурина В. Ю. Второй «Портрет» Гоголя // Новые безделки: Сборник статей к 60-летию В. Э. Вацуро. М.: Новое литературное обозрение, 1996. С. 223–236.

Проскурина 2015 — Проскурина В. Ю. Стратегии либертинажа в XVIII веке: (Князь Д. П. Горчаков и его «Святки») // Русско-французский разговорник, ou Les Causeries du 7 Septembre: Сборник статей в честь В. А. Мильчиной. М.: Новое литературное обозрение, 2015. С. 11–22.

Проскурина 2017 — Проскурина В. Ю. Империя пера Екатерины II: Литература как политика. М.: Новое литературное обозрение, 2017.

Рейфман 1996 — Рейфман П. Две программы пушкинского «Современника» // Труды по русской и славянской филологии. Литературоведение, II. Тарту: Tartu Ülikooli Kirjastus, 1996. С. 130–155.

Успенский 2004 — Успенский Б. А. Время в гоголевском «Носе»: («Нос» глазами этнографа) // Успенский Б. А. Историко-филологические очерки. М.: Языки славянской культуры, 2004. С. 49–68.

Pilshchikov 2021 — Pilshchikov I. «The Nose»: Between Linguistic Indeceny and Religious Blasphemy // Religions. 2021. Vol. 12, № 8. P. 1–32.

11
Второй «Портрет» Гоголя

>...Никто не знал, для чего я производил переделки моих прежних пьес...
>*Н. В. Гоголь — С. Л. Шевыреву*
>*(28 февраля 1843 года)*

Загадка второй редакции повести Н. В. Гоголя «Портрет» регулярно привлекала к себе внимание литературоведов. Контуры новой идейной структуры произведения довольно точно очертил В. В. Гиппиус, писавший о «большой сложности идейного состава» повести, отразившего кризисный этап в жизни Гоголя:

> В нем (в «Портрете». — *В. П.*) отзывается сюжетный мифологизм первой редакции, подводившей к границам религиозности, лично еще не пережитой; в нем обостряется господствующая в Гоголе конца 30-х годов эстетическая идейность, наконец, в нем пробивается и морализм, временно заглохший, но с началом 40-х годов оживившийся [Гиппиус 1924: 122].

Согласившись с предложенной Гиппиусом схемой, Н. И. Мордовченко сделал к ней одно существенное добавление: «В первой редакции повести история падения и гибели художника фатальна и неизбежна; во второй редакции — эта история обоснована психологически» [Мордовченко 1939: 113].

Установка на психологическое «прописывание» прежнего сюжета, попытка мотивировать события, — все это насыщало повесть новыми обертонами смысла, расшифровать который предстояло уже на путях подробного рассмотрения историко-литературного контекста второй редакции, а также на путях анализа сложного внутреннего кризиса, пережитого писателем в начале 1840-х годов.

* * *

Все сведения об истории второй редакции «Портрета» сводятся к письму Гоголя к П. А. Плетнёву от 17 марта 1842 года:

> Посылаю вам повесть мою «Портрет». Она была напечатана в «Арабесках», но вы этого не пугайтесь. Прочитайте ее, вы увидите, что осталась одна только *канва* прежней повести, что *все вышито по ней вновь*. В Риме я ее переделал вовсе или, лучше, написал вновь, вследствие сделанных еще в Петербурге замечаний [Карпов, Виролайнен 1988: 241] (выделено мной. — *В. П.*).

В этом отрывке письма все требует расшифровки, и прежде всего — скороговоркой произнесенные слова по поводу «сделанных еще в Петербурге замечаний». В литературе о Гоголе утвердилось мнение, что здесь идет речь о В. Г. Белинском и его критических откликах, прозвучавших в статьях «О русской повести и повестях Гоголя» («Телескоп». 1835. Кн. 10) и «И мое мнение об игре г. Каратыгина» («Молва». 1835. № 17)[1]. Парадоксальность этого суждения состоит в том, что оба отклика Белинского появились в *московских* изданиях. Попытка исследователей обосновать принадлежность замечаний Белинскому не выглядит убедительной. Так, Н. И. Мордовченко утверждал, что «новая редакция "Портрета" и была написана под воздействием критики Белинского, на которую, по свидетельству П. В. Анненкова, он так сочувственно реагировал»[2].

---

[1] Представление о том, что Гоголь переделал «Портрет» под влиянием Белинского, повторяется и современными авторами [Даниэль 2013: 124].

[2] См. [Гоголь 1937–1952, 3: 672].

Видимо, в данном случае речь идет о характерной историко-литературной ошибке, запрограммированной по известной модели — начинающий классик исправляет свое творение по указке выдающегося критика. Однако в эту модель не укладывается хотя бы уже тот факт, что переделка повести «Портрет» шла совершенно не в русле прежних замечаний Белинского и не в русле характерных для начала 1840-х годов взглядов критика на задачи прозы, что и вызвало его хорошо известное еще более негативное суждение о второй редакции «Портрета». В статье 1842 года «Объяснение на объяснение…» Белинский писал:

> А мысль повести была бы прекрасна, если бы поэт понял ее в современном духе: в Чарткове он хотел изобразить даровитого художника, погубившего свой талант, а следовательно и самого себя, жадностью к деньгам и обаянием мелкой известности. И выполнение этой мысли должно было быть просто, без фантастических затей, на почве ежедневной действительности: тогда Гоголь, своим талантом, создал бы нечто великое. Не нужно было бы приплетать тут и страшного портрета <…> не нужно было бы ни ростовщика, ни аукциона, ни многого, что поэт почел столь нужным, именно оттого, что отдалился от современного взгляда на жизнь и искусство [Белинский 1955: 439–440].

С другой стороны, чрезвычайно важен тот факт, что разговор о петербургских замечаниях ведется с Плетневым; при этом очевидно, что последний хорошо осведомлен в характере замечаний, а главное, не сомневается в их безусловной правильности и ценности. Абсолютным, непререкаемым авторитетом для Гоголя и для Плетнёва Белинский отнюдь не являлся. Более того, к 1842 году Белинский для Плетнёва был уже человеком противоположного лагеря — «партии Краевского»; он воспринимался к тому времени как явный литературный антагонист.

Кто же был таинственным автором замечаний? Видимо, речь здесь идет не о Белинском, а о Пушкине, о его замечаниях, принятых без оговорок Гоголем и служащих лучшей рекомендацией для Плетнёва и его «Современника». Показательна фраза из этого же письма о том, что в новой повести «осталась одна только *канва* прежней повести, что все *вышито* по ней вновь». Слова эти казались бы ничем не примечательными, если бы так близко не соприкасались с важнейшей и, можно сказать, ключевой формулой прозы, выработанной Пушкиным. В его «Романе в письмах» есть известный фрагмент, посвященный романическому дискурсу XVIII века:

> Большею частию эти романы не имеют другого достоинства. Происшествие занимательно, положение хорошо запутано, — но Белькур говорит косо, но Шарлотта отвечает криво. Умный человек мог бы взять готовый план, готовые характеры, исправить слог и бессмыслицы, дополнить недомолвки — и вышел бы прекрасный, оригинальный роман. Скажи это от меня моему неблагодарному Р. <...> Пусть он *по старой канве вышьет новые узоры* и представит нам в маленькой раме картины света и людей, которых он так хорошо знает [Пушкин 1937–1959, 8: 50] (курсив мой. — *В. П.*).

«Роман в письмах», над которым Пушкин работал в 1829 году, остался незаконченным, при жизни писателя не публиковался. Однако удачно найденная формула, возможно, повторялась им и даже обсуждалась, тем более что появившиеся вскоре «Повести Белкина» стали реализацией самой формулы «новых узоров» по «канве» отошедших на периферию литературы старинных сюжетов[3].

Случаи бытования удачно найденных выражений — продуктов эпистолярной речи, дневника, незаконченного произведения, устных высказываний — нередки в кругу писателей, связанных с Пушкиным. В. Э. Вацуро отметил две фразы, ставшие «крылатыми» и циркулировавшие в пушкинском окружении — «побежденная трудность» («difficulté vaincue»), восходящая к Вольтеру, и «войдите в мое положение», попавшая (через «бытование» в салоне Карамзиных) в стихотворение Лермонтова «Журналист, читатель и писатель» [Вацуро 1974: 104–106]. Множество подобного рода крылатых слов и выражений зафиксировал Плетнёв

---

[3] См. [Вацуро 1981].

и в своей переписке с Я. К. Гротом и в своих статьях о Пушкине. Все эти цеховые разговоры, конечно, не восстановимы полностью, но общий смысл бесед может быть частично реконструирован[4].

Показательно, что Гоголь использует пушкинскую фразу в письме к Плетнёву, ставшему после смерти поэта своего рода хранителем предания. Употребляя старую пушкинскую метафору, Гоголь как бы подключается к домашней семантике пушкинского круга. Показателен и сам жест Гоголя — отправка повести Плетнёву в «Современник» в то время, как он живет в доме Погодина, настойчиво выпрашивающего у него материалов для недавно начавшего выходить «Москвитянина». Гоголевское послание к Плетнёву овеяно пушкинским именем. Так, в частности, Гоголь пишет:

> Вы, может быть, даже увидите, что она (повесть «Портрет». — *В. П.*) более, чем какая другая, соответствует скромному и чистому направлению вашего журнала. Да, ваш журнал не должен заниматься тем, чем занимается торопящийся шумный современный свет. Его цель другая. Это благоуханье цветов, растущих уединенно на могиле Пушкина. Рыночная толпа не должна знать к ней дороги, с нее довольно славного имени поэта. Но только одни сердечные друзья должны сюда сходиться с тем, чтобы безмолвно пожать друг другу руки и предаться хоть раз в году тихому размышлению [Карпов, Виролайнен 1988: 241].

Утопические представления Гоголя о «Современнике» не без раздражения и горечи воспринимались Плетневым, остро переживавшим отсутствие поддержки со стороны писателей пушкинского круга. 27 марта 1842 года Плетнёв писал Я. К. Гроту: «Посылаю тебе выписку Гоголя о Современнике из его ко мне письма. Ты увидишь, что значит говорить и что делать <...> Я ему отвечал с досадой, что стараюсь держаться идеи его; но что только иногда делается на могиле страшно одному...»[5].

---

[4] См. в этой связи [Паперно 1978].

[5] См. [Грот 1896: 510].

Для самого Гоголя это письмо и этот жест — продукт своеобразного «пушкиньянства», характерного для его настроения в конце 1830-х — самом начале 1840-х годов. «Портрет» второй редакции — также продукт этого настроения. Гоголю в эту пору было очень важно подчеркнуть свою преемственность по отношению к Пушкину. Так, после смерти Пушкина он воспринимает работу над «Мертвыми душами» как реализацию завета великого писателя. Сложные отношения с Пушкиным после смерти поэта представляются ему в идеализации как «прекрасный сон»[6].

Более того, Гоголь в конце 1830-х годов начинает сознательно приближать к себе Пушкина. Комические проявления этого психологического процесса запечатлели, в частности, мемуары барона Е. Ф. Розена, внезапно удостоившегося расположения Гоголя во время их встречи в Италии в 1837 году: «...точно будто бы он (Гоголь. — *В. П.*) получил в наследство от Пушкина особенное благоволение ко мне, как литератору...» [Розен 1847: 30]. Серьезное и трагическое проявление того же процесса — напряженная работа Гоголя над изменением своего психологического портрета, созданного его прежними, комическими произведениями. Он хочет навсегда покончить с репутацией юмориста, забавлявшего «великого меланхолика» Пушкина и его друзей. Теперь он сам стремится предстать как великий меланхолик, как трагик, «грустящий» по России[7].

Вторая редакция «Портрета», а скорее, второй «Портрет» был отражением этого психологического пропушкинского настроя Гоголя. Историки литературы уже отмечали пушкинские реминисценции в «Портрете»[8]. Новый «Портрет» исправлялся приближением к пушкинской системе литературных и даже политических мнений. Нашла в нем место и попытка Гоголя имитировать принципы пушкинского бытописания.

---

[6] См. в связи с этим [Долинин 1989].

[7] См. [Вацуро 1977: 59].

[8] См. помимо указанных выше работ Гиппиуса и Мордовченко [Цявловский 1962; Елкин 1973].

Одна из важнейших перемен второй редакции повести выразилась в исторической детерминации событий. Если в первой редакции события проистекают вне точных хронологических рамок, то во второй редакции отсчет времени задан упоминанием о екатерининском царствовании. Собственно, завязка истории портрета сразу же соотносится с определенным хронотопом: «Между такими ростовщиками был один... но не мешает вам сказать, что происшествие, о котором я принялся рассказать, относится к прошедшему веку, именно к царствованию покойной государыни Екатерины второй» [Гоголь 1937–1952, 3: 121].

При этом временна́я дистанция между событиями прошлого и настоящего в повести приобретает характерную историософскую и социологическую окраску: описывая «век зефиров и амуров», Гоголь четко противопоставляет его прозаическому XIX веку.

Так, в описание аукциона вводится фраза, отсутствовавшая в первой редакции: «Таких меценатов, как известно, теперь уже нет, и наш XIX век давно уже приобрел скучную физиономию банкира, наслаждающегося своими миллионами только в виде цифр, выставляемых на бумаге» [Гоголь 1937–1952, 3: 117].

Формулы «железного века», ведущие свое начало от пушкинского — «Наш век — торгаш; в сей век железный / Без денег и свободы нет»[9] — сделались общим местом литературы 1830-х годов. Противопоставление вельможного XVIII и прозаически-торгового XIX века было предметом постоянных и очень важных рефлексий Пушкина в эти годы[10]. Рефлексии эти носили вполне эксплицированный характер. Они, в частности, отразились в переосмыслении Пушкиным личности Екатерины II: в 1830-е годы (в отличие от начала 1820-х) Пушкин склонен к известной идеализации екатерининского времени и самой государыни. В начале 1830-х годов в среде писателей пушкинского окружения проблема «царь и поэт» в различных модификациях была предметом живейшего обсуждения — она была связана с попыткой Пушкина и отчасти

---

[9] См. стихотворение «Разговор книгопродавца с поэтом» (1824) [Пушкин 1937–1959, 2, I: 329].

[10] См. анализ пушкинского «Послания к вельможе» [Вацуро 1969: 157–160].

Вяземского выработать тактику воздействия на правительство. Так, под пером Вяземского в его книге «Фон-Визин» появляются строки, посвященные Екатерине, но служащие своеобразным «уроком царю»:

> ...но душа, но ум Екатерины были доступны и к другим побуждениям. Душа ее вмещала в себе все отрасли человеческого славолюбия; ум ее был отверст ко всем возвышенным впечатлениям и способен на все усилия. В числе предметов, занимавших деятельность его, успехи образованности и просвещения были целью ее особенной заботливости. Она не только уважала ум, но любила, не только не чуждалась его, но снисходила к нему, но, так сказать, баловала и щадила неизбежные его уклонения[11].

В 1833–1834 годы идея мирного сочетания власти и свободы в просвещенном государстве проходит в ряде критических сочинений Пушкина, в частности, в известном Гоголю «Путешествии из Москвы в Петербург», повлиявшем на его «Петербургские записки 1836 года». Эта тема, активно обсуждавшаяся в пушкинском кругу, сказалась и в творчестве Гоголя. Во второй редакции «Портрета» появляется весьма любопытный эпизод: романтический мотив злата, приносящего бедствия его владельцу, неожиданно приобретает у Гоголя историческую окраску. Художник Б., повествуя о цепи несчастий, постигших всех тех, кто взял взаймы деньги у странного «демона» (ростовщика), рассказывает историю некоего молодого вельможи. Почитатель всего нового, меценат, филантроп превращается в гонителя талантов и доносчика: «Тогда на беду случилась французская революция. Это послужило ему вдруг орудием для всех возможных гадостей...» [Гоголь 1937–1952, 3: 123]. И здесь умиротворительницей и покровительницей гонимых выступает Екатерина II, наделенная в рассказе художника Б. всеми атрибутами идеального просвещенного монарха:

---

[11] Цит. по тексту в: [Вацуро, Гиллельсон 1968: 13]. Против этого места в рукописи Вяземского Пушкин оставил красноречивую помету: «Прекрасно».

> Великодушная государыня ужаснулась и, полная благородства души, украшающего венценосцев, произнесла слова <...> Государыня заметила, что не под монархическим правлением угнетаются высокие, благородные движенья души, не там презираются и преследуются творенья ума, поэзии и художеств; что, напротив, одни монархи бывали их покровителями, что Шекспиры, Мольеры процветали под их великодушной защитой, между тем как Дант не мог найти угла в своей республиканской родине... [Гоголь 1937–1952, 3: 123.]

Этот гимн Екатерине II появился неслучайно, он — явный отзвук споров и разговоров на эту тему в пушкинскому кругу. Свидетелем их и, скорее всего, молчаливым слушателем был тогда Гоголь, занятый историческими штудиями. Однако ситуация Пушкина 1830-х годов стала для Гоголя особенно актуальной в начале 1840-х, когда он осознал себя в роли Пушкина — первым писателем России, с несколько неблагоприятной репутацией насмешника и обличителя. Готовясь к выходу своего главного сочинения — «Мертвых душ» — и к новой миссии писателя-проповедника, Гоголь почувствовал необходимость переосмысления своего прежнего творчества, почувствовал необходимость прояснения своего кредо. В такой момент историософские разговоры в пушкинском кругу, как и своеобразная утопическая программа поведения в отношении к власти, могли послужить моделью для гоголевских деклараций[12].

Сразу же за рассказом о злополучном вельможе Гоголь помещает еще одну историю — рассказ о князе Р. и его молодой жене. Как установил М. А. Цявловский, весь этот микросюжет — пушкинского происхождения[13]. В драме внезапного сумасшествия, которое

---

[12] Именно таково было назначение одной из финальных сентенций «Театрального разъезда», произнесенной «Автором пиесы»: «В минуты даже бед и гонений все, что было благороднейшего в государствах, становилось прежде всего их (писателей. — *В. П.*) заступником: венчанный монарх осенял их царским щитом своим с вышины недоступного престола» [Гоголь 1937–1952, 5: 171].

[13] См. [Цявловский 1962: 254]. Пушкинский рассказ узнается, в частности, по деталям. В финале истории князя Р. Гоголь упоминает еще об одной жертве «дьявольского» наваждения — об извозчике, «возившем несколько лет

поразило любящего мужа, едва не заколовшего свою юную жену, отразился устный рассказ Пушкина о деле Безобразовых. В дневнике Пушкина за 1 января 1834 года есть следующая фраза:

> Скоро по городу разнесутся толки о семейных ссорах Безобразова с молодою своей женою. Он ревнив до безумия. Дело доходило не раз до драки и даже до ножа. — Он прогнал всех своих людей, не доверяя никому. Третьего дня она решилась броситься к ногам государыни, прося развода или чего-то подобного. Государь очень сердит. Безобразов под арестом. Он, кажется, сошел с ума [Пушкин 1937–1959, 12: 318].

В историю красавицы фрейлины Л. А. Безобразовой, урожденной княжны Хилковой, был замешан Николай I. Скандальная хроника дела Безобразовых болезненно волновала Пушкина, только что назначенного камер-юнкером.

Здесь также примечательна еще одна деталь: о князе Р. говорится, что он — «высокий идеал романов и женщин, Грандиссон во всех отношениях» [Гоголь 1937–1952, 3: 124]. Точная отсылка к персонажу знаменитого романа Ричардсона (помимо отсылки к «Горю от ума» А. С. Грибоедова — «высокий идеал московских всех мужей») является у Гоголя знаком пушкинской цитаты. Использование литературных героев в качестве культурно-исторического символа вместо описания того или иного персонажа — существенная черта поэтики Пушкина[14]. Важно также, что именно в вышеупомянутом «Романе в письмах», с его метафорикой «узоров», вышитых по старой «канве», героини Пушкина обсуждают романы Ричардсона.

Устные рассказы Пушкина сохранили в структуре гоголевского повествования свои характерные стилевые черты, контрастирующие с общим строем повести. Гоголь передает пушкинскую по-

---

честно», но вдруг «за грош» зарезавшем седока [Гоголь 1937–1952, 3: 125]. Этот сюжет соотносится с историей К. Сазонова, дядьки, служившего в Лицее при Пушкине. Рассказы об этом самого поэта запечатлелись в памяти современников. См. [Глинка 1927: 109–110].

[14] См. [Лотман 1983: 199].

вествовательную манеру — стремительность развертывания сюжета, лаконизм описаний, острый психологизм ситуации. Выстраивая цепочку микроновелл, состоящих из пушкинских устных рассказов или соотносимых с разговорами в пушкинском кругу, Гоголь добивается двойного эффекта. С одной стороны, повесть получала дополнительные смысловые обертоны: она могла восприниматься как «игровое» произведение с домашней, кружковой семантикой, и в этом плане отчасти приближалась к таким литературным явлениям, как «Штосс» Лермонтова, как ряд полупародийных фантастических повестей, опубликованных в плетневском «Современнике» — «Очерки Швеции» Жуковского или «Отрывок из жизнеописания Хомкина» барона Ф. Ф. Корфа.

С другой стороны, усилением бытового начала Гоголь сильно «заземлял» демонизм первой редакции. Сверхъестественное действие демона-ростовщика подавалось теперь в иронической подсветке: искушенный читатель (а именно на него ориентировал Гоголь свою повесть, отправляя ее в плетнёвский журнал «для немногих») узнавал в демоническом сюжете светские пикантные истории. Заземление фантастики, сведенной к бытовому анекдоту, было одним из приемов поэтики пушкинской фантастической повести.

Объясняя переделку «Портрета», исследователи единодушно приходят к выводу о главной установке Гоголя — на снятие или сильную редукцию фантастического начала. Однако простая констатация сюжетных новаций, заземляющих сверхъестественные мотивы, мало что дает для понимания причин и идейной подоплеки всех этих перемен. И несмотря на слова В. Гиппиуса о том, что во второй редакции «почти все демоническое изгнано» [Гиппиус 1924: 119], легко прийти к заключению, что фантастика все равно осталась, и по-своему был прав Белинский, когда писал, что «...не нужно было бы приплетать тут и страшного портрета...». Если довести мысль критика до логического конца, то вывод ясен: «не нужно было» и самой повести, раз в ней сохранились все прежние фантастические аксессуары, «отдаляющие» Гоголя от «современного взгляда на жизнь и искусство».

Фантастика была сильно редуцирована, но не исчезла вовсе. «Портрет» в его первой редакции был образцом романтической повести с фантастическим сюжетом, близким, как справедливо отмечали исследователи, канонам европейской фантастики[15]. Второй «Портрет» ориентирован уже на иной образец фантастической повести — на ту модель «легкой», естественной и правдоподобной фантастики, которая воплотилась в пушкинской «Пиковой даме». Дело заключается не только в том, что Гоголь, перестраивая свою повесть, сознательно обращался к «Пиковой даме». В новом «Портрете» Гоголь произвел такую сюжетную перестановку, такой сдвиг акцентов, которые свидетельствуют о напряженном переосмыслении принципов фантастики; толчком для них послужили, видимо, разговоры и споры о фантастической повести, актуальные в пушкинском кругу, о чем говорят многочисленные мемуарные свидетельства[16]. Известные пушкинские суждения о повестях В. Ф. Одоевского, переданные мемуаристами, не были случайными: неприятие Пушкиным фантастики повестей Одоевского «Сильфида» и «Сегелиель» было предопределено пушкинской концепцией фантастической повести, не вылившейся в эстетический трактат, но «растворенной» в его собственных повестях и в мимолетных и, на первый взгляд, случайных оценках.

Как замечал В. Э. Вацуро, требование «легкости», «истины и занимательности» (именно в последних отказал Пушкин «Сильфиде» и «Сегелиелю») было эстетическим требованием: «…за метафорическим бытовым определением стояла определенная литературная позиция. Естественность движения событий, бытовое правдоподобие сферы, из которой незаметно вырастает фантастический мотив, были художественными принципами "Пиковой дамы"» [Вацуро 1979: 230][17]. Сверхъестественное дол-

---

[15] Подробный анализ западноевропейских литературных источников см. [Мордовченко 1939]; о близости «Портрета» поэтике романтической фантастики см. [Манн 1978: 78–84].

[16] См. воспоминания: [Соллогуб 1974: 312; Арнольд 1892: 198–202]. См. также фельетон П. В. Долгорукова (Будущность. 1860. № 1. С. 6), воспоминания В. Ф. Ленца [Ленц 1878: 440–445].

[17] Относительно принципа «легкости» вспомним замечание Пушкина, обращенное к Одоевскому, о том, что «фантастические сказки только и хороши, когда писать их нетрудно». См. [Соллогуб 1974: 312].

жно вырастать из самого быта, а грань между реальным и ирреальным казаться зыбкой и оставляющей возможность многовариантных интерпретаций.

Наверняка суждения Пушкина о фантастике были известны и Гоголю. Возможно, поводом к разговору послужило обсуждение в начале апреля 1836 года материалов первого тома «Современника». В письме этого периода к Одоевскому Пушкин отклоняет публикацию в «Современнике» отрывка из «Сегелиеля» и «Разговор Недовольных»[18]. Причем мотивировкой для отклонения последнего служит публикация «Сцен» Гоголя (речь идет о незаконченной комедии «Владимир 3-й степени»). Однако очень может быть, что специального разговора у Пушкина с Гоголем по поводу «Портрета» не было. Во всяком случае, из всех этих общих бесед, касающихся фантастического, Гоголь вынес для себя уроки. Судя по характеру изменений, внесенных Гоголем во вторую редакцию «Портрета», именно пушкинские размышления о принципах фантастики и составили суть тех замечаний, о которых писал Гоголь Плетнёву 17 марта 1842 года.

* * *

Второй «Портрет», начало работы над которым исследователи относят предположительно к 1837 году, к первому пребыванию Гоголя в Риме, дорабатывался уже в России. Н. С. Тихонравов полагал, что новая редакция повести «вчерне была окончена в начале 1841 года»[19]. Н. И. Мордовченко относит ее завершение к первым месяцам 1842 года: «Вероятно, черновики и заготовки <…> сделанные за границей, были спешно мобилизованы в конце февраля — начале марта 1842 г., и в это время повесть была закончена и оформлена» [Гоголь 1937–1952, 3: 667].

Видимо, все же основные, ключевые вставки в текст второй редакции повести были сделаны в России во время двух визитов

---

[18] См. [Гоголь 1889: 597].
[19] См. [Пушкин 1969: 131].

Гоголя: сентябрь 1839 — июнь 1840, октябрь 1841 — первая половина 1842 года. Таким образом, второй «Портрет» — это повесть послепушкинского периода, нацеленная на иную литературную ситуацию и на иной литературный контекст. Передача повести в «Современник» не являлась простой данью десятилетней дружбе с Плетнёвым.

Вспомним, что, отдавая «Портрет» Плетнёву, Гоголь подчеркивал его соответствие «скромному и чистому направлению» журнала. В чем же заключалось это соответствие? Говоря о «чистом» направлении «Современника», Гоголь имел в виду противостояние журнала «торговому» направлению в литературе и журналистике этого времени. Неслучаен потому и образ «рыночной толпы», появившейся в том же письме к Плетнёву. Неслучайно и введение в новую редакцию «Портрета» прямой пародии на приемы критических статей Ф. В. Булгарина — статьи «О необыкновенных талантах Чарткова», написанной по заказу самого Чарткова[20].

С другой стороны, обнаруживается и связь «Портрета» с линией «антибуржуазных» произведений, которые активно пропагандирует журнал Плетнёва — с «Городом без имени» В. Ф. Одоевского, с «Хроникой русского» А. И. Тургенева, с лирикой позднего Баратынского. Второй «Портрет» поднимал ту же исключительно важную для писателей позднего пушкинского круга тему наступления железного века, разрушающего и губящего искусство. Повесть о художнике, оказавшись в новом историко-культурном контексте конца 1830-х — начала 1840-х годов, получала новое звучание, наполнялась новыми смыслами. В кризисный, переломный для литературы момент, когда отчетливо наметилось оттеснение прежних лидеров — писателей пушкинского круга — на периферию литературной жизни, возникало ощущение духовного вакуума, наспех заполняемого массовой продукцией «псевдонатуральных» произведений. Плетнёв, пытавшийся консолидировать разрозненные силы пушкинского круга, видел задачу своего журнала в том, чтобы

---

[20] См. комментарий Г. М. Фридлендера: [Гоголь 1977: 292].

противостоять чуждому ему направлению. Натуральная словесность «первого призыва» конца 1830-х — первых двух лет 1840-х годов — подражание французской «неистовой школе» — понималась Плетнёвым как регресс, как шаг назад по сравнению с достижениями пушкинской прозы. В «Современнике» моделируется образ этой «псевдонатуральной» литературы вообще, предстающей продуктом современного общества. Симптоматично, что, например, А. И. Тургенев переводит для «Современника» статью «Бальзак», совпадающую по общей тональности с оценками редактора журнала:

> …причина существования всей этой скороспелой и лихорадочной литературы, называемой Гёте *отчаянною литературою*, находится почти всегда тут, а не в другом месте. Как ожидать чего-нибудь оконченного, натурального и истинно прекрасного от эпохи сумятицы, борьбы и бедности, когда искусство вместо того, чтобы быть святынею, сделалось товаром… [Тургенев 1841: 45]

Современная литература объявляется «Современником» спекулятивной, подверженной моде, играющей на низменном интересе толпы. В разряд такой словесности попадала и продукция собственно торгового направления (Булгарин, Греч, Сенковский, Полевой), и культивируемая «Отечественными записками» современная французская словесность, сочетающая «разоблачительный натурализм» с идеями филантропии, с утопическим социализмом. Как ни разнородны были эти литературные направления, в сознании писателей пушкинского круга они могли восприниматься одинаково негативно — как утрата старых эстетических и культурных ценностей.

Второй «Портрет» Гоголя появляется как раз в тот момент, когда в «Современнике», в период редакторства Плетнёва в 1838–1846 годах, возникает необходимость эстетического самоопределения и отмежевания от неприемлемой литературы натурализма. В то же время и для Гоголя очень важно было предварить обсуждение «Мертвых душ» эстетической декларацией, определяющей новую фазу его творчества и мировоззрения.

Показательны самые обстоятельства публикации «Портрета» в «Современнике». Повесть появляется в журнале вместо обещанной Плетнёву журнальной статьи. 6 февраля 1842 года Гоголь пишет Плетнёву: «Будет ли в Современнике место для статьи около семи печатных листов, и согласитесь ли вы замедлить выход этой книжки, выдать ее не в начале, а в конце апреля, т. е. к празднику?» [Гоголь 1937–1952, 12: 34]. Однако статья написана не была, и 17 марта 1842 года, предваряя разговор о «Портрете», Гоголь сообщал: «Я силился написать для Современника статью во многих отношениях современную, мучил себя, терзал всякий день и не мог ничего написать, кроме тех беспутных страниц, которые тот же час истребил» [Гоголь 1937–1952, 12: 45]. Н. И. Мордовченко полагал, что ожесточение журнальной полемики охладило пыл Гоголя [Гоголь 1937–1952, 3: 666]. Возможно и то, что Гоголь счел просто неуместным для себя выступать в роли современного полемиста, бойкого критика именно накануне выхода «Мертвых душ». «Портрет», аккумулировавший новые эстетические воззрения Гоголя, заменил эту ненаписанную декларацию[21].

«Портрет» появился в 27-м томе «Современника» (цензурное разрешение от 30 июня) в 1842 году. Плетнёв в точности исполнил все предписания Гоголя: повесть, вопреки журнальной практике, печаталась вся целиком, без разбивки на части, публикуемые с продолжением. «Портрет» занял, таким образом, весь раздел прозы. В начале же тома Плетнёв поместил свой обширный разбор «Мертвых душ». Практически весь этот том «Современника» оказался «гоголевским».

Принципиальность такого построения тома подчеркивалась и совпадением эстетических деклараций Гоголя и Плетнёва. Сам эстетизм второго «Портрета», своего рода эстетическая антропология Гоголя[22] в этот период формировались под влиянием эсте-

---

[21] Г. М. Фридлендер полагал, что «статья около семи печатных листов» — это и есть вторая редакция «Портрета» [Гоголь 1937–1952, 12: 733]. Такое предположение противоречит фактам, изложенным в письме Гоголя от 17 марта 1842 года.

[22] См. [Зеньковский 1961: 65].

тики позднего пушкинского круга. Плетнёв к началу 1840-х годов выступил как критик с ясно очерченной эстетической позицией, с самостоятельной концепцией задач критики[23]. Гоголь, безусловно, был знаком с его статьями и рецензиями, печатавшимися в каждом томе «Современника». Однако для Гоголя немаловажно было и другое: Плетнёв пользовался репутацией литературного судьи с безупречным вкусом. Известно было, что он являлся чем-то вроде литературного поверенного в делах Пушкина, что Пушкин иногда присылал ему несколько вариантов стихотворных строк, и Плетнёв сам выбирал из них лучшую[24]. Гоголь, видимо, хотел, чтобы его отношения с Плетнёвым протекали в дальнейшем по той же модели. Плетнёву явно была уготована роль ближайшего литературного советника Гоголя. Особенно импонировало Гоголю то, что для Плетнёва он был преемником золотого века русской литературы. Плетнёв не уставал противопоставлять Гоголя новейшей школе, самозванно, по его мнению, выбравшей Гоголя своим главой. Для Плетнёва Гоголь не открывал, как для Белинского, новый этап литературы, а замыкал старый. Так, он писал Я. К. Гроту 14 октября 1842 года: «...у нас в России же по части литературы только и было две школы: Ломоносова и Карамзина. Последняя дала нам все, что было и есть у нас истинно прекрасного. Считай с Дмитриева, иди к Жуковскому и кончи хоть Гоголем: ведь это все люди одной идеи» [Грот 1896: 616][25].

Особая миссия, возлагаемая Гоголем на Плетнёва, объясняется и тем, что Плетнёв как никто другой в это время был посвящен

---

[23] Об эстетике Плетнёва см. [Проскурина 1985].

[24] См. [Бонч-Бруевич, Попов 1939: 222–223].

[25] К середине 1840-х годов Плетнёва уже начинает раздражать учительский тон Гоголя, его тяготение к «московской братии». См., например, письмо Плетнёва к Гоголю от 27 октября 1844 года [Карпов, Виролайнен 1988: 246–250]. Эпилогом во взаимоотношениях Гоголя с плетнёвским «Современником» является его заметка «О Современнике», наполненная утопическими проектами преобразования вконец угасающего издания, вызвавшая лишь скептическую отповедь разочарованного в журнальной «трибуне» Плетнёва в письме Гоголю от 1/13 января 1847 года. См. [Грот 1890: 46].

в гоголевские литературные замыслы[26] и являлся одним из немногих, кто высоко ценил Гоголя во всех его ипостасях (и как комического, и как серьезного, трагического писателя). С этим особым посвящением Плетнёва связана и впервые прозвучавшая в его статье о «Мертвых душах» мысль о том, что первый том поэмы — лишь крыльцо к будущему зданию: «На книгу Гоголя нельзя иначе смотреть, как только на вступление к великой идее о жизни человека <...> перед нами только поднята завеса...» [Плетнёв 1988: 50].

Вторая редакция «Портрета» буквально впитала в себя любимые эстетические идеи Плетнёва. Одной из них была идея «сочувствия» художника с предметом изображения: верность натуре, по мысли Плетнёва, должна подкрепляться «слиянием» художника с той сферой, которую он изображает. Точность копииста, с холодной отстраненностью рисующего объект, не может дать произведения искусства. Плетнёв ратовал за «душевное» постижение законов красоты, он выстраивал такой взаимозависимый ряд: истинный художник должен быть «напитан» своим предметом, только тогда он творит в своих произведениях «новое бытие», превращая читателя в «существо, чувствующее сердцем и воображением то время и то место, которые вызываются ими к новому бытию»[27]. Так, в начале своего разбора «Мертвых душ» Плетнёв, говоря об игре пианиста Ф. Листа, дает выразительную метафору истинного искусства:

> Состояние души его во время исполнения музыки и то, чем сила его чудного постижения наполняет, проникает, так сказать, дробящиеся у другого звуки, и то, что *действительностью сочувствия с идеей автора* вносит в сердце слушателей, разве это все усилие искусства, а не страдание и радость жизни? [Плетнёв 1988: 49] (курсив мой. — *В. П.*).

В схожих категориях описывает Гоголь впечатление от картины русского художника:

---

[26] См. [Манн 1984: 169].
[27] См.: РО ИРЛИ. Ф. 234. Оп. 1. Ед. хр. 125. Л. 6.

> Но властительней всего видна была сила созданья, уже заключенная в душе самого художника. Последний предмет в картине был им проникнут <...> Видно было, как все, извлеченное из внешнего мира, художник заключил сперва себе в душу и уже оттуда, из душевного родника устремил его одной согласной, торжественной, песнью. И стало ясно даже непосвященным, какая неизмеримая пропасть существует между созданьем и простой копией с природы [Гоголь 1937–1952, 3: 112].

Антитеза копия/создание, мысль о необходимости озарения низких предметов светом высоких идей — целиком лежит в русле эстетики Плетнёва, выступавшего с осуждением «дагерротипной» литературы, массовой нравоописательной беллетристики 1830–1840-х годов, и не принявшего впоследствии и натуральной школы. Эти произведения для него — «мертвая природа», сочиненное, искусственное, противостоящее живому, истинному, проникнутому «душой» автора.

Близко к такому пониманию вставленное во вторую редакцию повести размышление Чарткова о портрете:

> Ведь это однако же натура, это живая натура: отчего же это странно-неприятное чувство? Или рабское, буквальное подражание натуре есть уже проступок <...> Или, если возьмешь предмет безучастно, бесчувственно, не сочувствуя с ним, он непременно предстанет только в одной ужасной своей действительности, неозаренный светом какой-то непостижимой, скрытой во всем мысли... [Гоголь 1937–1952, 3: 87–88]

Сама фразеология эстетических деклараций Гоголя в «Портрете» совпадает с категориями эстетики Плетнёва: «слияние» с изображаемым предметом, «озарение» низких предметов светом высоких идей, плодотворность не теоретического, а душевного постижения законов красоты, идея «сочувствия» писателя и художника с предметом изображения.

Установка на эстетику Плетнёва вписывалась в общую пропушкинскую направленность Гоголя того времени. Гоголь сознательно ориентируется на Плетнёва, бывшего ближайшим, «домашним» другом Пушкина в последние годы его жизни, а также на журнал «Современник», воспринимаемый под знаком пушкинского имени.

Неслучайно и то, что именно во втором «Портрете» появляется и само имя Пушкина — отсылка к пушкинскому «Демону» [Гоголь 1937–1952, 3: 115]. Эта реминисценция из пушкинского стихотворения была последней вставкой в беловой автограф рукописи второго «Портрета» и одновременно последней точкой, подытоживавшей «пушкинскую» концепцию повести.

Источники

Арнольд 1892 — Арнольд Ю. К. Воспоминания: В 3 т. Т. 2. М.: Типография Э. Лисснера и Ю. Романа, 1892.

Белинский 1955 — Белинский В. Г. Полное собрание сочинений: В 13 т. Т. 7. М.: Изд-во АН СССР, 1955.

Бонч-Бруевич, Попов 1939 — Архив опеки Пушкина / ред. и коммент. П. С. Попова; общая ред. В. Д. Бонч-Бруевича. М.: Изд-во Государственного литературного музея, 1939.

Вацуро, Гиллельсон 1968 — Новонайденный автограф Пушкина. Заметки на рукописи книги П. А. Вяземского «Биографические и литературные записки о Денисе Ивановиче Фонвизине» / Ред. и коммент. В. Э. Вацуро и М. И. Гиллельсона. М.; Л.: Наука, 1968.

Глинка 1927 — Глинка С. Ф. Англичанин о Пушкине зимою 1829–1830 гг. // Пушкин и его современники. Вып. 31–32. Л.: Изд-во АН СССР, 1927. С. 105–110.

Гоголь 1889 — Гоголь Н. В. Сочинения Н. В. Гоголя: В 7 т. 10-е изд. Т. 2. М.: Изд. книжного магазина В. Думнова, 1889.

Гоголь 1937–1952 — Гоголь Н. В. Полное собрание сочинений: В 14 т. М.; Л.: Изд-во АН СССР, 1937–1952.

Гоголь 1977 — Гоголь Н. В. Собр. соч.: В 7 т. Т. 3. М.: Художественная литература, 1977.

Грот 1890 — Письма Плетнёва к Гоголю. 1844–1851 / Публ. Я. К. Грота / Русский вестник. 1890. Т. 211. № 11. С. 33–68.

Грот 1896 — Переписка Я. К. Грота с П. А. Плетнёвым / Под ред. К. Я. Грота: В 3 т. Т. 1. СПб.: Тип. М-ва путей сообщения, 1896.

Карпов, Виролайнен 1988 — Переписка Н. В. Гоголя: В 2 т. Т. 1 / Сост. и коммент. А. А. Карпова, М. Н. Виролайнен. М.: Художественная литература, 1988.

Ленц 1878 — [Ленц В. Ф.]. Приключения лифляндца в Петербурге // Русский архив. 1878. № 4. С. 436–468.

Плетнёв 1988 — Плетнёв П. А. Статьи. Стихотворения. Письма. М.: Советская Россия, 1988.

Пушкин 1937–1959 — Пушкин А. С. Полное собрание сочинений: В 16 т. М.; Л.: Изд-во АН СССР, 1937–1959.

Пушкин 1969 — Пушкин <А. С.> Письма последних лет. 1834–1837. Л.: Наука, 1969.

Розен 1847 — Розен Е. Ф. Ссылка на мертвых // Сын отечества. 1847. № 6. Отд. III. С. 3–40.

Соллогуб 1974 — Соллогуб В. А. Из «Пережитых дней» // А. С. Пушкин в воспоминаниях современников. Т. 2. М.: Художественная литература, 1974. С. 311–312.

Тургенев 1841 — [Тургенев А. И.] Бальзак // Современник. 1841. Т. 24. С. 15–46.

Библиография

Вацуро 1969 — Вацуро В. Э. Пушкин и проблемы бытописания в начале 1830-х годов // Пушкин: Исследования и материалы. Т. 6. Л.: Наука, 1969. С. 150–170.

Вацуро 1974 — Вацуро В. Э. Из разысканий о Пушкине // Временник пушкинской комиссии. 1972. Л.: Наука, 1974. С. 100–108.

Вацуро 1977 — Вацуро В. Э. «Великий меланхолик» в «Путешествии из Москвы в Петербург» // Временник пушкинской комиссии. 1974. Л.: Наука, 1977. С. 43–63.

Вацуро 1979 — Вацуро В. Э. Последняя повесть Лермонтова // М. Ю. Лермонтов: Исследования и материалы. М.: Наука, 1979. С. 223–252.

Вацуро 1981 — Вацуро В. Э. Повести Белкина // Пушкин А. С. Повести Белкина, 1830–1831. М.: Книга, 1981. С. 7–60.

Гиппиус 1924 — Гиппиус В. В. Гоголь. Л.: Мысль, 1924.

Даниэль 2013 — Даниэль С. М. Статьи разных лет. СПб.: Изд-во Европейского университета, 2013.

Долинин 1989 — Долинин А. С. Пушкин и Гоголь (к вопросу о личных отношениях) // Долинин А. С. Достоевский и другие. Л.: Художественная литература, 1989. С. 55–72.

Елкин 1973 — Елкин В. Г. Перед «бездной пространства» (Заметки о «Портрете» Н. В. Гоголя) // Вопросы литературы: Метод. Стиль. Поэтика. Владимир, 1973. Вып. 8. С. 102–125.

Зеньковский 1961 — Зеньковский В. В. Н. В. Гоголь. Париж: YMCA-Press, 1961.

Лотман 1983 — Лотман Ю. М. Роман Пушкина «Евгений Онегин». Комментарий. Л.: Просвещение, 1983.

Манн 1978 — Манн Ю. В. Поэтика Гоголя. М.: Художественная литература, 1978.

Манн 1984 — Манн Ю. В. В поисках живой души. М.: Книга, 1984.

Мордовченко 1939 — Мордовченко Н. И. Гоголь в работе над «Портретом» // Ученые записки ЛГУ. Серия филологических наук. Вып. 4. Л.: ЛГУ, 1939. С. 113–118.

Паперно 1978 — Паперно И. А. О реконструкции устной речи из письменных источников: Кружковая речь и домашняя литература в пушкинскую эпоху // Ученые записки Тартуского гос. университета. 1978. Вып. 442. С. 122–134.

Проскурина 1985 — Проскурина В. Ю. П. А. Плетнев — литературный критик // Филологические науки. 1985. № 5. С. 27–32.

Цявловский 1962 — Цявловский М. А. Отголоски рассказов Пушкина в творчестве Гоголя // Цявловский М. А. Статьи о Пушкине. М.: Изд-во АН СССР, 1962. С. 252–259.

12
Федор Карамазов как либертин
(Ф. М. Достоевский и XVIII век)

Фигура Федора Павловича Карамазова неоднократно привлекала к себе внимание исследователей[1]. Лев Карсавин, почувствовав особую суггестивность метафизики персонажа, посвятил ему отдельное исследование «Федор Павлович Карамазов как идеолог любви». Философский контекст этой парадоксальной работы (статья в несколько измененном виде вошла в его трактат «Noctes Petropolitanae», 1922) позволил увидеть в образе Карамазова, предающегося плотским наслаждениям, искаженный платоновский культ Эроса. М. М. Бахтин, отметив «яркую по своему карнавально-мениппейному колориту сцену скандала в келье старца Зосимы», подчеркнул тем самым принадлежность старшего Карамазова, главного организатора этой сцены, к известной литературной традиции [Бахтин 1994: 358].

При всей разности подходов двух исследователей, определенно вычерчивается общность в отнесении героя Достоевского к категории перверсивных, бурлескных персонажей, связанных с антично-ренессансной гуманистической традицией. Однако, как кажется, слишком общие горизонты «карнавала» у Бахтина, как и слишком персональные и далекие от контекста романа размышления об Эросе у Карсавина, нуждаются в серьезной культурно-исторической коррекции, во временной и идеологи-

---

[1] См. [Карсавин 1921; Зеньковский 1933; Альтман 1975: 106–110; Джексон 1976]. См. также новейшую работу [Немировский 2018].

ческой фокусировке. Неслучайно так много и подробно Достоевский работал над этим персонажем, отбирая для него ключевые сентенции, особо пикантные анекдоты, стилизуя определенным образом его речь[2].

Старший Карамазов — важнейший компонент идеологической структуры последнего романа Достоевского, построенного на столкновении наиболее релевантных для писателя культурно-религиозных традиций. Старый греческий мир страсти и рока, сакрального жертвоприношения у «алтаря Жены-природы» [Пумпянский 2000: 509], мир Диониса и Деметры [Иванов 1995: 272] вводится в текст романа фигурой Дмитрия Карамазова, само имя которого должно было ассоциироваться с указанной традицией [Альтман 1975: 117].

Восточная культура христианства, монастырства, старчества, приправленная апокрификой, культом юродства и сектантства, — мир Древней Руси, отпавшей от византийской традиции и замкнувшейся в узком схизматическом пространстве, связан с «житием» Алексея Карамазова и темой Зосимы.

Западный инвариант религиозно-культурного догматизма, основанного на различных формах рационалистического (и в том числе схоластического) понимания религии как инструмента — познания, морали, власти или устроения государства, — воплощен Достоевским в фигуре Ивана Карамазова.

Какая традиция и какая культурно-историческая парадигма воплотилась в «безобразном» шуте, престарелом сладострастнике и безудержном «врале» Федоре Павловиче Карамазове?

* * *

Еще с конца 1860-х годов Достоевский обдумывает идею «огромного романа» под названием «Атеизм», для которого он должен «прочесть чуть не целую библиотеку атеистов, католиков и православных» [Достоевский 1972–1990, 28, II: 329] (письмо к А. Н. Майкову от 11/23 декабря 1868 года). Он составляет план

---

[2] См. [Мочульский 1995: 512].

романа «Житие великого грешника», где постоянно фигурирует название известного либертинского романа — «Thérèse-philosophe» [Достоевский 1972–1990, 9: 126, 138].

Первоначальные планы и наброски Достоевского разошлись по разным романам, а характерологические зарисовки растворились — в разных комбинациях — в позднейших героях. В самом замысле «Атеизма», как и в плане «Жития великого грешника», основанного на столкновении монаха с греховным, секулярным началом, сильно ощутима струя французского — либертинского — влияния. Достоевский, бывший прекрасным знатоком французской словесности, с годами отодвигался в ее рецепции назад, к XVIII веку. Если в своем влиянии на раннего Достоевского явно доминировала французская неистовая словесность 1830–1840-х годов, то в «Братьях Карамазовых» очевидно отозвался предшествующий век — век религиозных отречений, кощунственного остроумия и либертинажа.

Между тем уже в плане «Жития великого грешника» показательно было само сочетание монашества героя, атеистической философии и разврата, соответствующее парадигмам либертинской литературы XVIII века [Darnton 1996; Cryle 1994]. Именно на такой комбинации были построены не только «Тереза-философ» (1748), приписываемая маркизу д'Аржансу, но и другие бестселлеры французской словесности — «Нескромные сокровища» (1748) и «Монахиня» (1760) Дени Дидро, «Софа» (1742) Кребийона-сына, романы маркиза де Сада «Философия в будуаре» (1795) и «История Жюльетты» (1797)[3]. Стереотипы вольного поведения и вольномыслия процветали во всей французской литературе XVIII столетия — от «Оды Приапу» Пирона до «Орлеанской девственницы» Вольтера. О влиянии этого типа романов на Достоевского писал П. М. Бицилли в статье «О внутренней форме романа Достоевского. Приложение III. Де-Сад, Лакло и Достоевский»[4].

Своеобразным знаком либертинского дискурса было сочетание трех важнейших элементов: 1) воинствующий и иронизи-

---

[3] См. [Trousson 1993].
[4] См. [Бицилли 1966].

рующий антиклерикализм при вариациях общего взгляда на Бога и религию (скептицизм, деизм, атеизм); 2) вольнодумство, которое не ограничивалось политическими доктринами, но простиралось в сферу повседневной жизни, деконструируя мораль, нормы и уклад жизни; 3) философия неоэпикуреизма, наслаждения жизнью вне всяких границ и условностей[5]. Главное же заключалось не только и не столько в концептуальном обеспечении либертинского дискурса, сколько в его форме. Насмешка, культ остроумия и всепроникающий эротизм, зачастую переходящий в порнографию или словесную скабрезность, — таковы были элементы либертинского стиля.

Отзвуки этой «философии» вместе с определенными стереотипами поведения достались в романе «Братья Карамазовы» старшему представителю семейства. Показательно, что в числе вероятных прототипов Федора Павловича Карамазова фигурировал известный вольтерьянец, в полной мере герой либертинского века, бывший екатерининский паж Д. Н. Философов, свекор деятельницы женского движения 1860–1870-х годов А. П. Философовой [Альтман 1975: 106]. Имидж Карамазова строится на форсированном вольтерьянско-либертинском субстрате. Герой выделяется из общего нарративного потока фокусировкой на французских цитатах и на французских *bon mots*.

«Дрянной», «развратный» помещик Федор Карамазов еще в молодости слыл «одним из смелейших и насмешливейших людей» [Достоевский 1972–1990, 14: 8] своей эпохи. Достоевский подчеркивает в герое-насмешнике те поведенческие и словесные жесты, которые роднят его с персонажами либертинской продукции.

«Старый шут» появляется в романе в ореоле профанного осмеяния Священного Писания, церковных традиций и преданий. Во время беседы с Зосимой Федор Карамазов, лицемеря и издеваясь, патетически воздевает кверху руки и произносит по адресу старца: «Блаженно чрево, носившее тебя, и сосцы, тебя питавшие, — сосцы особенно!» [Достоевский 1972–1990, 14: 40]. Эротическая перверсия сцены уверования во Христа одной из

---

[5] См. новейший перевод с приложением важнейших текстов: [Делон 2013].

женщин из народа (Лк. 11: 27) сопровождается буффонадой фальшивых имитаций «ученичества», также отсылающих к Евангелию: «Учитель! — повергся он (Федор Карамазов. — *В. П.*) вдруг на колени, — что мне делать, чтобы наследовать жизнь вечную? — Трудно было и теперь решить: шутит он или в самом деле в таком умилении?» [Достоевский 1972–1990, 14: 41].

При этом сам Федор Карамазов прекрасно осознает свою шутовскую миссию и сознательно педалирует ее. Он нарочно устроил поездку в монастырь — это была его «идея», без сомнения соотносящаяся с ключевой парадигмой либертинских сюжетов: провокационное поведение грешника в святом месте или в присутствии монаха.

Узнав о намерении Алеши вступить в монастырь послушником, он немедленно рассказывает один из своих скабрезных анекдотов о «монастырских женах» в некоей «подгородной слободе»: «Я там был, и, знаешь, интересно, в своем роде разумеется, в смысле разнообразия. Скверно тем только, что русизм ужасный, француженок совсем еще нет, а могли бы быть, средства знатные. Проведают — приедут» [Достоевский 1972–1990, 14: 23]. «Житийный» нарратив, обычно связанный у Достоевского с темой монастыря, заменяется «анекдотом», переводящим «сакральный локус» в профанное пространство. Провокативное поведение, неудержимость полупристойного (или откровенно порнографического) речевого потока, доходящего до словесного самообнажения, — таковы были параметры либертинского романа [Hénaff 1978: 65].

Монастырь навевает на Карамазова и метафизические размышления о загробной жизни. Он пародийно имитирует такие традиционные христианские стереотипы, как «страх Божий» — страх перед будущей перспективой оказаться в аду. Либертинская насмешка над верованиями звучит в издевках над иконографическим изображением Страшного суда: «Ведь невозможно же, думаю, чтобы черти меня крючьями позабыли стащить к себе, когда я помру. Ну вот и думаю: крючья? А откуда они у них? Из чего? Железные? Где же их куют?» [Достоевский 1972–1990, 14: 23]. Старый Карамазов имеет в виду житийные описания или иконографические изображения Страшного суда, в которых демоны с железными крючьями заталкивают грешников в ад, иногда представленный в виде пасти огромного монстра[6]. Особенно устрашающими были западные картины Страшного суда, в которых фигурировали грешники, одержимые в земной жизни похотью[7].

Разрешение вопроса дается Федором Карамазовым в травестированном «доказательстве» отсутствия «бытия Божия», так сказать, «от противного». Если уж такой «срамник», как он, Карамазов, останется без «крючьев» и, следовательно, без ада, то… нет и «правды», то есть Бога. Силлогизм приправлен иронической отсылкой к Вольтеру: «Il faudrait les inventer, эти крючья, для меня нарочно, для меня одного, потому что если бы ты знал, Алеша, какой я срамник!» [Достоевский 1972–1990, 14: 23–24]. Перефразировка известной сентенции Вольтера «Если бы Бога не было, его следовало бы выдумать», обыгранная Федором Карамазовым, возникает в тексте не случайно. Достоевский соединяет здесь элитистский вольтеровский деизм с расхожей либертинской насмешкой над «выдуманностью» ада.

Не случайно далее вводится еще один либертинский пассаж об аде: «Так, так, одни только тени крючьев. Знаю, знаю. Это как один француз описывал ад: "J'ai vu l'ombre d'un cocher qui avec l'ombre d'une brosse frottait l'ombre d'une carosse"»[8] [Достоевский

---

[6] Детальное описание «визуальной грамматики» ада, демонов-мучителей и их орудий представлено в монографии [Антонов, Майзульс 2011].

[7] См. также указание на духовный стих о богатом (у которого ангелы вынимают душу железными крючьями) и убогом Лазаре в комментариях к роману [Достоевский 1972–1990, 15, 525–526]. Один эпизод, произошедший в конце XVIII века в Сибири и связанный с неуплатой штрафа за отказ ходить к исповеди, служит реальной параллелью к этому фрагменту: «Так, например, получив высочайший выговор и желая досадить митрополиту Павлу, губернатор Чичерин нарядил всех своих слуг и полицейских солдат в монашеское платье и во время масляницы приказал им ездить по городу и заходить во все кабаки и непотребные дома. В отместку за это поругание, митрополит приказал нарисовать на церковной паперти картины страшнаго суда и на первом плане поместить портрет губернатора, котораго черти тянут крючьями в ад» (цит. по: [Бильбасов 1884: 26]).

[8] «Я видел тень кучера, которая тенью щетки чистила тень кареты» (*франц.*).

1972–1990, 14: 24]. Сентенция восходила к коллективной пародии на VI песнь «Энеиды» братьев Клода, Шарля и Никола Перро, а также их друга Борена (написана около 1648 года) [Perrault, Perrault 1909: 22–23][9]. Фраза, неоднократно приписывавшаяся автору «Травестированного Вергилия» Полю Скаррону, была чрезвычайно популярной. Пародирование шестой песни «Энеиды», в которой фигурируют «тени» умерших, не только подключалось к общей литературной традиции бурлеска, но содержало и антихристианские коннотации. Федор Карамазов в данном пассаже развивает одну из излюбленных тем либертинов — насмешки над представлением о загробной жизни, сложившимся в результате адаптации античных источников в христианской литературе.

Вообще же характерен сам стиль кощунственных речей Карамазова, имитирующий типично либертинский дискурс — псевдонаивный, рационалистически мыслящий герой обнаруживает нарушение элементарной логики, массу несообразностей и противоречий, заложенных в Священном Писании. Так, например, была построена книга Вольтера «История установления христианства» (опубликована в 1779 году), где некий англичанин, вооруженный «здравой» логикой, с видимой серьезностью толкует «несообразности» отдельных фрагментов Библии, суждений отцов церкви, эпизоды из истории христианства, порождая в результате иронически-бурлескный текст, подобный «Кандиду».

В своем безбожии Карамазов апеллирует к просвещению (монахи «развитие задерживают») и экономической выгоде упразднения монастырей: «А все-таки я бы с твоим монастырьком покончил. Взять бы всю эту мистику да разом по всей русской земле и упразднить, чтоб окончательно всех дураков обрезонить. А серебра-то, золота сколько бы на монетный двор поступило!» [Достоевский 1972–1990, 14: 123]. Антимонастырский пафос старого Карамазова имеет также вольтерьянский субстрат — антиклери-

---

[9] Отмечено комментаторами в [Достоевский 1972–1990, 15: 536]. Достоевский мог почерпнуть расхожую сентенцию в книге, имевшейся в его библиотеке [Фламмарион 1879; Гроссман 1922: 48].

кальные филиппики Вольтера, в частности его работу «Человек с сорока экю» (сожжена во Франции в 1768 году), где приводились экономические доводы в пользу упразднения монастырей.

Во время трапезы у игумена Федор Карамазов манипулирует стереотипами антиклерикального дискурса; однако как только сцена заканчивается, «старый шут» готов немедленно отказаться от всех своих обвинений. В ответ на его «атеистический» проект «упразднить» монастыри Иван Карамазов приводит довод в духе собственного социо-этического обоснования необходимости религии как элемента государственной стабильности: в случае «упразднения» религии и монахов «упразднят» и «ограбят» самого Федора Карамазова. Старший Карамазов не без саркастической иронии тут же соглашается сохранить монастыри — ради спокойной жизни «умных людей»: «Ну, так пусть стоит твой монастырек, Алешка, коли так. А мы, умные люди, будем в тепле сидеть да коньячком пользоваться. Знаешь ли, Иван, что это самим Богом должно быть непременно нарочно так устроено?» [Достоевский 1972–1990, 14: 123]. В ответе старшего Карамазова пародируется вольтеровский деистический элитизм: сообщество «умных людей» знает «истину», но оставляет «Бога» для обуздания масс и сохранения порядка. Развратный и остроумный аббат Т..., герой «Терезы-философа», также размышлял о социальной необходимости религии как узды для непросвещенных: «Государство придумало правила (введя их в религиозный обиход), которые, в сущности, нужны лишь для поддержания определенных отношений в обществе» [де Сад 1991: 87].

Насмешливое, шутовское безбожие старшего Карамазова, без конца апеллирующего к французским афеям предшествующих двух столетий, принципиально отлично от рационалистической доктрины Ивана Карамазова, также ссылающегося на Вольтера. В ключевом разговоре с Алешей в трактире Иван подхватывает отцовскую цитату: «Видишь, голубчик, был один старый грешник в восемнадцатом столетии, который изрек, что если бы не было Бога, то следовало бы его выдумать, s'il n'existait pas Dieu, il faudrait l'inventer. И действительно, человек выдумал Бога» [Достоевский 1972–1990, 14: 213–214].

Для Ивана эта сентенция — кирпичик разветвленной концепции сознательного, логизированного, внечувственного отношения к порядку вещей. Для Федора Карамазова слово, в особенности остроумное слово, — это *modus vivendi*, это характер, это стиль. Речевая маска героя построена на кощунственном остроумии, на словесном богохульстве, не находящем диалогического «отпора» в силу иной, не современной, природы, восходящей к чуждой остальным героям традиции.

Сам герой подчеркивает свой «не-русский» и даже «анти-русский» характер и свою «генетическую» связь с французским веком остроумия: «А Россия свинство. Друг мой, если бы ты знал, как я ненавижу Россию, то есть не Россию, а все эти пороки... а пожалуй что и Россию. Tout cela c'est de la cochonnerie[10]. Знаешь, что я люблю? Я люблю остроумие» [Достоевский 1972–1990, 14: 122].

Бесконечные апелляции Карамазова к «остроумию» как к наиболее ценимому им качеству соотносят героя с известным персонажем романа Дени Дидро «Племянник Рамо»[11]. Племянник Рамо, который довел «талант шута и способность унижаться» «до предела совершенства» [Дидро 1973: 220], также любил потолковать об остроумии как главной пружине существования. За Рамо вставал целый круг остроумцев, которые собираются, чтобы обсудить важнейший вопрос: «остроумнее ли Пирон, чем Вольтер?» [Дидро 1973: 221].

Сентенция Федора Карамазова соотносит героя с плеядой русских обличителей — от М. М. Щербатова и А. Н. Радищева, русского XVIII века с его обличением «пороков» (само слово в устах Карамазова звучит цитатно; это «чужое слово»), до русской либеральной традиции XIX века: неслучайно в первоначальных набросках в качестве антитезы типу «монаха» Достоевский намеревался вывести П. Я. Чаадаева. Важно и то, что этой фразе придан французский колорит: либеральная западническая ненависть к России и ее «варварству» по смыслу (отсюда и «прообраз»

---

[10] «Все это свинство» (*франц.*).

[11] Об интересе Достоевского к Дидро см. [Гроссман 1919: 122; Достоевский 1930: 453]. См. также: [Григорьев 1966; Кирпотин 1974].

типа, связанный Достоевским с «типом» Чаадаева) и либертинская насмешка над «нравами и обычаями» своей страны по форме.

В письме к А. Н. Майкову от 25 марта (6 апреля) 1870 года Достоевский сообщал детали плана будущего романа о монастыре:

> Тут же в монастыре посажу Чаадаева (конечно, под другим тоже именем). Почему Чаадаеву не просидеть года в монастыре? Предположите, что Чаадаев после первой статьи, за которую его свидетельствовали доктора каждую неделю, не утерпел и напечатал, например за границей, на французском языке, брошюру, — очень и могло бы быть, что за это его на год отправили бы посидеть в монастырь. К Чаадаеву могут приехать в гости и другие. Белинский наприм<ер>, Грановский, Пушкин даже. (Ведь у меня же не Чаадаев, я только в роман беру этот тип.) [Достоевский 1972–1990, 29, I: 118]

Характерно, что далее идет примечательный рассказ о порке девок в селе Мокрое, едва ли не соотнесенный с изображением ужасов крепостного права в главке «Медное» «Путешествия из Петербурга в Москву» Радищева. Отсылки к Радищеву, в первую очередь к главе «Медное» «Путешествия из Петербурга в Москву», имеют место и в сне Дмитрия Карамазова, привидевшемся ему в том же селе Мокрое. Ему снится крестьянское селение и выстроившиеся на дороге изможденные бабы. На руках одной, с «иссохшими» грудями, — плачущее дитя. Сцена распродажи баб разных возрастов (одна из них с «дитем», зачатым изнасиловавшим ее барином) — бывших кормилиц барина и его семейства — была одной из центральных сцен в описании ужасов крепостничества у Радищева. Характерно, что в этом символическом сне Дмитрий Карамазов испытывает неожиданное «умиление» («плакать ему хочется»), соотносимое с теми потоками слез, которые проливает радищевский путешественник.

Однако Карамазов трактует этот эпизод как извращенный сексуальный акт (потом поротые девки берутся замуж теми, кто их порол) — со ссылкой на маркиза де Сада: «Каковы маркизы де Сады, а? А как хочешь, оно остроумно» [Достоевский 1972–1990, 14: 122].

* * *

Извращенным «остроумием» в духе де Сада отличается и рассказ Федора Карамазова о его собственных любовных взаимоотношениях со второй женой, Софией, матерью Алеши и Ивана. Рассказ строится как своего рода садистическая *Ars erotica* с обоснованием последовательности «этапов» соблазнения и постепенного увеличения возможных «удовольствий» за счет мучений партнера. Порочный «любитель лишь грубой женской красоты» [Достоевский 1972–1990, 14: 13] соблазнился невинным видом и беззащитностью Софии: «"Меня эти невинные глазки как бритвой тогда по душе полоснули", — говаривал он потом, гадко по-своему хихикая. Впрочем, у развратного человека и это могло быть лишь сладострастным влечением» [Достоевский 1972–1990, 14: 13]. Есть в этом эротическом нарративе и частый сюжетный поворот либертинского романа: «В дом, тут же при жене, съезжались дурные женщины, и устраивались оргии». [Достоевский 1972–1990, 14: 13]. С тем же романическим клише соотносится и попытка Федора Карамазова предоставить собственную жену, Софию, приятелю-соседу. Парадигма экономической и сексуальной власти, мужского доминирования и контроля (главная парадигма романов де Сада [Hénaff 1978: 294–299]) оказывается центральной темой Достоевского. Воплощением этой репрессивной власти в «Братьях Карамазовых» делается Федор Карамазов, а бедная набожная сирота София замещает «тип» монахини в либертинском романе.

Примечательно, что взаимоотношения Федора Карамазова с мистически ориентированной, религиозной Софией имеют любопытную реальную параллель в истории несчастного союза Анны Евдокимовны Лабзиной (1758–1828) и Александра Матвеевича Карамышева (1744–1791). «Воспоминания» Лабзиной не были опубликованы при жизни Достоевского, но история ее первого брака была хорошо известна уже в пушкинское время. Счастливая во втором браке с известным масоном А. Ф. Лабзиным, Лабзина с редкостной откровенностью рассказывала в своих мемуарах об экстравагантностях семейной жизни с Карамышевым, русским вольнодумцем XVIII столетия. Ю. М. Лотман, подробно анализируя эти мемуары, писал о них как об уникальном литературном памятнике, фиксирующем трагическое столкновение двух чуждых друг другу этико-философских культур — либертинской и масонской: А. М. Карамышев насильственно и жестоко «приобщал» свою жену-ребенка, духовную ученицу М. М. Хераскова, к разврату и вольномыслию [Лотман 1994: 301–313]. Помимо Лабзиной выразительный портрет Карамышева оставил в своих «Записках» А. Л. Витберг.

«Записки», опубликованные в «Русской старине» в 1872 году, несомненно были известны Достоевскому. Витберг колоритно описал столкновение масонского круга с «неверующим» Карамышевым, который представлял тот русский образец интеллектуального наследника европейского либертинажа (он и жил некоторое время за границей), который чрезвычайно интересовал Достоевского в эти годы. Витберг вспоминал: «Первый муж жены Лабзина, Карамышев, был человек без веры, сомневался в бессмертии души; он был человек ученый, но принадлежал еще к тем воспитанникам XVIII столетия, которые блистали материализмом» [Витберг 1872: 567].

Сомнения в «бессмертии души» сопрягались в случае Карамышева с принципиальной эмансипированностью сексуального поведения. Как повествует Лабзина, в доме Карамышева устраивались оргии, сам он с первых дней брака сожительствовал тут же со своей племянницей, «добрался» и до десятилетней девочки, служившей в доме: «...ему все равно было, красавица ли или безобразная, лишь бы была женщина» [Сабанеева, Головнина, Лабзина 1996: 72]. Своей молодой супруге (она была моложе мужа на 14 лет) советовал сожительствовать *en trois*, настойчиво предлагал ей приятелей в любовники, наставляя ее в соответствии с правилами «Терезы-философа». Созвучие героев и созвучие фамилий (Карамазов — Карамышев) вполне могло быть неслучайным.

Эпизод «Братьев Карамазовых» с описанием религиозного надругательства старого Карамазова над Софией также соотносится с материалом истории Лабзиной. Этот важнейший фрагмент романа носит чрезвычайно насыщенный символический характер, выводящий нарратив первых глав романа за пределы вольтерьянско-либертинского типизирования и ассоциирующий текст с проблемами гностического мифологизма (история земной жизни и страданий Софии) и религиозного мистицизма (известный культ Богоматери у Достоевского).

Обращаясь к Алеше (зная о его сильнейшей любви к матери), старый Карамазов повествует:

> Но вот тебе Бог, Алеша, не обижал я никогда мою кликушечку! Раз только разве один, еще в первый год: молилась уж она тогда очень, особенно богородичные праздники наблюдала и меня тогда от себя в кабинет гнала. Думаю, дай-ка выбью я из нее эту мистику! «Видишь, говорю, видишь, вот твой образ, вот он, вот я его сниму. Смотри же, ты его за чудотворный считаешь, а я вот сейчас на него при тебе плюну, и мне ничего за это не будет!..» Как она увидела, Господи, думаю: убьет она меня теперь, а она только вскочила, всплеснула руками, потом вдруг закрыла руками лицо, вся затряслась и пала на пол... так и опустилась... [Достоевский 1972–1990, 14: 126].

Отречение от веры должно было быть сопряжено с богохульством и насмешкой — иначе, как заострял этот момент маркиз де Сад, религиозные путы вновь возродятся:

> Далее, поскольку вы обращаете богов в ничто лишь с помощью насмешек, постольку никогда не следует терять хладнокровия, придавая богам несвойственную им важность. В противном случае они возвратятся к вам снова, принося с собой неисчислимое множество прочих опасностей. Не опрокидывайте кумиры с гневом, но разбивайте их на куски играючи, и тогда ложное мнение исчезнет само собой [де Сад 1991: 166].

* * *

Трагическая ипостась кризиса гуманизма представлена в образе Ивана Карамазова с его «фаустовским» (или «титаническим», по мысли С. Л. Франка [Франк 1931: 72]) разрывом с Богом. Травестийная же ипостась антично-ренессансной секулярной культуры переносится Достоевским на Федора Карамазова.

Показателен также фрагмент разговора между старшим Карамазовым и Иваном, ответившем отцу «нет» на вопрос о существовании Бога. Имитируя негодование, Федор Карамазов размышляет, услыхав решительный ответ сына (заранее уже ожидая его и инсценируя всю эту словесную комедию):

— Кто же смеется над людьми, Иван?
— Черт, должно быть, — усмехнулся Иван Федорович.
— А черт есть?
— Нет, и черта нет.
— Жаль. Черт возьми, что б я после того сделал с тем, кто первый выдумал Бога! Повесить его мало на горькой осине [Достоевский 1972–1990, 14: 124].

Федор Карамазов травестирует здесь предание об Иуде, повесившемся на осине. Если Иуда повесился, не пережив собственного предательства, то старший Карамазов требует повесить на осине того, кто «выдумал Бога». Вольтеровская сентенция еще раз обыгрывается в бонмотистском и кощунственном контексте.

Травестии подвергается и библейский сюжет о «валаамовой ослице», примененный к «богословским» рассуждениям Смердякова. Старый Карамазов, встречая пришедшего к нему Алешу и инсценируя несостоявшееся родительское благословение на уход в монастырь, вставляет театральное предуведомление: «Ну, теперь тебе удовольствие будет, и именно на твою тему. Насмеешься. У нас валаамова ослица заговорила, да как говорит-то, как говорит!» [Достоевский 1972–1990, 14: 114]. Согласно Библии, валаамова ослица заговорила от лица ангела Господня, не пуская Валаама по неправедной дороге. Через неповиновение ослицы «открыл Господь глаза Валааму» (Числа 22: 31). Еретическая отсебятина Смердякова травестийно именуется Карамазовым изречением «валаамовой ослицы». Контекстуальная же роль Валаама, «наставленного» на праведный путь, пародийно принимается старшим Карамазовым на себя.

Кощунственное остроумие вполне осознанно связывается Федором Карамазовым с французской либертинской традицией. В главке «За коньячком», вспоминая скандальный визит к старцу

Зосиме, старший Карамазов находит адекватную для себя интерпретацию «священного старца»: «А ведь в старце этом есть остроумие... Есть, есть, il y a du Piron là-dedans[12]» [Достоевский 1972–1990, 14: 124]. Упомянутый здесь Алексис Пирон, автор скандальной «Оды Приапу» (1710), служит отсылкой к той же либертинской традиции, возрожденной Карамазовым во всей ее мировоззренческой полноте. Скабрезная, порнографическая ода, повлиявшая на русскую барковиану [Шруба 1999; Alexandrian 1989; Hunt 1993], играла на пересечении двух планов — внешне серьезного поэтического канона торжественной оды и шутовского содержания. Этот поэтический текст, соединявший порнографию, травестию и идеологическую вольницу (в том числе и чистейший деизм, которому нет дела до неба, поскольку «je fous, c'est assez») стал своего рода образцом либертинской традиции.

Федор Карамазов, заряженный кощунственным пафосом, «обнаруживает» в Зосиме тот же либертинский субстрат — умелую и остроумную игру в святость и религиозное подвижничество при внутреннем неверии. Потрясенный столь неожиданной — травестийной — «интерпретацией» Иван Карамазов закономерно пытается возразить:

— Да ведь он же верует в Бога.
— Ни на грош. А ты не знал? [Достоевский 1972–1990, 14: 124]

Этот эпизод также отсылает к старому замыслу Достоевского «Житие великого грешника». В набросках этого романа сам монах Тихон рассказывает и о своих религиозных сомнениях, и о «прегрешениях» молодости [Достоевский 1972–1990, 9: 138]. В «Братьях Карамазовых» Федор Павлович приписывает старцу Зосиме то, что было схематически намечено как внутренняя драма Тихона. Федор Карамазов конструирует имидж старца Зосимы по модели развратного аббата Т... романа «Тереза-философ»: Зосима, по мнению Федора Карамазова, «до того сладострастник, что я бы и теперь за дочь мою побоялся аль за жену, если бы к нему исповедоваться пошла» [Достоевский 1972–1990, 14: 124].

---

[12] «тут чувствуется Пирон» (*франц.*).

Знаковым элементом «тела либертина» является тотальная деконструкция семейных устоев: тема промискуитета рассматривается как важнейшая [Hénaff 1978: 40]. Распад семьи — магистральная парадигма романа Достоевского, в котором не совсем ясны родственные отношения и само количество «братьев Карамазовых».

Федор Карамазов не оставляет без разрушительного осмеяния ни одного из общепринятых жизненных устоев. Оргиастический эротизм заменяет ему семью. Тут он, как замечает рассказчик, «попрал ногами самые обыкновенные брачные приличия» [Достоевский 1972–1990, 14: 8]. Дети оказались немедленно забыты и затем переданы на воспитание в чужие (и разные) дома. Впервые встретившись, братья обнаруживают друг в друге схожую — карамазовскую — природу. Здесь, в этом пункте, Достоевский вводит одну из критических стрел, направленных по адресу Ж.-Ж. Руссо — биографически (создатель педагогических теорий, автор «Эмиля» отдал собственных детей на воспитание в приют) и идеологически (концепция прямой зависимости человека от окружающей среды). Разность социального опыта каждого из братьев, воспитанных порознь, не сильно повлияла на общность «натуры». Достоевский постоянно подчеркивает наличие «карамазовщины», не подвластной никакому социальному влиянию, в каждом из них. «Натура», то есть «природа» человека, безусловно торжествует — вопреки обстоятельствам и окружающей среде[13].

Семья, дети, религия, церковь, — все подвергается разрушительной профанации в речах и деяниях отца семейства. Пародирует Карамазов и традицию отцовского «наставления» сыновьям. Весь шутовской сценарий показательной беседы в главе «За коньячком» происходит в присутствии Ивана, Алеши, Смердякова и набожного (хотя и с хлыстовскими симпатиями) слуги Григория. Последний с самого начала знает, какова будет генеральная линия разговора: «Григорий поморщился, видя, что Федор Павлович нисколько не умилился, а по всегдашней привычке своей начинает кощунствовать» [Достоевский 1972–1990, 14: 117]. Перед лицом трех взрослых сыновей (считая и Смердякова) отец семей-

---

[13] См. [Гроссман 2000].

ства проводит «наставительную» беседу, давая смотр своим разрушительным воззрениям.

Кредо старого Карамазова, как и его «любимая тема», — страсть к женскому полу. Исповедальный монолог такого рода (часто с описанием количества и качества партнеров) — обязательный элемент либертинского романа. Своего рода *Ars erotica* заменяет здесь наставление отца: «Деточки, поросяточки вы маленькие, для меня... даже во всю мою жизнь не было безобразной женщины, вот мое правило!» [Достоевский 1972–1990, 14: 125]. Свою страсть (или, по его терминологии, «скверну») он возводит в принцип, в миропонимание, сочетая принципиальный разврат с отрицанием Бога. Так, в одном из ключевых монологов старый Карамазов, избитый сыном Дмитрием, с перевязанной «красным платком» головой, силится обосновать свой отказ от «билета» в рай:

> Теперь я все-таки мужчина, пятьдесят пять всего, но я хочу и еще лет двадцать на линии мужчины состоять... <...> Я в скверне моей до конца хочу прожить <...>. В скверне-то слаще: все ее ругают, а все в ней живут, только все тайком, а я открыто. <...> А в рай твой, Алексей Федорович, я не хочу, это было бы тебе известно, да порядочному человеку оно даже в рай-то твой и неприлично, если даже там и есть он. По-моему, заснул и не проснулся, и нет ничего, поминайте меня, коли хотите, а не хотите, так и черт вас дери. Вот моя философия [Достоевский 1972–1990, 14: 125–126].

Характерно многократное упоминание красного платка на голове у Федора Карамазова, в последний раз — в итоговом изложении — исповедующего свою «философию». Сам герой заостряет внимание Алеши на своем необычном головном уборе — «в сороковой раз» подходя к зеркалу, он, поправляя «покрасивее на лбу свой красный платок», комментирует: «Красный-то лучше, а в белом на больницу похоже» [Достоевский 1972–1990, 14: 157].

Головной убор Карамазова в его последнем выходе «на сцену» — примечательная деталь, венчающая создание имиджа героя. Здесь содержится явная отсылка к красному фригийскому колпаку — всегдашнему, со времен Римской империи, символу свободы. В революционной Франции последней трети XVIII века красный колпак становится неотъемлемым атрибутом республиканца. Религиозный и жизненный «бунт» старого Карамазова облекается Достоевским в цвет французской революции, воспринимавшейся писателем как закономерный итог всего предшествующего греховного развития и более широкой ложно-гуманистической традиции, берущей начало в античной культуре.

Намек на красный фригийский колпак имеет дополнительные коннотации: домашнее имя Федора Карамазова — Эзоп. Знаменитый греческий баснописец, согласно преданию, был родом из Фригии. Прославился он не только своей своеобразной мудростью, но и святотатством, за которое, как гласит предание, был в Дельфах сброшен со скалы. «Житие остроумнаво Езопа» — под таким названием иногда печаталось жизнеописание греческого мудреца в русской традиции[14]. Характерно и другое: басни Эзопа, переводившиеся в России в начале XVII века с польского, являли собой образец развлекательной, то есть «греховной», литературы, неоднократно вызывавшей протесты духовенства[15].

* * *

Внешность старого Карамазова содержала еще одну выразительную отсылку к античной традиции:

> Впрочем, и сам он (Федор Карамазов. — *В. П.*) любил шутить над своим лицом, хотя, кажется, оставался им доволен. Особенно указывал он на свой нос, не очень большой, но очень тонкий, с сильно выдающейся горбиной: «Настоящий римский, — говорил он, — вместе с кадыком настоящая физиономия древнего римского патриция времен упадка». Этим он, кажется, гордился [Достоевский 1972–1990, 14: 22].

Сам тип «римского патриция времен упадка», питающегося духовной пищей французского либертинажа, не был новинкой

---

[14] См. [Yarmolinsky 1954].
[15] См. [Тарковский 1975].

в русской литературе. Одним из наиболее известных текстов, представивших образ такого «патриция», было послание А. С. Пушкина «К вельможе», впервые напечатанное в «Литературной газете» в 1830 году и озаглавленное «Послание к К. Н. Б. Ю.». Адресат пушкинского стихотворения — князь Николай Борисович Юсупов — в полной мере соответствовал типу русского либертина. Репутация Юсупова — богача, сенатора, театрала, друга Вольтера — была в высшей степени скандальна. Его престарелое сладострастие, оргии в подмосковном имении Архангельское, его закоренелое и кощунственное безбожие были одиозным явлением даже в глазах свободного в воззрениях и бытовом поведении ближайшего пушкинского окружения [Вацуро 2000]. Показательны были два момента, связанные с появлением этого стихотворения: оно воспринималось как скандально-кощунственное (в силу недостойности самого адресата) и — как неожиданно вольтерьянствующее (в силу очевидного сочувствия автора к культуре, породившей этого адресата).

Действительно, Пушкин воссоздал для русского читателя тот самый тип человека аристократической культуры XVIII века с его философией скепсиса и наслаждения жизнью, «афеизмом» и цинизмом (унаследованными от французского века либертинажа), с его забавами и развратом, наконец, — с его красивым увяданием в окружении «красоты», сравнимым с «закатом» римских вельмож. Знакомство с французскими атеистами, зрелище Французской революции, долгая жизнь за границей, — таковы вехи биографии Юсупова в передаче Пушкина.

Фигура Юсупова, владельца крепостного театра, гарема и кордебалета, в котором крепостные актрисы сбрасывали одежду по условному знаку, вольтерьянца и — одновременно — жестокого и скупого барина, стала своеобразным историческим символом.

«Юсуповская» тема, увиденная сквозь призму популярнейшего пушкинского стихотворения, оказала влияние на людей «сороковых годов»[16]. Эта тема сложным образом закодирована в романе

---

[16] В частности, на А. И. Герцена, оставившего воспоминания о Юсупове, проникнутые пушкинскими реминисценциями [Герцен 1956: 87].

Достоевского, распределившись между двумя персонажами, двумя родственниками — Федором Карамазовым и Петром Миусовым, двоюродным братом первой жены Карамазова. В фамилиях обоих персонажей Достоевского присутствует татарский элемент, а сочетание «Петр Миусов» содержит анаграмматическую отсылку к фамилии пушкинского адресата, вполне сочетаясь с общей «мифопоэтической и карнавальной техникой bricolage» в операциях Достоевского с именами [Топоров 1973: 257].

Миусов — богатый барин, проведший бо́льшую часть жизни в Париже. Он «пребывал в связях со многими либеральнейшими людьми своей эпохи» [Достоевский 1972–1990, 14: 31], был свидетелем французской революции 1848 года. Он находится в бесконечной тяжбе за «порубки в лесу» и «ловлю рыбы» с окрестным монастырем. Вместе с семейством Карамазовых Миусов оказывается у Зосимы, оттеняя в качестве своеобразного «двойника» шута Карамазова.

Достоевский приводит любопытные детали из прошлого Миусовых — в рассказе о Марфе Игнатьевне, жене набожного слуги Григория. В прошлом она была крепостной танцовщицей у Миусовых. Затем оказалась в доме у Федора Карамазова и Аделаиды Миусовой. В первый год их брака собраны были девки на барский двор танцевать:

> ...и вдруг Марфа Игнатьевна, тогда еще женщина молодая, выскочила вперед пред хором и прошлась «русскую» особенным манером, не по-деревенскому, как бабы, а как танцевала она, когда была дворовою девушкой у богатых Миусовых на домашнем помещичьем их театре, где обучал актеров танцевать выписанный из Москвы танцмейстер [Достоевский 1972–1990, 14: 88].

Этот особый танец вывел из себя тихого Григория, который в первый и последний раз «поучил» свою жену, «потаскав маленько за волосы» [Достоевский 1972–1990, 14: 88]. Детали «греховного» прошлого Марфы Игнатьевны у Миусовых, в особенности упоминание о «танцмейстере» из Москвы, служат воссозданию проюсуповских коннотаций в образе Петра Миусова. Этот либеральный полуевропеец, по мысли Достоевского, является закономерным наследником «отцов», вельмож юсуповского типа[17]. «Афеизм» и разврат первых, как полагал писатель, претворился в форму идеологического разврата либеральных «детей».

Федор Карамазов воплощает в себе «юсуповский», либертинский *modus vivendi*, тогда как в удел его «родственнику» Петру Миусову достался аристократизм, «вельможество» и галантность (последний все время извиняется за неприличное поведение своего «псевдородственника» и стыдливо отрицает самое «родство»). Оба героя — «низкий» и «высокий» стиль одного идеологического субстрата. Неслучайно Федор Карамазов в своих кощунственных анекдотах ссылается в качестве источника на Петра Миусова. Миусову ничего не остается, кроме как подтвердить:

> — Какой вздор, и все это вздор, — бормотал он. — Я действительно, может быть, говорил когда-то... только не вам. Мне самому говорили. Я это в Париже слышал, от одного француза, что будто бы у нас в Четьи-Минеи это за обедней читают... Это очень ученый человек, который специально изучал статистику России... долго жил в России... Я сам Четьи-Минеи не читал... да и не стану читать... Мало ли что болтается за обедом?.. Мы тогда обедали...
> — Да, вот вы тогда обедали, а я вот веру-то и потерял! — поддразнивал Федор Павлович [Достоевский 1972–1990, 14: 42].

Задача Миусова — найти свое отличие, расподобиться с навязчивым «родственником», комическим двойником: «...наконец, докажу им (монахам. — *В. П.*), что я не компания этому Эзопу, этому шуту, этому пьеро...» [Достоевский 1972–1990, 14: 78]. Задача же Федора Карамазова — уподобиться Миусову, стать его тенью. Войдя к Зосиме, Миусов поклонился: «Точно так же поступил и Федор Павлович, на этот раз как обезьяна совершенно передразнив Миусова» [Достоевский 1972–1990, 14: 36].

После скандала у Зосимы оба персонажа решают не появляться вместе. Однако Федор Карамазов немедленно нарушает обещание

---

[17] О прямой связи двух поколений см. [Мочульский 1995: 502].

и является к обеду у игумена: «Я с тем и шел. Я всюду теперь буду с Петром Александровичем: уйдете, Петр Александрович, и я пойду, останетесь — и я останусь» [Достоевский 1972–1990, 14: 81].

Однако и Миусов с самого начала первый вступил на путь имитации Федора Карамазова. Его участие в скандальной сцене в монастыре произошло по сути неожиданно и немотивированно:

> *Тут случилось*, что проживавший в это время у нас Петр Александрович Миусов особенно ухватился за эту идею Федора Павловича. Либерал сороковых и пятидесятых годов, вольнодумец и атеист, он, от скуки может быть, а может быть, для легкомысленной потехи, принял в этом деле чрезвычайное участие. Ему *вдруг* захотелось посмотреть на монастырь и на «святого» [Достоевский 1972–1990, 14: 30–31] (курсив мой. — *В. П.*).

Практическая мотивировка — давние споры с монастырем о границах, рубке леса и ловле рыбы — выглядит совершенно надуманно и скорее содержат аллегорический подтекст: свои «тяжбы» он мог бы разрешить без участия в заведомо скандальной встрече ссорящихся сторон — Дмитрия и Федора Карамазовых. Возникшее в тексте слово «вдруг» (как и формула «тут случилось») сигнализирует о появлении мифологического элемента в повествовании.

Двойничество оттеняло и заостряло сам идеологический субстрат, заложенный в героях, перемещая его в две разные тональности[18]. Смысл данного «двойничества» заключался, прежде всего, в указании на идеологическую зависимость современного писателю либерализма от «афеистического» либертинажа предшествующего века. Здесь Достоевский в полной мере проявил свой особый — метафорический, «как у историков культуры», — тип родословной героя [Бицилли 2000: 188]. Либертин Карамазов и либерал Миусов встраивались Достоевским в историческую

---

[18] М. М. Бахтин точно описал прием двойничества: «Он заставляет своих героев узнавать себя, свою идею, свое собственное слово, свою установку, свой жест в другом человеке, в котором все эти проявления меняют свой тотальный смысл, звучат иначе, как пародия или как издевка» [Бахтин 1994: 118].

цепь гибельного для России влияния. Нынешний либерализм и социализм оказывались, по мысли писателя, прямыми наследниками французского либертинско-вольтерьянского атеизма, в свою очередь находящимися в зависимости от секулярной ренессансной культуры, замешанной на античном эпикуреизме (гуманистическая традиция) и римском имперстве (католицизм и идея Великого Инквизитора).

Источники

Витберг 1872 — Витберг А. Л. Записки академика Витберга, строителя храма Христа Спасителя в Москве // Русская старина. 1872. Т. 5. № 1–4. С. 16–32, 159–192, 519–582.

Герцен 1956 — Герцен А. И. Собрание сочинений в 30 т. Т. 7: О развитии революционных идей в России. Произведения 1851–1852 годов. М.: АН СССР, 1956.

де Сад 1991 — де Сад, маркиз. Философия в будуаре. Тереза-философ. Французский эротический роман XVIII века / Пер. с фр. Д. Семенова. М.: Московский рабочий, РИА «ИСТ-ВЕСТ», 1991.

Дидро 1973 — Дидро Д. Монахиня. Племянник Рамо. Жак-фаталист и его хозяин / Пер. с фр. Д. Лившиц и др. Л.: Художественная литература, 1973.

Достоевский 1930 — Достоевский Ф. М. Письма / Под ред. и с примеч. А. С. Долинина. М; Л.: Государственное издательство, 1930.

Достоевский 1972–1990 — Достоевский Ф. М. Полн. собр. соч.: В 30 т. Л.: Наука, 1972–1990.

Сабанеева, Головнина, Лабзина 1996 — История жизни благородной женщины. Е. А. Сабанеева. Воспоминания о былом. В. Н. Головина. Мемуары. А. Е. Лабзина. Воспоминания. М.: Новое литературное обозрение, 1996.

Фламмарион 1879 — Фламмарион К. История неба / Пер. М. Лобач-Жученко. Изд. 2-е. СПб.: Типография В. Веллинга, 1879.

Perrault, Perrault 1909 — Perrault Ch. Mémoires de ma vie; Perrault Cl. Voyage à Bordeaux (1669) / Éd. par P. Bonnefon. Paris: H. Laurens, 1909.

Trousson 1993 — Romans libertins du XVIII-e siècle / Éd. par R. Trousson. Paris: Robert Laffont, 1993.

Библиография

Альтман 1975 — Альтман М. С. Достоевский. По вехам имен. Саратов: Изд-во Саратовского университета, 1975.

Антонов, Майзульс 2011 — Антонов Д. И., Майзульс М. Р. Демоны и грешники в древнерусской иконографии. Семиотика образа. М.: Индрик, 2011.

Бахтин 1994 — Бахтин М. М. Проблемы творчества / поэтики Достоевского. Киев: NEXT, 1994.

Бильбасов 1884 — Бильбасов В. А. Дидро в Петербурге. СПб.: Типография И. Н. Скороходова, 1884.

Бицилли 1966 — Бицилли П. М. О внутренней форме романа Достоевского. Приложение III. Де-Сад, Лакло и Достоевский // О Достоевском. Статьи / Introduction by D. Fanger. Providence, Rhode Island: Brown University Press, 1966. P. 58–64.

Бицилли 2000 — Бицилли П. М. Трагедия русской культуры. Исследования. Статьи. Рецензии. М.: Русский путь, 2000.

Вацуро 2000 — Вацуро В. Э. «К вельможе» // Вацуро В. Э. Пушкинская пора. СПб.: Академический проект, 2000. С. 179–216.

Григорьев 1966 — Григорьев А. Л. Достоевский и Дидро (к постановке проблемы) // Русская литература. 1966. № 4. С. 88–102.

Гроссман 1919 — Гроссман Л. П. Библиотека Достоевского. По неизданным материалам. С приложением каталога библиотеки Достоевского. Одесса: Книгоизд. А. А. Ивасенко, 1919.

Гроссман 1922 — Гроссман Л. П. Семинарий по Достоевскому: Материалы, библиография и комментарии. М.; Пг.: ГИЗ, 1922.

Гроссман 2000 — Гроссман Л. П. Достоевский и Европа // Гроссман Л. П. Цех пера. Эссеистика. М.: Аграф, 2000. С. 135–158.

Делон 2013 — Делон М. Искусство жить либертена. Французская либертинская проза XVIII века / Пер. с фр. Е. Дмитриевой, Г. Шумиловой. М.: Новое литературное обозрение, 2013.

Джексон 1976 — Джексон Р. Л. Вынесение приговора Федору Павловичу Карамазову // Достоевский. Материалы и исследования. Т. 2. Л.: Наука, 1976. С. 137–144.

Зеньковский 1933 — Зеньковский В. В. Федор Павлович Карамазов // О Достоевском. Сб. статей под редакцией А. Л. Бема. Т. II. Прага: Legiografie, 1933. С. 93–114.

Иванов 1995 — Иванов В. И. Достоевский и роман трагедия // Иванов В. И. Лик и личины России. Эстетика и литературная теория. М.: Искусство, 1995. С. 266–303.

Карсавин 1921 — Карсавин Л. П. Федор Павлович Карамазов как идеолог любви // Начала. СПб., 1921. С. 34–50.

Кирпотин 1974 — Кирпотин В. Я. Лебедев и племянник Рамо // Вопросы литературы. 1974. № 7. С. 146–184.

Лотман 1994 — Лотман Ю. М. Беседы о русской культуре. Быт и традиции русского дворянства (XVIII — начало XIX века). СПб.: Искусство-СПб, 1994.

Мочульский 1995 — Мочульский К. В. Достоевский. Жизнь и творчество // Мочульский К. В. Гоголь. Соловьев. Достоевский. М.: Республика, 1995. С. 219–562.

Немировский 2018 — Немировский И. В. Федор Павлович Карамазов — человек пушкинской эпохи // Немировский И. В. Пушкин — либертен и пророк. М.: Новое литературное обозрение, 2018. С. 313–337.

Пумпянский 2000 — Пумпянский Л. В. Достоевский и античность // Л. В. Пумпянский. Классическая традиция. Собрание трудов по истории русской литературы. М.: Языки русской культуры, 2000. С. 506–529.

Тарковский 1975 — Тарковский Р. Б. Старший русский перевод басен Эзопа и переписчики его текста. Л.: ЛГПИ им. А.А. Герцена, 1975.

Топоров 1973 — Топоров В. Н. О структуре романа Достоевского в связи с архаическими схемами мифологического мышления («Преступление и наказание») // Structure of Texts and Semiotics of Culture. The Hague: Mouton, 1973. P. 225–302.

Франк 1931 — Франк С. Л. Достоевский и кризис гуманизма // Путь. 1931. №27. С. 71–79.

Шруба 1999 — Шруба М. К специфике барковианы на фоне французской порнографии // Эрос и порнография в русской культуре. М.: Научно-издательский центр «Ладомир», 1999. С. 200–218.

Alexandrian 1989 — Alexandrian. Histoire de la littérature érotique. Paris: Seghers, 1989.

Cryle 1994 — Cryle P. Geometry in the Boudoir. Configurations of French Erotic Narrative. Ithaca-London: Cornell University Press, 1994.

Darnton 1996 — Darnton R. The Forbidden Best-Sellers of Pre-Revolutionary France. New York-London: W. W. Norton & Company, 1996.

Hénaff 1978 — Hénaff M. Sade. L'invention du corps libertin. Paris: Presses Universitaires de France, 1978.

Hunt 1993 — The Invention of Pornography, 1500–1800: Obscenity and the Origins of Modernity / Ed. by L. Hunt. New York: Zone Books, 1993.

Yarmolinsky 1954 — Yarmolinsky A. Aesop in Russia // Bulletin of The New York Public Library. 1954. Vol. 58, № 1. P. 3–5.

Часть 5

ИДЕИ И СИМВОЛЫ XX ВЕКА

Я привык бродить в «лесу символов», и мне понятен символизм в слове не менее, чем в поцелуе любви.

*Вяч. Иванов — М. О. Гершензону.
Переписка из двух углов*

13
«Cor Ardens» Вячеслава Иванова
Смысл заглавия и эзотерическая традиция

В литературе, посвященной Вячеславу Иванову, название магистрального сборника стихов, так сказать, «сердцевины» его поэтического творчества, при всем обилии обнаруженных источников, не получило достаточного объяснения. Этому отчасти способствовали как длительная история создания сборника, впервые упомянутого в письмах к В. Брюсову в середине 1905 года и вышедшего лишь в 1911-м, так и его сложная структура. Семантически насыщенные названия отдельных поэтических циклов, группировка их в книги со своими заголовками, полифония эпиграфов и посвящений, — все это «расфокусировало» читательское восприятие и, видимо, помешало целостному восприятию смысла названия «Cor Ardens».

Впервые о новой книге стихов — без упоминания заглавия — В. Иванов пишет В. Я. Брюсову 31 июля 1905 года: «Издаст ли "Скорпион" сборник моих стихов, который скоро, думаю, созреет?» [Брюсов 1976: 476]. Однако на первых порах издатель С. А. Поляков не поддержал инициативы Иванова. 13 сентября 1905 года Иванов пишет Брюсову:

> Отказ Сергея Александровича издать мои стихи несомненно обиден своей голой безусловностью и нежеланием нашего корифея хоров вступать даже в переговоры. «Скорпион» ли не существует как cénacle des poètes — или я вычеркнут, как поэт, из списка cénacle'а… [Брюсов 1976: 484]

Тем не менее 3 июня 1906 года, хотя сборник, уже с названием и планируемым латинским посвящением Брюсову, еще не был готов, Иванов обсуждал с Брюсовым его формат и обложку:

> Относительно «Cor Ardens», я был бы рад, если бы книга имела целиком внешность «Stephanos»'а. Так как и Верхарн издан аналогично, я думаю, что это мое заявление значительно упрощает решение вопроса о формате, шрифте и т. д. <...> Что же до обложки (по-моему, лучше всего — простой, с красным COR ARDENS), об этом еще, может быть, сговоримся потом. Я вышлю в скорейшем времени текст, начиная с 1-го отдела. Как заглавный лист, так и лист посвящения можно напечатать после. Я не нашел еще окончательной редакции латинских строк [Брюсов 1976: 492].

Сборник стихов Брюсова «Stephanos» («Венок»), очевидно, служивший Иванову внешней моделью для оформления собственной книги, имел двойной заголовок — на греческом и на русском. Латинская формула — Cor Ardens — очевидно соотносилась с «железными римскими названиями» [Пумпянский 2000: 535] мэтра символистской поэзии Валерия Брюсова, чьи «Me eum esse», «Tertia Vigilia», «Urbi et Orbi» и даже «Stephanos» (греческое название «Венка» фигурировало, как правило, в латинской транскрипции) на ранней стадии подготовки «Cor Ardens» влияли на Иванова. У обоих здесь был общий образец — французский символизм, культивирующий неоклассицизм (иногда приправленный неокатолицизмом).

Название «Cor Ardens» возникло уже на первоначальной стадии. Существенно было и то, что, при всех новациях и даже временной (в начале 1907 года[1]) перемене общего заголовка на «Iris in Iris» — «Радуга в гневах» — данному по одноименному стихотворению из цикла «Сивилла», Иванов все же сохранил первоначальный вариант заголовка. 1 июня 1907 года он сообщает Брюсову о возвращении к старому варианту названия:

---

[1] 9 января 1907 года Иванов сообщал Брюсову: "«Iris in Iris» скоро вышлю. Сомов уже набросал предварительный эскиз обложки" [Брюсов 1976: 495].

Наконец, о своей книге стихов, тебе посвященной так:

> Cor ardens cecini novo libello,
> Hoc dictavi Valerio poëtae
> Sanctae mnemosynon sodalitatis.

Не я виноват, а Сомов, что восстанавливается прежнее заглавие «Cor Ardens», в противоречии с последними объявлениями. Я ведь предоставил художнику вдохновляться идеей «Сердца» или «Радуги» по своему выбору. Эскизы Сомова к «Iris in Iris» его не удовлетворили. Готовую обложку он, вероятно, уже выслал. Рукопись моя почти готова, высылаю на днях [Брюсов 1976: 498].

Смерть Лидии Дмитриевны Зиновьевой-Аннибал заставила Иванова вновь отложить издание, для которого он начал писать цикл «Любовь и Смерть». Латинское посвящение Брюсову «Пламенеющее сердце воспел я в новой книжице. Оную посвятил Валерию поэту в память святого братства» в окончательном варианте будет редуцировано до одной последней строчки и отнесено лишь ко второй книге «Cor Ardens» «Speculum Speculorum» («Зеркало Зеркал»).

В письме к Брюсову от 8 января 1908 года Иванов, обговаривая вариант обложки, над которой работал Сомов, окончательно останавливается на своем первом заголовке:

> Сомов желал бы, чтобы его обложка была все же *обложкой* для всей, хотя бы тройной книги. Я ничего не имею против; с внешней стороны это даже красивее. Тройная книга может носить внешний и простейший заголовок по первой из своих составных частей. Печатный титульблат будет точнее [Брюсов 1976: 507].

Дело было, очевидно, не в «простейшем» решении дать название всей книге по первому циклу, а в неожиданных новых коннотациях «Cor Ardens», которые углубили все содержание сборника. 7 ноября 1908 года Иванов сообщал Брюсову:

> Дорогой Валерий, я почти написал «книгу лирики» — «Любовь и Смерть». Это канцоны и сонеты, посвященные ушедшей. Мне хотелось опубликовать эти 37 (по плану) стихотворений

отдельной книжкой, с прибавлением прежних стихов, посвященных в разное время Л. Д. Зиновьевой-Аннибал. Знаю, что появление этой книжки теперь вас не «устраивало» бы: об этом мы уже говорили. С другой стороны, эта, четвертая, книга лирики необходима для архитектонической стройности тома «Cor Ardens». Ее вмещение в том позволяет всю книгу назвать уместно «Cor Ardens» и удивительно гармонирует с прекрасной обложкой Сомова [Брюсов 1976: 514].

Сомовская картинка — сердце, из которого исходит огонь, розы и тернии вокруг — была выполнена в подчеркнуто театральном стиле «Мира искусства»: неслучайно горящее сердце обрамлялось роскошной театральной кулисой. Однако система эпиграфов и посвящений, появившихся на титульном листе издания, оттенила излишнюю прямолинейность и декоративность обложки и вместе с этим углубила общую эзотерику названия.

* * *

Исследователи творчества В. Иванова справедливо указывали на ряд христианских подтекстов, связанных с названием «Cor Ardens». Памела Дэвидсон писала о латинской формулировке названия, отсылающего к католической литургии, в которой само выражение «cor ardens» означало религиозное горение верующего; сердце Христа (в терниях) и сердце Девы Марии (в розах) часто символически изображались на иконах. Сомов, по ее мнению, безусловно отразил эту традицию в своем фронтисписе, соединив розы и тернии в обрамлении пламенеющего сердца [Davidson 1989: 197–198].

Указывался также и библейский источник самого термина — Евангелие от Луки (24: 32), где описан путь в Эммаус, во время которого двое путников встречают воскресшего Христа, но не сразу узнают его [Бахтин 1979: 414][2]. Лишь их «пылающее сердце» служит им знаком его присутствия: «И они сказали друг другу: не горело ли в нас сердце наше, когда Он говорил нам на дороге и когда изъяснял нам Писание?» А латинская транскрипция этой

---

[2] Комментарий С. С. Аверинцева и С. Г. Бочарова.

фразы (в Vulgate) — «nonne cor nostrum ardens erat in nobis <...>?» — служила для Иванова непосредственным источником формулировки названия [Davidson 1989: 198]. Цикл Иванова «Солнце Эммауса» посвящен интерпретации этой темы, а стихотворение «Путь в Эммаус» иллюстрирует указанный фрагмент Евангелия от Луки:

> И Кто-то, странный, по дороге
> К нам пристает и говорит
> О жертвенном, о мертвом Боге...
> И сердце — дышит и горит...
> [Иванов 1971–1987, 2: 264]

Как справедливо писал Брюсов в рецензии на первый том «Cor Ardens», «христианская мистика проникает все восприятие Вяч. Иванова, и, нигде не выставляя ее на показ, он действительно создает религиозную поэзию, в лучшем смысле этого слова...» [Брюсов 1975: 309].

И современники поэта, и его позднейшие исследователи резонно указывали, однако, на совмещение в «Cor Ardens» христианской символики с античной. Например, тот же Брюсов отмечал постоянное стремление Иванова к культурным «совмещениям»:

> Этот свет «солнца Эммауса» стремится Вяч. Иванов увидеть и в земном пророчестве о наступлении, в наши дни, новой «эры Офиеля» («Carmen Saeculare»), и в античном предании о святилище озера Неми <...> и в мифе о Дионисе-Загрее, в котором он видит прообраз Христа — Жертвы («Сон Мелампа»), и в воспоминаниях о «скалы движущем» Орфее («Лицо»)... [Брюсов 1975: 309].

Для Брюсова все эти проекции были убедительными свидетельствами насыщенности поэзии Иванова сложными культурными символами, знаком причастности к «Arcana» («Arcana»/«Тайны» — латинское название первого цикла второй книги «Cor Ardens» «Зеркало зеркал»). Если Брюсов, не останавливаясь на семантике ивановских аналогий, все же увидел закономерность культурных «совмещений», то Н. Гумилев в своей рецензии на «Cor Ardens» обнаружил в поэзии Иванова лишь восточное, варварское тяготение к роскоши призрачных и разнородных культурных символов, за которыми ничего не стоит [Гумилев 1968: 297–298].

Обвинения в эклектизме сделаются постоянными. М. Кузмин будет также недоволен упорством, с которым Иванов внутри одного стихотворения соединяет «образы из разных эпох» [Кузмин 1912: 50]. Декадентская стилизация требовала более легкого обращения с историко-культурным материалом — «неоклассическое» требование единства места и времени, стилизуемых внутри одного текста.

Самый «символистский» поэт эпохи, Иванов сделал символ главным способом своего поэтического дискурса, своей поэтической латынью. Денотат, по сути, оказывался не столь важным, он был известен (и равно неизвестен!) заранее — тайна жизни и смерти, их мистическое единство. Символика этих взаимосвязанных начал составляла содержание «Cor Ardens».

Символы у Иванова замещали традиционные поэтические «образы»; комбинация символов вытесняла лирический (а с ним и субъективистско-психологический) субстрат. При этом сам символ насыщался не эстетическими («декадентскими», с точки зрения Иванова) коннотациями, а эзотерическими «соответствиями» (в бодлеровском смысле) культурно-религиозных рядов. Символ у Иванова — это концентрированная аналогия, соотносящая и сопрягающая изоморфные культурно-теологические явления. Название книги «Cor Ardens» было одним из таких символов. В этом плане Брюсов, увидевший в книге эти «сопряжения», был более прав, нежели Гумилев, не нашедший там ничего, кроме красивых декораций.

Христианский подтекст самого названия «Cor Ardens» не вызывает никаких сомнений, как не вызывает сомнений и более древний, античный, пласт ивановских соотнесений.

* * *

Последний эпиграф к первой книге «Cor Ardens» с интерполяцией греческой цитаты — из «Илиады» Гомера — сложным образом связывал смерть Л. Д. Зиновьевой-Аннибал с целым рядом мистически осмысленных античных символов:

> Той,
> Чью судьбу и чей лик
> я узнал
> в этом образе Мэнады
> «с сильно бьющимся сердцем»
> PALLOMENHS KRADIHN
> — как пел Гомер —
> когда ее огненное сердце
> остановилось.

Этот эпиграф требует тщательной расшифровки. Источник цитаты известен — это сцена «Илиады», где описано состояние Андромахи в тот миг, когда она — услыхав плач Гекубы — предчувствует известие о смерти мужа, Гектора. В. Иванов любил это место у Гомера (Hom. 1. XX, 460), он его процитировал в «Эллинской религии страдающего бога»:

> Так произнесши, из терема бросилась, будто Мэнада
> С сильно трепещущим сердцем...
> [Иванов 1904, 3: 42]

Для Иванова это гомеровское упоминание «мэнад» служило материалом для реконструкции прадионисийских корней дионисийского культа. Позднее, в книге «Дионис и прадионисийство», Иванов прокомментирует этот фрагмент «Илиады» как одно из самых ранних свидетельств широкого распространения женских оргиастических культов:

> ...уподобление Андромахи, устремившейся вперед с сильно бьющимся сердцем, «мэнаде» могло быть вполне понятно и художественно-действенно лишь при том условии, если эта последняя была хорошо известна как бытовое и психологическое явление sui generis [Иванов 1994: 58].

Сопряжение «cor ardens» (и всей христианской традиции, как и христианской иконографии и скульптуры) с «сильно бьющимся сердцем» мэнад — характерная ивановская аналогия. Мэнада (менада) — подверженная мании, одержимая. Мэнады принимали участие в эзотерических (в наиболее закрытых, уединенных, не вакхически-карнавальных) мистериях, посвященных Дионису. Первое стихотворение всей книги — «Мэнада» — описывает этот «сердечный» экстаз:

> Бурно ринулась Мэнада,
> Словно лань,
> Словно лань, —
> С сердцем, вспугнутым из персей,
> Словно лань,
> Словно лань, —
> С сердцем, бьющимся, как сокол
> Во плену,
> Во плену, —
> С сердцем яростным, как солнце
> Поутру,
> Поутру, —
> С сердцем жертвенным, как солнце
> Ввечеру,
> Ввечеру...
> [Иванов 1971–1987, 2: 227–228]

Экстатическое состояние мэнад, их «богоодержимость» в момент жертвоприношения (первоначальное заглавие текста было более красноречиво — «Перед жертвой»), трепетание или биение их сердца накладывались (в силу устанавливаемых культурно-религиозных соответствий) Ивановым на евангельский рассказ о «горении» сердца у учеников Христа по дороге в Эммаус. Неслучайно, говоря о греках, анализируя их состояние «богоодержимости» в период оргий, Иванов описывает оргиастическое состояние той же формулой, отсылающей к евангельскому тексту: Бог манил «окрыленное трепещущее сердце человека» [Иванов 1904, 3: 55].

* * *

Между тем не только это «сердце» имел в виду Иванов, когда давал название своей книге. Другое стихотворение первой книги «Cor Ardens» — «Сердце Диониса» — проливает свет на глубинный эзотеризм символики сердца у Иванова:

Сердце Диониса

Осиян алмазной славой,
Снеговерхий, двоеглавый, —
В день избранный, — ясногранный, за лазурной пеленой
Узкобрежной Амфитриты,
Где купаются Хариты, —
Весь прозрачностью повитый
И священной тишиной, —
Ты предстал, Парнасс венчанный, в день избранный, предо мной!

Сердце, сердце Диониса под своим святым курганом,
Сердце отрока Загрея, обреченного Титанам,
Что, исторгнутое, рдея, трепетало в их деснице,
Действо жертвенное дея, скрыл ты в солнечной гробнице, —

Сердце древнего Загрея, о таинственный Парнасс!
И до дня, в который Гея, — мать Земля сырая, Гея, —
Как божественная Ниса, просветится, зеленея, —
Сердце Солнца-Диониса утаил от буйных нас
[Иванов 1971–1987, 2: 236].

Это стихотворение впервые было напечатано в альманахе «Факелы» (1906) под названием «Парнас». Античная атрибутика на первый взгляд могла казаться исключительно эстетской, декоративной — «парнасской»; внешнее подобие традиционным символистским гимнам солнцу породило и поверхностные интерпретации этого текста, как и всего поэтического цикла[3].

Между тем «Сердце Диониса» (последнее название должно было звучать более экзотерично в контексте всего цикла) связано с одной из важнейших для Иванова мифологем. Многолетние штудии дионисийского культа, вернее «Дионисовой религии», как называл это сам Иванов, были постоянным контекстом его поэзии и его жизни. «Эллинская религия страдающего бога» была осмыслена им сквозь призму орфизма: Иванов искал не Вакха, а Диониса Орфического, «Бога сени смертной, Солнца

---

[3] См. [Корецкая 1978].

теней» [Иванов 1904, 3: 43]. Это было существенной коррекцией ницшеанского дионисийства; Иванов отчетливо очертил границы рецепции Диониса у Ницше — по контрасту со своими. В статье «Ницше и Дионис» он писал:

> Познал божественный хмель стихии и потерю личного я в этом хмелю — и удовольствовался своим познанием. Не сошел в глубинные пещеры — встретить бога своего в сумраке. Отвратился от религиозной тайны своих, только эстетических, упоений [Иванов 1971–1987, 1: 444].

Именно орфическая интерпретация Диониса давала не только «эстетические упоения», но и «религиозную тайну». Эта тайна лежала в орфическом мифе о смерти и воскресении растерзанного бога Диониса. Сама жертвенная и мученическая смерть юного бога, таинство его воскрешения, послужили основанием орфической религии, уникальной для греческого мира, погрязшего, как писал Иванов, в тоске и страхе смерти. «Только в дионисической религии… греки находили исход из "голубой тюрьмы" олимпийского мира. Только в ней он находил бога страдающего и умирающего, как он сам, бога с обликом смертного человека, бога воскрешающего, обещающего возрождение» [Иванов 1904, 2: 73]. По описанию английской исследовательницы Джейн Харрисон (Иванов часто ссылается на ее книгу «Пролегомены к изучению греческой религии», впервые напечатанную в 1903 году), орфический культ Диониса познакомил греческий мир с возможностью бессмертия (для человека, а не только для «олимпийца»), дал человеку веру и надежду, построил ритуал на идее веры и очищения [Harrison 1955: 477][4].

Здесь не место описывать всю мифологическую структуру орфического культа Диониса. Однако одна из центральных мифологем орфических мистерий — непосредственно связанная с семантикой названия «Cor Ardens» — ускользнула от внимания исследователей Иванова. Это эпизод со *спасением сердца Диониса*. Во всех источниках мифа Дионис всегда связан с подземным

---

[4] См. также [Силард 1999].

миром. Он — бог ночи, рожденный, в одном из своих трех рождений, от Зевса и Персефоны, богини подземного (загробного) мира. В другой своей инкарнации он сын Зевса и «хтонической» Семелы, также связанной с Землей, с миром темных подземных сил (Orphic Hymns 30:7) [Harrison 1955: 403].

Вот как сам Иванов в ранней работе о Дионисе описывает кульминационный момент мифа — растерзание младенца (омофагию):

> Предание о растерзании Диониса-Загревса Титанами в общих чертах установилось с VI века. Загревс, первоначальный Дионис, — сын Зевса и Персефоны, Зевсовой же дочери, от которой он родил его, приняв сам и придав ей образ змеи. Имя «Загревс» (вероятнее всего означающее «великий ловчий») — имя хтонического божества, бога Смерти. У Эврипида Загревс — Дионис ночных радений. Еще ребенком он принимает от Зевса господство над миром. Но Гера злобится на сына не от ее ложа и посылает — загубить его — диких Титанов. Они дарят ребенку символические игрушки — волчок, шар, пирамиду, между прочим зеркало, — чтобы отвлечь его внимание. Они вымазывают лица гипсом, чтобы быть неузнанными. Между тем как отрок любуется на свое отражение в зеркале, они нападают на него. Он ускользает из их рук через последовательные превращения, но в образе быка все же делается их добычею [Иванов 1904, 5: 39].

Далее версии расходятся, сходясь в одном: *сердце Диониса оказалось спасено, оно и послужило исходным началом его воскрешения*. В статье «Религия Диониса. Ее происхождение и влияние» Иванов приводит ту версию мифа, которая очевидно более всего была созвучна его ожиданиям: «Миф повествует, что сам Аполлон погребет сердце растерзанного Диониса в Дельфах или на вершине соседнего Парнасса. Две снежные главы прекрасно-величавой горы поделены между обоими некогда враждовавшими братьями» [Иванов 1905, 7: 130].

Позднее, суммируя варианты орфического мифа о растерзании Диониса, Иванов писал:

> О растерзанном Титанами отроке Загрее, предмирном Дионисе, сыне змия — Зевса и змеи — Персефоны, орфики повествовали: или что сердце его было поглощено родителем, или что Афиной Палладой оно погребено было под горою Парнасом, или, наконец, что Аполлон схоронил под той же горой останки божественного младенца. Последняя версия могла послужить наиболее пригодным обоснованием тайнодейственного надгробного культа, имевшего характер «вызывания из мертвых» (anaklêsis), в дельфийском святилище, учрежденного едва ли не впервые именно орфиками [Иванов 1994: 45].

Орфические тексты фиксируют одну деталь: Афина Паллада передает Зевсу *еще трепещущее* сердце Диониса, залог его воскресения [West 1983: 74]. Иванов также делает кульминационным центром своего стихотворения описание горящего и трепещущего сердца Диониса: «Что, исторгнутое, рдея, трепетало в их деснице...» [Иванов 1971–1987, 2: 236].

Сердце Диониса, таким образом, входит в семантический потенциал «Cor Ardens». Как и во всей книге, в этом стихотворении Иванов «совмещает» орфическую символику с христианской; вернее, символика поэта содержит сложный, плотно «упакованный», многослойный потенциал значений, развертывающий одновременно целую систему культурных референций. Ивановский метод «совмещений» или «аналогий» отчасти напоминал метод «аллегорической» интерпретации греческой мифологии в средневековой теологии и поэзии, как и в неоплатонической («проорфической») ветви искусства Ренессанса. За традиционным языческим героем неожиданно высвечивалась спиритуально-мистическая подоплека [Wind 1968: 192].

* * *

Двуглавая гора Парнас неслучайно названа в стихотворении «Сердце Диониса» «*святым* курганом». Парнас входит в текст в сложном полисемантичном ореоле. Прежде всего, Иванов ассоциирует Парнас не с Кастальским ключом и обиталищем Муз. Гора, сокрывшая сердце Диониса, — это символический «центр мира», точка соединения Земли и Небес, место загробного существования [Генон 1997: 439–490][5]. В эзотерической символике гора, как центр мира, является одновременно и «сердцем мира», «святой», «солнечной» или «чистой» «землей» [Генон 1997: 439–490]. «Двуглавым» Парнас также назван неслучайно. Парнас, у подножия которого лежат Дельфы, место культа Аполлона, становится одновременно и местом почитания Диониса: об этой амбивалентности Дельфийских мистерий упоминал одним из первых Плутарх (Plut. de Iside et Osiride, XXXV). Контраст Диониса и Аполлона подчеркивается и одновременно снимается Ивановым вслед за орфиками, которые совместили обоих богов в своих мистериях, «сливших» хаос и гармонию, разъединение (растерзание Диониса на части) с единством (аполлонический порядок) [Иванов 1994: 168–169][6].

Следующее стихотворение цикла — «De Profundis» — раскрывает новые коннотации горы. В высшей степени показательно, что Иванов, первоначально озаглавивший это стихотворение «К Солнцу», в системе «Cor Ardens» поменял название на «Из глубин» (начало католической молитвы, читаемой над умершим), совместив тем самым античный ряд значений (эзотерическую солярную символику) с христианским.

«Снеговерхий» Парнас «Солнца Диониса» соотнесен с «высью Лобной» стихотворения «De Profundis»:

> Иль, агнцу с крестною хоругвию, дано
> Тебе струить из ран эдемское вино,
> И льется Кана с выси Лобной,
> И копья в снежное вонзаются руно,
> Но зрак твой, пронизав мгновенное пятно,
> Слепя, встает из сени гробной...
> [Иванов 1971–1987, 2: 237]

---

[5] Специальная глава «Символика сердца».

[6] См. также [Harrison 1955: 439]. Об этом также сообщал Плутарх, послуживший источником для всех интерпретаций (в том числе и ивановской): *Plut. de Ei delphico*, IX.

«Высь Лобная» — Голгофа — место распятия Христа[7]. «Таинственный Парнасс» и «высь Лобная» сопрягаются Ивановым в единый символ: священное место смерти и скорого воскресения — «de profundis». Отметим также и характерную ивановскую метонимию: вместо вина льется «Кана». Кана Галилейская — место свадьбы, на которой Иисус совершил свое первое чудо: превращение воды в вино (Ин. 2: 1–9). Таким образом, с «выси Лобной» льется вино — субститут крови Христовой. Иванов постоянно играет обоими полюсами своей символики — дионисийской и христианской. Сразу за евангельской топикой в стихотворении «De Profundis» появляются античные — солярные — мотивы: это солнце, «слепя», встает «из сени гробной».

Ивановское «солнце» также соотнесено с Дионисом и Дионисовой религией. Весь этот микроцикл стихотворений (куда входят упомянутые «Солнце Диониса» и «De Profundis») носит примечательное название «Солнце-сердце». Дионис, как уже отмечалось, всегда был связан с миром подземным, загробным. Иванов постоянно называет его «Бог сени смертной, Солнце теней» [Иванов 1904, 3: 43]. Орфический культ Диониса довел эту идею до особой утонченности, приблизил ее к христианству.

Важно отметить, что именно орфическая интерпретация дионисийства более всего волновала Иванова, видевшего в орфизме тот особый контрапункт, который «переводил» раздробленные дионисийские культы в мистическую религию. Здесь, в Дельфах, в лоне орфической общины, был сформирован, по выражению Иванова, тот «водосклон», который оросил и неоплатонизм, и христианство («Последнее приняло их в себя, но не смесилось с ними...» [Иванов 1994: 190–191]), и — добавим — европейскую эзотерическую традицию.

Как писал Иванов в «Дионисе Орфическом», «Дионис преимущественно отожествляется с солнцем запавшим и невидимым, светилом темного царства и сени смертной» [Иванов 1994: 175]. В этой своей ипостаси он связан с Аполлоном, как и противопо-

---

[7] См.: «И придя на место, называемое Голгофа, что значит: Лобное место, дали Ему пить уксуса, смешанного с желчью; и, отведав, не хотел пить. Распявшие же Его делили одежды Его, бросая жребий» (Мф. 27: 33–35).

ставлен ему: «Аполлон — дневное, Дионис — ночное солнце» [Иванов 1994: 175]. В стихотворении «De Profundis» Аполлон со своим солярным атрибутом — луком — встроен в ряд других, также связанных с солнцем, богов и мифологических персонажей:

> Кто-б ни был, мощный, ты: царь сил — Гиперион,
> Иль Митра, рдяный лев, иль ярый Иксион,
> На жадном колесе распятый,
> Иль с чашей Гелиос, иль с луком Аполлон,
> Иль Феникс на костре, иль в пламенях дракон,
> Свернувший звенья в клуб кольчатый...
> [Иванов 1971–1987, 2: 237]

В этом ряду титан Гиперион и его сын Феникс, сжигающий себя на костре, — оба были ассоциируемы греками с Гелиосом и Аполлоном, «умирающими» и вновь «воскресающими». Гиперион часто отождествлялся греками со своим сыном Гелиосом. Гелиос с чашей — это символ восхода («воскресения») солнца: согласно мифу, Гелиос в золотой чаше ночью переплывает море на пути к своему дневному восходу[8].

Здесь же и древнеиранский бог солнца Митра: его дефиниция — «рдяный лев»; именно такова была персидская маска солнца (с головой льва) — маска Митры. Красный («рдяный») цвет оказывался связан с солнечным (и золотым) началом: «красный лев» в алхимии служил символом золота [Cirlot 1971: 189–190][9]. Миф о «яром» Иксионе, почерпнутый Ивановым, вероятно, из Пиндара, также содержит «солярную» парадигму: Зевс в гневе на Иксиона, домогающегося Геры, приказывает привязать его к огненному колесу и забросить в небо. Символика колеса — круга или диска — связана с солнцем. Иванов присоединяет к этим героям и дракона, свернутого «в клуб», то есть в круг. Круг, как и диск, являлся во многих религиях эмблемой солнца.

---

[8] Необходимо отметить также, что чаша в египетской идеографии была знаком сердца, как и позднее Святой Грааль являл собой чашу, содержащую кровь Христа — субституцию Сердца Христова [Генон 1997: 41].

[9] См. также об эмблематике льва [Snodgrass 1997: 132–135].

В следующей строфе Иванов продолжает свой список солярных героев:

> Иль всадник под щитом на пышущем коне,
> Иль кормщик верхних вод в сияющем челне,
> Иль ветхий днями царь, с востока,
> В лучах семи тиар, на жаркой четверне,
> Вращаешь ты, летя к лазурной крутизне,
> Огонь всевидящего ока...
> [Иванов 1971–1987, 2: 237]

Фигура всадника «под щитом на пышущем коне» в этом же ряду также не случайна. Святой Георгий, победитель змеи или дракона, легко ассоциировался с египетским солнечным богом Ра, победителем гигантского змея Апопа. Такой же демиургический акт совершил и Аполлон. Возможно, Иванов учел также и перенесение на Георгия элементов «весенних божеств», всегда связанных с солнцем (ср. с поэмой М. Кузмина «Святой Георгий»[10]). Фигура бога Ра появляется в следующей строчке: согласно мифу, днем, освещая землю, Ра отправляется в барке Манджет по Нилу («верхние воды») на встречу с с врагом солнечным, змием Апопом. Последний персонаж — «ветхий днями царь» — отсылает к Книге пророка Даниила (7: 9, 10), как и к целому ряду фрагментов Ветхого и Нового Заветов (прежде всего, Иез. 1: 13; Откр. 1: 13–20). Отождествление огненной колесницы и ока было также характерно для солярных мифов [Иванов В. В. 1982].

Наконец, здесь же назван и Иисус Христос:

> Иль, агнцу с крестною хоругвию, дано
> Тебе струить из ран эдемское вино...
> [Иванов 1971–1987, 2: 237]

В этом сложном ряду аналогий Иванову важно одно: манифестации Солнца торжествующего он противопоставляет манифестацию Солнца «во глубине» — Диониса, «ночное» Солнце, которое еще только должно взойти, и, уподобленное ему, Солнце внутри:

---

[10] Отмечено С. С. Аверинцевым [Аверинцев 1980].

> Кто-б ни был ты, жених на пламенных пирах, —
> Есть некий бог во мне, — так с Солнцем спорит прах, —
> Тебя лучистей и светлее...
> [Иванов 1971–1987, 2: 237]

Это «Солнце» — то же самое, что и в стихотворении «Солнце-двойник» того же цикла. Вместилищем этого «внутреннего» солнца названо сердце:

> В сердце замкнутом и тесном,
> Душный свод кляня, страдает
> Погребенный твой двойник
> [Иванов 1971–1987, 2: 236][11].

Сердце Диониса — «погребенное» или «ночное» солнце — становится важнейшим символом ивановской книги «Cor Ardens». Ивановский цикл, с его мифологией «умершего» и «похороненного» солнца-сердца, оказал самое серьезное влияние на О. Мандельштама. Этот орфический миф, актуализированный в его эзотерическом преломлении именно Ивановым, послужил одним из источников стихотворения Мандельштама «В Петербурге мы сойдемся снова...» с его мотивом рекуррентного возвращения к месту мистериальных похорон солнца:

> В Петербурге мы сойдемся снова,
> Словно солнце мы похоронили в нем,
> И блаженное, бессмысленное слово
> В первый раз произнесем
> [Мандельштам 1993: 149][12].

---

[11] В наиболее близкой Вяч. Иванову форме мифология солнца-сердца отразилась в цикле «Снежная маска» А. Блока (см. [Holthusen 1986: 71]).

[12] Ср. [Тарановский 2000: 101]. Мандельштам, безусловно, был знаком и со статьей Иванова «Дионис Орфический» («Русская мысль», 1913, № 11). Орфическая символика входит в стихотворение и упоминанием об опере К. Глюка «Орфей и Эвридика», более открытом в раннем варианте 25-й строки: «Где-то хоры сладкие Орфея...» [Мандельштам 1993: 267].

*   *   *

Однако символика «Cor Ardens» подключала и иной материал. Иванов писал в стихотворениях того же цикла «Солнце-сердце»:

> О Солнце! вожатый ангел Божий,
> С расплавленным сердцем в разверстой груди!
> («Хвала Солнцу») [Иванов 1971–1987, 2: 230]

> Солнце ль ты богатое,
> Сердце ль, сердце бедное,
> Радостно-распятое
> Горестно-победное!
> («Assai palpitasti») [Иванов 1971–1987, 2: 233]

Сердце Диониса уподоблено сердцу Христа; при этом парадигма античной омофагии Диониса сливается у Иванова с распространенным в католической традиции культом «Sacré-Cœur», порожденным (уже в XI–XII веках) почитанием раненого, пронзенного копьем тела, вернее раны (а затем и сердца), Христа [Vacant 1908: 305–306]. «Святое Сердце» манифестирует любовь Христа к людям и — одновременно — обратную любовь спасенных им людей к Богу. Экстатическая вера обнаруживала, что отверстая грудь Бога и сердце служат моделью для истинно верующего; последний в своей вере должен также открыть Богу свое сердце. Символика «Святого Сердца» основана на идее «совмещения», слияния сердца Христа и сердца человека в едином порыве взаимной любви.

Ансельм Кентерберийский, рассуждая о страстях Христовых, первым из средневековых мистических теологов высказал мысль о том, что пронзенное сердце — откровение любви (Patr. Lat., 158. 761–762). Ему вторили и Бернард Клервосский, которого Иванов в 1902 году внимательно изучал[13], и Бонавентура [Vacant 1908:

---

[13] В дневнике В. Иванова за 1902 год имеется запись: «Читаю св. Бернарда. Хотелось бы установить мне связь Богоматери и Древа Жизни. "Мир" в Новом Завете — в Евангелиях — имеет особое и конкретное значение, и это должно и филологически исследовать» [Иванов 1971–1987, 2: 771].

308]. Видение Христа с отверстой грудью, явившееся целой чреде католических визионерок (любопытно, что и здесь, как и в случае с мэнадами Диониса, женская религиозная одержимость выходила на первый план), увенчалось наиболее известным «чудом». Таковым было в 1681 году видение Маргариты-Марии Алакок (1647–1690) в местечке Парей (Франция) [Dachauer 1959].

Изображение горящего сердца в терниях и с крестом, излучающим свет, сделалось чрезвычайно популярным и в иконографии, и в скульптуре, и в эмблематике. Эмблему сердца на жертвеннике явно стилизовал Сомов в своей обложке книги Иванова.

Здесь необходимо скорректировать М. М. Бахтина, заметившего, что в ивановской метафоре «солнце — сердце» «символ сердца взят Вяч. Ивановым из иконы», тогда как «символ солнца взят из античной атмосферы» [Бахтин 1979: 380]. «Сердце» в контексте книги Иванова, как видим, оказывается связанным с несколькими культурными рядами одновременно. То же самое можно сказать и о «солнце», отсылающем не только к античному ряду. Параллелизм Христа и Солнца (восходящий к древним архетипам уподобления Бога Солнцу) был заложен уже в Новом Завете. В момент распятия Иисуса «померкло солнце» и «сделалась тьма» (Лк. 23: 44–45).

Солярный символизм в средневековой интерпретации совмещался с христианским: римские титулы бога солнца Митры *Sol Invictus* («Непобедимое Солнце»), *Sol Saluti* («Солнце Благодающее»), *Sol Iustitiae* («Солнце Справедливости») активно заимствовались в качестве эпитетов Христа. Санкционирование аналогии Христа и Солнца привносило в солярную мифологию христианские понятия о мученичестве, распятии, жертвенности, смерти и воскресении. Солнце также обагрялось кровью и умирало (старая мифологема зашедшего солнца), а затем восходило-возрождалось, неся людям искупление. Одним из самых ярких образцов такого слияния, по мнению Эрвина Панофского [Панофский 1999: 288], были гравюры Альбрехта Дюрера, который не только подчеркнул в своем «Воскресении Христа» «фебовские» элементы, но и усилил аналогию стихотворением, помещенным на оборотной стороне гравюры:

> Это день, когда Творец приступил к созиданию мира, посвященного, согласно извечному верованию, Небесному Владыке и Фебу. В этот день всевидящее Солнце, пригвожденное к кресту, сокрывшееся и умершее, когда солнце опустилось во тьму, во всем своем великолепии вновь явилось на восходе [Панофский 1999: 322][14].

Отзвуки этой средневековой традиции проявились в некоторых формулах ивановского цикла, на первый взгляд кажущихся темными и странными. Солнце называется «радостно-распятым» и «горестно-победным» («Assai palpitasti»). Любопытно, что в рукописи стихотворения «Солнце-двойник» были строчки, отсылающие к метафоре «Солнца Справедливости»:

> *Солнце страдное лучишься,*
> *Исполняя суд Отца!*
> [Иванов 1971–1987, 2: 702] (курсив мой. — *В. П.*)

В «Завете Солнца» Вяч. Иванов развивает ту же символику распятого Солнца, предлагающего «со-распятие» и «подражание Христу» — Сердцу:

> «От себя я возгораюсь,
> Из себя я простираюсь,
> Отдаюсь во все концы,
> И собою твердь и землю,
> Пышно-распятый, объемлю:
> Раздели мои венцы —
>
> «Острия и лалы терна,
> Как венчаемый покорно,
> Помазуемый в цари!
> Уподобься мне в распятье —
> И гори, гори, гори!»
> [Иванов 1971–1987, 2: 233–234]

Атрибуты Христа — «острия и лалы терна», упоминание о «помазании» «в цари», отсылающее к формальному обвинению

---

[14] Перевод латинского текста, принадлежащего Бенедикту Хелидонию.

Иисуса в «царских» претензиях и к издевательской надписи на кресте в момент распятия, — также переносятся на Солнце.

Необходимо добавить, однако, что Иванов использовал в своей солярной мифологии и астрологические элементы, — в том виде, в каком они были проинтерпретированы в раннехристианской традиции. Ф. Зелинский в своей работе 1901 года «Умершая наука» посвятил несколько выразительных пассажей комментарию Оригена на Книгу Бытия. Пытаясь совместить науку о звездах с христианством, Ориген, в духе неоплатонизма, дает «символическое» толкование фаталистической системе: звезды «предвещают» начертанное Провидением, а астрологические «планеты» «сливаются с христианскими ангелами-хранителями» [Зелинский 1995: 330]. В таком аспекте астрология успешно уживалась с мистической линией как в средневековой теологии, как и в теологии Ренессанса[15].

Показателен ряд важнейших ивановских метафор в том же цикле. В открывающем цикл гимне «Хвала Солнцу» Иванов пишет:

> О Солнце! вожатый ангел Божий,
> С расплавленным сердцем в разверстой груди!
> Куда нас влечешь ты, на нас непохожий,
> Пути не видящий пред собой впереди?
>
> Предвечный солнца сотворил и планеты.
> Ты — средь ангелов-солнц! Мы — средь темных планет...
> [Иванов 1971–1987, 2: 230]

Парадигма «cor ardens» встроена здесь в астрологическую космогонию с ее планетной иерархией. Показательно и следующее стихотворение цикла «Хор солнечный», где также появляются астрологические символы, препарированные христианской метафорикой пастыря и паствы:

> — Солнце, ты, планет вожатый!
> Солнце, пастырь лун-овец!
> [Иванов 1971–1987, 2: 231]

---

[15] См. о солярной мифологии в этом аспекте в книге: [Йейтс 2000].

В первой публикации — в журнале с астрологическим названием «Весы» — «планеты» и «луны» печатались с заглавной буквы.

* * *

Первоначальный замысел, в основном воплощенный в стихотворениях первых циклов «Cor Ardens», был тесно связан с ранним мифологизмом Иванова, ориентированным прежде всего на гимнически-профетическую традицию. В позднейших циклах литургическая формула названия обретает куртуазно-сонетный колорит: Иванов уже сознательно и в новой форме достраивает здание своего *opus magnum*, подчеркнуто обыгрывая «уместность» давно придуманного заголовка и «архитектоническую» целостность всего сборника. Новые циклы, подчиняясь заданной названием теме, дают свою культурную версию *cor ardens*.

Сонетная форма подключала парадигму *cor ardens* к европейской литературной традиции, находившей земные воплощения «трепетания» и «горения» сердца. «Куртуазная» лирика была замешана на символике сердца, была очевидно связана с неоплатонической интерпретацией орфических мифов (в первую очередь в связи с традиционным для трубадуров мотивом «пожирания сердца»[16]) и представляла мистически-эротический инвариант формирующегося культа *Sacré-Cœur*. «Пламенеющее сердце» влюбленного в Прекрасную Даму, высветление земной любви в огне и смерти, выход к «новой жизни»,— эта топика была общей и для провансальских лириков, и для Данте, и для Петрарки, как позднее и для Леопарди.

Открывая цикл «Золотые завесы», Иванов писал:

> Лучами стрел Эрот меня пронзил,
> Влача на казнь, как связня Севастьяна;
> И, расточа горючий сноп колчана,
> С другим снопом примчаться угрозил.

---

[16] См. исключительно полный свод литературных обработок сюжета о «пожирании сердца» в издании: [Мейлах 1993].

> Так вещий сон мой жребий отразил
> В зеркальности нелживого обмана...
> И стал я весь — одна живая рана;
> И каждый луч мне в сердце водрузил
>
> Росток огня, и корнем врос тягучим;
> И я расцвел — золотоцвет мечей —
> Одним из солнц; и багрецом текучим
>
> К ногам стекла волна моих ключей...
> Ты погребла в пурпурном море тело,
> И роза дня в струистой урне тлела
> [Иванов 1971–1987, 2: 384].

Уподобление эротической сердечной «раны» ранам святого Себастьяна влечет за собой, по всегдашней логике ивановских аналогий, ассоциации с Христовой раной, то есть с пронзенным сердцем — *cor ardens*. «Ты», по законам куртуазной поэтики, оказывается одновременно и возлюбленной поэта (в данном случае М. В. Сабашниковой-Волошиной), и Девой Марией. Эротика очищается и просветляется метафорой «погребения» тела, от которого остается только «роза дня», то есть сердце. Аналогия розы и сердца — одна из центральных во второй части «Cor ardens»; так, например в цикле «Розы» метафора сердца-розы венчает второй сонет: «Цвети же, сердце, жертвенная роза!» [Иванов 1971–1987, 2: 435]. Преподнесение и посвящение горящего сердца Даме составляло кульминационный момент всей куртуазной культуры. Для Иванова, открывшего свою статью «О границах искусства» обширным фрагментом из «Новой Жизни» Данте, мифологема *cor ardens* мыслится как принципиальный символ «восхождения»:

> Мне снилось, будто застлало горницу огнецветное облако, и можно различить в нем образ владыки, чей вид ужаснул бы того, кто б на него воззреть посмел; сам же он веселится и ликует; и дивно то было. И мнилось, будто слышу его глаголы, мне непонятные, кроме немногих, меж коими я уловил слова: «Аз властелин твой». И будто на руках его спящею вижу жену нагую, едва прикрытую тканью кроваво-

алою; и, вглядываясь, узнаю в ней жену благого привета, ту, что удостоила меня в день оный благопожелания приветного. *И в одной руке, мнилось, он держит нечто пылающее пламенем, и будто говорит слова: «Узри сердце твое».* И некоторое время пребывал он так, а потом, мнилось, будил спящую и неволил ее принуждением воли своей, и нудил вкусить от того, что держал в руке, и она ела робко [Иванов 1971–1987, 2: 628] (курсив мой. — *В. П.*)[17].

Сонеты Петрарки развивали ту же овеянную мистикой и отшлифованную куртуазной поэтикой мифологию сердца. Лирический герой символизирует свою любовь в образе горящего сердца, возлежащего на руке возлюбленной. Сонет CXCIX, переведенный Ивановым, подчеркнуто куртуазен:

> Прекрасная рука! Разжалась ты
> И держишь сердце на ладони тесной,
> Я на тебя гляжу, дивясь небесной
> Художнице столь строгой красоты
> [Петрарка 1980: 135].

Вслед за поэзией Петрарки Иванов приобщает к числу своих заветных литературных медиаторов и Джакомо Леопарди. Именно Леопарди активно развивал старую поэтическую мифо-

---

[17] Запись Иванова в дневнике, сделанная 15 июня 1908 года, демонстрирует глубокую личную погруженность поэта в ставший для него жизнетворческим миф о *cor ardens*: «Лидию видел с огромными лебедиными крыльями. В руках она держала пылающее сердце, от которого мы оба вкусили: она — без боли, а я — с болью от огня. Перед нами лежала, как бездыханная, Вера. Лидия вложила ей в грудь огненное сердце, от которого мы ели, и она ожила; но, обезумев, с кинжалом в руках, нападала в ярости на нас обоих. Потом вдруг смягчилась и обняла нас обоих, и прижимаясь к Лидии, говорила про меня: "он мой?" Тогда Лидия взяла ее к себе, и я увидел ее, поглощенную в стеклянно прозрачной груди ее матери» [Иванов 1971–1987, 2: 772]. Здесь важен не только сам факт персональных оккультных увлечений, но и построенность оккультных видений по законам любимого мифа, препарированного литературными схемами (в частности, помимо дантевских отсылок, отражающих сюжетные парадигмы произведений Зиновьевой-Аннибал, в особенности ее трагедии «Кольца»). Ср. [Обатнин 1996].

логию сердца. Его знаменитое стихотворение «Любовь и Смерть» (определившее название цикла «Cor Ardens») можно назвать «классическим» по выражению в нем мистического единства любви и смерти, их эротического соития. Характерно, что пламенеющее сердце в такого рода мистико-куртуазных текстах связано с мужским и бренно-земным началом, тогда как неземной «свет» является непременным атрибутом умершей возлюбленной. В CCCII сонете Петрарки, также переведенном Ивановым, героиня произносит: «Будь верен; я — твой свет» [Иванов 1971–1987, 2: 632]. Постоянство такой дистрибуции определяет и посвящение Иванова, вынесенное на отдельную страницу книги «Cor Ardens»:

Бессмертному свету
Лидии Димитриевны Зиновьевой-Аннибал

Той, что сгорев на земле моим пламенеющим сердцем,
Стала из пламени свет в храмине гостя земли.

Конец посвящения, упоминание «гостя земли» — цитата из любимого Ивановым стихотворения Гёте «Selige Sehnsucht» («Блаженная тоска»), поставленного в качестве эпиграфа к первой книге «Cor Ardens». Желание смерти, влечение бабочки-души к огненной смерти составляют, как полагал Гёте, содержание жизни человека, «унылого гостя на темной земле»[18].

Первая часть посвящения, манифестирующая оппозицию «пламенеющего сердца» (Иванов) и «света» (Лидия Зиновьева-Аннибал), заострена вторым эпиграфом к этой же книге: «Ты мой свет; я — пламень твой». Семантика этой оппозиции восходит к той же куртуазной традиции с ее культом «сердца», отданного (или принесенного в жертву) служению Прекрасной Даме. Эротический элемент, как и религиозно-экстатический, безусловно присутствовал во всей мифологии сердца; игра двумя этими началами входила в литературную стратегию ивановской книги.

---

[18] О символике этого стихотворения в интерпретации В. Иванова см. [Проскурина 1998: 360–363].

Характерно и то, что для Иванова христианский культ *Sacré-Cœur*, как и орфический миф о погребенном и воскресшем — через сердце — Дионисе, как и поэтическая силлогистика провансальских поэтов, как и утонченно-мистическая (и одновременно ярко-эротическая) поэзия Данте, Петрарки, Леопарди, были звеньями одной культурной цепи.

Источники

Брюсов 1975 — Брюсов В. Собрание сочинений в семи томах. Т. 6. М.: Художественная литература, 1975.

Брюсов 1976 — Литературное наследство. Т. 85. Валерий Брюсов. М.: Наука, 1976.

Гумилев 1968 — Гумилев Н. Собрание сочинений: В 4 т. Т. 4. Вашингтон: Изд-во книжного магазина V. Kamkin, 1968.

Иванов 1904 — Иванов В. И. Эллинская религия страдающего бога // Новый путь. 1904. № 1. С. 110–124; № 2. С. 48–77; № 3. С. 38–61; № 5. С. 29–40; № 8. С. 17–26; № 9. С. 47–70.

Иванов 1905 — Религия Диониса. Ее происхождение и влияние // Вопросы жизни. 1905. № 6. С. 185–220; № 7. С. 122–148.

Иванов 1971–1987 — Иванов В. И. Собрание сочинений: В 4 т. Брюссель: Foyer Oriental Chrétien, 1971–1987.

Иванов 1994 — Иванов В. И. Дионис и прадионисийство. СПб.: Алетейя, 1994.

Кузмин 1912 — Кузмин М. «Cor ardens» Вячеслава Иванова // Труды и дни. 1912. № 1. С. 49–51.

Мандельштам 1993 — Мандельштам О. Э. Собр. соч.: В 4 т. Т. 1. М.: Арт-Бизнес-Центр, 1993.

Мейлах 1993 — Жизнеописания трубадуров. Жан де Нострдам / Изд. подг. М. Б. Мейлах. М.: Наука, 1993.

Библиография

Аверинцев 1980 — Аверинцев С. С. Георгий // Мифы народов мира / гл. ред. С. А. Токарев. Т. 1. М.: Советская энциклопедия, 1980. С. 273–275.

Бахтин 1979 — Бахтин М. М. Эстетика словесного творчества. М.: Искусство, 1979.

Генон 1997 — Генон Р. Символы священной науки / Пер. с фр. Н. Тирос. М.: Беловодье, 1997.

Зелинский 1995 — Зелинский Ф. Из жизни идей: В 4 т. Т. 3. М.: Научно-исследовательский центр «Ладомир», 1995.

Иванов В. В. 1982 — Иванов В. В. Солярные мифы // Мифы народов мира / гл. ред. С. А. Токарев. Т. 2. М.: Советская энциклопедия, 1982. С. 461–462.

Йейтс 2000 — Йейтс Ф. А. Джордано Бруно и герметическая традиция / Пер. с англ. Г. Дашевского. М.: Новое литературное обозрение, 2000.

Корецкая 1978 — Корецкая И. В. О «солнечном» цикле Вячеслава Иванова // Известия АН СССР. Серия литературы и языка. 1978. Т. 37. Вып. 1. С. 54–60.

Обатнин 1996 — Обатнин Г. В. Вячеслав Иванов и смерть Л. Д. Зиновьевой-Аннибал: концепция «реализма» // Модернизм и постмодернизм в русской литературе и культуре. Studia Russica Helsingiensia et Tartuensia. Helsinki, 1996. С. 145–158.

Панофский 1999 — Панофский Э. Смысл и толкование изобразительного искусства: Статьи по истории искусства / Пер. с англ. В. В. Симонова. СПб.: Академический проект, 1999.

Петрарка 1980 — Петрарка Ф. Лирика. М.: Художественная литература, 1980.

Проскурина 1998 — Проскурина В. Ю. Течение Гольфстрема: Михаил Гершензон, его жизнь и миф. СПб.: Алетейя, 1998.

Пумпянский 2000 — Пумпянский Л. В. Классическая традиция. Собрание трудов по истории русской литературы. М.: Языки русской культуры, 2000.

Силард 1999 — Силард Л. «Орфей растерзанный» и наследие орфизма // Иванов Вячеслав. Архивные материалы и исследования. М.: Иванов Вячеслав. Архивные материалы и исследования. М: Русские словари, 1999. С. 210–249.

Тарановский 2000 — Тарановский К. Ф. О поэзии и поэтике. М.: Языки русской культуры, 2000.

Cirlot 1971 — Cirlot J. E. A Dictionary of Symbols / Transl. from the Spanish by J. Sage. London: Routledge, 1971. P. 189–190.

Dachauer 1959 — Dachauer A. J. The Sacred Heart: A Commentary on *Haurietis Aquas*. Milwaukee: The Bruce Publishing Company, 1959.

Davidson 1989 — Davidson P. The Poetic Imagination of Vyacheslav Ivanov: A Russian Symbolist's Perception of Dante. Cambridge: Cambridge University Press, 1989.

Harrison 1955 — Harrison J. Prolegomena to the Study of Greek Religion. New York: Meridian Books, 1955.

Holthusen 1986 — Holthusen J. Vyacheslav Ivanov's *Cor Ardens* and the Esthetics of Symbolism / Transl. by E. R. Jackson // Ivanov Vyacheslav: Poet, Critic and Philosopher / Ed. by R. L. Jackson, L. Nelson, Jr. New Haven: Yale Center for International and Area Studies, 1986. P. 59–82.

Snodgrass 1997 — Snodgrass M. E. Signs of the Zodiac: A Reference Guide to Historical, Mythological, and Cultural Associations. Westport, CT; London: Greenwood Press, 1997.

Vacant 1908 — Dictionnaire de théologie catholique / Éd. par A. Vacant. T. 3. P. 1. Paris, 1908.

West 1983 — West M. L. The Orphic Poems. Oxford: Oxford University Press, 1983.

Wind 1968 — Wind E. Pagan Mysteries in the Renaissance. New York: W. W. Norton, 1968.

14
Рукописный журнал «Бульвар и Переулок»

(Вячеслав Иванов и его московские собеседники в 1915 году)

Появление рукописного журнала «Бульвар и Переулок» тесно связано с культурно-исторической ситуацией первой военной зимы 1914–1915 года. Начавшаяся война, с одной стороны, обнажила всю разность взглядов, всю глубину противоречий, имевших место внутри московской интеллектуальной элиты, вызвав и шумные публичные заседания, и темпераментные журнально-газетные схватки. С другой стороны, ситуация слома, катастрофы как никогда усилила взаимное притяжение, привела в действие центростремительные силы, почти подсознательное желание объединиться перед лицом надвинувшейся опасности. Этот парадокс и нашел свое отражение в стихийно возникшем журнале, объединившем и укрывшем под сенью идеи Дома нескольких философов и литераторов, связанных узами дружеских, семейных отношений. Война обозначила конец петербургского периода русской культуры. Само переименование города было воспринято в эсхатологическом ключе. Этот конец почувствовала З. Н. Гиппиус, определившая новую расстановку сил в своем стихотворении «Петроград» (написано 14 декабря 1914 года): «славянщина убогая» (то есть Москва) победила «прекрасно-страшный Петербург», и вся надежда теперь возлагается на знаменитый петербургский символ: «На помощь, Медный Вождь, скорей, скорей!» [Гиппиус 2002: 395].

Москва в эти годы делается явным средоточием русского философского движения, притягивая к себе все новые и новые лица. Из Петербурга «бегут» — в Москве поселяются прочно, обосновываются семейно. Так произошло, например, с Н. А. Бердяевым, уехавшим в 1907 году из Петербурга сначала в деревню, потом в Париж (заграница здесь зачастую выступает как некое «чистилище»), и наконец оказавшимся в Москве (с 1908 года). В Москве он обретает свой круг общения, с Москвы начинается «религиозный» этап жизни и творчества Бердяева. Характерен и симптоматичен переезд в Москву в 1913 году Вячеслава Иванова: в 1912 году он покидает Петербург и едет за границу, а оттуда (не без влияния жившего в Москве и близко сошедшегося с Ивановым в Риме В. Ф. Эрна) — в Москву. Семантика пространственного перемещения была очевидна: это и прощание с башенным «дионисийством», и сознательное погружение в сферу «любомудрия». Именно так осознал свой «исход» из Петербурга Бердяев, бессменный председатель на ивановских «средах». Описывая свою дружбу с Ивановым, он все же счел необходимым добавить: «У меня нарастало глубокое разочарование в литературной среде и желание уйти из нее. Мне казался Петербург отравленным» [Бердяев 1991: 157]. Нечто сходное было и в чувствах Иванова, покинувшего Петербург. Его дочь, Л. В. Иванова, проницательно угадала значение переезда в Москву: «Башенный период кончился. Наступила совершенно новая пора жизни. У меня было ощущение, точно рассеялись та туча и тот морок, которые висели над нами в Петербурге даже и в радостные минуты. Точно наступило утро» [Иванова 1992: 47].

Как и для Бердяева, для Иванова приезд в Москву был одновременно и возвращением к старым друзьям. 26 января 1913 года М. О. Гершензон, дружеские отношения с которым у Иванова завязались еще с 1908 года, писал поэту: «Дня 4 как приехал в Москву Бердяев, все такой же молодой и славный; не стареет, не замыкается, не черствеет; я его очень люблю. Старые приятели все Вас с любовью помнят, и сходясь мы каждый раз вспоминаем Вас. Не забывайте же и Вы нас» [Иванов, Гершензон 2011: 59]. Большинство будущих участников «Бульвара и Переулка» входило в более широкий круг — издательства «Путь», московского Религиозно-философского общества и т. д. Однако теперь, в канун войны, сложился особый, так сказать, интимный кружок философов и литераторов, спаянных не столько общностью взглядов, сколько личными, домашними связями. Так, например, показательно сообщение Гершензона (в письме к брату, А. О. Гершензону, от 13/26 января 1914 года): «А вчера вечером шумно спорили у нас до третьего часа Вяч. Иванов, Булгаков, Жуковский, Эрн, — крик стоял»[1]. Непременным членом дружеских посиделок и организатором собственных *jour fix*'ов был Н. А. Бердяев. К ним вскоре присоединился и давний знакомец всех, приехавший из-за границы в октябре 1914 года Л. И. Шестов. Сюда, конечно же, необходимо добавить и сестер Герцык: поэтессу, переводчицу А. К. Герцык-Жуковскую, жену Д. Е. Жуковского, философа, участника сборника «Проблемы идеализма», а также Е. К. Герцык, переводчицу, автора критических статей и талантливых мемуаров. Постоянными участницами собраний были и жены — Вера Шварсалон, жена Вяч. Иванова, Лидия Юдифовна Бердяева (обе — авторы «Бульвара и Переулка»), Мария Борисовна Гершензон (урожденная Гольденвейзер), супруга М. О. Гершензона, писавшая талантливую прозу (см. ее рассказ «Призывы» в «Русской мысли» за 1917 год, кн. 3–4).

Печатным источником сведений об этом неофициальном сообществе служат известные воспоминания Е. К. Герцык. Она пишет о том, что в кругу московских философов (она называет их «наш старый кружок») резко обозначилось «двоякое отношение к событиям на войне и в самой России: одни старались оптимистически сгладить все выступавшие противоречия, другие сознательно обострили их, как бы торопя катастрофу». Первые, как выяснилось, «жительствуют на широких бульварах», это «оптимисты» — Вяч. Иванов, Булгаков, Эрн. Другие же, «предсказывающие катастрофу, ловящие симптомы ее Шестов, Бердяев, Гершензон — в кривых переулочках, где редок и шаг пешехода». Квартира сестер Герцык «символически объединяла переулок

---

[1] ОР РГБ. Ф. 746. К. 20. № 21. Л. 2 об.

и бульвар: вход с переулка, а от Новинского бульвара отделял всего только огороженный двор, и окна глядели туда» [Герцык 1973: 161–162]. В этой же главе воспоминаний, символически названной «Кречетниковский переулок (1915–1917)», Е. К. Герцык пишет: «Посмеялись. Поострили. Затеяли рукописный журнал "Бульвары и Переулки". <…> Собрались через неделю читать написанное у нас» [Герцык 1973: 161]. Она указала на то, что был подготовлен первый номер, она же выразила надежду, что эти «листки» у кого-нибудь сохранились.

В воспоминаниях Герцык много неточностей, однако главное она запомнила. Центральная дефиниция — «бульварники» и «переулочники» — указана была точно. Действительно, общение этого содружества имело отчетливые пространственные рамки. Арбат и примыкающие к нему бульвары — вот тот новый культурный локус, в котором разворачивался сюжет московской жизни. Это прежде всего Зубовский бульвар, где проживали Ивановы, у которых в то время остановились В. Ф. Эрн с женой Е. Д. Векиловой и дочерью Ириной (дом 25). Здесь же по соседству обитали Булгаковы (Зубовский бульвар, дом 15). С другой стороны — Никольский переулок (дом 13), место проживания семьи Гершензона («декадентский», как называет его Е. Герцык, особнячок Е. Н. Орловой), Новоконюшенный переулок, где в доме № 14 снимали квартиру Шестов и его семья, Большой Власьевский переулок (дом 14), где в 1915–1922 годах снимали квартиру Бердяевы. Впрочем, в начале 1915 года Бердяевы временно остановились у Жуковских-Герцык — в Кречетниковском переулке (дом 13), месте, промежуточном между бульварной и переулочной частью Арбата.

Арбатский локус с его антиномией бульвара и переулка послужил основой для создания московского топографического мифа. Результатом этого мифотворчества и стал домашний рукописный журнал «Бульвар и Переулок», замысел которого возник, судя по всему, зимой 1915 года. Материалы этого журнала — те самые «листки» — действительно сохранились в фонде М. О. Гершензона Российской государственной библиотеки. Имеется здесь и неопубликованная пояснительная записка жены Гершензона, М. Б. Гершензон:

> Зимой 1915–1916 года в небольшом кругу московских писателей возникла мысль о шутливом домашнем журнале. Первый номер этого журнала, названного «Бульвар и Переулок», действительно был составлен и прочитан на одном *jour fix*'е. Каждый автор читал свое произведение[2].

Здесь же имеется другой вариант того же сообщения: «В 1915 году писатели, жившие в районе Арбата и бульваров (Новинского, Смоленского, Пречистенского), затеяли шуточный рукописный журнал «Бульвар и Переулок»[3].

Гершензон, признанный собиратель неопубликованного в истории русской культуры, отвел себе роль хранителя этого журнала. Автографы содержат следы его помет — везде проставлены имена авторов сочинений, проведена нумерация в каждой статье, добавлены некоторые примечания. Среди материалов журнала имеется объявление о выходе «Бульвара и Переулка», написанное Ю. Балтрушайтисом, близким Иванову и его семье поэтом. Ю. К. Балтрушайтис в это время завсегдатай дома Ивановых. Дружба особенно укрепилась после пребывания летом 1914 года в Петровском, где они были соседями (см. стихотворение Иванова, посвященное Балтрушайтису и его жене, Марии Ивановне, — «Петровское на Оке»; см. также ему же посвященное стихотворение «Певец в лабиринте» [Иванов 1971–1987, 3: 528–529, 497–499]). Иванов посвятил Балтрушайтису статью «Юргис Балтрушайтис как лирический поэт» [Иванов 1915]. 14 сентября 1915 года Л. В. Иванова сообщала В. К. Шварсалон об обычном вечернем круге: «К сему приходит часто Балтрушайтис (и сейчас с Верховск<им> сидячий в столовой), Эрны, Верховск<ий> и иногда посторонний элемент»[4]. Сам Балтрушайтис жил тогда на Покровке (дом 10)[5].

---

[2] ОР РГБ. Ф. 746. К. 46. № 39. Л. 2.

[3] Там же. Л. 1.

[4] ОР РГБ. Ф. 109. К. 26. № 7. Л. 34.

[5] Вся Москва. Адресная и справочная книга на 1915 год. М.: Изд. Т-ва А. С. Суворина «Новое время», 1915.

Выразительна двойная дефиниция издания: оно, с одной стороны, названо «критико-догматическим органом самообозрения», а с другой — «журналом для семейного чтения». Первая дефиниция целила в полемический характер журнала, становящегося ареной для взаимных шутливых «разбирательств» и автопародий. Вторая — говорила об эзотеризме издания, о его духе «für Wenige», о его сугубо внутреннем пользовании. Здесь же указывались имена участников: Вяч. Иванов, Н. А. Бердяев, В. Ф. Эрн, М. О. Гершензон, С. Н. Булгаков, Л. И. Шестов, Д. Е. Жуковский; последним в списке упомянут сам Ю. К. Балтрушайтис. Среди текстов действительно имеются сочинения Иванова, Бердяева, Эрна, Гершензона; однако сочинений Булгакова, Шестова и Жуковского обнаружено не было — вероятно, они и не были написаны.

Семантика названия журнала — «Бульвар и Переулок» — многозначна. С одной стороны, в названии отразилась реально-бытовая ситуация — в издании участвовали писатели и философы, жившие в переулках Арбата (Бердяев, Гершензон, Шестов) и на примыкавших к ним бульварах (Иванов, Эрн, Булгаков). С другой стороны, противостояние бульвара и переулка отражало полемическое противостояние позиций участников журнала, разность точек зрения в разгоревшейся на страницах периодики схватке.

* * *

Событием, которое послужило точкой отсчета «бульварно-переулочного» мифа, стал вечер в Политехническом музее, устроенный 6 октября 1914 года московским Религиозно-философским обществом. Помимо прочих с докладами выступили С. Н. Булгаков — «Русские Думы», Вяч. Иванов — «Вселенское дело» и В. Ф. Эрн — «От Канта к Круппу». Последнее выступление сделалось сенсацией — размах обсуждения, шквал откликов в печати были отчасти сопоставимы с полемикой вокруг сборника «Вехи». Общая антигерманская направленность заседания получила в словесных эскападах темпераментного полемиста заостренно-парадоксальную форму. То, что Иванов именовал кризисом германской культуры («натяжение сил без их внутреннего высветления», желание «устроиться» при отсутствии высших ценностей[6]), у Эрна превращалось в единый — ложный — путь развития, заданный всем ходом германской цивилизации. Реформация, протестантизм, философия Канта оказывались виновниками современного милитаризма: произошло «убиение Сущего в воле» и «убиение Сущего в разуме», как назвал это Эрн [Эрн 1991: 312].

Для убежденного антикантианца Эрна, еще в 1910 году выступившего против журнала «Логос»[7], современная история представала в виде арены битвы между *Ratio* (Запад) и Логосом (Россия), и здесь на помощь России мобилизовался весь арсенал славянофильской риторики. «Время славянофильствует», — прокламировал Эрн в своей одноименной лекции на закрытом заседании Религиозно-философского общества 29 января 1915 года[8].

Позиция Иванова была тоньше, сдержанней, содержала она и ряд существенных корректив по отношению к воззрениям В. Ф. Эрна. Осенью 1914 и в начале 1915 года в его лире зазвучали славянофильские ноты; обращаясь к России, он писал:

...И на вселенские весы
Бросая подвиг достославный,
Своей стыдишься ты красы,
Своей не веришь правде явной[9].

Стихотворения, подобные этому («Недугующим»), дали повод Н. А. Бердяеву упрекнуть Иванова в письме от 30 января 1915 года: «Вы стали перекладывать в стихи прозу Эрна»[10]. Однако славянофильство Иванова всегда побеждалось внутренним эстетизмом, и эта укорененность в толщах мировой культуры,

---

[6] Цит. по: [Иванов 1918: 11, 13] (статья «Вселенское дело»).

[7] См. [Эрн 1910]; затем вошло в [Эрн 1911].

[8] Эта и вторая одноименная лекция составили книгу Эрна «Время славянофильствует» [Эрн 1915].

[9] Стихотворение Иванова «Недугующим» впервые было опубликовано в: «Отечество». 1916. № 6. Цит. по: [Иванов 1971–1987, 4: 25].

[10] ОР РГБ. Ф. 109. К. 13. № 14. Л. 18. См. также [Бердяев 2016: 618].

это «очарование отраженных культур», по выражению Бердяева, оттеняли эрновскую публицистическую одноплановость. Особое качество ивановского славянофильства не могли не почувствовать критики. Характерно, что, ругая Эрна, ему неизменно противопоставляли Иванова. Так, критик Евг. Адамов в ненавистной Эрну газете «День», резко отозвавшись о «гелертерско-шовинистических изысканиях г. Эрна» (в связи с его докладом «От Канта к Круппу»), не без иронии, но и с нескрываемым восхищением написал об Иванове (по поводу его доклада «Вселенское дело»): «Бесподобна была речь Вяч. Иванова. Он весь в ней: тончайшим образом отточенное лезвие сарказма и пышное великолепие торжественного пафоса, грустный аромат ладана...»[11]. В той же газете, весьма важной для будущего «бульварно-переулочного» мифа, критик Петр Рысс в статье «От Владимира Соловьева к Владимиру Эрну» не без злорадства предлагал Эрну «учиться» у Вяч. Иванова[12]. И во «Вселенском деле», и в «Славянской Мировщине», и в «Живом предании», и в очень показательной статье «К идеологии еврейского вопроса» Иванов продемонстрировал, что обладание такой, как у него, культурной памятью может служить противоядием от националистического или шовинистического соблазна славянофильства. Для него «тело христианства» никогда не было равно одному лишь православию. Он внес существенную поправку и к воззрениям старого славянофильства, и к суждениям Эрна, говоря о России не как о «ретроспективной утопии», а как о «Руси умопостигаемой», высвобождающей свою «сокровенную реальность» «из плена опутавших ее чар» («Живое предание»)[13]. Россия Иванова — «мистическая личность», а не «эмпирический характер народа»[14].

Христианство для Иванова — это не один мир (православие), противостоящий всем другим. Христианство Иванова — это православие + католицизм, противостоящие как единое рефор-

---

[11] День. 1914. 10 октября. С. 3.
[12] Там же. 1914. 27 ноября. С. 3.
[13] Биржевые ведомости. 1915. 18 марта (утр. вып.). С. 2.
[14] Там же.

маторскому, протестантско-германскому миру. Это особенно ясно прозвучало в его статье «Шекспир и Сервантес», где «неостывшей» испанской душе Сервантеса («плод испанской верности католической церкви») противопоставлялась фигура шекспировского Гамлета, «загадочного принца», «пришедшего... из протестантского университета Германии»![15]

К голосам Эрна и Иванова присоединился и голос С. Н. Булгакова (см. [Булгаков 1915]), однако его выступления не сыграли такой провоцирующей роли, какова была роль Эрна и Иванова. Главным же в этом определившем расстановку сил в «Бульваре и Переулке» сюжетном треугольнике оказалось противостояние Иванова и Эрна, с одной стороны, и Н. А. Бердяева — с другой.

Бердяев немедленно поднял перчатку, брошенную «неославянофилами». Сначала, в статье, посвященной В. В. Розанову и его книге «Война 1914 года и русское возрождение», он язвительно высмеял эту «женскую» готовность славянофилов склониться перед грубой военной силой («О "вечно-бабьем" в русской душе»); здесь он слегка задел всех троих — Иванова, Эрна, Булгакова, предупредив об опасности возрождения «слишком временного» и «старого» в славянофильстве, не служащего делу мира, а лишь разжигающего страсти и злобу[16].

Затем, в ожидании своего скорого приезда в Москву (январь он провел в харьковском имении — Люботине), он 30 января 1915 года пишет Вяч. Иванову письмо, выдержанное в характерном для него стиле энциклики:

> Вы всё хотели, чтобы я сказал Вам откровенно, что я мыслю о Вас. И вот я скажу Вам, хотя и недостаточно пространно. Думаю я прежде всего, что Вы изменили заветам свободолюбия Лидии Дмитриевны, ее мятежному духу. Ваш дионисизм, Ваш мистический анархизм, Ваши оккультные искания, все это, очень резкое, было связано с Лидией Дмитриевной, с ее прививкой...[17]

---

[15] Утро России. 1916. 24 апреля. С. 2.
[16] Цит. по: [Бердяев 1989а: 355].
[17] ОР РГБ. Ф. 109. К. 13. № 14. Л. 16. См. также: [Бердяев 2016: 615–616].

Обвинение в измене «заветам» умершей жены Иванова — Л. Д. Зиновьевой-Аннибал — было жестоким, однако Бердяев здесь, в частном письме, продолжал развивать ту же мысль о «женском» начале славянофильства, уже апробированную на Розанове:

> О Вас я очень сильно чувствую вот что: тайна Вашей творческой природы в том, что Вы можете раскрываться и творить лишь через Женщину <...> Вы слишком любите легкое, отрадное, условное, в Вашей природе есть оппортунизм <...> У Вас нет религиозного дара свободы <...> И в Вашей природе есть робость, которая лишь внешне прикрывается дерзновением. Вы всегда нуждаетесь во внешней санкции. Сейчас Вам необходима санкция Эрна или Флоренского. <...> В православии Вы ищете теперь легкой и приятной жизни, отдыха, возможности все принять. И это усталость в Вас, духовное истощенье от ложных опытов дерзанья. <...> Я не люблю в Вас религиозного мыслителя. <...> В Вас слишком много было всегда игры, Вы необычайно даровиты в игре. И сейчас Вы очень привлекаете и соблазняете в минуты игры. Но думается мне, что Вы никогда не пережили чего-то существенного, коренного в христианстве. Я чувствую Вас безнадежным язычником, язычником в самом православии Вашем. И как прекрасно было бы, если Вы оставались язычником, не надевали на себя православного мундира. <...> Вашей природе чужда Христова трагедия, мистерия личности, и Вы всегда хотели переделать ее на языческий лад, видели в ней лишь трансформацию эллинского дионисизма. <...> Вы совсем не могли бы жить и религией Христа <...> Но культ Богоматери очень Вам подходит, сердечно нужен Вам для жизни, для мистических млений. И свое языческое чувство жизни Вы теперь прилаживаете к церкви, как к женственности и земле[18].

Резко противопоставив себя Иванову, Бердяев заключал: «Я — "еретик", но в тысячу раз больше христианин, чем Вы — "ортодокс". <...> Я объявляю себя решительным врагом Ваших ныне-

---

[18] Там же. Л. 16–18 об. См. также: [Бердяев 2016: 616–619].

шних платформ и лозунгов. Я не верю в глубину и значительность Вашего "православия"»[19]. Полемический запал Бердяева оттеняется финалом письма — с предвкушением скорых дружеских встреч, «поцелуями» и прочим! Само это письмо Бердяева Иванову — свидетельство как серьезных расхождений двух мыслителей, так и глубокой внутренней общности, основанной на единстве культурного кода, с помощью которого и велся диалог.

Между тем полемика разгоралась. Ареной ее стала газета «Биржевые ведомости», где 30 января 1915 года была опубликована статья В. Ф. Эрна «Налет валькирий» — ответ на помещенную ранее здесь же статью Бердяева о Розанове. Работа Эрна строилась под девизом: «Н. А. Бердяев мне друг», но «истина» дороже! Защищая себя (а заодно Иванова с Булгаковым) от обвинений в «женственности» «русской души», якобы культивируемой славянофилами, Эрн использует все средства — от откровенной издевки над «мужественной душой» Бердяева до патетических заклинаний: «В то время как русская душа в титанической борьбе с колоссальными армиями трех государств являет один за другим величайшие подвиги беззаветного мужества...» [Эрн 1991: 367].

Бердяев не оставил Эрна без ответа: 18 февраля 1915 года на страницах «Биржевых ведомостей» появляется его отповедь «Эпигонам славянофильства». Парируя обвинения Эрна и отделив позицию Иванова от остальных «неославянофилов» («Должен оговориться, что В. Иванов, как поэт и теоретик искусства, стоит выше всего этого, вне всех этих направлений»[20]), Бердяев продолжает настаивать на опасности возрождения старого противостояния славянофильства и западничества, видя в их реставрации «национальную незрелость»[21]. Полемизирует он и с Булгаковым, усматривая в его «теократии белого царя» «путь религиозного сервилизма»[22]. Бердяев в эти месяцы как никогда

---

[19] Там же. Л. 17. См. также: [Бердяев 2016: 619].
[20] Биржевые ведомости. 1915. 18 февраля (утр. вып.). С. 2.
[21] Там же.
[22] Там же.

темпераментен; одна за другой летят в печать пылкие филиппики в адрес «неославянофилов», и в ответ на статью Иванова «Живое предание» (18 марта 1915 года) полетит гневная работа Бердяева — «Омертвевшее предание» (8 апреля 1915 года).

Другие участники кружка, например Гершензон и Шестов, в разгоревшейся полемике были на стороне Бердяева. Так, Гершензон печатно выступил против Эрна, хотя и отметил ряд «странных соответствий» между «материализмом» немецких властей и современной немецкой философией[23]. 7 февраля Гершензон писал брату, А. О. Гершензону:

> Не я один: вижу, так же томится Шестов, да и другие. Война поглотила все мысли и желания. Ходят друг к другу без дела, сидят подолгу, хотя о войне редко говорится. Шумят только кое-кто из славянофильствующих философов, напр<имер> Эрн, затеяли газетную полемику вульгарного тона и тем оживляют себе существование [Эрн 1991: 320][24].

В начале февраля 1915 года в Москву приезжает Бердяев с женою и останавливается в доме Жуковских-Герцык в Кречетниковском переулке. Близость всех троих в этот момент — Бердяева, Шестова, Гершензона — очевидна. Их частые визиты друг к другу фиксирует в своих письмах-дневниках Гершензон. Так, например, 15 февраля 1915 года он записывает: «Вчера вечером у нас были Бердяевы и Шестов, сидели до 1 ½ ч. ночи»[25]. Позиция Шестова была вполне очевидной, хотя прямого участия в этой полемике он не принимал. Однако характерен его рассказ о сильном впечатлении, которое произвела на него редкостная схожесть русской и немецкой печати в это время:

> Начало войны застало меня в Берлине, я возвращался из Швейцарии в Россию. Пришлось ехать кружным путем, через всю Скандинавию до Торнео и потом через Финлян-

---

[23] «Сущность немецкого феноменализма».
[24] ОР РГБ. Ф. 746. К. 20. № 25. Л. 14.
[25] Там же. Л. 16.

дию в Петербург. В Германии, конечно, я читал только немецкие газеты. И до самого Петербурга я, собственно, принужден был питаться немецкими газетами, так как не знаю ни одного из скандинавских наречий. И только когда стал приближаться к России, мне попались русские газеты. И каково было мое удивление, когда я увидел, что слово в слово русские газеты повторяют то, что писали немцы. Только, конечно, меняют имена. Немцы бранили русских, упрекали их в жестокости, своекорыстии, тупости и т. д. Русские то же говорили о немцах. Меня это поразило неслыханно, и я вдруг вспомнил библейское повествование о смешении языков [Шестов 1920: 35–36].

Война подтвердила самые скептические предчувствия мыслителя — он увидел крушение «гигантской башни европейской культуры», общий, и России в том числе, кризис. Его нежелание видеть «особость» России и ее «вселенское дело» дало основание для полемической клички, которую он получил в «бульварно-переулочном» кружке: «беспочвенник» (с новым наполнением иронически переосмысленного названия его старой книги «Апофеоз беспочвенности»).

Итак, в начале 1915 года оформился круг участников домашнего журнала «Бульвар и Переулок», а внутри его — две антагонистические «партии». Причины складывания этой «неформальной общности», этой домашней академии (наподобие общности итальянских гуманистов с их «академиями» [Баткин 1978]) пыталась проанализировать Е. К. Герцык:

> Но что же объединяло таких несхожих мыслителей, как Вяч. Иванов и Гершензон, Шестов и Бердяев? Это не группа идейных союзников, как были в прошлом, например, кружки славянофилов и западников. И все же связывала их не причуда личного вкуса, а что-то более глубокое. Не то ли, что в каждом из них таилась взрывчатая сила, направленная против умственных предрассудков и ценностей старого мира, против иллюзий и либерализма, но вместе с тем и против декадентской мишуры, многим тогда казавшейся последним словом? [Герцык 1973: 162].

Только большой запас прочности, основанный на не объявленном, но ясно ощущавшемся всеми участниками кружка единстве культурного языка, позволил осуществиться столь экстравагантному предприятию, как «Бульвар и Переулок», затеянному в самый разгар полемики начала 1915 года.

* * *

Бульварно-переулочный миф нашел свое воплощение в рисунке Е. С. Кругликовой, предназначавшемся для обложки журнала: под сенью дерева, на углу дома, от которого лучами разбегаются в противоположные стороны бульвар и переулок, встречаются Кот и Собака. Изящный рисунок тушью и карандашом отразил всю полноту символики названия журнала. Прежде всего, урбанистический пейзаж с изображенными бульваром и переулком закреплял то, что сами участники хотели демонстрировать: провозглашалось создание некоего литературного «урочища» с четкой арбатской локализацией[26]. Во-вторых, противостояние Кота и Собаки должно было символизировать противостояние внутри кружка. С одной стороны, это общее, «родовое», обозначение «бульварников» и «переулочников», с другой — это обозначение двух конкретных представителей тех двух полюсов полемики, о которой шла речь выше.

Кот — всегдашний символ Вяч. Иванова. «Кот был тотемом нашей семьи», — писала Л. В. Иванова, рассказывая о домашних творческих «предприятиях» Ивановых. В их числе — содружество с девизом «Лапа об лапу» и гербом, где, помимо прочего, два кота подавали друг другу лапу [Иванова 1992: 48]. Домашнее имя Иванова — Кот, — видимо, стало столь употребительно в обиходе участников кружка, что уже 11 апреля 1915 года Эрн, описывая свое путешествие в Пятигорск, как ни в чем не бывало пишет: «Расставшись с милым задушевным котом и очаровательной барышней...»[27]. Сама Л. В. Иванова в письмах к родным часто под-

---

[26] См. [Топоров 1988].
[27] ОР РГБ. Ф. 109. К. 40. № 1. Л. 12.

писывалась «Курлыков» [Иванова 1992: 68][28]. В шуточной домашней газете «Пуля Времен» (изготавливавшейся уже позднее, в 1926 году, в Италии) Л. В. Иванова помещала портреты Иванова с собственной подписью «Курлыков», а одно из «стихотворений» в той же газете (будто бы взятое из переводов Ивановым Алкея) звучало таким образом:

> — Брысь…
> [Иванова 1992: 70]

Вообще, стихия шуточной игры, имен-тотемов, взаимного пародирования, характерная для дома Ивановых, во многом повлияла и на атмосферу «Бульвара и Переулка». Собака — не менее очевидный и легко узнаваемый символ Н. А. Бердяева. Известно, что Бердяев нежно любил своих собак [Бердяев 1991: 38] и в самом себе находил нечто «собачье», например, «исключительную чувствительность к миру запахов»; в «Самопознании» он писал: «Я хотел бы, чтобы мир превратился в симфонию запахов» [Бердяев 1991: 31]. Сходство самого внешнего облика философа с собакой обострялось во время болезненных тиков. А. Белый выразительно описывал эту ситуацию:

> …не удержавшийся, с головою бросался он (Бердяев — *В. П.*) в разговорные пропасти; разрывался тогда его красный рот (он страдал нервным тиком); блистали в отверстии рта, на мгновение ставшего пастью, кусаясь, зубы его <…> сжимал истерически пальцы под разорвавшимся ртом; чтобы спрятать язык, припадал всей кудлатою головою к горошиком задрожавшим пальцам… [Белый 1990: 415.]

Агрессивно-наступательный характер Бердяева в сочетании с этими внешними особенностями его облика послужил «материалом» для полемического «имени» — Собака, — неоднократно обыгрываемого в текстах «Бульвара и Переулка». Так, в частности, в статье Эрна «Бульварная Пресса и Переулочные Точки Зрения»

---

[28] См. также письмо Л. В. Ивановой к Вяч. Иванову и В. К. Шварсалон от 15 июня 1915 года (ОР РГБ. Ф. 109. К. 25. № 56. Л. 6).

местом обитания Бердяева названа «Собачья Площадка» (в действительности Бердяев там не жил). Наконец, древо в центре картинки Кругликовой — это своего рода *Arbor Mundi*: ясно, что всему изображенному придавался универсально-космический характер. Кот и Собака — это пародийное переосмысление известного противостояния позиций; в бульварно-переулочных текстах происходила перекодировка «серьезных» вопросов в иронический и намеренно сниженный план. Тем самым как бы снижался накал полемического противостояния, растворявшегося в домашних, шутливых терминах кружкового метаязыка. Известный мастер портретных силуэтов, Е. С. Кругликова и здесь, на обложке «Бульвара и Переулка», воспроизвела силуэты символов — Бердяева и Иванова. Хорошая осведомленность в ситуации кружка объясняется ее довольно тесными связями со всеми участниками домашнего журнала[29].

* * *

Хроника событий, связанных с возникновением журнала, может быть восстановлена с достаточной долей вероятности. Н. А. Бердяев, приехавший с супругой Л. Ю. Бердяевой в Москву в первых числах февраля 1915 года, останавливается у сестер Герцык, предполагая пробыть там несколько недель. Однако в середине февраля на улице он падает и ломает ногу — результатом чего стало то, что Бердяевы застревают в Москве на два месяца. Е. К. Герцык вспоминала:

> В один из первых дней Николай Александрович, возвращаясь с какого-то собрания, поскользнулся и сломал ногу. Когда его вносили в дом, он доспаривал с сопровождавшим его знакомым на какую-то философскую тему. Потом два месяца лежания, нога во льду, в лубках, сращение перелома затянулось. Друзья и просто знакомые навещают его. Телефонные звонки, уходы, приходы, все обостряющиеся споры между ним и Булгаковым, Вяч. Ивановым, которых захватил шовинистический угар [Герцык 1973: 132–133].

---

[29] См., например, ее письма Вяч. Иванову: ОР РГБ. Ф. 109. К. 28. № 7; см. также ее письмо М. О. Гершензону: ОР РГБ. Ф. 746. К. 35. № 33.

Вот тогда-то, скорее всего, и намечаются контуры «Бульвара и Переулка» с «нейтральной» зоной в доме сестер Герцык, объединивших противостоящие стороны. Тогда и сочиняется объявление о выходе журнала со списком участников; характерно, что отнюдь не все лица, перечисленные Балтрушайтисом, оказались реальными авторами журнала. Первоначальная схема потом несколько видоизменилась. Косвенные данные могут служить подтверждением того, что это объявление относится к числу первых сочинений «Бульвара и Переулка». Балтрушайтис упоминает «сорный ящик», служащий заменой «почтового». Однако в статье В. Ф. Эрна «Бульварная Пресса и Переулочные Точки Зрения» уже вовсю функционирует этот «сорный ящик», из которого им извлекается заключительная шарада. Статья же Эрна датируется в связи с упоминанием конкретной даты: на Столбе помещено «новое московское издание» от 16 февраля 1915 года!

Видимо, сочинение Эрна относится к одному из ближайших дней после этого числа. Поскольку там же идет речь и об обложке журнала «Бульвар и Переулок» (об изображенном там Коте), можно с уверенностью сказать, что и рисунок Кругликовой к середине февраля 1915 года был уже сделан. Вероятно, что и стихотворение Вяч. Иванова «Бедный Викинг» было написано в числе первых «бульварно-переулочных» сочинений: в нем отразилось «свежее» восприятие полемики вокруг доклада Эрна «От Канта к Круппу». Скорее всего, к февралю-марту 1915 года можно отнести и сочинение Гершензона «Теория словесности», построенное на обыгрывании уже сложившейся оппозиции Бердяев — Иванов. Во всяком случае, оно было написано до отъезда Бердяева (апрель 1915 года), поскольку сама стилистика статьи свидетельствует об ее ориентации на произнесение (см. такие ораторские приемы, как апелляция к явно слушающим текст Булгакову и Шестову). С другой стороны, трудно предположить, что Гершензон зачитывал этот текст в отсутствие его главного персонажа — Бердяева, которому были адресованы достаточно ироничные сентенции автора.

Рассказ В. Шварсалон «Самсон и Далила» был написан в марте 1915 года: в нем запечатлелся рассказ о том, как «в первых числах марта» «человек на костылях» вышел из дома № 13, то есть речь идет о выздоровлении и одном из первых выходов из дома Н. А. Бердяева. Статья самого Бердяева «Бульвар и переулок (Размышление о природе слов)» имеет точную дату — «Лета 1915, апреля 27 дня». Она и по внутренней установке является завершающей, подводящей итоги и вскрывающей некую философию сложившейся оппозиции «бульвара» и «переулка». Сочинения Л. Ю. Бердяевой тоже написаны уже не в Москве, а в Люботине; сохранилось ее письмо, адресованное Гершензону и датированное, как и статья Бердяева, 27 апреля 1915 года: «Посылаю Вам, дорогой Михаил Осипович, мои "труды" для "Бульвара и переулка"...»[30]. Таким образом, хроника создания журнала несколько корректирует и воспоминания Е. Герцык, и мемуарную запись М. Б. Гершензон: история «Бульвара и Переулка», растянутая в пространстве и во времени, не являлась продуктом одного *jour fix*'а; скорее, это был достаточно протяженный этап, общий для всех участников журнала и оказавший заметное влияние на творческий путь большинства из них.

* * *

Одним из первых, как выше было отмечено, появилось стихотворение Вяч. Иванова «Бедный Викинг». Стихотворение это не было опубликовано и прошло почти незамеченным в истории культуры начала XX века. В своих воспоминаниях Л. В. Иванова по памяти приводит из него одно четверостишие, замечая, что в стихотворении Иванов «в шутку» «применил» к В. Эрну поэму А. С. Пушкина «Жил на свете рыцарь бедный» [Иванова 1992: 51].

Выбор источника для пародического использования был неслучаен. «Бедный рыцарь» Пушкина — одно из наиболее актуализированных в сознании мыслителей начала XX века сочинений поэта. О нем в эти годы размышлял С. Н. Булгаков, давший анализ двух вариантов «Бедного рыцаря» в статье «Вл. Соловьев и Анна Шмидт»[31]. Для Вяч. Иванова это стихотворение Пушки-

---

[30] ОР РГБ. Ф. 746. К. 28. № 32. Л. 1.
[31] См. [Булгаков 1918].

на было ключевым: о нем он писал и в статье «Шекспир и Сервантес», и в работе «Достоевский. Трагедия — Миф — Мистика», и в статье «Два маяка»[32].

Надо сказать, сама личность В. Эрна каким-то образом коррелировала с пушкинским героем. Благодаря религиозной одержимости и полемическому темпераменту, Эрн воспринимался современниками с удивительным стилистическим однообразием. «Воинствующий рыцарь веры и убеждений» — формула Аскольдова из его некрологической статьи здесь наиболее репрезентативна [Аскольдов 1917: 131]. Любопытно, что самая внешность Эрна вызывала «рыцарские» ассоциации. Например, в воспоминаниях Е. Я. Архиппова, друга Эрна, глава, посвященная философу, носит заглавие «Крест и Лилия». Мемуарист пишет: «Вглядываясь в скандинавски-светлые черты его лица, уже тогда можно было различить два определивших его облик начала: светлая суровость рыцаря-крестоносца и сила тонкого духовного благоухания, идущего от лилий его чистого сердца»[33]. Этот же рыцарский ореол был закреплен за Эрном и в кружке московских философов. Об этом писал, в частности, в своей бульварно-переулочной статье и Бердяев, намекая на скандинавское происхождение Эрна: «Вспомни, сколь бесстрашно выступили вы в защиту матери-земли, <...> обнаружив при сем истинно рыцарскую отвагу, происхождения явно не русского».

Легкий сдвиг в названии стихотворения — «Бедный Викинг» вместо «Бедного рыцаря» — переключал стихотворение в сферу комического. Однако ни пародически использованный текст Пушкина, ни сама фигура Эрна не подвергались комическому снижению. Иванов и не собирался осмеивать своего ближайшего друга, столь значимого для него. Известно, как оценивал Иванов роль Эрна в собственной жизни: «...больше, чем Владимир Соловьев, на меня влиял Владимир Эрн» [Альтман 1968: 309]. Влияние Эрна на Иванова не прошло незамеченным: вспомним

---

[32] См.: Утро России. 1916. 24 апреля; книга о Достоевском впервые по-русски в [Иванов 1985].

[33] РГАЛИ. Ф. 1458. Оп. 1. № 38. Л. 41.

упреки Бердяева Иванову в том, что тот живет теперь «под санкцией Эрна»[34]. Напротив, жизнь и духовная биография Эрна, зашифрованная в строках стихотворения, берутся под защиту, а осмеянию подвергаются враги Эрна.

Некоторые детали контекста позволяют точно расшифровать этот эзотерический текст, рассчитанный на узкий круг домашних друзей, без труда понимающих, о чем идет речь.

Приват-доцентская судьба Эрна взрывается неким «умозреньем» — о нем говорится в первых строфах стихотворения. Иванов имеет в виду концепцию Логоса, страстным адептом коей и был Эрн, «положивший» много лет на «борьбу за Логос». Появление в 1910 году на горизонте отечественной философии нового альманаха «Логос», ориентированного на германскую традицию, вызвало бурный протест Эрна, усмотревшего кощунство в использовании некоторых столь близких ему символов[35]. Само название альманаха — «Логос» — казалось Эрну недопустимым, оно связывалось с восточной, православной традицией. Вся теория Логоса в понимании Эрна противоречила западной, в первую очередь германской школе философии. В 1910 году Эрн выступил с резкой статьей против германофильского «Логоса» — «Нечто о Логосе, русской философии и научности (По поводу нового философского журнала "Логос")»[36]. Именно отсюда, от борьбы с «кантианами» (неокантианцами «Логоса»), ведет Иванов начало духовной биографии Эрна.

В стихотворении есть и прямые реминисценции из этой антикантианской статьи Эрна. Иванов упоминает «пески гносеологий», заключая в эту фразу двойную отсылку. Во-первых, — к выразительнейшему пассажу из вышеупомянутой статьи против «Логоса». В самом ее начале Эрн писал: «Логос, так Логос, — не все ли равно? Что касается до меня, то если бы мне насыпали между зубов целую горсть песку и заставили его жевать, то эту

---

[34] ОР РГБ. Ф. 109. К. 13. № 17. Л. 18 об. См. также [Бердяев 2016: 618].

[35] По этому поводу Эрн писал: «Из-под греческой маски, наскоро и неловко одетой, всюду красуется знакомое: Made in Germany» [Эрн 1991: 72].

[36] См. статью [Безродный 1992].

операцию я бы перенес с бо́льшим спокойствием, чем священное имя Логос на обложке нового альманаха» [Эрн 1991: 74].

«Кегельбан», вроде бы неожиданно появившийся в следующей строфе, также являл собой изысканную реминисценцию:

> И в песках гносеологий,
> Где, устроив кегельбан,
> Метил шаром Метод строгий
> В «данности» фата-морган...

Взята она была Ивановым уже из арсенала противников Эрна. Представители «Логоса» объявляли себя последователями «строго научной» философии («Метод строгий» у Иванова!). Выступление Эрна с критикой сильно задело «кантиан»: практически без очередного выпада против Эрна не выходило ни одного тома «Логоса». Одним из обвинений в его адрес было утверждение, что он сражается не с реальными мыслителями «Логоса», а с фантазиями, не имеющими к ним никакого отношения. Так, в рецензии на книгу Эрна «Борьба за Логос» Б. Яковенко, упрекая автора в недобросовестности его инсинуаций, писал: «Своих противников создает себе он (Эрн. — *В. П.*) сам: это все какие-то манекены. А борьба с ними производит впечатление игры в кегли: сам он сделал их, сам расставил и сам же расстреливает, "надсаживая грудь"» [Яковенко 1911–1912: 297].

Слова о "данности" фата-морган» — с взятым в кавычки термином «данность» — тоже отсылают к статье Эрна «Нечто о Логосе, русской философии и научности». Протестуя против оксюморонного, с его точки зрения, выражения «научная философия», Эрн писал: «Можно очень разно понимать как науку, так и философию, но данность их как объектов не подлежит сомнению. Нас поражает соединение этих двух понятий, и мы утверждаем, что нет реального объекта, соответствующего этому сложному, искусственно составленному понятию...» [Эрн 1991: 101]. Таким образом, «данность» объекта изучения представителей «Логоса» оказывается иллюзией, или «фата-морганой», как метафорически выразил это Вяч. Иванов.

Строки стихотворения об Эросе и Сковороде, запомнившиеся Л. В. Ивановой, отсылали к вышедшей в 1912 году в издательстве «Путь» монографии Эрна «Григорий Саввич Сковорода. Жизнь и учение», — к той ее главе, где излагалось учение Сковороды об Эросе в связи с его книгой «Наркисс». В жизненном пути и учении Сковороды Эрн обнаруживал зарождение философии истинного логизма, заключавшейся в постепенном восхождении, в постоянном «напряжении воли» и «устремленности к Истине». Иванов буквально в деталях передал один фрагмент из эрновского описания философии Сковороды: «Но такова была устремленность этого великого чудака к Истине, так *высоко он взбирался в своих постижениях*, что издали ему рисовалась неясными контурами небесная мудрость святых...» [Эрн 1912: 43]. Интерес Эрна к Сковороде был обусловлен и его своеобразной переработкой учения Платона об Эросе. «И влюбленность Платона, — писал Эрн, — превращается у Сковороды в *самовлюбленность*, и мудрый, которого посетил Эрос, становится блаженным самолюбцем, Наркиссом» [Эрн 1912: 253]. Таким блаженным самолюбцем, по Эрну, и был Сковорода.

Таинственные буквы на щите Викинга — A. U. — вводят уже новую грань творческих исканий В. Эрна. Ближайшие друзья знали, что Эрн напряженно работает над книгой об Афродите Урании (отсюда A. U.) — над замыслом, лишь отчасти реализовавшимся в его статье «Верховное постижение Платона» [Эрн 1917]. С. Н. Булгаков назвал свой некрологический очерк об Эрне «Афродите-Деметре. Памяти В. Ф. Эрна», и рассказал в нем, что «самой интимной мечтою» философа «была книга об Афродите Небесной, лике Вечной Женственности, открывшемся эллинству» [Булгаков 1917: 264]. В кругу Иванова этот замысел был предметом постоянных бесед, о чем, в частности, свидетельствуют письма Эрна Иванову; например, в письме от 8 июля 1914 года Эрн с иронией пишет: «Анапа — прескверный городишко с очаровательным морем, очень способствующим размышлениям об Афродите Урании...»[37].

---

[37] ОР РГБ. Ф. 109. К. 40. № 1. Л. 11.

Неудивительно, что наиболее адекватное толкование букв A. U. принадлежит, как явствует из комментария к стихотворению, некоему р. Firenze. Firenze — это Флоренция. А «первый астроплатоник и иерософист нашего времени» — это отец (padre — р.) П. А. Флоренский, мастер изощренных толкований, тонкий знаток и ценитель Платона[38].

Два следующих «толкования» актуализируют два пласта культурно-философской полемики, участником которой был Эрн. Упоминание редакции «Логоса», якобы интерпретирующей буквы A. U. Как нетерминологическое «междометие», — ироническая отсылка к известной полемике Эрна с «кантианами». Имя же профессора Кизеветтера и латинская транскрипция все того же доклада «От Канта к Круппу» вновь переносят сюжет к событиям последних месяцев 1914 года и начала 1915-го. А. А. Кизеветтер в статье «Россия и Европа» выступил против «славянофильствующих сирен», задев Эрна и его нашумевший доклад[39].

Таковы были детали культурно-исторического контекста, послужившего основой для стихотворения Вяч. Иванова. Однако вся ситуация полемики в преломлении домашнего журнала иронически остраняется: стихотворение «Бедный Викинг» объявляется Ивановым «не подлинным историческим документом», а одним из «ядовитых порождений» литературы «памфлетов». Иванов укрылся здесь за двойной маской. Само стихотворение «сообщила Фрина» — знаменитая «гетэра», прославленная, по преданию, Апеллесом, изобразившим ее в виде Афродиты, выходящей из моря (для храма Асклепия в Колосе). Комментарий же к самому стихотворению представил «поверенный в делах Фрины». Но цепь опосредований, «белкинская» игра с отсылкой к одухотворенной античности на этом не заканчивались.

Гетэра Фрина — это анаграмма, заключающая имя персонажа, которому и было посвящено само стихотворение: Эрн. Велико-

---

[38] Пародийная «кличка» Флоренского, произведенная от итальянской транскрипции его фамилии, повторится в позднейшей домашней газете Ивановых «Пуля Времен», где «культурной частью ведал бывший семинарист Фьоресценский» [Иванова 1992: 69].

[39] Русские ведомости. 1915. 8 января. С. 2.

лепный знаток греческой анаграмматической поэзии, один из первых поэтов, активно использовавших этот прием, Иванов таким образом внес заключительный штрих в создание шутливой апологии Эрна.

* * *

Своеобразным дополнением к стихотворению Иванова служило сочинение самого В. Ф. Эрна «Бульварная Пресса и Переулочные Точки Зрения». Здесь была развернута своего рода «картина мира», описанная с позиции «бульварочника». Эрн прочерчивал и явную, по его мнению, традицию, к которой возводился сам замысел журнала «Бульвар и Переулок»: «С Башни я спустился на Бульвар...» Друзья-«переулочники» объявлялись им представителями «совсем другой Породы» (развитие оппозиции Кота и Собаки!). Вся «переулочная» тема в его сочинении проходит под знаком агрессивного и «угрожающего» индивидуализма — сплошных Точек Зрения, «дерзаний». Последний термин адресовался Бердяеву, постоянно упрекавшему Иванова в отсутствии в его мироощущении прежней дионисийской «дерзости», а также и Л. Шестову, вся философия которого была разоблачением «покорностей» и защитой «дерзновений» (см. цикл его афоризмов «Дерзновения и покорности»[40]).

Однако не только полемика с «переулочниками» была зашифрована в тексте статьи Эрна. В качестве персонажей пародийных «объявлений» выступали все его литературно-философские оппоненты. Прежде всего — в первом «объявлении» — фигурируют противники Эрна в «германской» теме. «Дживелеговский пер<еулок>» — указывает на А. К. Дживелегова, историка, литературоведа, театроведа. В контексте того времени, однако, важны оказались другие его заслуги. Дживелегов — крупнейший знаток Германии, автор двухтомной «Истории современной Германии», вышедшей в 1908–1910 годах. В 1915 году он выпустил брошюру «Немецкая культура и война» (в серии «Война и Культура»),

---

[40] См.: Современные записки. 1922. № 13 и 1923. № 15; Окно. 1923. № 1 и № 2.

где — в противовес эрновским слишком прямым схемам (от Канта к Круппу) — дал детальный, построенный на конкретных фактах, анализ политической, исторической, культурно-философской ситуации в Германии последнего столетия. Он указал на реальные причины и предпосылки тоталитарной и милитаризованной идеологии, приведшей к войне. Либерально-кадетский взгляд на столь «огненные» для Эрна вопросы, пафос объяснения, а не проклятия в адрес Германии, — все это было чуждым и враждебным, с точки зрения Эрна.

Другой антагонист — Е. Адамов, постоянно выступавший на страницах петроградской газеты «День» с разоблачением «грехов национализма» в серии статей «Московские письма»[41]. Это — откровенный враг В. Ф. Эрна, не скупившийся на брань и издевки в его адрес. Именно поэтому в «седьмом объявлении» появляется упоминание газеты «День» с пометой «Тут же: Первый русский словарь ругательств». Эрн был просто «мальчиком для битья» в этой газете, его обвиняли и в «шовинизме» (все тот же Адамов[42]), и в «научно-детской надменности» в сочетании с неумением «осилить» Канта (статья Петра Рысса «От Владимира Соловьева к Владимиру Эрну»[43]).

В эту же группу «врагов» попадает и «Александр Александрович Донер-веттер»: речь идет об А. А. Кизеветтере. Пародийная кличка (от немецкого ругательства «Donnerwetter!» — «черт возьми!») историка и публициста, члена ЦК кадетской партии связана с его выступлениями против Эрна на страницах «Русских ведомостей». В статье «Россия и Европа» (8 января 1915 года) он обрушился на Эрна: «Мы боремся не с Европой, а с Германией, мы боремся не с Германией Канта, а с Германией Круппа (теперь находятся шутники, утверждающие с высоты философских кафедр, что Кант и Крупп — родные братья по духу...)»[44].

---

[41] День. 1915. 13 февраля. С. 2.
[42] Там же. 1914. 10 октября. С. 2.
[43] Там же. 1914. 27 ноября. С. 2.
[44] Русские ведомости. 1915. 8 января. С. 2.

Затем позднее, в статье «Литературные отголоски войны. Мечты о Царьграде» (15 февраля 1915 года), он снова разразился филиппикой против «книжной абстрактно-мистической идеологии и фразеологии», неизбежно приводящей к «глухому тупику» и «византийщине»[45]. Адресат обличений, Эрн, не желая отвечать в печати «шестидесятнику» Кизеветтеру, «засидевшемуся гимназисту», по его едкой формулировке (см. «Налет валькирий»), дал пародическую отповедь противнику в своей «бульварно-переулочной» статье. В «седьмом объявлении» наряду с газетой «День» речь идет и о газете «Русские ведомости», редакция которой находилась в Чернышевском переулке. Обе ненавистные Эрну газеты — «День» и «Русские ведомости» (где помимо Кизеветтера против философа выступали и другие авторы[46]) — объединены общим титулом: «Краткое руководство для составления либеральных доносов».

Все «объявление второе» — с выразительным адресом «1-ый Ильинский пер<еулок>», с «д<омом> Фрейда» и указанием «спросить Ивана Александровича» — отсылает к еще одному оппоненту Эрна и «ненавистнику» всего арбатского кружка писателей и философов Ильину. Философ И. А. Ильин, всю жизнь занимавшийся немецкой философией, Гегелем, сам «неогегельянец», страдал нервным расстройством, психозом, от которого лечился в Вене у знаменитого психоаналитика. Е. К. Герцык, рассказывая о контактах Ильина с кругом ее философских друзей, писала о странных припадках ненависти, которую изливал Ильин на ту или иную жертву. Она же сообщала: «Знакомство с Фрейдом было для него (Ильина. — *В. П.*) откровением: он поехал в Вену, провел курс лечения-бесед, и сперва казалось, что-то улучшилось, расширилось в нем. Но не отомкнуть и фрейдовскому ключу замкнутое на семь поворотов» [Герцык 1973: 154].

Фраза этого же объявления «Только устно!» адресует к ситуации также вполне угадываемой: 29 января 1915 года В. Ф. Эрн прочел свою первую лекцию цикла «Время славянофильствует» на закрытом

---

[45] Там же. 1915. 15 февраля. С. 2.

[46] См., например, статью П. Рысса (День. 1914. 27 ноября) и статью М. Рубинштейна (Русские ведомости. 1915. № 33).

заседании Московского Религиозно-Философского общества, где Ильин выступил против докладчика с яростной критикой. К нему же, судя по всему, относится и «объявление четвертое»; на это, в частности, указывает (помимо общей атрибутики — «немецкая улица», «исконно-русский тупик») фраза: «Обезвреженные (по известному методу "денационализации") вытяжки из Канта и Гегеля». В 1915 году Ильин выпустил брошюру «Духовный смысл войны» (в ней, вероятно, отразился общий пафос его устного антиэрновского выступления), где соединились патриотическое морализаторство, бесконечные цитаты из Гегеля и предложение селекции германской культуры: «...выбрать из немецкой культуры то, что в ней общечеловечно, глубоко или просто здорово...» [Ильин 1915: 36].

«Героем» «пятого объявления» стал Н. А. Бердяев. Описывая его «вегетарианскую столовую», Эрн комически сопрягает творчество и быт. Так, в меню «духовного стола» входят «душа России всмятку» (прямая отсылка к названию известной брошюры Бердяева «Душа России», выпущенной в серии «Война и культура» в начале 1915 года), а также «салат из антиномий» (излюбленный прием построения ряда сочинений философа и в особенности актуальный для вышеупомянутой брошюры). Адрес «столовой» — «Собачья Площадка, что у Николы-на-Ямах» — был понятен только узкому кругу ближайших друзей Бердяева. Выше уже было сказано о кружковом топосе, запечатленном наименованием «Собачья площадка». Вторая часть адреса — «Никола-на-Ямах» — отсылает к ряду эпизодов биографии философа.

Прежде всего Эрн намекает на посещения Бердяевым трактира «Яма», где тот, как известно, встречался с народными мыслителями[47]. Но не только это. Неслучайно «Ямы» упомянуты во множественном числе. Здесь Эрн имел в виду и пресловутое

---

[47] Бердяев вспоминал: «В то время в московском трактире около церкви Флора и Лавра (недалеко от Мясницкой) происходили по воскресеньям народные религиозные собеседования разного рода сектантов. <...> Это была бродячая Русь, ищущая Бога и Божьей правды. Я принял очень активное участие в религиозных спорах и с некоторыми сектантами вступил в личное общение. <...> Народные собрания в трактире назывались Ямой» [Бердяев 1991: 196–197].

падение Бердяева — событие, ставшее одной из главных «мифологем» «бульварно-переулочного» творчества. К Бердяеву, конечно, относится и фраза из «объявления шестого»: «ортопедируем хромые доказательства».

Само же «объявление шестое» — собирательный образ «переулочников». Помимо Бердяева здесь можно обнаружить и намек на Гершензона, зашифрованный посредством фразы «помогаем выходить из калош». Речь идет о дружеской помощи Гершензона Андрею Белому, оказавшемуся в тяжелом моральном положении после публикации статьи «Штемпелеванная калоша» [Белый 1907], где он злобно нападал на идеи мистического анархизма, исповедуемые петербургскими символистами — и Ивановым в том числе. Тогда и протянул руку помощи Гершензон, обратившись к писателю, практически подвергнутому общественному остракизму, с предложением участвовать в журнале «Критическое обозрение» и писать рецензии в духе «Штемпелеванной калоши»[48].

Стрелы метились здесь и в Л. Шестова: «…безболезненно извлекаем оставшиеся корешки и осколки». Шестов фигурировал в сочинениях журнала как человек «без корней», без «почвы». Не случайно в списке «врачей» у Л. Ю. Бердяевой также обыгрывалась эта же метафора — Шестов там имеет характерную профессию: «Зубной врач. Специальность: вырывание корней». Указание на «швейцара» в том же «объявлении» Эрна — с намеком на недавнее швейцарское место жительства Шестова — лишь дополняет и подкрепляет созданный Эрном пародийный образ.

Сочинение Эрна — продукт эзотеричной кружковости, плод домашних, овеянных «местным» колоритом, шуток. Ситуация интеллигентских вечеров подчеркивается шарадой, приведенной в конце сочинения. Ее разгадка — Котляревский[49] — вновь обыгрывает идею журнальной заставки Кругликовой — антиномию Кота и Собаки, основного мифа журнала.

---

[48] См. письмо М. Гершензона А. Белому от 6 января 1909 года [Гершензон 2018: 130].

[49] С. А. Котляревский первоначально написал по окончании историко-филологического факультета Московского университета две диссертации: магистерскую в 1901 году — «Францисканский орден и римская курия в XIII

* * *

Оппозиция Иванов — Бердяев оказалась в центре статьи М. О. Гершензона «Теория словесности», опыте шутливой, но вместе с тем удивительно тонкой философии языка[50].

Эпиграф из «Письма о пользе Стекла» М. В. Ломоносова задавал тон всей статье, отсылая к традиции филологических «забав», шутливых азбук, персонифицирующих буквенные значения, вроде ломоносовской сценки «Суд российских письмен, перед Разумом и Обычаем, от Грамматики представленных». Восходящая к античным образцам и имевшая массу европейских подражаний, традиция шутливых грамматик была, без сомнения, учтена Гершензоном. Само же имя Ломоносова должно было придать новой кружковой «теории словесности» иронический оттенок высокой учености, повысить статус разговора о «словах» до статуса разговора о «естествах».

Следуя пародийно-игровой установке журнала «Бульвар и Переулок», Гершензон насыщает текст домашней семантикой, легко узнаваемыми в кругу друзей намеками. «Рискуя навлечь на себя церковное осуждение С. Н-ча», то есть С. Н. Булгакова, он рассматривает «стекло» — реальность слова и фразы, их имманентное бытие — как ничуть не меньшую ценность, нежели «минералы» — их трансцендентный смысл[51]. Гершензон берет себе в союзники «Л. И.» — Л. И. Шестова, проведя тонкую параллель между ним и последователями древнегреческого мыслителя

и XIV вв.», докторскую в 1904 году — «Ламенне и новейший католицизм». Затем — в 1907 и 1909 году — он защитил две диссертации, связанные с юриспруденцией: «Конституционное право. Опыт политико-морфологического обзора» и «Правовое государство и внешняя политика».

[50] В начале 1920-х годов Гершензон решил, видимо, издать старую статью. В измененной редакции, переписанной рукой М. Б. Гершензон, она хранится в ОР РГБ (Ф. 746. К. 10. № 61).

[51] В рассуждениях Гершензона о трансцендентности и имманентности смысла «фразы», возможно, содержится намек на волновавшие в это время многих участников философско-религиозного движения споры об имяславии, особенно затронувшие С. Н. Булгакова, посвятившего впоследствии этой проблеме книгу «Философия имени» [Булгаков 1953].

Евгемера, связывавшего возникновение культа богов с обожествлением реальных древнейших царей. Эта короткая отсылка к «эвгемеристам» вскрывала, по всей видимости, целый пласт дискуссий в кругу московских мыслителей. Именно Шестов в своих «дерзновениях» пытался заглянуть «за» сказанное в Священном Писании, увидеть «там» «величайшую тайну», не «придуманную» евреями, а «доставшуюся» им каким-то иным способом, недоступным современным теориям познания[52].

Вся преамбула к дальнейшему развертыванию сюжета носила, конечно, чрезвычайно эзотерический характер: сжатые в несколько намеков отсылки к имевшим место спорам внутри кружка будут впоследствии изъяты Гершензоном из второй редакции статьи послереволюционного времени: в новой ситуации они уже не могли быть вполне понятны[53].

В качестве формулы описания стиля Гершензон берет фразу, рассматривая ее как семью со своим укладом, особой логикой внутренних связей и отношений. В идее семьи и связанной с ней идее жизнестроительства писатель видел спасительное начало, противостоящее как хаосу внешних событий, так и раздирающему личность хаосу внутреннего «дионисийства». Этот акцент на идее семьи был адекватен общей установке «Бульвара и Переулка» — журнала «для семейного чтения», объединившего под предполагаемой обложкой семейные пары.

---

[52] В особенности это сказалось в трактовке Л. Шестовым мифа о грехопадении; Шестов писал: «Легенда о грехопадении была принесена евреям откуда-то извне, досталась им "по наследству" и потом уже передавалась из поколения в поколение» [Шестов 1975: 230] (афоризм «Sola fide»). «Эвгемерическая» трактовка некоторых мифов Ветхого Завета печатно зафиксирована позднее. Однако ясно, что споры на эту тему, сама логика шестовской мысли, ищущей добраться до «корней вещей», обнаружить за авторитетной истиной неразгаданную и не поддающуюся рационалистическому познанию тайну, — все это дало основание Гершензону в одном полунамеке обозначить «узловую» идею исканий Льва Шестова.

[53] Безусловно, сняв отсылки к Булгакову и Шестову, Гершензон в этой поздней редакции ощутил деструктурированность статьи: пропадал «хор», разрушался диалог, при котором непонятна становилась домашняя семантика самого сопоставления Бердяева и Иванова.

Образцовая грамматика не обходится без латинского примера. Гершензон тоже приводит латинское изречение, чтобы проиллюстрировать соответствие между стилем и нравами: лапидарность и простота этой фразы, где нет «ни одной глагольной особы», свидетельствует о тогдашней «чистоте нравов»![54]

В этом контексте и развертывается сопоставление стиля писаний Иванова и Бердяева. За описанием «холостяцкой» фразы Бердяева встает личность самого автора. Говоря о «сухости», «бедности внутренней задушевностью», Гершензон имеет в виду не только стиль автора, но и саму личность. Любопытно, что характеристика Гершензона совпадает с автометаописанием, данным Бердяевым в «Самопознании»: «Многие замечали эту мою душевную сухость. <...> В эмоциональной жизни души была дисгармония, часто слабость <...>. Самая сухость души была болезнью» [Бердяев 1991: 37]. Отсюда — попытка выйти из собственных душевных невзгод: «...оттого одно и то же речение пытается чрез две строки завести себе новую фразу, и также не с большим успехом, и чрез пять строк оно же, уже с некоторым остервенением, в третий раз повторяет ту же попытку, и так без конца».

Описание фразы-семьи Иванова тоже глубоко иронично. Фраза Иванова — это античный симпосион, где гости и хозяева «вкушают поэзию и мудрость». Апелляция к античному началу предвосхищает три опыта характеристики мира Иванова в статье-

---

[54] Гершензон приводит латинскую фразу «Effectus stultorum magister» («Опыт дураков учит»), возводя ее к Титу Ливию. На самом деле изречение Тита Ливия звучит иначе: «Stultorum eventus magister est» (Ливий Тит. История. Кн. XXII. Гл. 39). Воспроизводя фразу явно по памяти, Гершензон несколько изменил ее и опустил важнейшую связку «est» — пресловутый «глагол», возводимый им к женскому началу. Однако возможно, что он имел в виду более употребительную форму той же пословицы, которая принадлежала Тациту и в которой не было этой связки: «Experientia stultorum magistra» (Тацит. История. Кн. V. Гл. 6). Ироническое комментирование латинских крылатых фраз — характерная черта русской классической образованности. Не исключено тем не менее что использование латинской цитаты, да еще особый интерес к связке «est», отсылали к известному разбору фразы «Pater est bonus» (где «est» — знак сакральности) в статье Вяч. Иванова «Заветы символизма» (Аполлон. 1910. Май-июнь; вошла в кн.: [Иванов 1916: 128]).

ях трех его ближайших друзей, участников «бульварно-переулочного» сообщества — С. Булгакова, Н. Бердяева, Л. Шестова. Так, Булгаков увидел в Иванове прежде всего «живого вестника из античного мира», указав на заслугу Иванова в «раскрытии христианского смысла эллинской религии»[55].

О тяготении к эллинской культуре, преломленной культурой «упадничества», писал и Л. Шестов, не без иронии почти повторяя слова Гершензона о культе «избранных слов» у Иванова[56]. Н. Бердяев, явно отталкиваясь от мнений всех троих — Гершензона, Булгакова, Шестова — будет уточнять: Иванов — «человек эллинистической», а не эллинской эпохи (то есть «вторичного», а не «первичного бытия»)[57].

Гершензон дает описание поэтического языка Иванова, и здесь важнейшим является взятое в своей неповторимой обособленности Слово. Если фраза Бердяева — функция мысли, то фраза Иванова — свободное единение самодостаточных Слов. Если в характеристике стиля Бердяева Гершензон сосредоточился на описании взаимоотношений между членами фразы, то на «пиру» у Иванова он занят их восторженным разглядыванием: «именитый символ», «благородная метафора», «ветхие мнихи». Каждое Слово здесь — гость на пиру, прибывший из дальних стран; оно овеяно ароматом далеких и разных культур. В то же время каждое слово не случайно, оно отобрано в соответствии с «тайным замыслом».

Однако в картину античного симпосиона Гершензон вносит иронические штрихи, смещая характеристику в сторону пародии: гости на пиру у Иванова способны поддержать разговор «о Логосе и о матерьях важных». Примечательна здесь введенная в текст перефразировка цитаты из комедии А. С. Грибоедова «Горе от ума» — реплики Репетилова, описывающей собрания «секретнейшего союза» в Английском клубе. Эта ироническая

---

[55] *Булгаков С.* Сны Геи (впервые: Утро России. 1915. 30 апреля). Цит. по: [Булгаков 1918: 135].

[56] См. [Шестов 1916: 80].

[57] *Бердяев Н. А.* Очарование отраженных культур (В. И. Иванов) (впервые: Биржевые ведомости. 1916. 30 сентября). Цит. по: [Бердяев 1989а: 518].

отсылка, конечно, не случайна. В изысканном и высокомудром симпосионе проступают черты некоей «говорильни», в которой Слово превращается в самоцель, в предмет любового смакования. Такое «пиршественное» отношение к культуре, при всем его обаянии, не могло уже устроить Гершензона, ощущавшего в словесных яствах привкус яда[58].

Знаменательна в этой связи еще одна цитата в финале гершензоновской статьи: «...каждое существительное — не существительное, а Глагол, именно "глагол времен, металла звон"...». Формула взята из знаменитой оды Г. Р. Державина «На смерть князя Мещерского». Гершензон явно рассчитывал на то, что эта цитата позволит соотнести описание пира у Иванова с содержанием державинской оды, посвященной торжеству смерти:

> Глагол времен! металла звон!
> Твой страшный глас меня смущает,
> Зовет меня, зовет твой стон,
> Зовет — и к гробу приближает
> [Державин 1985: 29].

Тема смерти достигает в картине прерванного пира семантической остроты.

Так сквозь пиршественное веселье, явленное в ивановском симпосионе, Гершензон прозревает грядущую катастрофу, конец культуры. Эта маленькая статья в журнале «Бульвар и Переулок» окажется прологом к тому известному спору о культуре, который выльется в скором времени в «Переписку из двух углов».

* * *

Сочинение Бердяева «Бульвар и Переулок (Размышление о природе слов)» — опыт изощренной пародийной стилизации. Взяв эпиграфом знаменитый афоризм Козьмы Пруткова «Смотри

---

[58] Так, 21 октября 1913 года Гершензон писал брату о вечерах у Иванова: «...вокруг него говорильня, а я этого не люблю» (ОР РГБ. Ф. 746. К. 20. № 19. Л. 11 об.).

в корень!» и повторив его в тексте статьи («Сию нить, любезный читатель мой, даю я тебе...»), он недвусмысленно указал на значимость выбранного образца. Назидательно-фамильярный рассказчик, от лица которого ведется все повествование, также заставлял вспомнить именно традицию прутковской игры, чрезвычайно высоко оцененной и явно любимой другим русским философом — В. С. Соловьевым, отдавшим дань симпатии литературной личности Козьмы Пруткова[59].

Однако афоризм был не только знаком литературной традиции, на которую опирается автор: Бердяева действительно интересуют исторические корни философии «Бульвара». Здесь он вырисовывает некий собирательный образ русского мыслителя рубежа XVIII–XIX веков, достаточно ветреного, переходящего от одного увлечения к другому — с «духом легкомысленным и раболепным», как он сам выражается. Отсюда — нарочитая стилизация языка, первого метафизического языка, зарождавшегося у истоков «русской идеи»: «уединенные долы», «воображение, сий услужливый раб», «вретища всемирного Вавилона» и т. д. Отсюда и соответствующая фамилия, выбранная Бердяевым в качестве литературного псевдонима — Любомудров — также ориентированная на истоки русского «любомудрия».

Любопытно, однако, что, рисуя картину умственных исканий на заре XIX столетия, Бердяев придает ей те черты, которые вызывали его постоянные критические оценки. Несамостоятельность русской мысли, ее «покорность» западным влияниям, ее переменчивость, — все те же упреки звучат в его работах, посвященных «русской идее»[60].

В духовной биографии героя Бердяева возникает новый этап — меняется стилевой регистр повествования, подчеркнутый цитатой; Бердяев пишет: «Вспомни, как вчера почитал каждую

---

[59] См. об этом воспоминания В. Величко: [Величко 1991: 57–61]. Знаток поэзии этого круга, В. Соловьев был автором статьи о Козьме Пруткове в Энциклопедическом словаре Брокгауза — Ефрона.

[60] См. в первую очередь книгу Бердяева «Русская идея. Основные проблемы русской мысли XIX века и начала XX века» [Бердяев 1946].

строку Вольтера за новую скрижаль завета, а завтра целовал туфлю его Святейшества папы». Иронически перефразированная строчка из стихотворения Н. М. Языкова «К Чаадаеву» (1844) («Ты лобызаешь туфлю пап») отсылает читателя к эпохе полемики западников и славянофилов.

Отсылка к последним служит переходом к событиям недавнего времени, и здесь появляется фигура нынешнего «бульварочника» — «эрноподобного». Бердяев не скупится на перечень грехов, свойственных современным «обитателям бульваров». Однако нынешним далеко до «широты» прежних. Современный «обитатель бульваров» увлечен лишь «идеей отечества» и с пафосом отстаивает «голубиную чистоту и преданность отечеству русской полиции и интендантов». В своем «исступлении» он «обрушивается» на «сограждан», «осмелившихся возражать против столь опасных и бурных проявлений патриотических чувств...». Использует Бердяев и известный упрек славянофилам в «нерусском» происхождении их патриотизма, искусно и ядовито намекая здесь к тому же на скандинавское происхождение Эрна.

Однако и философия «Переулка» не выглядит у Бердяева более привлекательной. Переулок, противостоящий Бульвару, — символ дерзкого индивидуализма. Здесь собрались ниспровергатели в лице определенно очерченных Шестова, Гершензона и самого Бердяева. В Переулке «можно провозгласить "нет" всем "да"»: Бердяев имеет в виду Л. Шестова, борца с «самоочевидностями», создателя «отрицательной философии». Показательно, что позднее Гершензон применит к Шестову ставшую расхожей в кружке формулу: «Твои статьи говорят только "нет" людской мысли; ты должен пояснить, что в них напрасно стали бы искать изложение твоего положительного мировоззрения, оно не ищет положительной формулы...» [Гершензон 1988: 262][61].

В Переулке, как повествует далее Бердяев, можно «обозвать Прекрасную Даму — бабой». Это — автометаописание, отсылаю-

---

[61] Письмо от 26 июня 1922 года.

щее к собственной статье «О вечно-бабьем в русской душе». Там Бердяев не без сарказма замечал: «В самых недрах русского характера обнаруживается вечно-бабье, не вечно-женственное, а вечно-бабье» [Бердяев 1989а: 351]. Вспоминая это время, Бердяев писал в «Самопознании»:

> ...у меня не было того, что называют культом вечной женственности и о чем любили говорить в начале XX века, ссылаясь на культ Прекрасной Дамы, на Данте, на Гете. <...> Но мне чуждо было внесение женственного и эротического начала в религиозную жизнь, в отношение к Богу. Мне ближе была идея андрогина Я. Беме, как преодолевающая пол. Одно время у меня была сильная реакция против культа женственного начала [Бердяев 1991: 79–80].

Вероятно, и суждение о «распылителе космоса» также относится к самому Бердяеву, как и сентенция о потрясении «основ человеческого благополучия». Первое — о «космосе» — связано с отрицанием Бердяевым идей «космизма». В своей книге «Смысл творчества» он писал во «Введении»: «"Мир сей" не есть космос, он есть некосмическое состояние разобщенности и вражды, атомизация и распад живых монад космической иерархии» [Бердяев 1989б: 254]. Идеи свободы и бунтарства (см. главу II «Самопознания», где есть специальный раздел «Бунтарство») Бердяев всегда понимал как важнейшие для его жизни и философии.

Наконец, в Переулке можно «провозгласить, что во всем мире есть, был и пребудет один лишь писатель — Пушкин». Речь здесь идет о М. Гершензоне, в эти годы вырабатывающем свою концепцию «мудрости Пушкина»[62]. Работы Гершензона о Пушкине стали появляться в печати еще в конце 1900-х годов, однако с середины 1910-х историко-литературные работы с установкой на разыскательский аспект сменяются серией философских интерпретаций (см. «Умиление», «Вдохновение и безумие»), все

---

[62] См. главу «Пушкинский миф М. О. Гершензона» в [Проскурина 1998: 286–337].

более определяющих характер увлечения писателя Пушкиным. Статья 1917 года «Мудрость Пушкина» придала законченность пушкинским штудиям — стала той основой, которая очертила облик будущей книги «Мудрость Пушкина» (1919). Поздние статьи Гершензона о Пушкине были собраны и изданы уже после смерти писателя в книге «Статьи о Пушкине» (1926). За свое пушкиньянство Гершензон уже тогда получил прозвище «Пушкинзон»[63].

В финале статьи оба «проспекта жизни» — Бульвар и Переулок — Бердяевым решительно отвергаются. Истинным же признается бегство «на лоно природы» в согласии с «естеством». Последний призыв к друзьям последовать его совету заставляет предположить еще один вероятный источник для столь изысканной стилизации, какую предпринял Бердяев в своей статье. В 1914 году факсимильным способом была переиздана книга В. Г. Вакенродера, переведенная еще в 1826 году С. П. Шевыревым, В. П. Титовым и Н. А. Мельгуновым под названием «Размышления отшельника, любителя изящного». Идея мудрого отказа от жизни в кругу философов — «разумников», как называет их автор, стремящихся пересоздать мир по «умственным законам», создание некоего «завета жизни мудреца», переданное в форме разговора с друзьями, — все это романтическое жизнетворчество сказалось и в сочинении Бердяева. Утонченное изящество старинного языка философской прозы, колоритность «старомодного» стиля, возможно, оказались притягательны и для Бердяева, безусловно знакомого с этой книгой.

* * *

Некоторые материалы журнала строились на пародийном обыгрывании тем и жанров прессы военного времени: это была игровая сублимация газетных впечатлений 1915 года.

---

[63] См. письмо Л. В. Ивановой Вяч. Иванову и В. К. Шварсалон от 21 сентября 1916 года (ОР РГБ. Ф. 109. К. 25. № 56. Л. 19).

Особенно показателен «рассказ из военного времени» В. К. Шварсалон, жены Вяч. Иванова[64]. Рассказ озаглавлен «Самсон и Далила в генеральском мундире», а посвящен он не названному, но легко узнаваемому Бердяеву. Смысл названия рассказа становится понятен лишь при сопоставлении с газетной продукцией того времени. Так, в «Биржевых ведомостях» (для всего московского кружка это была «своя» газета — не проходило недели без печатного выступления там кого-либо из них) за 1 марта 1915 года появилась статья «Самсон и Далила», посвященная умершему графу С. Ю. Витте. Нелепость названия статьи (за подписью Vox), неуместная мифологичность, видимо, и привлекли внимание сочинительницы. Повернув этот опус в нужную сторону, В. Шварсалон создала образец комического травестирования, где язык газеты оказывался кодом для изображения внутренней жизни кружка. За анекдотическим случаем, описанным сочинительницей, встают реалии вполне реконструируемой ситуации. «В первых числах марта из дома № 13, одного из небольших переулков по Новинскому бульвару, вышел человек на костылях, в пальто защитного цвета...» — начинает свой рассказ В. Шварсалон. Дом № 13 — это дом сестер Герцык, где в эти месяцы проживал сломавший ногу Бердяев. Сам он описан сочинительницей с почти портретной точностью. «Густые черные кудри», сверкание «черных глаз», костыли, а главное — «в пальто защитного цвета, но не совсем определенной формы». Это пресловутое пальто Бердяева запечатлел в своих воспоминаниях и Андрей Белый, рассказавший о частых встречах с «Николаем Александровичем, шествующим по Арбату в своем обычном сером пальто» [Белый 1990: 414]. В. Шварсалон обыгрывает и заикание Бердяева. В ответ генералу, принявшему Бердяева на костылях за раненого и спросившему о месте ранения, Бердяев произносит: «в пере... в пере...», имея в виду злосчастный переулок. Генерал же понимает иначе: «в Перемышле!»

Именно в эти месяцы шла осада форта Перемышль, и название его не сходило с газетных страниц. В. Шварсалон спародировала

---

[64] Черновая редакция статьи «Самсон и Далила» хранится в архиве Вяч. Иванова (ОР РГБ. Ф. 109. К. 47. № 25).

и военную цензуру, из-за которой газеты выходили с белыми страницами или с точками, обозначавшими цензурное изъятие. В ее рассказе кульминация столкновения генерала с Бердяевым заменена многочисленными точками. Появляющаяся в финале рассказа «жена человека в пальто защитного цвета» — это, конечно же, Л. Ю. Бердяева, жена Н. А. Бердяева.

* * *

Газетный жанр послужил моделью и для сочинения Л. Ю. Бердяевой «Врачи и лечебницы», где в качестве врачей человеческих душ фигурировали московские философы (за исключением антропософа Р. Штейнера и петербуржца П. Д. Успенского). Само название адресовало к постоянному рекламному отделу ряда газет. Тонкая диагностика философских методов комическим образом накладывалась на газетное клише. Так, например, открывающий список Эрн характеризован «методом онтологическим» (в связи с его полемикой против гносеологизма «кантиан»); ироническое упоминание «народной медицины», бань, трав отсылает к его неославянофильским выступлениям. «По всем специальностям» — звучит издевкой над широтой его увлечений — от Платона и В. Джоберти до Розмини и Сковороды.

«Вольнопрактикующий» и не служивший тогда Бердяев обрисован вполне в соответствии с «бульварно-переулочной» спецификой: он «секуляризирует» болезни. Поскольку же в качестве «болезни» в списке выступает погруженность в религиозную проблематику («одержимость» и «беснование» Флоренского означают в контексте всего сказанного высокую степень этой «погруженности»), Бердяев, выступавший за свободу творчества, в том числе и религиозного, и против клерикализма, оказывается специалистом по «секуляризации».

«Гипнотизм», «магнетизм» Иванова обыгрывают, вероятно, и его оккультные увлечения, и его редкий дар притягивать к себе людей, неоднократно отмечавшийся мемуаристами. Увлечение концепциями ритма, собственные поэтические изыскания (поэзия вообще здесь, видимо, зашифрована терминами «пар», «эфир») объясняют дальнейшую «специализацию» Иванова.

Д. Е. Жуковский, философ-ученый, с «естественнонаучной подкладкой» всех его сочинений, назван «доктором Гейдельбергского университета»: он действительно несколько лет прожил в Германии.

Характеристика Шестова как человека без почвы и без корней — общее место кружкового языка. Неслучайно и в другом сочинении Л. Бердяевой «Мысли и недомыслы мудрых людей» (гораздо менее удачном!) Шестов определен следующей сентенцией: «Гм! Почва... Зачем им почва? Я и без почвы проживу... Предрассудок...»

Флоренский и его «ассистент» С. Булгаков — специалисты по «одержимости», что на кружковом языке являлось метафорой религиозности. Однако Булгакова отличают «более хозяйственные» методы — намек на его «Философию хозяйства».

Две сестры Герцык отмечены своими личностными характеристиками — «истонченность» Е. Герцык и «задушевность» А. Герцык-Жуковской. Личные качества А. Белого, его «сумасшедшее» поведение и манера выступать дали повод для ироничной характеристики.

Любопытна «специализация» Г. А. Рачинского, «директора гидропатической лечебницы», «председателя общества Спасения на водах». Философ Рачинский являлся председателем московского Религиозно-философского общества; Л. Бердяева в данном определении имеет в виду шутливое наименование общества как места пролития «воды» — словесных диспутов. С другой стороны, здесь обыгрывается и библейское толкование воды как очищающей от скверны и воды крещения — поскольку почти все перечисленные философы были связаны с деятельностью Религиозно-философского общества.

Теософ и оккультист П. Д. Успенский назван «гомеопатом», исцеляющим от «мании чудесного». Л. Бердяева целит в его многочисленные мистические сочинения, которые, по ее шутливой характеристике, способны произвести обратное воздействие — отлучить от интереса к тому, о чем они сами написаны.

М. О. Гершензон — специалист по психической хирургии. Свойственный ему «психологизм» (как в творчестве, так и в личном общении) и морализаторство (отсюда — «выпрямление искривлений характера») порой раздражали Н. А. Бердяева. Так, в частности, в письме к Гершензону от 29 сентября 1917 года он писал: «Я считаю совершенно недопустимым суд над моей нравственной личностью и сыск в душе моей, которые ты признаешь для себя возможным публично производить. <...>. Ты это делаешь уже не в первый раз...»[65] Л. Ю. Бердяева саркастически зафиксировала это личное свойство мыслителя и писателя.

Сочинения Бердяевой, видимо, одни из последних текстов «Бульвара и Переулка»: написаны они, как известно, уже в имении под Харьковом. Псевдоним сочинительницы — Филантропов — также согласуется с псевдонимом Н. Бердяева (Любомудров) в апелляции к традиции значащих фамилий.

* * *

Журнал «Бульвар и Переулок» — чрезвычайно выразительный памятник культурного быта 1910-х годов. Введение материалов журнала в научный оборот позволяет восстановить домашний, неофициальный пласт литературно-философского движения эпохи. До последнего времени это движение воспринималось главным образом в своих публичных, обращенных к читателю формах — где «последние вопросы» обсуждались с предельной серьезностью, подчас с полемическим запалом и одноплановой патетичностью.

Между тем в атмосфере домашней литературной игры происходило то, что не было возможно на публичном ристалище. Серьезные вопросы переключались в игровой план, происходило их своеобразное ироничное остранение. Тем самым снималось конфронтационное напряжение и обнажались связующие основы, позволяющие арбатским философам и литераторам, при всех их внутренних расхождениях, ощущать и осознавать себя единой культурной средой, говорить с разных позиций, но на одном языке.

---

[65] ОР РГБ. Ф. 746. К. 28. № 31. Л. 32.

Приложения: материалы рукописного журнала «Бульвар и Переулок»

Печатаются по автографам:

Балтрушайтис Ю. К. [Титульный лист журнала «Бульвар и Переулок»] — РО РГБ. Ф. 746. К. 50. № 45. Л. 1.
Бердяева Л. Ю. «Врачи и лечебницы». — Там же. Ф. 746. К. 50. № 2. Л. 1–4.
Бердяева Л. Ю. «Мысли и недомысли мудрых людей». — Там же. Ф. 746. К. 10. № 60. Л. 1.
Бердяев Н. А. «"Бульвар и Переулок" (Размышление о природе слов)». — Там же. Ф. 746. К. 50. № 1. Л. 1–8.
Гершензон М. О. «Теория словесности». — Там же. Ф. 746. К. 10. № 59. Л. 1–4
Иванов Вяч. И. «Бедный Викинг». — Там же. Ф. 746. К. 51. № 6. Л. 1–2.
Кругликова Е. С. [Рисунок обложки журнала «Бульвар и Переулок». Тушь и карандаш] — РО РГБ. Ф. 746. К. 51. № 26.
Шварсалон В. К. «Самсон и Далила в генеральском мундире». — Там же. Ф. 746. К. 51. № 11. Л. 1–2.
Эрн В. Ф. «Бульварная Пресса и Переулочные Точки Зрения». — Там же. Ф. 746. К. 52. № 40. Л. 1–2.

<Ю. К. Балтрушайтис>

[Титульный лист журнала «Бульвар и Переулок»]

Вяч. Иванов	БУЛЬВАР и ПЕРЕУЛОК	Платные читатели
Н. А. Бердяев	журнал для семейного	
В. Ф. Эрн	чтения	
М. Гершензон	критико-догматический	Н. П. Ульянов
С. Н. Булгаков	орган самообозрения	Н. Н. Прейс
Л. Шестов		А. Н. Скрябин
Жуковские		Г. А. Рачинский
Ю. К. Балтрушайтис		

Вместо «Почтового ящика»
Сорный ящик

<Вяч. Иванов>

Бедный Викинг

Жил в России викинг бедный,
Как приват-доцент простой,
С виду тихий и безвредный,
Духом смелый и прямой.

Он изведал умозренье,
Непостижное уму,
И навеки впечатленье
В сердце врезалось ему.

По хвосту одной Идеи
Раз взобравшись на звезду,
Видел он, как в Эмпиреи
Вел Эрот Сковороду.

С той поры, сгорев душою,
Он на Канта не смотрел,
Из трех Критик ни с одною
Молвить Слова не хотел.

Полон чистою любовью,
Верен сладостной мечте,
A. U. рыцарскою кровью
Начертал он на щите.

И в песках гносеологий,
Где, устроив кегельбан,
Метил шаром Метод строгий
В «данности» фата-морган, —

«Lumen Coeli, Sancta Rosa» —
Восклицал он, дик и рьян,
И, как гром, его угроза
Поражала кантиан.

В факультет провинциальный
Министерством заключен,
Стан громя трансцендентальный,
«Заслуженным» кончил он.

Этот новооткрытый вариант «Бедного Рыцаря» сообщила *Фрина*.

За изъяснением таинственных букв A. U., начертанных на щите викинга, мы обратились к первому астроплатонику и иерософисту нашего времени, р. Firenze. Его толкование: «Aphrodite Urania», или «Ave Urania». В редакции «Логоса» думают, напротив, что ими изображается русское междометие «ау»: платонический викинг аукается, тщетно ожидая сочувственного отклика из темных дебрей всеобщего, как ему кажется, умопомрачения. Историк г. Кизеветтер, с своей стороны, усматривает в загадочных инициалах начальные буквы всеместно прогремевшего трактата:

A Kantio
Usque ad Kruppium.

Последняя гипотеза, шаткость которой, впрочем, очевидна, — давала бы ключ к уразумению сообщенного Фриною стихотворения, если бы безусловное доверие, которое мы питаем к знаменитой гетэре, не исключало мысли о том, что перед нами не подлинный исторический документ, а одно из ядовитых порождений той литературы памфлетов, которая возникла за последнее время вокруг одного досточтимого и глубоко-внушительного имени.

Поверенный в делах Фрины.

<В. Ф. Эрн>

БУЛЬВАРНАЯ ПРЕССА И ПЕРЕУЛОЧНЫЕ ТОЧКИ ЗРЕНИЯ

С Башни я спустился на Бульвар, чтобы совершить свою обычную прогулку. От долгого сидения у меня застоялись все четыре стопы. Я шел и думал о многих вещах. Дойдя до Переулка, мне захотелось повидать нескольких друзей своих переулочников, — друзей, хотя и совсем другой Породы. Но увы! дорога к друзьям была «прекращена». Когда я взглянул как следует на заграждения, у меня хобот и хвост опустились от смущения. Весь Переулок был густо уставлен Точками Зрения. Они угрожающе вздымали свои отверстые дула к небу. Встречались, переплетались угрозами вызовов, дерзаний и темнеющих бездн.

Мой мирный нрав не выдержал этого страшного зрелища. Я круто повернул и с грустью побрел домой. Но только что я прошел шага три, как внимание мое остановил свежепоставленный Столб. Он вырос за последнюю ночь. Еще кругом были не убраны щепки, и на столбе уже красовалось за витриною новое московское издание: № 1 «Бульварной Прессы» от 16-го февраля 1915 года. К сожалению, «Пресса» была повернута прямо последней страницей, я не мог хорошенько узнать, какого направления мой новый жолтый собрат. Мне пришлось тщательно заняться объявлениями. Я стоял и читал:

Объявление первое

У г. Э. родился ребенок, — сильный, здоровый биологический тип национального направления, — с двумя правыми руками, сжатыми в огромный кулак. Приглашаются: 1. Слесарь, ничего не боящийся, для разжатия кулака и приведения новорожденных рук в нормальное положение. 2. Хиромантка, умеющая предсказать безошибочно блестящую будущность новорожденного. Предложения адресовать: Бюро интеллигентных инсинуаций. Сволая горка, Дживелеговский пер., кв. Е. Адамова, спросить Александра Александровича Донерветтера.

Объявление второе

Автентичные цитаты из разных малоизвестных авторов собственного производства по усовершенствованной германской методе. Дюжина от рубля и дороже. Только устно! Остоженка, 1-ый Ильинский пер., д. Фрейда, кв. 666; спросить Ивана Александровича.

Объявление третье

Всеобщая транспортная контора либеральных лозунгов. Важно для лекторов и начинающих авторов. Дешевая электризация публики. Аплодисменты за бесценок. Заказы доставляются на дом. Тел. 2–0-00 (два, ноль, два ноля).

Объявление четвертое

Колониальная торговля бр. Моралиных. Получена большая партия свежепросоленного германофильства. Тут же разнообразные консервы из немецкой философии. Обезвреженные (по известному методу «денационализации») вытяжки из Канта и Гегеля. Авторизованные самоопровержения. Немецкая улица, Исконно-русский тупик, вторая щель налево.

Объявление пятое

Вегетарианская столовая, вновь открытая. Вполне духовный стол на чистом коровьем масле. Примерное меню: 1. Разварной тезис. 2. Антитезис с горьким миндалем. 3. Душа России всмятку. 4. Салат из антиномий. 5. Пастеризованный синтез. К обеду полагается по рюмочке трагического пафоса на персону. В столовую допускаются только избранные. Собачья Площадка, что у Николы-на-Ямах, левая подворотня. Ломиться в открытую дверь.

Объявление шестое

Универсальная механическая мастерская. За приличное вознаграждение: ортопедируем хромые доказательства, сушим промоченные репутации, впрыскиваем остроумие, помогаем выходить из калош, массажируем языки после прений, вставляем стекла и зубы после моралистических обличений, безболезненно извлекаем корешки и осколки. Очень важно в военное время. Подвал в доме Сутуловых. Спросить у швейцара.

Объявление седьмое

Краткое руководство для составления либеральных доносов. Изд. 24-ое. 75 коп. Склад издания. Москва. Чернышевский пер. Петроград, газета «День». — Тут же: Первый русский словарь ругательств.

Я читал эти объявления и смутился духом. Что за тон! Что за стиль! Ужасно стало неприятно на душе. Я бросил читать и пошел. Но прежде чем очутиться дома, я, проходя мимо сорного ящика, заметил странную шараду, скомканно лежавшую между окурками.

«Мое первое — животное, изображенное на обложке "Бульвара и переулка".
Мое второе — нота, не дипломатическая.
Мое третье — idem, sed aliter.
Мое четвертое — инициалы знаменитого русского философа.
Мое пятое — орудие, коим загоняется "жолтый в угол", — а в целом:
"Я дипломатический автор четырех диссертаций"».

Гуляющий Слон.

<М. О. Гершензон>

ТЕОРИЯ СЛОВЕСНОСТИ

*Не право о вещах те думают, Шувалов,
Которые стекло чтут ниже минералов;*

и неверно мыслит о литературе тот, кто считает слова менее живыми, чем людей. Ибо на самом деле слова в фразе живут чрезвычайно деятельной, часто даже страстной или суетливой жизнью, и не только слова, но и знаки препинания; каждое имеет свою физиономию и свой особенный характер. Руководящие наблюдения над ними будут здесь сообщены. Прежде всего, ошибочно думать — как то делают публицисты дурного тона, — будто цель фразы лежит вне ее, будто фраза предназначена быть лишь шрапнелью слов, расстреливать глупость читателя. Рискуя навлечь на себя церковное осуждение С. Н-ча, скажу, что смысл фразы не трансцендентен, а имманентен ее бытию, т. е. что фраза живет сама по себе и для себя. Только с этой точки зрения могут быть правильно поняты ее быт и нравы и индивидуальные особенности ее обитателей. Скорее, можно утверждать вместе с Л. И., подобно тому, как утверждали эвгемеристы о богах, — что, наоборот, глупость читателя и порождена-то, собственно, бесчисленными фразами мировой словесности. Но расследование этого интересного вопроса завело бы нас слишком далеко в сторону наших собственных писаний.

Вообще население фраз делится на три разряда: на обывателей, чиновников и прислугу. Обыватели живут, разумеется, семьями, и обычно фраза — *отдельная квартира*, населенная одной семьей; подлежащее — *отец семейства*, сказуемое — *хозяйка*, прямые дополнения — их *дети*; тут есть и *племянницы* — прилагательные, спящие в одной комнате с детьми, и нередко какая-нибудь старая вдова — *тетка* в виде причастия, или старый вдовец *дядя* — деепричастие, которым отведены отдельные комнаты за запятой; по праздникам является на сутки *племянник-кадет*, маленькое стриженое наречие в мундирчике, или его долговязый *брат-гимназист*, 2-й год в седьмом классе, с угрями на лице, говорит басом, какое-нибудь «чрезвычайно», «невероятно». У хороших писателей, т. е. в солидных фразах, семейная жизнь идет мирно и складно, каждый спокойно делает свое дело, нет ни многолюдства, ни шума; напротив, в неряшливых фразах вы найдете даже не одну, а две *тетки-причастия*, 5–6 прилагательных *племянниц* от разных родителей, и все это суетится, до полудня ходит нечесаное и неодетое, *хозяйка-сказуемое* сбивается с ног, и нередко случается, что в такой семье *муж-подлежащее*, наскучив рано составившейся женою, приближает к себе какую-нибудь кругленькую отглагольную гувернантку к немалому соблазну для читателя.

Прислуга в хороших фразах немногочисленна, в дурных же и челяди много. Юридический быт обывателей регулируется этимологией и синтаксисом, из коих первая исполняет полицейские, вторая — политические функции. Чиновники того и другого ведомства часто входят в дом по разным взысканиям, для разбора спорных прав и пр. Так, например, *не только, но и*, судебный следователь по особо важным делам, вечно в разъезде, пресекает способы уклонения от законной ответственности. «*Однакож*» — мировой судья; он толст, с мясистым носом и лысиной во всю голову, в просторном сюртуке, любит покой и редко вылезает из дому. «*Дабы*» когда-то служило в кавалерии, лихо танцевало на губернаторских балах и неотразимо покоряло сердца девиц и дам; позднее он усмирял бунт военных поселян, но, оказав в этом деле чрезмерное усердие, был обойден чином, состоит теперь в полицейской службе, стар и злобен, сухощав и лицом похож на гермафродита, потому что по старой привычке не носит ни усов, ни бороды. Его единственный друг, еще со времен военной службы, — «*ибо*», вкрадчивое и учтивое, доносчик по профессии, некогда служивший по квартирмейстерской части, выгнанный за казнокрадство, теперь тоже, как и «*дабы*», «озлобленный на новый век и нравы». Из прислуги следует упомянуть, прежде всего, *точку*. Это швейцар, упрямый и тупой самодур, вечно сидит на табурете у дверей; он женат на горничной, *запятой*, которая весь день занята по хозяйству, ходит в затрапезном платьи, чрезвычайно верна мужу и очень довольна, когда может побыть с ним вместе; но это ей редко удается, — а он, от сытой праздности, волочится то за *восклицательным знаком*, востроносой и восторженной девчонкой на побегушках, то за ее двоюродной сестрою, *вопросительным знаком*, домашней портнихой, уже немолодой, но хорошо сохранившейся, в красной шелковой кофточке, с тонкими крашеными губами. В доме шныряют и всем услуживают глухонемые предлоги «в», «к», «с», появляются иногда, боннами по публикации, частицы «бы» и «ли», два погибших, но милых создания, всегда готовых повиснуть на любой руке, кто бы им ее ни подставил крендельком; кавычки, наподобие городовых, справа и слева конвоируют в участок речение, пойманное с поличным, а когда вся фраза в целом отправляется на дачу в туманную даль, собираются точки-швейцары из соседних домов и выстраиваются в ряд у подъезда, провожая.

В настоящее время фразы у нас большей частью многолюдные, не то что в старину. Тогда жизнь была трудна, мысль и пергамент стоили дорого, и родителям не под силу было содержать ни такое количество прилагательных, ни столько знаков препинания. У Фукидида или Тацита вы не найдете во фразах ни племянников, ни старых теток, и какая-нибудь скромная точка над строкою обыкновенно была единственной прислугою.

Возьмите для примера изречение Ливия: Effectus stultorum magister. В этой фразе только трое мужчин. Хозяин фразы — effectus — родом из знатной и древней фамилии facio, родоначальник которой едва ли не был выходцем из санскрита; со своей коренастой фигурой, со своими двумя f, effectus — еще мужчина в соку; он был женат на est, но она, хрупкая от природы, запуганная его крутым нравом, рано умерла, оставив ему сына, худенького и бледного magister. Теперь magister уже подросток и вытянулся; он унаследовал от матери узкое и впалое st, грозящее чахоткой; для воспитания его отец, не щадя родительских забот, держит при нем гувернера по найму, откормленного stultorum. И характерно, что вся эта фраза — в одном этаже; можно сказать уверенно, что теперь в подобном случае квартира была бы двухэтажная, effectus жил бы в нижнем этаже, чтобы не стесняться в своих маленьких развлечениях, а сына с учителем держал бы в мезонине, сообщаясь с ним по лифту тире; здесь же никакого тире нет, и разделение effectus'y не нужно, ибо он «монашеским известен поведеньем». И вообще во всей фразе нет ни одной глагольной особы; так велика была тогда чистота нравов.

Даже у нас в старые времена не редкость было встретить вовсе холостую фразу, например «Бди!». Теперь и бумага недешева, да и подлежащее со сказуемым мало заботятся о сохранении строгого порядка во фразе; народят дополнений, назовут причастий, деепричастий, наречий, прилагательных, часто даже и не родных, — и вовсе не думают о великом долге, который тем возлагают на себя, — о долге воспитать дополнения и определения в страхе логическом и в почтении к старшим, но и сами живут безнравственно, и им предоставляют недолжную свободу бить баклуши, ссориться или заводить между собою амуры, как то можно наблюдать и в предлежащей фразе, более похожей на гарем, нежели на благопристойное предложение.

Иные писатели, правда, и теперь имеют склонность к малосемейным фразам. Известен, например, как убежденный сторонник тацитовского лаконизма Николай Александрович. Но такие попытки запоздалого подражания древним следует признать решительно противоестественными, что и удостоверяется непосредственным наблюдением. Ибо фраза Н. А-ча более похожа на деловое товарищество, нежели на любящую семью; у него члены фразы находятся между собою в юридических, но не в душевных отношениях; каждая фраза замкнута, не желает знать своих соседей; живет сухо и скупо для себя, бедна внутренней задушевностью и лишена социальности. Отсюда проистекает впечатление, что слова, употребляемые Н. А-чем, в сущности прирожденные холостяки, или междометия, им бы и вовсе не следовало вступать между собою в брак, и те немногие определения, которые родились у подлежащего со сказуемым, кажутся лишними, нелюбимыми; ни одно слово не чувствует себя уютно в своей фразе, оттого одно и то же речение пытается чрез две строки завести себе новую фразу, и также не с большим успехом, и чрез пять строк оно же, уже с некоторым остервенением, в третий раз повторяет ту же попытку, и так без конца. Очевидно, природе не следует ставить преград искусственных. Был бы лишь брак между подлежащим и сказуемым по избранию сердца, да был бы их союз освящен стремлением к высшей цели, и многочадие дополнений и эпитетов будет родителям на радость, смыслу и читателю на пользу.

То ли дело патриархальная фраза Вяч. Ив.! Здесь много детей, в большинстве уж взрослых и самостоятельных, но еще больше гостей; ибо здесь царит радушное и приветливое гостеприимство, дверь для всех открыта и стол повсечасно уставлен яствами. Фраза Вяч. Ив. — многолюдная трапеза, где за непринужденной беседою сотрапезники неспешно вкушают поэзию и мудрость, коих к концу и вовсе не остается. Власть домохозяев — подлежащего и сказуемого — почти не чувствуется, но все совершается по их тайному замыслу; всякий член фразы чувствует себя свободно, все — домочадцы и гости — настроены любовно и радостно, нет никого в рабочей блузе, но все облечены в одеяния праздничные. И кого только не встретите вы здесь! Разумеется, сюда не войдет какой-нибудь неуч, грубый труженик, конкретное существительное; здесь только избранные слова, которые способны поддержать разговор «о Логосе и о матерьях важных»; здесь вкруг стола что ни слово, то именитый символ, или благородная метафора, каждое существительное — не существительное, а глагол, именно «глагол времен, металла звон», здесь дальние странники, выходцы из грек и из латин, ветхие мнихи, слова иератические, речения выспренние и торжественные. Так, важно, но и не без пристойного веселия ведется беседа с взаимною ласковостью, идет трапеза в 10, 12, 15 блюд; ни нестройного шума, ни увлечения, но сплошь непроходимое глубокомыслие.

<В. К. Шварсалон>

САМСОН И ДАЛИЛА В ГЕНЕРАЛЬСКОМ МУНДИРЕ

(Рассказ из военного времени)

В первых числах марта из дома № 13 одного из небольших переулков по Новинскому бульвару вышел человек на костылях, в пальто защитного цвета, но не совсем определенной формы. Человек быстро проковылял через двор, лихо потряхивая густыми черными кудрями и сверкая белками черных глаз, и вышел на улицу. «Гляди, вот еще раненый», — равнодушно заметил проходящий мимо приготовишка. В это время с бульвара свернул лихой рысак, причем лошадь чуть не упала на все четыре ноги, скользя по льдистой поверхности переулка. Толстый кучер вез старого генерала в отставке. Генерал был очень дряхл, полуглухой и полуслепой, но по случаю военного времени весьма воинственно и распорядительно настроен. Окинув начальственным взором весь переулок, генерал подметил фигуру с костылями и, ткнув пальцем спину кучера, приказал ему остановиться. Кряхтя и скрипя он вылез из саней и дряхлыми, но яростными шажками направился прямо на костыли. — «Куда ранен?» — крикнул он отрывчатым фальцетом, просверливая злыми и воинственными глазенками человека в пальто защитного цвета. — «В ногу». «Где?» — Не опомнившись тот отвечал машинально: «В пере... в пере...» — «В Перемышле! Так-с, а одет не по форме, так-с! держишься не по форме, та-ак-с! глядишь не по форме, та-ак-с! обрит не по форме!!! Ага! распустились, откормились, избаловали московские барыньки!» «Семен! — взвизгнул вдруг генерал, — сажай его на козлы, вези в казарменную цирюльню!..» Но здесь человек на костылях пришел наконец в себя, и из уст его раздалось дикое рычание, он поднял костыль — и.............................. ....

Дальнейшие следствия этого без сомнения печального недоразумения рассказчик, к сожалению, совершенно лишен возможности сообщить почтеннейшим читателям «Бульвара и Переулка». Причина лежит исключительно в условиях военной цензуры. Он принужден даже молчать о том животрепещущем вопросе, был ли приведен в исполнение приказ грозного генерала. Только одно сообщение свободно пропущено военной цензурой, вероятно, благодаря своей кажущейся незначительности: именно автору доподлинно известно, что на следующий день после печального происшествия женою человека в пальто защитного цвета была приобретена отличная пара новых и прочных костылей.

<Н. А. Бердяев>

БУЛЬВАР И ПЕРЕУЛОК
(РАЗМЫШЛЕНИЕ О ПРИРОДЕ СЛОВ)

Смотри в корень!
Козьма Прутков

Что есть бульвар и что переулок? Любезный читатель, поразмысли о сем на досуге, и, поверь мне, размышления сии будут высоко поучительны не токмо для тебя, но и для потомков твоих. Посему дай мне бестрепетно руку твою и пойдем гулять по благоуханным лугам назидательных размышлений сих.

Бульвар... Что слово сие в корне своем знаменует? Какое мирочувствие пробуждает? Какие понятия в тебе слово сие напрягает? Корень слова оного, как ты и сам усмотреть можешь, иноземный, а посему и ветви от корня оного, сиречь понятия, из корня оного произрастающие, должны пониматься нами допрежь всего, как таковые. Ибо сказано: «Смотри в корень». Сию нить, любезный читатель мой, даю я тебе, дабы ты, следуя за ней, мог неуклонно и рачительно распутать клубок размышлений наших. Пойдем же смело вперед. Итак, бульвар слово иноземное, не наше, не русское. Какие же помышления оное слово в душе твоей пробуждает, какие образы из недр оной исторгает? Тихие ли селения? Уединенные ли долы? Мечтательные ли прогулки в нежном содружестве с музой? Отнюдь нет. Произнеси слово сие, и тотчас же воображение, сей услужливый раб наш, изобразит пред тобой шумные стогны и вретища всемирного Вавилона, где мы с тобой (вспомни, читатель!) расточили — увы! — немало благоуханнейших дней юности нашей, обрывали и топтали невиннейшие цветы духа нашего. Вспомни, как носились мы с тобой по главным проспектам великого града, именуемым «les grands boulevards», смешиваясь с многоголосой толпой, сей гидрой в чешуе хамелеона. Вспомни, сколь властно гидра сия овладевала помыслами нашими, мутила чистые воды духа нашего, заставляя слепо покорствовать суетным и корыстным вожделениям своим. Вспомни, как ты носился в мутных волнах сих и, вместе с гидрой, кричал вчера: «Vive la république!», яростно размахивая при сем красным колпаком, а завтра, столь же усердно: «Vive l'empereur!» Вспомни, как вчера почитал каждую строку Вольтера за новую скрижаль завета, а завтра целовал туфлю Его Святейшества папы. Вспомни, как, вернувшись в отечество твое, с духом, зараженным бульваром, духом легкомысленным и раболепным, ты переходил от предерзостных волнений, франкмасонства и прочих учений карбонариев и иллюминатов к почитанию и восхвалению Домостроя как в быту семейственном, так и в государственном. Вспомни, как ты и тебе подобные (или Эрноподобные — зри Энциклопедию Брокгауза и Ефрона, буква Ч–Э, с. 1433) обитатели бульваров, в исступленном увлечении своем идеей отечества (в России доселе мало насаждаемой) и восхвалением оного, с пафосом, достойным удивления, отстаивали голубиную чистоту и преданность отечеству русской полиции и интендантов. Вспомни, сколь бесстрашно выступили вы в защиту матери-земли (на невинность коей, впрочем, никаких покушений не наблюдалось), обнаружив при сем истинно рыцарскую отвагу, происхождения явно не русского. (Институт рыцарский в России неизвестен. Зри о сем учебник Иловайского.) Вспомни, наконец, обитатель бульвара, как в ряде молодецких вылазок ты обрушивался на сограждан твоих, осмелившихся возражать против опасных и бурных проявлений патриотических чувств твоих, русским людям доселе чуждых. Вспомни и скажи: «О сколь опасен путь, ведущий по бульварам!». Но не унывай, не говори: «Где же сокрыть сокровища? Есть ли на земле пристанище для духа?..».

Есть, отвечу я тебе, есть... И ты, минуя соблазны бульваров и площадей, можешь избрать местом для произрастания духовного сада твоего один из тихих и укромных переулков. «Переулок? — скажешь ты. — Какую же природу вы понятию сему приписываете?» Выслушай же меня, терпеливый и любознательный читатель.

Переулок — это хранилище духовных плодов наших, сокровищница созерцаний и суждений наших. Переулок, куда не доносится докучный шум улицы, есть то место, где человек, осознавши себя, отрешившись от узды религии и нравственности и сбросив иго государственности, соборности, семейственности и пр. основ человеческого существования, предерзко и вольно предается порывам творческих дерзаний своих, покорствуя одному лишь прегордому господину своему — *Я*.

О! Сколь светозарно зрелище мужей сих! Сколь назидательно житие их, столь мирное вовне и столь предерзкое и разрушительное внутри! Ибо где, как не у обитателей переулка, можно обрести столь опасные и разрушительные силы? Где, как не в переулке, можно провозгласить «нет» всем «да», распылить космос, распалить костры неугасимого гнева против всех основ человеческого благополучия, обозвать Прекрасную Даму — бабой! Где, как не в переулке, можно провозгласить, что во всем мире есть, был и пребудет один лишь писатель — Пушкин? Где как не там возможно услышать глубокомысленное изречение о том, что музыка должна стать беззвучной... Где? Ответь мне читатель. А теперь поразмысли о преимуществах жития там, на шумных бульварах, и здесь, в укромных переулках. Размышляй глубоко и рачительно, ибо чем глубже вникнешь ты в оные преимущества, тем скорее дашь мне ответ на вопрос мой: что ты избрал из двух сих проспектов жизни? А ответишь ты мне, думается мне, так: из двух сих проспектов жизни изберу я себе третий. Сиречь: жить я предпочитаю не на бульваре и не в переулке, а на лоне природы, сообразно с правилами и законами природного естества моего. И ответ сей, о любезный читатель и вопрошатель мой, будет сильным и сладким плодом прозорливой мудрости твоей.

Фаддей Любомудров

Лета 1915, апреля 27 дня.

<Л. Ю. Бердяева>

ВРАЧИ И ЛЕЧЕБНИЦЫ

[На обложке:] В редакцию журнала «Бульвар и переулок». От подписчика Филантропова.

М. Г. Господин Редактор!
Желая прийти на помощь многочисленным подписчикам и читателям журнала «Бульвар и переулок», нуждающимся во врачебной помощи, прилагаю при сем список наиболее известных врачей, профессоров, лечебниц, санаторий и адреса их для напечатания на страницах уважаемого журнала Вашего.

Подписчик Филантропов

Врачи и лечебницы

Эрн В. Ф., профессор. По всем специальностям. Народная медицина... Баня, травы, заговоры. Метод онтологический.

Бердяев Н. А., вольнопрактикующий. Болезни духа. Диагнозы кризисов. Секуляризация болезней. Рентгеновский кабинет. Х-лучи.

Иванов Вяч. Ив., приват-доцент. Гипнотизм, магнетизм. Ритмическая гимнастика. Лечение парами и эфиром.

Жуковский Д. Е., доктор Гейдельбергского университета. Естественные методы лечения по системе Бирхера, Ламанна и др.

Шестов Л. И., зубной врач. Специальность: вырывание корней.

Флоренский, профессор, лейб-медик. Невропатолог. Специальность: одержимость, беснование.

Герцык-Жуковская А. К. Женщина-врач. Специальность: болезни женского сердца. Бесплатный прием дам и девиц во всякое время.

Рачинский Г. А., профессор. Директор гидропатической лечебницы. Председатель общества Спасения на водах.

Успенский П. Д. Гомеопат. Специальность: излечение от мании чудесного.

Гершензон М. О. Хирург; специальность: психическая хирургия, выпрямление искривлений характеров.

Булгаков С. Н., приват-доцент, ассистент проф. Флоренского. По тем же болезням. Методы более хозяйственные.

Белый Б. Н. Психиатор. Собственная лечебница для всех форм психических заболеваний. Специальность: буйное помешательство.

Герцык Ев. Каз., женщ<ина>-врач. Заболевания от источенности. Метод прострации.

Штейнер, докт. Берлинского университета. Председатель общества «Скорая помощь». Адрес: Швейцария, Дорнах. Пространство значения не имеет. Переговоры с пациентами по методам психических эманаций. Карета Об<щества> к услугам пациентов во всякое время.

<Л. Ю. Бердяева>

МЫСЛИ И НЕДОМЫСЛИ МУДРЫХ ЛЮДЕЙ

I.

Человек имеет два глаза. Почему не один? Ах, тогда имел бы он и одну точку зрения.

Вл. Эрн

II.

Говорят, что лабиринт — это такое место, откуда трудно выбраться. Не верьте. Лабиринт помогает человеку выбираться. Сие нужно понимать трансцендентально и онтологически.

Вяч. Иванов.

III.

Гм! Почва... Зачем им почва? Я и без почвы проживу... Предрассудок...

Лев Шестов.

IV.

Два шага вперед, три назад. Авось так и до Св. Софии доберусь!

Серг. Булгаков.

Подслушал Бобчинский...

Архивы

ОР РГБ — Отдел рукописей Российской государственной библиотеки

РГАЛИ — Российский государственный архив литературы и искусства

Источники

Альтман 1968 — Альтман М. С. Из бесед с поэтом Вячеславом Ивановичем Ивановым (Баку, 1921 г.) // Ученые записки Тартуского государственного университета. 1968. Вып. 209: Труды по русской и славянской филологии. XI. С. 304–325.

Аскольдов 1917 — Аскольдов С. А. Памяти Владимира Францевича Эрна // Русская мысль. 1917. № 6. С. 131–134.

Белый 1907 — Бугаев Б. [Белый А.]. На перевале. VII. Штемпелеванная калоша // Весы. 1907. № 5. С. 49–52.

Белый 1990 — Белый А. Между двух революций. М.: Художественная литература, 1990.

Бердяев 1946 — Бердяев Н. А. Русская идея. Основные проблемы русской мысли XIX века и начала XX века. Paris: YMCA-Press, 1946.

Бердяев 1989а — Бердяев Н. А. Собр. соч.: В 5 т. Т. 3. Типы религиозной мысли в России. Paris: YMCA-Press, 1989.

Бердяев 1989б — Бердяев Н. А. Философия свободы. Смысл творчества. М.: Правда, 1989.

Бердяев 1991 — Бердяев Н. А. Самопознание. Опыт философской автобиографии. М.: Книга, 1991.

Бердяев 2016 — Бердяев Н. А. Письма: документально-художественная литература. М., Берлин: Директ-Медиа, 2016.

Булгаков 1915 — Булгаков С. Н. Война и русское самосознание: (публичная лекция). М.: Тип. Т-ва И. Д. Сытина, 1915.

Булгаков 1917 — Булгаков С. Н. Афродите-Деметре (Памяти Вл. Фр. Эрна, сконч. 29 апреля 1917 г.) // Ветвь. Сборник клуба московских писателей. М.: Северные дни, 1917. С. 261–265.

Булгаков 1918 — Булгаков С. Н. Тихие думы: Из статей 1911–1915 гг. М.: Изд. Г. А. Лемана и С. И. Сахарова, 1918.

Булгаков 1953 — Булгаков С. Н. Философия имени. Paris: YMCA-PRESS, 1953.

Величко 1991 — Величко В. Л. Владимир Соловьев: Жизнь и творения // Книга о Владимире Соловьеве. М.: Сов. писатель, 1991. С. 12–76.

Герцык 1973 — Герцык Е. К. Воспоминания. Paris: YMCA-Press, 1973.

Гершензон 1988 — Гершензон М. О. Письма к Льву Шестову (1920–1925) / Публ. А. д'Амелиа и В. Аллоя // Минувшее. Т. 6. Paris: Atheneum, 1988. С. 237–312.

Гершензон 2018 — Гершензон М. О. «Пусть меня судят по моим писаниям...». Из переписки 1904–1925 годов. М.; СПб: Центр гуманитарных инициатив, 2018.

Гиппиус 2002 — Гиппиус З. Н. Собрание сочинений: В 15 т. Т. 5: Чертова кукла. Романы. Стихотворения. М.: Русская книга, 2002.

Державин 1985 — Державин Г. Р. Сочинения. М.: Правда, 1985.

Иванов 1915 — Иванов В. И. Юргис Балтрушайтис как лирический поэт // Русская литература XX века. 1890–1910 / Под ред. проф. С. А. Венгерова: В 2 т. Т. 2. М.: Изд. Т-ва «Мир», 1915. С. 301–311.

Иванов 1916 — Иванов В. И. Борозды и межи: Опыты эстетические и критические. М.: Мусагет, 1916.

Иванов 1918 — Иванов В. И. Родное и вселенское. М.: Изд. Г. А. Лемана, С. И. Сахарова, 1918.

Иванов 1971–1987 — Иванов В. И. Собрание сочинений: В 4 т. Брюссель: Foyer Oriental Chrétien, 1971–1987.

Иванов 1985 — Иванов В. И. Эссе, статьи, переводы. Брюссель: D. L., 1985.

Иванов, Гершензон 2011 — Письма Вяч. Иванова и М. О. Гершензона / Публ. Е. Глуховой, С. Федотовой // Русско-итальянский архив. Вып. 8. Салерно: Europa Orientalis, 2011. С. 47–104.

Иванова 1992 — Иванова Л. В. Воспоминания: Книга об отце. М.: РИК «Культура», 1992.

Ильин 1915 — Ильин И. А. Духовный смысл войны. М.: Тип. т-ва И.Д. Сытина, 1915.

Шестов 1916 — Шестов Л. Вячеслав Великолепный. К характеристике русского упадочничества // Русская мысль. 1916. № 10. С. 80–110.

Шестов 1920 — Шестов Л. Что такое русский большевизм. Берлин: Отто Эльснер, 1920.

Шестов 1975 — Шестов Л. На весах Иова. Paris: YMCA-Press, 1975.

Эрн 1910 — Эрн В. Ф. Нечто о Логосе, русской философии и научности (по поводу нового философского журнала «Логос») // Московский еженедельник. 1910. № 29–32.

Эрн 1911 — Эрн В. Ф. Борьба за Логос: опыты философские и критические. М.: Товарищество тип. А. И. Мамонтова, 1911.

Эрн 1912 — Эрн В. Ф. Григорий Саввич Сковорода. Жизнь и учение. М.: Путь, 1912.

Эрн 1915 — Эрн В. Ф. Время славянофильствует: Война, Германия, Европа и Россия. М.: Война и культура, 1915.

Эрн 1917 — Эрн В. Ф. Верховное постижение Платона // Вопросы философии и психологии. 1917. Т. 2–3. С. 102–173.

Эрн 1991 — Эрн В. Ф. Сочинения. М.: Правда, 1991.

Яковенко 1911–1912 — Яковенко Б. Владимир Эрн. Борьба за Логос. Опыты философские и критические // Логос. 1911–1912. Кн. 2–3. С. 296–299.

Библиография

Баткин 1978 — Баткин Л. М. Итальянские гуманисты: стиль жизни и стиль мышления. М.: Наука, 1978.

Безродный 1992 — Безродный М. В. Из истории русского неокантианства (журнал «Логос» и его редакторы) // Лица: Биографический альманах. Т. 1. М.; СПб., 1992. С. 372–407.

Проскурина 1998 — Проскурина В. Ю. Течение Гольфстрема: Михаил Гершензон, его жизнь и миф. СПб.: Алетейя, 1998.

Топоров 1988 — Топоров В. Н. К понятию «литературного урочища» // Литературный процесс и проблемы литературной культуры. Таллин: Таллинский педагогический институт им. Э. Вильде, 1988. С. 61–73.

15
Бессмертие в кавычках
(В. Набоков — А. Пушкин — М. Гершензон)

В начале ноября 1943 года Владимир Набоков послал писателю Эдмунду Уилсону, своему американскому другу и наставнику в издательских делах, первые законченные переводы русских поэтов — Пушкина, Лермонтова и Тютчева. В следующем году эти переводческие опыты составили сборник, опубликованный в Нью-Йорке под названием «Три русских поэта». Письмо содержало сноску с фразой, написанной по-русски латиницей: «Rabota byla akhovaia, osobenno *Pamiatnik*» [Karlinsky 1979: 110][1].

Текст пушкинского стихотворения «Я памятник себе воздвиг нерукотворный» (Набоков обычно называет его «Памятник») был изначально выделен как наиболее сложный для передачи на другой язык. Публикуя свой сборник «Три русских поэта», Набоков поместил перевод стихотворения Пушкина на первое место — вопреки хронологии. Таким образом, «Памятник» открывал книгу и служил своеобразным введением ко всем экспериментам Набокова в области поэтических переводов:

Exegi Monumentum

"No hands have wrought my monument; no weeds
will hide the nation's footpath to its site.
Tsar Alexander's column it exceeds
In splendid in submissive height.

---

[1] Переводчик здесь не точно передал содержание записи: «It was a formidable task, especially in *Exegi Monumentum*». Следовало перевести как «It was a tough work, especially in *Exegi Monumentum*».

"Not all of me is dust. Within my song,
safe from the worm, my spirit will survive,
and my sublunar fame will dwell as long
    as there is one last bard alive.

"Throughout great Rus' my echoes will extend,
and all will name me, all tongues in her use:
the Slavs' proud heir, the Finn, the Kalmuk, friend
    of steppes, yet the untamed Tunguz.

"And to the people long shall I be dear
because kind feelings did my lyre extol,
invoking freedom in my age of fear,
    and mercy for the broken soul."

Obey thy God, and never mind, O Muse,
the laurels or the stings: make it thy rule
to be unstirred by praise as by abuse,
    and do not contradict the fool
    [Pushkin et al. 1944: 5].

Перевод оказался весьма необычным. Прежде всего, Набоков переиначил название пушкинского стихотворения. Пушкин, как известно, сделал эпиграфом цитату из оды Горация «Exegi Monumentum» — в набоковском переводе фраза стала не эпиграфом, а названием стихотворения. Кроме того, Набоков сократил на два слога александрийский стих пушкинского текста. В целом переводчик, по мнению исследователей, «продемонстрировал тенденцию к некоторому сдвигу» в осмыслении оригинала [Cross 1945: 220].

Изменения — важнейшие для понимания стихотворения Пушкина — касались еще одной особенности перевода, оставшейся незамеченной. Набоков заключил первые четыре строфы «Памятника» в цитатные кавычки, оставив без кавычек пятую — последнюю — строфу.

Не существует ни одного русского издания, где пушкинское стихотворение было бы представлено в таком виде. В вопросе кавычек Набоков оказался вполне последователен. Позднее, уже через 20 лет, в своем комментарии к «Евгению Онегину» (1964), он представит еще один перевод того же «Памятника» — более близкий к оригиналу, хотя и менее поэтичный. Поразительно было то, что и в этом втором переводе он сохранил кавычки в первых четырех строфах и так же, как в своем раннем переводе, не оставил кавычки в заключительной строфе. Второе издание «Комментария» (1975) сохраняло ту же структуру с кавычками в переводе «Памятника» Пушкина [Pushkin 1975: 311].

Ясно, что набоковская игра с кавычками в тексте Пушкина не была случайной, особенно если учесть важность этого стихотворения для поэтической самоидентификации Набокова, открывшего «Памятником» свою первую книгу поэтических переводов. Более того, Набоков придал этим кавычкам концептуальный смысл, хотя сделал это в весьма неординарной манере, требующей специального расследования. Анализируя стихотворение в комментариях к «Евгению Онегину», впервые опубликованных в 1964 году, но написанных в середине 1950-х, Набоков писал:

> В 1836 году, в одном из изящнейших произведений русской литературы Пушкин пародирует Державина — строфу за строфой — точно в такой же стихотворной манере. Первые четыре строфы написаны с иронической интонацией, но под маской высшего фиглярства Пушкин тайком протаскивает собственную правду. Как заметил Бурцев около тридцати лет назад в работе, которую я теперь не могу отыскать, следовало бы поставить эти строфы в кавычки. В последнем пушкинском четверостишии звучит печальный голос художника, отрекающегося от предыдущего подражания державинскому хвастовству. А последний стих, хоть и обращенный якобы к критикам, лукаво напоминает, что о своем бессмертии объявляют лишь одни глупцы [Набоков 1998: 277].

Все в этом комментарии Набокова требует расшифровки. Прежде всего, Бурцев, упомянутый Набоковым в такой вольной и небрежной манере, на самом деле не был автором этой концепции. Концепция пушкинского стихотворения, которую Набоков привел в своем комментарии, могла быть изложением только одной работы — известной статьи М. О. Гершензона, опубликованной в виде главы (озаглавленной «Памятник») его сенсационной по тому времени книги «Мудрость Пушкина» (1919).

Михаил Осипович Гершензон (1869–1925) — известный писатель, историк, мыслитель, автор книг по русской интеллектуальной истории[2]. Он был первым критиком, который решительно выступил против канонической интерпретации «Памятника» в русской литературной критике, а также в российских интеллектуальных дебатах на протяжении десятилетий. Стихотворение Пушкина, написанное в 1836 году, традиционно считалось лирическим завещанием поэта. Русская дореволюционная и советская критика обычно рассматривала это стихотворение как декларацию политического свободомыслия Пушкина, как последнее утверждение его неистребимых либеральных убеждений и как обращенное к потомкам — через голову непонимающих современников — объявление о больших достижениях в пропаганде свободолюбивых, почти революционных идей в его произведениях[3].

Статья Гершензона нанесла неожиданный удар по всей истории посмертной мифологии Пушкина и полемически заострила противоречия в традиционной интерпретации пушкинского текста. Гершензон стремился подчеркнуть иронический характер первых четырех строф, которые он считал «чужим словом», принадлежащим «толпе», а не самому Пушкину. Он также подчеркивал интонационное и идейное различие между первыми четырьмя и последней строфами — и только последнее четверостишие он интерпретировал как «истинный» голос самого поэта. По его мнению, Пушкин предвидит ложный образ своей поэзии после смерти и лишь в последней строфе обнажает свое истинное лицо, смиряясь перед толпой, не понимающей поэта и вычитывающей лишь социальные и либеральные достижения автора.

Гершензон пишет: «Мне кажется, что традиционное истолкование "Памятника" всецело искажает смысл этой пьесы. *Пушкин в 4-й строфе говорит не от своего лица, — напротив, он излагает чужое мнение — мнение о себе народа*» [Гершензон 1919: 51]

---

[2] О биографии и работах М. О. Гершензоне см. [Проскурина 1998].

[3] Обзор дебатов вокруг «Памятника» Пушкина см. в [Алексеев 1967].

(выделено Гершензоном. — *В. П.*). Согласно концепции Гершензона, Пушкин предполагает, каково будет «содержание» его славы: заслуги будут измеряться полезностью для сиюминутных интересов толпы. Гершензон продолжает: «Я утверждаю, что лишь при таком понимании первых четырех строф становится понятной пятая, последняя строфа "Памятника", совершенно бессмысленная в традиционном истолковании пьесы <...>. Ее смысл — смирение пред обидой» [Гершензон 1919: 51]. Гершензон переосмыслил всю концепцию пушкинского стихотворения: только последняя строфа раскрывает скрытый смысл (горькая ирония поэта в предвкушении посмертной славы и глубокая покорность своей судьбе), а первые четверостишия (торжественное провозглашение бессмертия поэтов) на самом деле маскируют горькую иронию поэта.

Прямых следов чтения Набоковым этой книги Гершензона нет. Позже, в своих комментариях к сну Татьяны в «Евгении Онегине», писатель с раздражением упомянет статью Гершензона «Сны Пушкина» — и назовет ее «исключительно глупой» [Набоков 1998: 410]. Любопытно, что во втором издании «Комментария», опубликованном в Принстоне в 1975 году, эта фраза отсутствует [Pushkin 1975: 513]. Набоков, очевидно, отнесся к этой поздней работе Гершензона, впервые опубликованной в 1924 году, как к профрейдистской и проигнорировал полемику Гершензона против С. Судиенко и его книги «Тайна поэмы А. С. Пушкина "Евгений Онегин"»: Гершензон был недоволен произвольным применением «подсознательного» к пушкинскому тексту.

В то же время Набоков уделил этой «глупой статье» Гершензона неожиданно много внимания и тщательно перевел для своего английского комментария один очень значительный фрагмент из нее:

> В нем (Онегине. — *В. П.*) возбуждали тошноту и любовные излияния Ленского, и его стихи, и Ольга, и их пресно-приторный роман <...> и так человечески понятно, что в минуту досады на Ленского он дал волю своему злому чувству, — раздразнил Ленского, закружил Ольгу, как мальчишка бросает камешек в воркующих голубей! [Набоков 1998: 410]

Эта сжатая версия сюжета пушкинского романа не слишком отличается от интерпретации самого Набокова. В своих комментариях (а также в некоторых своих романах, где имел место этот пушкинский треугольник) Набоков прекрасно раскрыл подражательный образ Ленского, а также его пародийное поведение, сконструированное из романтических — и весьма банальных — поэтических клише. Более того, стратегия Онегина, который, по словам Гершензона, «бросает камешек в воркующих голубей», была похожа на стратегию автора «Евгения Онегина», который в своем тексте «бросил» много критических и пародийно-сатирических камушков в отвергнутые и пародируемые поэтические направления. Набоков привел фрагмент Гершензона не только с академической целью. Экстравагантное предложение послужило замаскированной декларацией собственного творческого метода Набокова.

Как обычно, комментарий Набокова обнаруживает свою художественную природу, где «чужое слово» (особенно сильно порицаемое) может участвовать в создании пародийной стратагемы писателя. Образы голубей, введенные в карнавальный контекст, подразумевающий кредо переводчика, появятся в англоязычном стихотворении Набокова «На перевод "Евгения Онегина"» (1955):

> What is translation? On a platter
> A poet's pale and glaring head,
> A parrot's screech, a monkey's chatter,
> And profanation of the dead. <...>
>
> This is my task — a poet's patience
> And scholiastic passion blent:
> Dove-droppings on your monument
> [Nabokov 1970: 175].

Более того, «Памятник», рассматриваемый через призму пародийной игры с предшественниками и читателем, стал для Набокова общей метафорой подлинного творческого акта, выражением кредо его автобиографичных героев. Когда Альфред Аппель в своем интервью (25–29 сентября 1966 года), полагая, что пародия занимает в видении Набокова центральное место, попросил его прокомментировать концепцию Федора Годунова-Чердынцева о пародии как вечном спутнике любой подлинной поэзии, писатель вновь расшифровал ее через пушкинский «Памятник». Он пояснил: «Он (Годунов-Чердынцев. — *В. П.*) имеет в виду пародию в смысле легкой, тонкой, насмешливой игры, как, например, пародия Пушкина на Державина в *Exegi Monumentum*» [Dembo 1967: 31].

Это утверждение раскрывает особую значимость набоковского перевода «Памятника», который оказывается не просто поэтическим экспериментом, а своего рода декларацией художественной стратегии писателя. Смешение пародируемого «чужого слова», открыто заключенного здесь в кавычки, и скрытого «авторского присутствия» составляет один из самых актуальных элементов творчества Набокова.

Несмотря на отсутствие прямых ссылок на статью Гершензона о «Памятнике», для знакомства Набокова с этой примечательной статьей существовало несколько возможностей. Теория Гершензона вызвала бурю обсуждений. Книга Гершензона в целом и статья о «Памятнике» в частности стали постоянной темой дискуссий практически во всех работах о Пушкине 1920-х — начала 1930-х годов. Павел Щеголев и Николай Лернер, Борис Томашевский и Павел Сакулин посвятили спору с М. Гершензоном многие страницы своих работ. Наиболее острой и продолжительной была дискуссия об интерпретации Гершензоном «Памятника». Именно эта статья особенно раздражала критиков созданием провокационного образа поэта — разочарованного в приписываемой ему почти революционной деятельности и высмеивающего читателей.

А. В. Луначарский, советский нарком народного просвещения, вспомнил статью Гершензона о «Памятнике» в своей статье «Гейне-мыслитель», опубликованной в журнале «Литературный критик» (1934):

> Михаил Гершензон пытался доказать, что стихотворение («Памятник». — *В. П.*) имеет иронический смысл, что Пушкин смеялся над народом, который воображает, будто

поэт боролся за него. Но Пушкин смеялся здесь только над такими людьми, как Гершензон, — это он их называл глупцами [Луначарский 1957: 602–603].

Илья Фейнберг в 1933 году опубликовал в журнале «Литературный критик» воображаемую беседу между неким Ведущим и пушкинистами М. Гершензоном, В. Вересаевым, П. Сакулиным, которые вели дискуссию цитатами из собственных произведений. Сам «Памятник» участвовал в этом разговоре, представляя «сторону Пушкина». Фейнберг мастерски продемонстрировал характерную для эпохи имитацию «свободной» дискуссии, в которой, однако, «правильный» исход был заранее предрешен. Особенно жестоким нападкам подверглась «антинародная» и «индивидуалистическая» позиция Гершензона. Набоков, внимательно следивший за развитием советской литературы, легко мог познакомиться с некоторыми из этих дебатов[4].

Можно также предположить, что Набоков был знаком с книгой «Пушкин» Д. С. Мирского (впервые опубликованной в 1926 году), где автор неоднократно выражал особое уважение к книге Гершензона «Мудрость Пушкина» и, в частности, к гершензоновской интерпретации «Памятника».

Перечисляя в своей книге лучшие работы о Пушкине, Мирский заключал:

> Наконец, книга покойного М. О. Гершензона «Мудрость Пушкина» 1918 года (sic. — *В. П.*): хотя эссе, давшее ей название, является крайним примером непушкинского мистического толкования, книга содержит также несколько небольших статей, которые демонстрируют проницательность Гершензона в лучшей форме. Таковы эссе о «Станционном смотрителе» и об *Exegi Monumentum* [Mirsky 1963: 237] (перевод мой. — *В. П.*).

Набоков вряд ли мог пройти мимо страниц книги Мирского с разбором «Памятника» и концепции Гершензона, тем более что

---

[4] См. публикацию в книге: [Фейнберг 1985: 577–590].

Мирский привел здесь же свой перевод последней строфы пушкинского стихотворения, сопроводив его прогершензоновским комментарием. При всей сложности отношения к Мирскому, вернувшемуся в 1932 году в СССР[5], Набоков в 1940-е годы начинает не только работать над переводами русской поэзии, но и преподавать русскую литературу в американских университетах — и здесь англоязычные издания, такие как «Пушкин» и «История русской литературы: от истоков до 1900» («A History of Russian Literature: From Its Beginnings to 1900», в двух томах), должны были стать настольными книгами начинающего профессора.

Осенью 1941 года Набоков преподает курс по русской литературе в колледже Уэллсли (Wellesley College). И тут же в переписке с американским писателем и критиком Эдмундом Уилсоном возникают спорадические размышления и дискуссии об интересующих обоих фрагментах из «Пушкина» Мирского. Среди них — сравнение пушкинского «Пира во время чумы» с «Городом Чумы» Джона Вильсона (письмо Набокова от 18 сентября 1941 года), где Набоков скептически оценивает «теорию» Мирского — как и саму возможность «заимствования» Пушкиным из этого англоязычного текста [Karlinsky 1979: 47]. Здесь Набоков ядовито — и несправедливо — замечает, что Мирский «не видел оригинала», то есть не читал «Город Чумы» по-английски. Между тем Мирский приводит ряд текстологических замечаний, которые как раз свидетельствуют о хорошем знании оригинала. Со временем скептическое (и даже пренебрежительное) отношение к «мерзкому» Мирскому сменится на более уважительное.

Гипотезы Гершензона тем не менее продолжали преследовать Набокова, возникая из того же источника — «Пушкина» Мирского. Самая экстравагантная ситуация произошла, когда Уилсон в своем письме от 8 августа 1942 года прямо спросил Набокова: «Что это за теории о "Домике в Коломне", о которых говорит Мирский? Есть ли в этом что-то немного странное? Знаете ли вы, что это за теория о графине, которую он видит в церкви и которая не имеет очевидной связи с историей?» [Karlinsky 1979: 68]. Тео-

---

[5] См. [Efimov 2010].

рия, о которой упоминал Мирский, принадлежала тому же Михаилу Гершензону.

Мирский в очередной раз обратился к книге Гершензона «Мудрость Пушкина2, в которой была помещена весьма провокативная глава о «Домике в Коломне». Мирский писал:

> …Покойный Гершензон, один из самых одаренных и умных критиков вчерашней школы символистов, сумел извлечь из него (эпизод поэмы, посвященный графине. — *В. П.*) гораздо больше, чем скудная мораль поэта. Он считает, что здесь имеет место одно из самых глубоких и искренних откровений внутренней жизни Пушкина; он основывает свой взгляд на тех нескольких строках, где, говоря о приходской церкви Коломны, Пушкин вспоминает образ «гордой графини», которая когда-то там молилась [Mirsky 1963: 135].

Анализируя исторический, психологический, бытовой и творческий контекст пребывания Пушкина в Болдине в октябре 1830 года, во время создания поэмы «Домик в Коломне», Гершензон приходит к мысли о том, что поэт противопоставил в образе Параши и графини себя молодого, способного на авантюрную шалость, себе нынешнему, печально-тревожному, сломленному, заглушающему боль и надрыв болтовней о стихотворных размерах. Именно эту «теорию» о графине Уилсон просил Набокова разъяснить.

Набоков ответил 12 августа 1942 года в весьма шутливой манере:

> Вы заметили в «Домике в Коломне» замечательное рассуждение о метрах и рифме (с тонко вставленными примерами) и почти попадание в рифму «жопа» (в русском языке очень мало рифм на -опа, и эта — самая популярная) в строфе о копченом языке и ресторатоpe Коппе? <…> Графиня, которую я помню смутно, кажется, присутствует там главным образом для того, чтобы создать романтический контраст с простой Парашей (а может быть, последняя была не так проста?) [Karlinsky 1979: 70].

Очевидно, что Набоков не помнил размышлений Гершензона о двух Пушкиных, юном и зрелом, как и ссылки Мирского на книгу Гершензона. Тем не менее он с легкостью воспользовался приемом самого Пушкина (по Гершензону) и «заболтал» вопрос Уилсона о графине, сфокусировавшись на откровенно непристойных шутливых строчках из первоначальных вариантов «Домика в Коломне»:

> Сварил его... (у господина Копа
> Коптят его). Езоп его потом
> Принес на стол... Опять! зачем Езопа
> Я вплел с его вареным языком
> В мои стихи — что вся прочла Европа,
> Нет нужды вновь беседовать о том.
> Насилу-то, рифмач я безрассудный,
> Отделался от сей октавы трудной
> [Пушкин 1948: 381].

Между тем это не значит, что Набоков вообще не читал книгу Мирского. Книга могла в особенности понадобиться ему, когда осенью 1943 года он начал тщательно готовить свои первые лекции о Пушкине. Это было время его пушкинских переводов [Boyd 1991: 50].

В числе наиболее сенсационных работ о «Памятнике» была статья В. Вересаева «Пушкин и правда искусства», опубликованная в 1928 году в «Новом мире» и в следующем году переизданная в книге «В двух планах: статьи о Пушкине». Набоков знал работы Вересаева и в своем «Николае Гоголе» (1944) ссылался на «Гоголя в жизни» Вересаева (1933). Статья Вересаева о Пушкине содержит подробное изложение концепции Гершензона о «Памятнике», снабженное обильным цитированием. В своих выводах Вересаев явно опирался на идеи Гершензона, что дало повод критикам считать его интерпретацию поэмы «подражанием и последующим развитием беспочвенных гипотез Гершензона» [Алексеев 1967: 51].

В статье Вересаева есть один примечательный абзац, который, возможно, оставил отпечаток в памяти Набокова. После комментария к теории Гершензона Вересаев приводит свои недавние впечатления от специального исполнения поэмы Пушкина актрисой-чтецом Эльгой Каминской. Эта театральная декламация послужила подтверждением концепции двух голосов в «Памятнике». Так, Вересаев рассказывает:

> Недавно мне довелось слышать «Памятник» Пушкина в исполнении декламаторши Эльги Каминской. Эльга Каминская исполняет стихотворение так: первые четыре строфы она произносит повышенно-торжественным, слегка даже напыщенным, чуть-чуть насмешливым тоном; потом пауза; и потом — почти полушепотом, глубоко интимным, как бы к себе обращенным голосом:
>
> Веленью божию, о муза, будь послушна,
> Обиды не страшась, не требуя венца,
> Хвалу и клевету приемли равнодушно
> И не оспоривай глупца [Вересаев 1996: 256].

Эта ссылка Вересаева на манеру чтеца как на аргумент перекликается с игривым комментарием Набокова к отрывку «Зачем вы посетили нас?» из письма Татьяны в «Евгении Онегине». Набоков насмешливо подчеркнул «зачем» и иронично заметил: «In laying this pathetic emphasis on why, I may have been influenced by a wonderful record (played for me one day in Talcottville by Edmund Wilson) of Tarasova's recitation of Tat'iana's letter» [Pushkin 1975: 391][6].

Набоков пародирует здесь не только статью Вересаева о «Памятнике» (демонстрируя свое близкое знакомство с ней), но и жанр пушкинистики в целом. Упоминание Уилсона в этом отрывке также очень значимо. Ироническая фразочка Набокова соотносится с обычным сценарием взаимоотношений и переписки с Уилсоном, в которой последний, «под влиянием» того или иного толкователя Пушкина, упорно пытал Набокова, спрашивая его мнение о книгах, которые тот просто не читал.

---

[6] Поскольку эта фраза отсутствует в русских переводах «Комментария», привожу ее в собственном переводе: «В этом патетичном подчеркивании "зачем" на меня, возможно, повлияла замечательная запись декламации Тарасовой письма Татьяны (которую однажды в Талкоттвилле проиграл для меня Эдмунд Уилсон)».

Эхо споров вокруг «Памятника» могло докатиться до Набокова и через Владислава Ходасевича, который был очень близок и Гершензону, и Набокову. Поэзия Ходасевича этого времени и изучение им Пушкина находились под глубоким влиянием М. Гершензона. Книга Ходасевича «Поэтическое бытописание Пушкина» (1924) была названа Б. Томашевским в его книге «Пушкин. Современные проблемы историко-литературного изучения» (1925) одной из работ «аналитиков школы Гершензона» [Томашевский 1990: 69]. Объединение Гершензона и Ходасевича как пушкинистов одной школы было подчеркнуто и Г. Адамовичем в его знаменитой полемике против литературного наследия Пушкина. В своей статье «О Пушкине» (1927), опубликованной в эмигрантской газете «Звено», Адамович писал: «Не лучше будет, если Ходасевич с Гершензоном после их нового переосмысления Пушкина водрузят свое знамя...» [Адамович 1998: 207].

«Пропушкинский» роман Набокова «Дар» (1937–1938) послужил контрапунктом в сложной рецепции автором различных подходов к Пушкину. Роман устанавливал связь между Набоковым, пушкинским «Памятником» и концепцией Гершензона, а Ходасевич играл роль посредника. Интересно, что образ Кончеева (вобравшего в себя многие черты поэта Ходасевича и еще больше — самого Набокова) в романе «Дар» был глубоко связан с набоковской концепцией пушкинского стихотворения. Нина Берберова отметила, что разговоры Набокова и Ходасевича осени 1932 года перешли непосредственно на страницы «Дара» [Берберова 1996: 366].

Очевидно, что Пушкин и его знаменитое стихотворение были одной из тем этих бесед. Характер самокодирования и самопрезентации Набокова через пушкинский «Памятник» был связан с концепцией пушкинского автобиографизма, разработанной Ходасевичем в его работах, вдохновленных Гершензоном. Так, во второй беседе с Федором Годуновым-Чердынцевым Кончеев излагает свои мысли о «ложной» славе поэта среди читателей и свой пропушкинский пессимистический взгляд на «бессмертие» поэта цитатами из пушкинского стихотворения:

> Настоящему писателю должно наплевать на всех читателей, кроме одного: будущего, — который, в свою очередь лишь отраженье автора во времени. <...> Слава? — перебил Кончеев. — Не смешите. Кто знает мои стихи? Сто, полтораста, от силы, двести интеллигентных изгнанников, из которых, опять же, девяносто процентов не понимают их. <...> В будущем, может быть, отыграюсь, но что-то уж очень много времени пройдет, пока тунгус и калмык начнут друг у друга вырывать мое «Сообщение», под завистливым оком финна [Набоков 2002: 515–517].

Набоков не только воспринял концепцию Гершензона о Пушкине как поэте, порвавшем со своими читателями и своим временем, но и подчеркнул этот раскол. Используя стихотворение Пушкина с его горькой и презрительной иронией по отношению к читателю, который найдет величайшее достижение поэта в его «служении людям», и нотой глубокой горечи в предвкушении этой ложной славы, с ее очевидным презрением к человеческому стаду, Набоков выразил главную парадигму собственной художественной самоидентификации. Ироническая игра Пушкина с читателем, а также отказ Пушкина следовать политической, идеологической или литературной моде (то, что Гершензон впервые полемически подчеркнул в своей работе) были очень близки Набокову. Через Пушкина и игру Пушкина со своими литературными предшественниками (Гораций, Державин) Набоков демонстрировал собственную поэтическую независимость, собственное видение поэта. Так, в своей юбилейной речи «Пушкин, или правда и правдоподобие» (1937) он также продемонстрировал свое художественное кредо через неназванный, но явно подразумеваемый пушкинский «Памятник»:

> Сегодня больше, чем когда-либо поэт должен быть так же свободен, нелюдим и одинок, как хотел Пушкин сто лет назад. Порой, может быть, самый безупречный художник пытался сказать свое слово в защиту гибнущих или недовольных, но он не должен поддаваться этому искушению <...>. Нет, решительно, так называемой социальной жизни и всему, что толкнуло на бунт моих граждан, нет места в лучах моей лампы... [Набоков 1993: 238.]

Вторая часть проблемы — что это за статья Бурцева? И наконец — зачем понадобилось Набокову приписать Бурцеву концепцию «Памятника», принадлежащую Гершензону? Тайна появления мрачной и крайне причудливой фигуры Бурцева в комментариях Набокова к «Евгению Онегину», как и загадка ложной атрибуции ему теории Гершензона, могут быть отчасти раскрыты.

Владимир Львович Бурцев (1862–1942), автор нескольких дилетантских работ о Пушкине, был довольно известным участником русского революционного социалистического движения 1880-х годов, так называемого народничества. Он энергично боролся против русского царизма и опубликовал книгу «Долой царя» (Лондон, 1901). Его арестовывали, отправляли в ссылку, он бежал из Сибири в Швейцарию, а затем вернулся в Россию, чтобы продолжить борьбу. В 1918 году он навсегда покинул Советскую Россию и активно сотрудничал с русской эмигрантской прессой за рубежом, где он уже начал борьбу против большевиков. В Париже он редактировал несколько журналов, таких как «Общее дело» и «Будущее», где пытался утвердиться как политический публицист и арбитр политического свободомыслия.

В своих работах Бурцев, одержимый собственной ролью в революционном движении, описывал Пушкина исключительно как борца с русским царизмом, Третьим отделением и начальником этого полицейского учреждения графом Бенкендорфом в частности. Он создал образ поэта как певца либеральных, демократических идей и революционных реформ.

Имя Бурцева и его низкопробная пушкинистика очевидно были предметом обсуждения Набокова и Ходасевича — именно от последнего Набоков мог слышать о статейке Бурцева «Памятник», опубликованной в приложении к «Последним известиям», издававшимся в Ревеле в 1924 году [Бурцев 1924]. Здесь Бурцев предлагает новый текст «Памятника», основанный на собственных домыслах и скомбинированный из отброшенных Пушкиным вариантов. Ходасевич в своем саркастическом обозрении современной пушкинистики в 1926 году в «Парижском альбоме, V» саркастически отметил, что статья Бурцева «побивает» рекорд своим неуместным фантазированием:

Эти «изменения» В. Л. Бурцев отчасти заимствует из черновиков, явно отвергнутых Пушкиным, отчасти же... сам придумывает, ибо ему кажется, что для современного читателя «мы имеем право вносить требуемые жизнью изменения» в стихи Пушкина. В результате «Изменений» Пушкин оказывается рифмующим «убежит» и «поэт». Но г. Бурцев этим не стесняется... [Ходасевич 2001б: 31]

В недавно опубликованном письме к М. А. Цявловскому от 29 июня 1925 года Ходасевич иронизирует:

Здесь о Пушкине пописывают — ужасно. Невежество лютое. Бурцев, напр<имер>, вздумал предложить новый текст «Памятника» — юмористический, иначе назвать нельзя. Он его «исправляет», но не по документам, а по собственному *вкусу*, о чем простодушно и повествует. Кончается тем, что в его «редакции» даже рифмы не сходятся, но он этого не замечает [Ходасевич 1999: 223].

Эту же статью о «Памятнике» Ходасевич вспомнит в своем эссе «Домыслы В. Л. Бурцева», напечатанном в 1933 году в «Возрождении»:

Несколько лет тому назад В. Л. Бурцев напечатал статью о стихотворении «Памятник». В числе других «поправок» предлагал он слово «пиит», ныне вышедшее из употребления, заменить словом «поэт». Я уж не говорю о стилистическом «сдвиге», который получается от такой «поправки»: это предмет сравнительно тонкий. Но нашему храброму новатору не пришло в голову даже то, что слово «пиит» рифмуется с «убежит» и что таким образом при изменении, которое он предлагает, из пушкинского стихотворения вовсе выпадет одна рифма. Нетрудно себе представить, как выразился бы Пушкин, прочтя стихи свои в редакции В. Л. Бурцева [Ходасевич 2001а: 359].

В 1927 году в эмигрантской газете «Руль» (это издание Набоков, скорее всего, видел — и именно эту статью мог читать) Бурцев опубликовал статью «Надписи на памятнике Пушкину», в которой обсуждал надписи, взятые из стихотворения Пушкина «Памятник» и выгравированные в 1881 году, когда в Москве был установлен памятник поэту. В своей статье Бурцев обсуждал помещенные на пьедестале строки стихотворения в редакции Василия Жуковского, в свое время исправившего оригинал по цензурным причинам: «Что прелестью живой стихов я был полезен...». Бурцев настаивал на том, что недостаточно просто заменить надпись на аутентичную пушкинскую: «Что в мой жестокий век восславил я свободу...»[7]. Вместо слишком «мягкого» и «горацианского» предложения Жуковского Бурцев предложил взять фразу из черновика Пушкина, отвергнутую самим поэтом в окончательном варианте стихотворения: «Что вслед Радищеву восславил я свободу...». Бурцев настаивал, что было бы лучше и справедливее, если бы мысль Пушкина была доведена до конца, что надо поместить на его памятнике это четверостишие в его первой редакции, то есть:

> И долго буду тем любезен я народу,
> Что чувства добрые я лирой пробуждал,
> Что вслед Радищеву восславил я свободу
> И милость к падшим призывал[8].

Наконец, покончив с «Памятником», Бурцев взялся за «Евгения Онегина». Книжечка (скорее, брошюрка) Бурцева о Пушкине, опубликованная в 1934 году в Париже, имела название, прекрасно отражающее «академический» подход автора: «Как Пушкин хотел издать "Евгения Онегина" и как издал».

Набоков саркастически посмеялся над гротескными и беспомощными произведениями Бурцева в своем комментарии к «Евгению Онегину» [Набоков 1998: 595, 633]. Зачем же Набоков, очевидно воспользовавшись концепцией Гершензона о двух «голосах» в «Памятнике» для своей игры с кавычками, не упомянул автора и заменил его на Бурцева?

---

[7] Руль (Берлин). 1927. 12 октября. С. 5.
[8] Руль (Берлин). 1927. 12 октября. С. 5.

Ссылка на Бурцева была особенно остроумной. Статьи Бурцева представляли собой крайне левую интерпретацию стихотворения Пушкина, которую Набоков никогда не мог принять и как писатель, и как комментатор Пушкина. Однако он использовал из этой статьи только одно: ее пафос. Набоков спародировал «справедливый гнев» Бурцева на любые искажения пушкинского текста и заменил революционизирующее четверостишие Бурцева (как наиболее адекватное, по мнению Бурцева, Пушкину) последней, пятой строфой, раскрывающей, по мнению Гершензона, подлинную мысль Пушкина. Таким образом, игра с читателем достигла своего апогея именно своими ссылками на Бурцева и на его «потерянную» статью. С одной стороны, Набоков показывает, что его теория о двух голосах в «Памятнике» имеет реальный источник. С другой стороны, он дает ложный адрес, отсылающий читателя в противоположную сторону, — туда, где он мог найти совершенно противоположные идеи, революционизирующие Пушкина.

Гершензон и его пушкинские штудии являлись важнейшей частью культуры начала XX века, тесно связанной с русским символизмом. Набоков, который иногда любил иронически отзываться об этом периоде, чувствовал свою глубокую связь с ним. Когда Эдмунд Уилсон в своей книге «Тройка мыслителей» осмелился критиковать ту эпоху, Набоков бурно выразил свое неодобрение. В своем письме к Уилсону от 4 января 1949 года Набоков заявил:

> «Упадок» русской литературы в 1905–1917 годах — это советское изобретение. Блок, Белый, Бунин и другие писали свои лучшие произведения в те дни. И никогда поэзия не была так популярна — даже в пушкинские времена. Я — продукт того времени, я воспитан в той атмосфере [Karlinsky 1979: 220].

Сам Гершензон, автор и инициатор известного антиреволюционного сборника «Вехи», глубокий историк литературы, представлял собой крайнюю противоположность личности и концепциям Бурцева. Подменив имя Гершензона на Бурцева в своем комментарии к «Евгению Онегину», Набоков следовал характерной для него не академической, а чисто литературной стратегии — увести читателя от реальных источников. Набоков делал это в своих комментариях много раз. Очень часто он охотно и со всей академической серьезностью дает ссылки на работы, которые были для него совсем не важны, и не упоминает источники, которые были действительно ценны, которые действительно повлияли на его концепции.

Экстравагантная теория Гершензона, разделившая монолитный пушкинский «Памятник» на две контрастные части с «прямой» речью поэта и «чужим словом», нашла практическое применение в переводе Набокова, где ложное «бессмертие» поэта было заключено в кавычки.

Источники

Адамович 1998 — Адамович Г. В. Литературные беседы: В 2 т. Т. 2. СПб.: Алетейя, 1998.

Берберова 1996 — Берберова Н. Н. Курсив мой. Автобиография. М.: Согласие, 1996.

Бурцев 1924 — Бурцев В. Л. Памятник // Пушкинский сборник. Приложение к «Последним известиям» (Ревель), 1924. № 147.

Вересаев 1996 — Вересаев В. В. Загадочный Пушкин. М.: Республика, 1996.

Гершензон 1919 — Гершензон М. О. Мудрость Пушкина. М.: Книгоиздательство писателей в Москве, 1919.

Луначарский 1957 — Луначарский А. В. Статьи о литературе. М.: Гослитиздат, 1957.

Набоков 1993 — Набоков В. В. Романы, рассказы, эссе. СПб.: Энтар, 1993.

Набоков 1998 — Набоков В. В. Комментарий к роману А. С. Пушкина «Евгений Онегин» / Пер. с англ. Е. М. Видре и др. СПб.: Искусство-СПб., 1998.

Набоков 2002 — Набоков В. В. Собрание сочинений русского периода: В 5 т. Т. 4. СПб.: Симпозиум, 2002.

Пушкин 1948 — Пушкин А. С. Полное собрание сочинений: В 16 т. Т. 5: Поэмы, 1825–1833. М.-Л.: Изд-во АН СССР, 1948.

Ходасевич 1999 — Ходасевич В. Ф. Письма к М. А. Цявловскому / Публ. Р. Хьюза // Русская литература. 1999. № 2. С. 214–230.

Ходасевич 2001а — Ходасевич В. Ф. Домыслы В. Л. Бурцева // Пушкин и поэты его времени / Под ред. Р. Хьюза: В 3 т. Т. 2. Berkeley: Berkeley Slavic Specialties, 2001. С. 357–369.

Ходасевич 2001б — Ходасевич В. Ф. Парижский альбом, V // Пушкин и поэты его времени / Под ред. Р. Хьюза: В 3 т. Т. 2. Berkeley: Berkeley Slavic Specialties, 2001. С. 29–32.

Karlinsky 1979 — The Nabokov–Wilson Letters: Correspondence Between Vladimir Nabokov and Edmund Wilson, 1941–1971 / Ed. annotated and with an introductory essay by Simon Karlinsky. New York: Harper & Row, 1979.

Mirsky 1963 — Mirsky D. S. Pushkin. New York: Dutton, 1963.

Nabokov 1970 — Nabokov V. Poems and Problems. New-York; Toronto: McGraw-Hill, 1970.

Pushkin 1975 — Eugene Onegin. A Novel in Verse by Aleksandr Pushkin / Transl. with commentary by Vladimir Nabokov: 2 vols. Vol. 2. Princeton: Princeton University Press, 1975.

Pushkin et al. 1944 — Three Russian Poets: Selections from Pushkin, Lermontov and Tyutchev / Transl. by V. Nabokov. Norfolk: New Directions, 1944.

Библиография

Алексеев 1967 — Алексеев М. П. Стихотворение Пушкина «Я памятник себе воздвиг...». Л.: Наука, 1967.

Проскурина 1998 — Проскурина В. Ю. Течение Гольфстрема: Михаил Гершензон, его жизнь и миф. СПб.: Алетейя, 1998.

Томашевский 1990 — Томашевский Б. В. Пушкин. Работы разных лет. М.: Книга, 1990.

Фейнберг 1985 — Фейнберг И. Читая тетради Пушкина. М.: Советский писатель, 1985.

Boyd 1991 — Boyd B. Vladimir Nabokov. The American Years. Princeton, NJ: Princeton University Press, 1991.

Cross 1945 — Cross S. H. Vladimir Nabokov, Three Russian Poets (Pushkin, Lermontov, Tyutchev) // American Slavic and East European Review. 1945. Vol. IV, № 8–9. P. 218–221.

Dembo 1967 — Nabokov: The Man and His Work / Ed. by L. S. Dembo. Madison-Milwaukee, Wi; London: The University Of Wisconsin Press, 1967.

Efimov 2010 — Efimov M. Nabokov and Prince D. S. Mirsky // The Nabokovian. 2010. P. 219–228.

Именной указатель

Аверинцев Сергей Сергеевич 320, 332
Аксаков Константин Сергеевич 251
Аксаков Сергей Тимофеевич 117
Алакок Маргарита-Мария 335
Александр I Павлович, император 41, 42, 58, 60, 61, 66, 96, 171, 177, 182, 235
Амвросий, митрополит 27, 43
Анненков Павел Васильевич 268
Ансельм Кентерберийский 334
Апулей 43
Метаморфозы 43
Арайя Франческо 43
Арднт Богдан Фёдорович (Христиан Готтлиб) 57

Балтрушайтис Юргис Казимирович 349, 350, 361, 386
Баратынский Евгений Абрамович 135, 280
Бартенев Пётр Иванович 93
Бартенев Юрий Никитич 202
Батюшков Константин Николаевич 101, 156
Бахтин Михаил Михайлович 289, 310, 320, 335
Безбородко Александр Андреевич, граф 73, 74

Белинский Виссарион Григорьевич 5, 109, 121, 122, 127, 129, 251, 268, 269, 277, 283, 298
Белый Андрей (Бугаев Борис Николаевич) 359, 372, 382, 384, 401
Бенуа Николай Леонтьевич 237
Бердяев Николай Александрович 346–348, 350–357, 359–364, 368, 371–386, 395, 397, 401
Бердяева Лидия Юдифовна 347, 348, 360, 362, 372, 383–385, 400, 402
Бернард Клервосский 334
Бестужев Александр Александрович 87, 92, 99, 116, 117, 120, 121
Бибиков Александр Ильич 37
Бибиков Павел Александрович 57, 59, 60
Биржевые ведомости, газета 352, 355, 376, 382
Блок Александр Александрович 109, 133–135, 333, 423
Болотов Андрей Тимофеевич 25–27, 71
Бонавентура (Джованни Фиданца) 334
Боровиковский Владимир Лукич 200–206

Екатерина II на прогулке в Царскосельском парке 200
Брикнер Александр Густавович 24, 31, 34
Брюллов Александр Павлович 223, 237
Брюллов Карл Павлович 226, 238
Брюсов Валерий Яковлевич 317–322
Булгаков Сергей Николаевич 347, 348, 350, 353, 355, 360–362, 366, 373, 374, 376, 384, 386, 401, 402
Булгарин Фаддей Венедиктович 110, 183, 246, 247, 280, 281
Бульвар и Переулок, журнал 6, 345–386, 391, 397, 400
Бурцев Владимир Львович 6, 408, 420–424

Васильчиков Илларион Васильевич 96
Вересаев Викентий Викентьевич 413, 416, 417
Пушкин и правда искусства 416
Вацуро Вадим Эразмович 96, 97, 145–147, 191–194, 242, 245, 261, 270, 272–274, 278, 307
Веселовский Алексей Николаевич 42, 83
Весы, журнал 338
Виноградов Виктор Владимирович 156, 256
Витте Сергей Юльевич 382
Вольтер (Франсуа-Мари Аруэ) 7, 12, 22, 23, 26–31, 36, 42, 67, 146, 150, 270, 291, 294–297, 307, 379, 398

Задиг, или Судьба 42
История установления христианства 295
О смерти Людовика XV и о судьбе 12
Орлеанская девственница 150, 291
Фанатизм 28
Вяземский Александр Алексеевич, князь 50, 74–77,
Вяземский Пётр Андреевич, князь 66, 67, 96–98, 102, 111, 112, 116, 119, 120, 122, 145–147, 158, 177, 178, 193, 194, 197, 198, 200, 201, 206, 244–248, 255, 259, 274
Бальдонские воды 111
Биографические и литературные записки о Денисе Ивановиче Фонвизине, рукопись 193
Письма Карамзина 200
Фон-Визин, монография 97, 119, 197, 200, 245, 259, 274

Герцен Александр Иванович 109, 123–130, 132, 135, 307
Былое и думы 125
Герцык Евгения Казимировна 347, 348, 357, 360–362, 370, 382, 384, 401
Герцык-Жуковская Аделаида Казимировна 347, 348, 356, 360, 361, 382, 384, 401
Гершензон Михаил Осипович 6, 261, 316, 346–350, 356, 357, 360–362, 372–377, 379–381, 384–386, 391, 401, 406, 408–416, 418–420, 422–424

Гёте Иоганн Вольфганг фон 281, 341, 380
Гиллельсон Максим Исаакович 163, 164, 191, 193–195, 274
Гиппиус Василий Васильевич 242, 267, 272, 277
Гиппиус Зинаида Николаевна 345
Глинка Сергей Николаевич 204
  Русские анекдоты 204
Гнедич Николай Иванович 229
Голицын Александр Николаевич, князь 203
Голицын Сергей Фёдорович, князь 72
Голицына Авдотья Ивановна, княгиня 97
Гоголь Николай Васильевич 5, 6, 222, 223, 225, 226, 239, 242–286
  Арабески 223, 225, 260
  Мёртвые души 272, 275, 281, 282, 284
  Миргород 250
  Нос 242–244, 248–254, 256, 257, 260, 261, 263
  Об архитектуре нынешнего времени 222, 223, 225
  Портрет 5, 6, 225, 267–286
  Последний день Помпеи 226
  Ревизор 226, 244–249, 251, 255
  Театральный разъезд 275
Голенищев-Кутузов Логгин Иванович 136, 163–165
Головкин Фёдор Гаврилович 59, 60
Гомер 229, 232, 233, 322, 323
  Илиада 229, 322, 323
Гончаров Иван Александрович 109, 121, 127
  Мильон терзаний 121

Горчаков Дмитрий Петрович, князь 7, 64, 66–78, 145–158
  Вирсавия 7, 67, 149–158
  Святки 7, 64, 67, 68, 70, 74, 77, 78, 148
Грановский Тимофей Николаевич 124, 129, 298
Гретри Андре 41, 44
Грибоедов Александр Сергеевич 5, 83–102, 105, 106, 109–123, 126, 130, 135–139, 276, 376
  Горе от ума 83, 84, 86, 87, 90, 92–95, 97–99, 101–106, 109–112, 119, 121, 137, 139, 376
  Студент 94, 101
Григорьев Аполлон Александрович 128, 297
Гримм Мельхиор 12, 41, 53, 58
Грот Яков Карлович 44, 50, 75, 271, 283
Гуковский Григорий Александрович 40
Гумилёв Николай Степанович 321, 322

Данте Алигьери 275, 338, 339, 342, 380
Дашкова Екатерина Романовна, княгиня 49, 75, 258
Дельвиг Антон Антонович 119
День, газета 352, 369, 370
Державин Гавриил Романович 10, 40, 47–51, 61, 72, 75, 145, 168–171, 260, 377, 408, 412, 419
  За здравье выпьем чернобровых 168
  К Н. А. Львову 168
  Моя подруга черноброва... 168

На смерть князя Мещерского 377
На Счастие 168, 260
Разные вина 168
Решемыслу 10, 40, 51
С красоткой чернобровой рядом 168
Фелица 5, 40, 47, 49, 50, 61, 75, 171
Шествия по Волхову Российской Амфитриты 169
Дживелегов Алексей Карпович 368
Дидро Дени 192, 291, 297
Племянник Рамо 297
Софа 291
Дмитриев Михаил Александрович 85–88, 110–115, 117, 120–122, 227, 283
Подводный город 227
Дмитриев-Мамонов Александр Матвеевич 74, 198
Долинин Александр Алексеевич 211, 213
Долинин Аркадий Семёнович 130, 132
Достоевский Федор Михайлович 5, 7, 109, 128–133, 135, 137, 138, 189–311, 363
Братья Карамазовы 291, 292, 299, 300, 303
Житие великого грешника 291, 303
Зимние заметки о летних впечатлениях 130, 131
Подросток 128, 132
Дюрер Альбрехт 335
Воскресение Христа 335

Екатерина II Великая, императрица 5, 7, 12–61, 70–72, 74–77, 148, 171, 177, 189–211, 213, 214, 247, 258, 273–275
Сказка о царевиче Февее 40, 47, 51, 58, 60
Сказка о царевиче Хлоре 5, 40, 43, 45–47, 49, 50, 57, 60, 61
Екатерина Павловна, великая княгиня 170, 177, 178
Елена Павловна, великая княгиня 167
Елизавета Петровна, императрица 12, 43, 47, 48, 179
Еропкин Петр Дмитриевич 24, 32

Жандр Андрей Андреевич 94
Жолковский Александр Константинович 210
Жуковский Василий Андреевич 101, 147, 161, 168, 174, 176, 178, 198, 199, 239, 244, 245, 247, 248, 252. 261, 277, 283, 422
Очерки Швеции 277
Путешественник 147
Эолова арфа 101
Жуковский Дмитрий Евгеньевич 347, 348, 350, 356, 384, 386, 401

Загоскин Михаил Николаевич 84, 86, 90, 104, 116–118
Г-н Богатонов, или Провинциал в столице 116
Добрый малый 86, 117, 118
Комедия против комедии, или Урок волокитам 104
Урок холостым, или Наследники 90

Зеньковский Василий Васильевич 233, 282, 289
Зиновьева-Аннибал Лидия Дмитриевна 319, 320, 322, 340, 341, 354
Зорин Андрей Леонидович 83, 86, 100
Зотов Рафаил Михайлович 182

Иванов Александр Андреевич 226, 232, 238
Иванов Вячеслав Иванович 6, 316–342, 345–368, 372–377, 381–383, 386, 387, 401, 402
Бедный викинг 6, 361–363, 367
Вселенское дело 350–352
Дионис и прадионисийство 323
Дионис Орфический 330, 333
Живое предание 352, 356
Завет Солнца 336
Золотые завесы 338
К идеологии еврейского вопроса 352
Лицо 321
Любовь и Смерть, цикл 319, 341
Мэнада 324
Недугующим 351
Ницше и Дионис 326
О границах искусства 339
Певец в лабиринте 349
Петровское на Оке 349
Путь в Эммаус 321
Религия Диониса. Ее происхождение и влияние 327
Сердце Диониса 324, 325, 328
Сивилла, цикл 318
Славянская Мировщина 352
Солнце Эммауса, цикл 321
Солнце-двойник 336
Солнце-сердце 330, 334
Сон Мелампа 321
Хвала Солнцу 334, 337
Хор солнечный 337
Шекспир и Сервантес 353, 363
Эллинская религия страдающего бога 323, 325
Юргис Балтрушайтис как лирический поэт 349
Arcana /Тайны 321
Cor Ardens 6, 317–322, 324, 326, 328, 329, 333, 334, 338, 341
De Profundis 329–331
Speculum Speculorum/Зеркало Зеркал 319, 321
Ильин Иван Александрович 370, 371
Духовный смысл войны 371
Иосиф I, император 12
Иосиф II, император 13, 55–57, 59, 60, 207

Канкрин Егор Францевич 93
Карамзин Николай Михайлович 177, 178, 192, 283
Записки о Древней и Новой России 177
К Милости 192
Катенин Павел Александрович 83, 85, 86, 90, 92, 94, 100, 104, 105
Сплетни 86, 90, 100, 104
Студент 94, 101
Кизеветтер Александр Александрович 367, 369, 370, 388
Кипренский Орест Адамович 203
Кнабе Георгий Степанович 221, 222, 230

Княжнин Яков Борисович 195, 258–260
Неудачный примиритель 259
Феридина ошибка 258
Чудаки 259
Кокошкин Фёдор Фёдорович 89, 90
Воспитание, или Вот приданое 90
Константин Павлович, великий князь 61
Корсаков Пётр Александрович 190, 191, 205
Корф Фёдор Фёдорович, барон 277
Отрывок из жизнеописания Хомкина 277
Критическое обозрение, журнал 372
Кругликова Елизавета Сергеевна 358, 360, 361, 372
Крылов Александр Лукич 168, 206
Крылов Иван Андреевич 244
Кузмин Михаил Алексеевич 322, 332
Куракин Александр Борисович 57, 59, 60
Кюхельбекер Вильгельм Карлович 112–114, 165–167

Ланской Александр Дмитриевич 74
Левицкий Дмитрий Григорьевич 45, 201, 202
Портрет Екатерины II в виде Законодательницы в храме богини Правосудия 202
Леопарди Джакомо 338, 340, 342

Леопольд Тосканский 57, 60
Лермонтов Михаил Юрьевич 124, 228, 270, 277, 406
Герой нашего времени 124
Штосс 277
Лист Ференц 284
Литературная газета 307
Литературные прибавления к Русскому инвалиду 256, 257
Литературный критик, журнал 412, 413
Логос, журнал 351, 364, 365, 367, 388
Лотман Юрий Михайлович 88, 89, 93, 94, 96, 118, 192, 201, 221, 222, 228, 229, 276, 300
Львов Николай Александрович 61, 202
Людовик XIV Великий, король Франции 12
Людовик XV, король Франции 11, 12, 41
Людовик XVI, король Франции 57

Майков Аполлон Николаевич 238, 290, 298
Майков Василий Иванович 17, 18, 20–22, 32–35
Письмо его сиятельству графу Григорию Григорьевичу Орлову, на отбытие его из Санкт-Петербурга в Москву во время заразительной в ней болезни для истребления оныя 32
Сонет ко дню празднования о благополучном выздоровлении от прививныя оспы ея императорского величества и его императорского высоче-

ства, придворнаго российского театра актерами 17, 18
Торжествующий Парнасс 20
Мандельштам Осип Эмильевич 236, 333
Мармонтель Жан Франсуа 41, 42
Михаил Павлович, великий князь 165, 167, 177,
Модзалевский Борис Львович 93, 204, 209
Молва, журнал 256, 257, 268
Мольер (Жан-Батист Поклен) 87, 89, 104, 114
Мизантроп 89
Монтескьё Шарль Луи де 193–196, 199
О духе законов 193, 195
Москвитянин, журнал 271
Московский наблюдатель, журнал 242, 249, 252
Московский телеграф, журнал 111, 112

Набоков Владимир Владимирович 6, 406–408, 410–424
Надеждин Николай Иванович 122, 224
Нащокин Павел Воинович 176
Некрасов Николай Алексеевич 138
Николай I Павлович, император 6, 145, 147, 161–163, 165, 168, 169, 173–175, 177, 178, 180–185, 198, 203, 205, 222, 235, 237, 238, 247, 276
Ницше Фридрих 326
Новиков Николай Иванович 175, 193
Норов Авраам Сергеевич 228

Огарёв Николай Платонович 123
Русская потаённая литература 123
Одоевский Владимир Фёдорович 89, 114, 115, 244, 262, 278–280
Город без имени 280
Разговор Недовольных 279
Сегелиель 278, 279
Сильфида 278
Олсуфьев Адам Васильевич 75, 77
Орлов Григорий Григорьевич, граф 19, 30–36
Орлов Алексей Григорьевич, граф 188–190, 192, 202
Остерман Андрей Иванович 73

Павел I Петрович, император 14, 15, 18, 44, 48, 49, 52, 53, 55–60, 73, 76, 177, 198
Панин Никита Иванович, граф 13, 37, 51–57, 60, 73
Панин Пётр Иванович 76
Панофский Эрвин 335, 336
Перекусихина Марья Саввишна 202, 206, 207
Петрарка Франческо 338, 340–342
Пётр I Великий, император 12, 21, 23, 37, 61, 123, 132, 161–185, 193, 197–199
Пётр II, император 12, 14
Пётр III, император 12, 18, 22, 53, 195, 198
Писарев Александр Иванович 110–115
Писарев Дмитрий Иванович 125–127

Плетнёв Пётр Александрович 119, 171, 176, 191, 198, 244, 268–271, 279, 283
  Императрица Мария 171
Погодин Михаил Петрович 174, 176, 249, 250, 252, 260, 271
Потёмкин Григорий Александрович, граф 50–53, 54, 57, 59, 70–72, 74
Потёмкин Павел Сергеевич 31
  На возвращение Его Сиятельства Гр. Гр. Орлова из Москвы по возстановлении в оном городе, при жестокой язве спокойствия 1771 года 31
Пумпянский Лев Васильевич 174, 290, 318
Пушкин Александр Сергеевич 5–7, 40, 66, 67, 76, 87, 88, 92–94, 96, 97, 99, 109, 111, 116–123, 128, 139, 144–158, 161–185, 188–215, 220, 222, 226–232, 242–245, 251, 252, 255, 258–263, 269–276, 278, 279, 283, 286, 298, 307, 362, 363, 380, 381, 406–410, 412–423
  Вольность 193
  Гавриилиада 7, 67, 145, 146, 149, 150, 153–158
  Домик в Коломне 261, 415, 416
  Евгений Онегин 66, 117, 407, 408, 410, 411, 417, 420, 422, 424
  Жил на свете рыцарь бедный 362
  История Петра 161, 167, 174, 175, 177, 180
  К вельможе 307
  Капитанская дочка 5, 188–215, 259
  Медный всадник 161, 168, 173, 174, 225, 226
  Пир во время чумы 414
  Пир Петра Первого 5, 6, 161–185, 199
  Полтава 161
  Путешествия в Арзрум 139, 172
  Путешествие из Москвы в Петербург 274
  Роман в письмах 270, 276
  Сказка о рыбаке и рыбке 205
  Сказки. Noël 66
  Стансы 161, 162, 181
  Я памятник себе воздвиг нерукотворный (Памятник) 6, 227, 406–424

Радищев Александр Николаевич 76, 199, 200, 297, 298, 422
  Путешествие из Петербурга в Москву 298
Разумовский Алексей Кириллович 93
Разумовский Андрей Кириллович 48
Рачинский Григорий Алексеевич 384, 386, 401
Ринальди Антонио 34, 203
Ричардсон Сэмюэл 276
Розанов Василий Васильевич 353–355
Розен Егор Федорович, барон 242–245, 272
  Ссылка на мертвых 242
Ростопчина Евдокия Петровна 95
Рубан Василий Григорьевич 15–17, 31

Надпись на благополучное возвращение Его Сиятельства графа Гр. Гр. Орлова из Москвы в Санкт-Петербург декабря 1771 г. 31
Ода на день всерадостнейшаго торжества на предпринятый и благополучно совершившийся к неописанному счастию всея России, Ея императорскаго величества и Его императорскаго высочества в привитии оспы подвиг, 22 ноября 1768 года 15, 16
Румянцев-Задунайский Петр Александрович 203
Русская мысль, журнал 333, 347
Русская старина, журнал 300
Русская Талия на 1825 год, альманах 85, 110
Русские ведомости, газета 369, 370
Руссо Жан-Жак 304
Рылеев Кондратий Фёдорович 172, 173
Пётр Великий в Острогожске 172

Салтыков Петр Семенович 24, 25, 32, 72
Сабашникова-Волошина Маргарита Васильевна 339
Свиньин Павел Петрович 197, 198, 208
Сиповский Василий Васильевич 40, 46
Скотт Вальтер 5, 190, 209–215
Эдинбургская темница 190, 209–211, 214

Слонимский Александр Леонидович 83, 87, 98
Смирнова-Россет Александра Осиповна 175, 261–262
Автобиографические записки 175
Собеседник любителей российского слова, журнал 49, 50, 75, 258
Современник, журнал 119, 161, 163, 167, 168, 171, 173, 178, 183, 188, 199, 200, 205, 206, 214, 230, 242–245, 251–254, 269, 271, 277, 279–283, 286
Соллогуб Владимир Александрович, граф 262, 278
Соловьёв Владимир Сергеевич 362, 363, 369, 378
Соловьёв Сергей Михайлович 13, 15, 37
Сомов Константин Андреевич 318–320, 335
Сомов Орест Михайлович 88, 110, 120, 121
Стерн Лоуренс 256, 258
Жизнь и мнения Тристрама Шенди, джентльмена 256
Стромилов Семён Иванович 183–185
3 июля 1836 года 183–185
Сумароков Александр Петрович 180, 192
К Ботику 180
Сумароков Павел Иванович 206–208
Обозрение царствования и свойств Екатерины Великия 206–208

Телескоп, журнал
224, 268
Тепляков Виктор Григорьевич 230
Томас Димсдейл, врач 14, 15
Томашевский Борис Викторович
156, 221, 412, 418
Тургенев Александр Иванович
97, 197, 236, 244, 245, 247, 248,
280, 281
Хроника русского
244, 280
Тургенев Николай Иванович 235
Тургенев Сергей Иванович 235
Тынянов Юрий Николаевич 95,
96, 109, 134–139
Смерть Вазир-Мухтара
134, 135

Уваров Сергей Семёнович 93
Успенский Пётр Демьянович 383,
384, 401
Уткин Николай Иванович
200–205

Фальконе Этьен Морис 34
Флоренский Павел Александрович 354, 367, 383,
384, 401
Флоровский Георгий Васильевич 233
Фонвизин Денис Иванович 52,
55, 75, 97, 119, 192, 193, 199,
200, 244, 245, 247
Бригадир 193, 247
Недоросль 247
Несколько вопросов, могущих возбудить в умных и честных людях особливое внимание 199

Челобитная Российской Минерве от российских писателей 75
Фридрих II Великий 13, 25
Фуко Мишель 11, 35

Херасков Михаил Матвеевич
11, 300
Хмельницкий Николай Иванович 89, 105, 116
Говорун 89, 105, 116
Ходасевич Владислав Фелицианович 418, 420, 421
Храповицкий Александр Васильевич 74, 197, 198, 208
Памятные записки А. В. Храповицкого, статс-секретаря императрицы Екатерины Второй 197

Цшоке Генрих 256
Похвала носу 256
Цявловский Мстислав Александрович 93, 272, 275, 421

Чаадаев Пётр Яковлевич 96–98,
129, 200, 222, 224, 225, 228, 229,
232–237, 297, 298
О зодчестве 224
Философические письма 96,
229, 232
Чернышев Иван Григорьевич,
граф 19

Шадерло де Лакло 72
Опасные связи 72
Шатобриан Франсуа Рене де 214,
225, 233
Гений христианства 225

Шаховской Александр Александрович 83–85, 90, 93, 100, 116
Липецкие воды 85, 93, 100, 116
Не любо, не слушай, а лгать не мешай 116
Полубарские затеи 116
Пустодомы 83, 90
Шафонский Афанасий Филимонович 24
Шварсалон Вера Константиновна 347, 349, 359, 361, 381, 382, 396
Шевырёв Степан Петрович 250, 251, 267, 381
Шестов Лев Исаакович 347, 348, 350, 356, 357, 361, 368, 372–374, 376, 379, 384, 386, 401, 402
Шешковский Степан Иванович 76–78
Шишков Александр Семёнович 163
Шкловский Виктор Борисович 135, 201, 205
Шольё Гийом Амфри де 147

Щепкин Михаил Семёнович 176

Эйхенбаум Борис Михайлович 134, 135
Эриксен Виргилиус 204
Портрет Екатерины II в шугае и кокошнике 204
Эрн Владимир Францевич 6, 346–356, 358, 359, 360–372, 379, 383, 388, 401, 402

Юсупов Николай Борисович 307

Языков Николай Михайлович 379
Яковенко Борис Валентинович 365
Яковлев Николай Васильевич 207
Якубович Дмитрий Петрович 192, 210

Статьи, представленные в этом сборнике,
впервые были опубликованы в следующих изданиях:

1. Екатерина II — целительница, или триумф имперского вольтерьянства // И время и место. Историко-филологический сборник к 60-летию А. Л. Осповата. М.: Новое издательство, 2008. С. 73–83.

2. Поэтика прототипов: политические контексты сказок Екатерины II // Vera Proskurina. The Imperial Script of Catherine the Great. Governing with Literary Pen. Boston: Academic Studies Press. P. 61–82.

3. Стратегии либертинажа в XVIII веке (Князь Д. П. Горчаков и его «Святки») // Русско-французский разговорник, ou Les Causeries du 7 September. Сборник статей в честь В. А. Мильчиной. М.: Новое литературное обозрение, 2015. С. 11–22.

4. «Горе от ума» А. С. Грибоедова и светская комедия (публикуется впервые).

5. Диалоги с Чацким: от А. Пушкина до Ю. Тынянова // «Столетья не сотрут...». Русские классики и их читатели. М.: Книга, 1989. С. 55–83.

6. Вторая «Гавриилиада»: А. С. Пушкин и князь Д. П. Горчаков // А.М.П. Памяти А. М. Пескова. М.: Издательство РГГУ, 2013. С. 239–249.

7. «Пир Петра Первого»: последний «урок царю»? // Временник Пушкинской комиссии. Вып. 36. СПб. : Росток, 2022. С. 147–169.

8. Екатерина II в «Капитанской дочке» А. С. Пушкина // *Homo Scriptor*. Сборник статей и материалов в честь 70-летия М. Эпштейна. М.: Новое литературное обозрение, 2020. С. 140 --169.

9. От Афин к Иерусалиму (Культурный статус античности в 1830 — начале 1840-х годов) // Лотмановский сборник. Т. 1. М. : ИЦ-Гарант, 1994. С. 488–502.

10. Гоголевский «Нос» в пушкинском кругу (О редакции повести в журнале «Современник» 1836 года // Временник Пушкинской комиссии. Вып. 37. СПб.: Росток, 2023. С. 118–138.

11. Второй «Портрет» Гоголя // Новые безделки. Сборник статей к 60-летию В. Э. Вацуро. М. : Новое литературное обозрение, 1996. С. 223–236.

12. Федор Карамазов как либертин (Ф. М. Достоевский и XVIII век) // Russian Language and Culture. Studies, Methods & Approaches, and Interpretations. Middlebury College-Moscow, 2015. P. 46–69.

13. "Cor Ardens" Вяч. Иванова: смысл заглавия и эзотерическая традиция // Новое литературное обозрение. № 51 (2001). С. 128–143.

14. Рукописный журнал «Бульвар и Переулок» (Вячеслав Иванов и его московские собеседники в 1915 году) // Новое литературное обозрение. № 10 (1994). С. 173–208.

15. Бессмертие в кавычках (В. Набоков — А. Пушкин — М. Гершензон) // "The Immortality in the Quotation Marks: Pushkin-Nabokov-Gershenzon", Nabokov's World. Vol. 2. London: Palgrave, 2002. P. 27–40.

Оглавление

Предисловие 5

Часть 1. Около дворцовых стен

1. Екатерина II — целительница, или триумф имперского вольтерьянства 11
2. Поэтика прототипов. Политические контексты сказок Екатерины II 40
3. Стратегии либертинажа в XVIII веке (князь Д. П. Горчаков и его «Святки») 64

Часть 2. Антропология литературного героя

4. «Горе от ума» А. С. Грибоедова и светская комедия 83
5. Диалоги с Чацким. От А. Пушкина до Ю. Тынянова 109

Часть 3. Пушкин и XVIII век

6. «Вторая Гавриилиада». А. С. Пушкин и князь Д. П. Горчаков 145
7. «Пир Петра Первого». Последний «урок царю»? 161
8. Екатерина II в «Капитанской дочке» А. С. Пушкина 188

Часть 4. Вопреки канону

9. От Афин к Иерусалиму (культурный статус античности в 1830-х — начале 1840-х годов) 221
10. Гоголевский «Нос» в пушкинском кругу. О редакции повести в журнале «Современник» 1836 года 242

11. Второй «Портрет» Гоголя 267
12. Федор Карамазов как либертин (Ф. М. Достоевский
    и XVIII век) 289

Часть 5. Идеи и символы XX века

13. «Cor Ardens» Вячеслава Иванова. Смысл заглавия
    и эзотерическая традиция 317
14. Рукописный журнал «Бульвар и Переулок» (Вячеслав
    Иванов и его московские собеседники в 1915 году) 345
15. Бессмертие в кавычках (В. Набоков — А. Пушкин —
    М. Гершензон) 406

Именной указатель 427

Научное издание

Вера Проскурина
КАНОН И ЕГО ГРАНИЦЫ В РУССКОЙ ЛИТЕРАТУРЕ XVIII — НАЧАЛА XX ВЕКА

Директор издательства *И. В. Немировский*
Ответственный редактор *И. Белецкий*
Куратор серии *В. Кучерявенко*
Заведующая редакцией *И. Емельянова*

Дизайн *И. Граве*
Редактор *Р. Рудницкий*
Корректор *И. Манлыбаева*
Верстка *Е. Падалки*

Подписано в печать 04.07.2025.
Формат издания 60 × 90 $^1/_{16}$. Усл. печ. л. 27,6.
Тираж 200 экз.

Academic Studies Press
1577 Beacon Street, Brookline, MA 02446 USA
https://www.academicstudiespress.com

ООО «Библиороссика».
198207, г. Санкт-Петербург, а/я № 8

Эксклюзивные дистрибьюторы:
ООО «Караван»
ООО «КНИЖНЫЙ КЛУБ 36.6»
http://www.club366.ru
Тел./факс: 8(495)9264544
e-mail: club366@club366.ru

Книги издательства можно купить
в интернет-магазине: www.bibliorossicapress.com
e-mail: sales@bibliorossicapress.ru

Знак информационной продукции согласно
Федеральному закону от 29.12.2010 № 436-ФЗ

www.ingramcontent.com/pod-product-compliance
Lightning Source LLC
Chambersburg PA
CBHW070403100426
42812CB00005B/1644